**독자의 1초를 아껴주는 정성!**

세상이 아무리 바쁘게 돌아가더라도
책까지 아무렇게나 빨리 만들 수는 없습니다.
인스턴트 식품 같은 책보다는
오래 익힌 술이나 장맛이 밴 책을 만들고 싶습니다.

길벗이지톡은 독자여러분이
우리를 믿는다고 할 때 가장 행복합니다.
나를 아껴주는 어학도서,
길벗이지톡의 책을 만나보십시오.

독자의 1초를 아껴주는
정성을 만나보십시오.

미리 책을 읽고 따라해본 2만 베타테스터 여러분과
무따기 체험단, 길벗스쿨 엄마 2% 기획단,
시나공 평가단, 토익 배틀, 대학생 기자단까지!
믿을 수 있는 책을 함께 만들어주신 독자 여러분께 감사드립니다.

홈페이지의 '독자마당'에 오시면
책을 함께 만들 수 있습니다.

(주)도서출판 길벗 www.gilbut.co.kr
길벗 이지톡 www.gilbut.co.kr
길벗 스쿨 www.gilbutschool.co.kr

디즈니 애니메이션에 꼭 나오는
패턴으로 훈련한다!

디즈니 영어회화

핵심패턴
233

박용호(라이언 박) 지음

## 디즈니 영어회화 핵심패턴 233
### Essential English Patterns 233 from Disney

**초판 1쇄 발행** · 2021년 6월 22일
**초판 2쇄 발행** · 2022년 11월 18일

**지은이** · 박용호
**발행인** · 이종원
**발행처** · (주)도서출판 길벗
**브랜드** · 길벗이지톡
**출판사 등록일** · 1990년 12월 24일
**주소** · 서울시 마포구 월드컵로 10길 56(서교동)
**대표 전화** · 02)332-0931 | **팩스** · 02)323-0586
**홈페이지** · www.gilbut.co.kr | **이메일** · eztok@gilbut.co.kr

**기획 및 책임 편집** · 김지영(jiy7409@gilbut.co.kr) | **디자인** · 최주연
**제작** · 이준호, 손일순, 이진혁 | **마케팅** · 이수미, 장봉석, 최소영
**영업관리** · 심선숙 | **독자지원** · 윤정아, 최희창

**교정교열** · 기본기획 | **전산편집** · 기본기획 | **오디오 녹음 및 편집** · 와이알미디어
**CTP 출력 및 인쇄** · 예림인쇄 | **제본** · 예림인쇄

- 잘못된 책은 구입한 서점에서 바꿔 드립니다.
- 이 책은 저작권법에 따라 보호받는 저작물이므로 무단전재와 무단복제를 금합니다.
  이 책의 전부 또는 일부를 이용하려면 반드시 사전에 저작권자와 (주)도서출판 길벗의 서면 동의를 받아야 합니다.
- 책 내용에 대한 문의는 길벗이지톡 홈페이지(www.eztok.co.kr) 고객센터에 올려 주세요.

ISBN 979-11-6521-457-9  03740 (길벗 도서번호 301093)
Copyright © 2021 Disney/Pixar. All rights reserved.

정가 16,000원

**독자의 1초까지 아껴주는 정성 길벗출판사**

**길벗** | IT실용, IT/일반 수험서, IT전문서, 경제경영서, 취미실용서, 건강실용서, 자녀교육서
**더퀘스트** | 인문교양서, 비즈니스서
**길벗이지톡** | 어학단행본, 어학수험서
**길벗스쿨** | 국어학습서, 수학학습서, 유아학습서, 어학학습서, 어린이교양서, 교과서

**페이스북** · www.facebook.com/gilbuteztok
**네이버 포스트** · http://post.naver.com/gilbuteztok
**유튜브** · https://www.youtube.com/gilbuteztok

## 이 책에 쓰인 29개의 디즈니·픽사 대본

- 겨울왕국 Frozen, 2013
- 겨울왕국 2 Frozen 2, 2019
- 노틀담의 꼽추 The Hunchback Of Notre Dame, 1996
- 니모를 찾아서 Finding Nemo, 2003
- 도리를 찾아서 Finding Dory, 2016
- 라따뚜이 Ratatouille, 2007
- 라이온 킹 The Lion King, 1994
- 라푼젤 Tangled, 2010
- 모아나 Moana, 2016
- 몬스터 대학교 Monsters University, 2013
- 몬스터 주식회사 Monster Inc., 2001
- 뮬란 Mulan, 1998
- 미녀와 야수 Beauty and the Beast, 1991
- 빅 히어로 Big Hero 6, 2014
- 알라딘 Aladdin, 1992

- 업 Up, 2009
- 온워드: 단 하루의 기적 Onward, 2020
- 인크레더블 The Incredibles, 2004
- 인크레더블 2 Incredibles 2, 2018
- 인사이드 아웃 Inside Out, 2015
- 인어공주 The Little Mermaid, 1989
- 주먹왕 랄프 Wreck-It Ralph, 2012
- 주토피아 Zootopia, 2016
- 카 3 Cars 3, 2017
- 코코 Coco, 2017
- 토이 스토리 Toy Story, 1995
- 토이 스토리 2 Toy Story 2, 1999
- 토이 스토리 3 Toy Story 3, 2010
- 토이 스토리 4 Toy Story 4, 2019

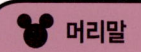 **머리말**

# 디즈니·픽사 대본에 꼭 나오는 233개의 패턴을 뽑았다!

### 왜 영어회화를 패턴으로 접근해야 하나요?

대부분의 언어에는 '패턴pattern'이 있습니다. 패턴이란, 말과 글 속에 들어 있는 일정한 규칙을 말합니다.

- **나는 음악을 좋아합니다.**
- **나는 영화를 좋아합니다.**

이 두 문장에서는 '나는 ~을 좋아합니다'가 패턴이 됩니다. 스포츠, 뮤지컬, 연극 등 중간에 단어만 바꾸면 무궁무진한 문장을 만들 수 있죠. 우리말과 마찬가지로 영어에도 자주 쓰이는 패턴이 있습니다.

- **Can I have** a cookie?   쿠키 좀 주실래요?
- **Can I have** your phone number?   당신 전화번호 좀 알려 주시겠어요?

이 두 문장에서는 Can I have...?가 하나의 패턴이 되는 것이죠. 뒤에 따라오는 a cookie, your phone number 같은 단어만 갈아 끼우면, 상황에 맞게 내가 원하는 문장으로 바꿀 수 있습니다. 다시 말해, 자주 쓰는 패턴만 익혀 두면 내가 원하는 문장은 무엇이든 쉽게 말할 수 있는 것이죠.

### 왜 하필 233개 패턴이죠?

보통 영어에는 무수히 많은 패턴이 있을 것이라고 생각하지만 영어권 사람들이 자주 쓰는 패턴은 233개로 정리됩니다. 무조건 많은 패턴을 익히는 것보다는 원어민들이 쓰는 정해진 패턴만 정확하게 익히는 것이 효율적이죠. 이 책에서는 디즈니·픽사 애니메이션 대본에서 가장 빈번하게 쓰이는 233개의 패턴을 정리했습니다. 디즈니·픽사 애니메이션의 그 장면을 떠올리며 233개의 패턴을 재미있게 훈련해 보세요.

## 233개의 패턴을 어디서 뽑았나요??

이 책에서 소개하는 패턴은 29개의 디즈니·픽사 애니메이션 대본에서 뽑았습니다. 왜 하필 디즈니·픽사 애니메이션이냐구요? 캐릭터들의 일상과 모험을 보여주는 디즈니 애니메이션에는 실생활에 쓰이는 표현이 그대로 담겨있어요. 슬랭과 욕설 같은 배우지 않아도 되는 표현이 없고, 실용적인 표현들이 가득합니다. 특히 디즈니는 온 가족, 전 세계 사람들이 보는 만큼 대사 선택에 각별한 주의를 기울이기 때문에 애니메이션 대본 중에서도 최고로 활용도가 높습니다. 29개의 대본에서 추출한 233개의 알짜 패턴을 주제, 상황 별로 정리하였으니, 애니메이션 상황을 떠올리며 학습해 보길 바랍니다.

## 어떻게 하면 패턴을 효과적으로 익힐 수 있을까요?

이 책에는 패턴을 대입해 예문을 직접 만들 수 있는 훈련 코너가 풍부합니다. 눈으로만 읽고 넘어가는 것이 아니라 손으로 쓰면서 문장을 만들고, 오디오를 들으면서 입으로 몇 번이고 따라 해보세요. 훨씬 효과적으로 패턴을 익힐 수 있습니다. 또한, 전에 학습한 내용을 상기할 수 있는 '리뷰 테스트' 코너를 만들었습니다. 대화문 속에서 패턴을 복습하며 패턴을 완벽히 내 것으로 만드세요. 이런 식으로 패턴 하나하나를 집중해서 학습하면 영어 말하기 실력이 눈에 띄게 향상되는 것을 느낄 수 있을 것입니다.

아무쪼록 디즈니 대본에서 뽑은 233개 패턴으로 어렵고 골치 아픈 영어 말하기가 한결 수월해지기를 기대합니다.

## 이 책의 구성

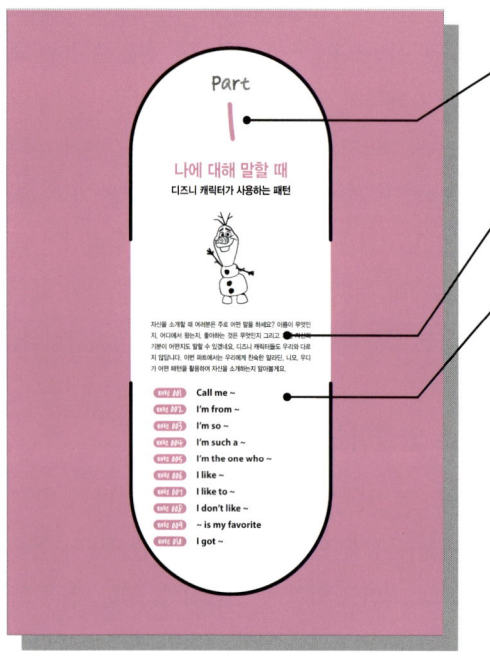

**주제, 상황 별로 나눈 Part**

이번 Unit에서 배울 내용에 대한 소개입니다. 가벼운 마음으로 쭉 읽어 보세요.

이번 Part에서 배울 패턴입니다

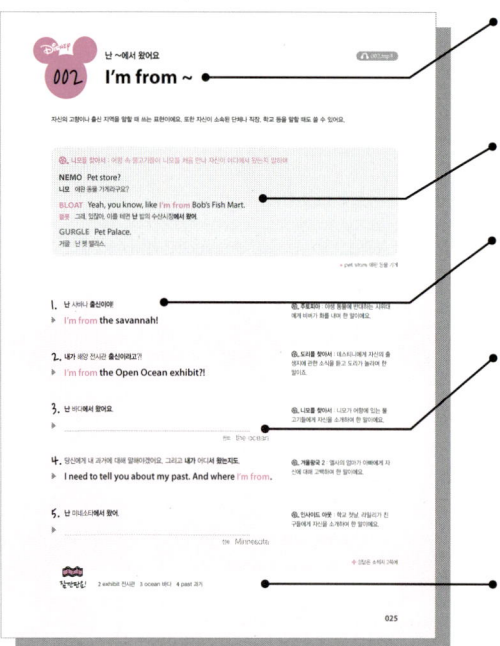

### 233개의 패턴 훈련

오늘 배울 핵심패턴과 핵심패턴에 대한 소개입니다. 패턴이 어떤 상황에서 쓰이는지 주의해야할 문법과 함께 설명합니다.

디즈니 애니메이션에서 나온 대화문으로 먼저 패턴의 쓰임을 파악할 수 있습니다.

우리말 해석을 보고 문장을 한번 떠올려 본 후 영어 문장을 확인해 보세요.

패턴을 활용해 영어로 빈칸을 채워보세요. 모르는 단어 때문에 문장이 잘 떠오르지 않는다면 '힌트'를 활용해 보세요.

5번까지 학습이 끝난 다음에는 mp3를 듣고 복습하는 시간을 꼭 갖도록 하세요. 원어민이 녹음한 음성을 듣고 5번 이상은 따라해야 오래 기억될 수 있습니다.

**잠깐만요** | 어려운 어휘나 표현을 하단에 정리했습니다.

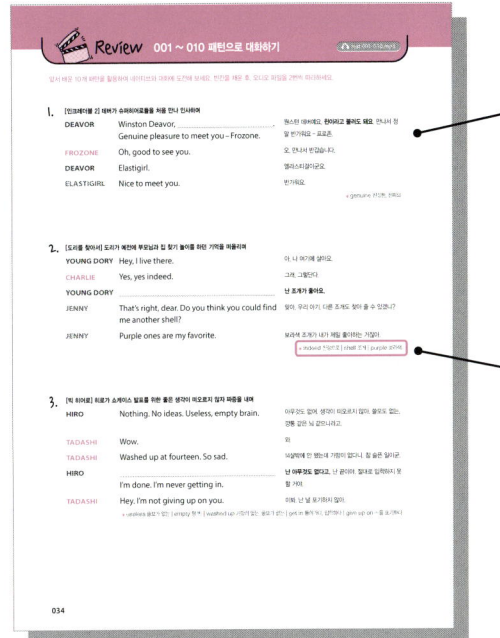

### 리뷰 테스트

각 Part가 끝날 때 마다 복습할 수 있는 리뷰 테스트를 제공합니다. 우리말 해석을 보고 앞서 배운 패턴을 활용해 빈칸을 채워보세요. 정답 확인 후 mp3를 들으며 소리 내어 따라하는 것도 잊지 마세요. 리뷰 테스트의 모든 대화는 디즈니 애니메이션에 나왔던 것으로, 애니메이션을 상황을 떠올려 보며 입 밖으로 꺼내 연습하면 더욱 재미있을 겁니다.

어려운 어휘나 표현을 하단에 정리했습니다. 영작이 막힐 때 참고하세요.

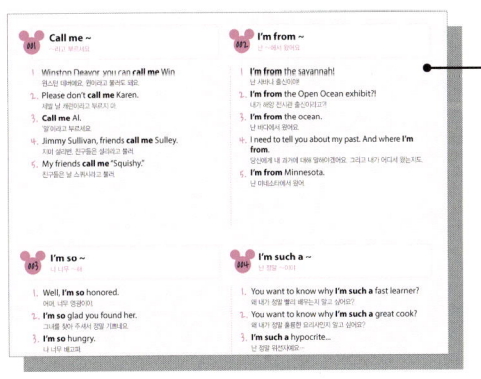

### 훈련용 소책자

패턴 훈련 빈칸의 정답을 확인할 수 있는 소책자입니다. 가볍게 따로 들고 다니며 패턴을 복습할 때도 활용할 수 있습니다.

## 🎧 mp3 파일 활용하기

이 책의 모든 예문은 디즈니가 추천한 네이티브 성우의 음성으로 확인할 수 있습니다. mp3는 길벗이지톡 홈페이지(www.gilbut.co.kr)에 접속하여 '디즈니 영어회화 핵심패턴 233'을 검색하여 자료실에 들어가 바로 듣거나 다운로드 할 수 있습니다. PC와 스마트폰 모두 이용 가능합니다.

### 이 책의 학습법

## 독학용으로 활용할 때

**STEP 1**  **평소에 자주 쓰는 패턴을 찾아보세요.**
목차를 살펴보면서 내가 평소에 자주 쓰는 우리말을 찾아 패턴의 오디오를 들어보세요.

**STEP 2**  **패턴을 활용하여 우리말을 영어로 바꿔보세요.**
해설을 읽고 대화문 속에서 패턴의 쓰임을 먼저 파악하세요. 빈칸을 채워 넣으며 패턴을 활용해서 우리말에 해당하는 영어 문장을 써보세요. 손으로 쓰며 공부하면 뇌를 자극하여 훨씬 빠르고 확실하게 기억할 수 있습니다.

**STEP 3**  **mp3를 들으며 따라하세요.**
책을 보며 mp3를 들어보세요. 처음에는 귀에 익숙해질 때까지 듣기만 하고 어느 정도 들린다 싶으면 mp3를 들으며 소리 내어 따라해 보세요. 머릿속에서는 완벽하게 발음할 수 있을 것 같지만, 막상 소리 내어 말해보면 발음이 잘 되지 않는 경우가 많거든요.

**STEP 4**  **각 Part가 끝날 때마다 복습하세요.**
망각 방지를 위한 리뷰 테스트 페이지를 구성했습니다. 각 Part 학습이 끝날 때마다 대화문 속에서 미리 학습한 패턴들을 복습하세요. 복습도 마찬가지로 손으로 써보고 오디오를 들으며 입으로 따라 해야 효과적입니다.

**STEP 5**  **훈련용 소책자를 활용해서 영어를 생활화 하세요.**
영어 실력을 단시간에 늘릴 수 있는 방법은 영어가 생활이 되도록 하는 것입니다. 훈련용 소책자를 들고 다니며 등하교, 출퇴근 시간에 패턴을 학습하면 언제 어디서나 영어를 훈련할 수 있습니다.

## 스터디용으로 활용할 때

**STEP 1** 스터디 전, 사전 학습하기

함께 스터디할 부분을 정해놓고, 빈칸을 영어로 바꿔 쓰는 학습은 미리 완료하세요. 그리고 학습한 패턴은 우리말만 봐도 영어가 나오게 외우세요.

**STEP 2** 스터디의 서막, 공부한 내용 확인하기

패턴 당 5개 예문이 있습니다. 영어 부분은 가리고 우리말만 보며 돌아가며 영어로 말해봅니다. 제일 많이 틀린 사람이 벌금을 내거나 벌칙을 수행하면 더 재미있겠죠? 또, 대화문을 이용해 각자 역할을 맡아 롤플레잉을 해보세요. 이 때 제스처나 억양에 주의하며 디즈니 캐릭터의 영혼을 담은 연기를 하는 것이 중요합니다.

**STEP 3** 배운 패턴을 이용해 영어로 대화하기

스터디의 백미는 프리토킹이죠. 외운 패턴을 이용해 프리토킹을 해보세요. 패턴을 이용해서 하고 싶은 말을 만들다 보면 패턴이 확실하게 머릿속에 각인됩니다. 스터디를 계속 하다보면 점점 많은 패턴을 이용해서 프리토킹을 할 수 있게 되겠죠.

**STEP 4** 스터디가 끝나고, 다시 한 번 복습하기

집에 가는 길에 스터디한 부분을 mp3에서 찾아 다시 한 번 들으며 정리하세요.

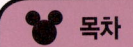 목차

## Part 1   나에 대해 말할 때 디즈니 캐릭터가 사용하는 패턴

| 001 | Call me ~ ~라고 부르세요 | 024 |
| 002 | I'm from ~ 난 ~에서 왔어요 | 025 |
| 003 | I'm so ~ 나 너무 ~해 | 026 |
| 004 | I'm such a ~ 난 정말 ~이야 | 027 |
| 005 | I'm the one who ~ ~한 사람은 바로 저예요 | 028 |
| 006 | I like ~ 난 ~가 좋아요 | 029 |
| 007 | I like to ~ 난 ~하는 게 좋아요 | 030 |
| 008 | I don't like ~ 난 ~를 좋아하지 않아 | 031 |
| 009 | ~ is my favorite ~는 내가 제일 좋아하는 거예요 | 032 |
| 010 | I got ~ 난 ~가 있어 | 033 |

## Part 2   인사할 때 디즈니 캐릭터가 사용하는 패턴

| 011 | It's nice to ~ ~해서 반가워요 | 038 |
| 012 | Look who ~ 누가 ~한지 보라고 | 039 |
| 013 | I'm here to ~ ~하러 왔어요 | 040 |
| 014 | How was ~? ~는 어땠어? | 041 |
| 015 | Things are ~ 일이 ~해요 | 042 |
| 016 | Enjoy ~ 좋은 ~ 되세요 | 043 |
| 017 | Say hello to ~ ~와 인사해 | 044 |
| 018 | You ready to ~? ~할 준비됐어요? | 045 |
| 019 | There's something I want to ~ 내가 ~하고 싶은 게 있어 | 046 |
| 020 | You must be ~ 당신이 ~군요 | 047 |

## Part 3 기쁨이나 희망을 표현할 때 디즈니 캐릭터가 사용하는 패턴

| | | |
|---|---|---|
| 021 | **I want to ~** ~하고 싶어요 | 052 |
| 022 | **I hope ~** ~하길 바라요 | 053 |
| 023 | **I'd like to ~** ~하고 싶어요 | 054 |
| 024 | **I'm happy to ~** ~해서 기뻐 | 055 |
| 025 | **I look forward to ~** ~를 기대해요 | 056 |
| 026 | **I'm glad ~** ~해서 기쁘네요 | 057 |
| 027 | **I can't wait to ~** 빨리 ~하고 싶어 | 058 |
| 028 | **I wish I could ~** ~하면 좋겠어 | 059 |
| 029 | **I wish to ~** ~하고 싶어요 | 060 |
| 030 | **All I want ~ is ...** 내가 원하는 건 …이에요 | 061 |

## Part 4 상황을 설명할 때 디즈니 캐릭터가 사용하는 패턴

| | | |
|---|---|---|
| 031 | **It's called ~** ~라고 하는 거야 | 066 |
| 032 | **This is ~** ~한 일이네요 | 067 |
| 033 | **It's the only way to ~** 그게 유일하게 ~하는 방법이야 | 068 |
| 034 | **That's how ~** 그게 ~하는 거야 | 069 |
| 035 | **The thing is ~** 실은 말야 ~ | 070 |
| 036 | **It's hard to ~** ~하는 게 어려워요 | 071 |
| 037 | **Which means ~** 그 말은 ~ | 072 |
| 038 | **There's no ~** ~는 없어 | 073 |
| 039 | **Whatever you ~** 네가 무엇을 ~하든 간에 | 074 |
| 040 | **Whoever + 동사** ~하는 사람은 누구든지 | 075 |

## Part 5 생각을 말할 때 디즈니 캐릭터가 사용하는 패턴

| 041 | I think ~ ~한 것 같아요 | 080 |
| 042 | I guess ~ ~인 것 같아 | 081 |
| 043 | I know ~ ~인 걸 알아요 | 082 |
| 044 | I have no idea ~ ~를 모르겠어요 | 083 |
| 045 | I'm afraid ~ ~인 것 같아요 | 084 |
| 046 | I wonder ~ ~가 궁금하네 | 085 |
| 047 | It's just ~ 그냥 ~해서요 | 086 |
| 048 | I never thought ~ ~할 거라고 생각도 못했어 | 087 |
| 049 | ~ than I thought 내가 생각했던 것보다 더 ~ | 088 |
| 050 | That's why I ~ 그래서 내가 ~한 거예요 | 089 |
| 051 | better than ~ ~보다 더 좋은 | 090 |

## Part 6 소문이나 사실을 말할 때 디즈니 캐릭터가 사용하는 패턴

| 052 | I heard ~ ~라고 들었어 | 094 |
| 053 | Everyone knows ~ 모두가 ~를 알고 있어 | 095 |
| 054 | According to ~ ~에 따르면 | 096 |
| 055 | Speaking of ~ ~라고 하니까 말인데 | 097 |
| 056 | You told me ~ 네가 ~라고 했잖아 | 098 |
| 057 | 'Cause + 주어 + 동사 ~하기 때문이야 | 099 |
| 058 | Because of ~ ~ 때문에 | 100 |
| 059 | be on one's way ○○○가 가는 중이야 | 101 |
| 060 | It took ~ ~ (시간이) 걸렸어 | 102 |
| 061 | How come ~? 왜 ~한 거니? | 103 |

## Part 7 시간에 대해 말할 때 디즈니 캐릭터가 사용하는 패턴

- **062** It's time to ~ ~할 시간이야 — 108
- **063** No time to ~ ~할 시간이 없어 — 109
- **064** Now's your chance to ~ 지금이 ~할 기회야 — 110
- **065** When was the last time ~? 마지막으로 ~한 게 언제야? — 111
- **066** Every time ~ ~할 때마다 — 112
- **067** It's been ~ since ... ...한 후로 ~가 지났네 — 113
- **068** spend + 시간 + -ing ~하는 데 시간을 보내요 — 114
- **069** as soon as ~ ~하자마자 — 115
- **070** Not ~ until ... ...할 때까지는 ~할 수 없어 — 116
- **071** be about to ~ ~하려고 해 — 117

## Part 8 과거에 대해 말할 때 디즈니 캐릭터가 사용하는 패턴

- **072** I've never ~ before 전에 ~해 본 적이 없어요 — 122
- **073** Have you ever ~? ~해 본 적 있어? — 123
- **074** I've been -ing ~하고 있었어요 — 124
- **075** I used to ~ ~하곤 했죠 — 125
- **076** I told you ~ 내가 ~라고 했잖아 — 126
- **077** You said ~ ~라고 했잖아 — 127
- **078** I must have p.p. ~ 내가 ~한 게 분명해요 — 128
- **079** You could have p.p. ~ 네가 ~할 수도 있었다고 — 129
- **080** You should have p.p. ~ 넌 ~를 했어야 해 — 130
- **081** Do you remember ~? ~가 기억나요? — 131

## Part 9  느낌을 말할 때 디즈니 캐릭터가 사용하는 패턴

| 082 | **I feel ~** ~한 기분이야 | 136 |
| 083 | **I feel like ~** ~한 기분이 들어 | 137 |
| 084 | **It feels like ~** ~인 것 같아 | 138 |
| 085 | **I'm worried about ~** ~가 걱정돼 | 139 |
| 086 | **I'm afraid of ~** ~가 무서워 | 140 |
| 087 | **might be** ~일지도 몰라 | 141 |
| 088 | **seem to ~** ~인 것 같아 | 142 |
| 089 | **makes me feel ~** ○○○가 나를 ~하게 해요 | 143 |
| 090 | **Looks like ~** ~인 것 같군 | 144 |
| 091 | **It's like ~** ~인 것 같아 | 145 |

## Part 10  상대방에게 요청할 때 디즈니 캐릭터가 사용하는 패턴

| 092 | **Can you ~?** ~해 주시겠어요? | 150 |
| 093 | **Will you ~?** ~해 주시겠어요? | 151 |
| 094 | **Help me ~** ~하도록 도와주세요 | 152 |
| 095 | **May I ~?** 내가 ~해도 되니? | 153 |
| 096 | **Can I ~?** ~해도 될까요? | 154 |
| 097 | **I need to ~** 제가 ~해야 해요 | 155 |
| 098 | **I need you to ~** 네가 ~해 줘야 해 | 156 |
| 099 | **I want you to ~** 네가 ~하면 좋겠어 | 157 |
| 100 | **~, please** ~ 부탁해요 | 158 |
| 101 | **Please don't ~** 제발 ~하지 마세요 | 159 |

## Part 11 조언이나 제안을 할 때 디즈니 캐릭터가 사용하는 패턴

| 102 | Let's ~ ~하자 | 164 |
| 103 | How about ~? ~는 어때요? | 165 |
| 104 | Why don't we ~? 우리 ~하는 게 어때? | 166 |
| 105 | Why don't you ~? ~하지 그래요? | 167 |
| 106 | We'd better ~ ~하는 게 좋겠어 | 168 |
| 107 | We've got to ~ 우리 ~해야 해 | 169 |
| 108 | Try to ~ ~해 보세요 | 170 |
| 109 | You should ~ ~해 봐 | 171 |
| 110 | You don't have to ~ ~하지 않아도 돼 | 172 |
| 111 | I'll take you ~ 내가 ~로 데려다 줄게 | 173 |

## Part 12 겸손하게 말할 때 디즈니 캐릭터가 사용하는 패턴

| 112 | Let me ~ 내가 ~할게요 | 178 |
| 113 | Let me know ~ ~ 알려 주세요 | 179 |
| 114 | Mind if I ~? ~해도 될까요? | 180 |
| 115 | It's a pleasure to ~ ~해서 기뻐요 | 181 |
| 116 | Would you like to ~? ~하시겠어요? | 182 |
| 117 | I appreciate ~ ~해 주셔서 감사해요 | 183 |
| 118 | Thanks for ~ ~해 줘서 고마워 | 184 |
| 119 | Thanks to ~ ~ 덕분이에요 | 185 |
| 120 | I'm sorry about ~ ~해서 안타깝네요 | 186 |
| 121 | I'm sorry to/that ~ ~해서 미안해요 | 187 |

## Part 13 결단하며 말할 때 디즈니 캐릭터가 사용하는 패턴

| 122 | I'll ~ ~하겠어요 | 192 |
| 123 | I won't ~ ~하지 않겠어 | 193 |
| 124 | I won't let ~ ~를 허락하지 않겠어 | 194 |
| 125 | I'm gonna ~ ~하겠어요 | 195 |
| 126 | I'm not gonna ~ ~하지 않겠어 | 196 |
| 127 | I have to ~ ~해야 해 | 197 |
| 128 | I gotta ~ ~해야겠어 | 198 |
| 129 | No matter what ~ ~라고 해도 | 199 |
| 130 | No one ~ 아무도 ~하지 못해 | 200 |
| 131 | I can't ~ 도저히 ~ 못하겠어요 | 201 |

## Part 14 확신을 가지고 말할 때 디즈니 캐릭터가 사용하는 패턴

| 132 | I'm sure ~ 확실히 ~할 거야 | 206 |
| 133 | I believe ~ ~한다고 믿어 | 207 |
| 134 | I bet ~ ~를 확신해요 | 208 |
| 135 | I knew ~ ~인 줄 알았다니까 | 209 |
| 136 | I'm telling you ~ 확실히 말해 두는데 ~ | 210 |
| 137 | There must be ~ 분명히 ~가 있을 거야 | 211 |
| 138 | You'll never ~ 넌 ~할 수 없을 거야 | 212 |
| 139 | We're supposed to ~ 우린 ~해야 해 | 213 |
| 140 | I don't know if ~ ~할지 모르겠어요 | 214 |
| 141 | I promise ~ ~하겠다고 약속해요 | 215 |

## Part 15 단호하게 말할 때 디즈니 캐릭터가 사용하는 패턴

| | | |
|---|---|---|
| 142 | You can't ~ ~하면 안 되죠 | 220 |
| 143 | Let her/him ~ ~하게 해 줘 | 221 |
| 144 | Listen to ~ ~의 말을 들어 봐 | 222 |
| 145 | No more ~ 더 이상 ~하지 마 | 223 |
| 146 | Not ~ ~ 말고 | 224 |
| 147 | I'm done -ing ~는 하지 않겠어 | 225 |
| 148 | I ain't ~ ~하지 않겠어 | 226 |
| 149 | You don't know ~ 넌 ~를 모를 거야 | 227 |
| 150 | You need to ~ 넌 ~해야 해 | 228 |
| 151 | All that matters is ~ 중요한 것은 ~야 | 229 |

## Part 16 상대방에게 질문할 때 디즈니 캐릭터가 사용하는 패턴

| | | |
|---|---|---|
| 152 | How long ~? 얼마나 ~했던 거야? | 234 |
| 153 | How many/much ~? 몇 개가/얼마나 ~한 거니? | 235 |
| 154 | Where did you ~? 어디서 ~했던 거야? | 236 |
| 155 | What do you mean ~? ~가 무슨 말이야? | 237 |
| 156 | Which one ~? 어떤 게 ~하지? | 238 |
| 157 | Whose ~? 누구의 ~죠? | 239 |
| 158 | What else ~? 또 뭐가 ~한 거죠? | 240 |
| 159 | What makes you ~? 왜 ~한 거야? | 241 |
| 160 | What do you think ~? ~를 뭐라고 생각해? | 242 |
| 161 | Should I ~? 제가 ~할까요? | 243 |

| 162 | **You want me to ~?** 내가 ~하라는 거니? | 244 |

## Part 17 상대방의 의도를 파악할 때 디즈니 캐릭터가 사용하는 패턴

| 163 | **Are you sure ~?** ~인 게 확실해요? | 248 |
| 164 | **Are you saying ~?** ~라는 거죠? | 249 |
| 165 | **You mean ~?** ~라는 건가요? | 250 |
| 166 | **Why did you ~?** 왜 ~한 거니? | 251 |
| 167 | **What about ~?** ~는 어떻게 하고? | 252 |
| 168 | **How could you ~?** 어떻게 ~할 수가 있어? | 253 |
| 169 | **How do you know ~?** 어떻게 ~ 아는 거죠? | 254 |
| 170 | **How many times ~?** 몇 번이나 ~했어? | 255 |
| 171 | **You're not ~, are you?** 너 ~한 거 아니지, 그렇지? | 256 |
| 172 | **~, don't you?** 그러시죠? | 257 |

## Part 18 가정해서 말할 때 디즈니 캐릭터가 사용하는 패턴

| 173 | **If only ~** ~할 수만 있으면 좋을 텐데 | 262 |
| 174 | **What if ~?** ~하면 어쩌지? | 263 |
| 175 | **If it weren't for ~** ~가 아니었다면 | 264 |
| 176 | **in case ~** 혹시라도 ~할까 봐 | 265 |
| 177 | **Unless ~** ~하지 않는다면 말이지 | 266 |
| 178 | **Once you ~** 일단 네가 ~하면 | 267 |
| 179 | **even if ~** 설령 ~라고 해도 | 268 |

| | | |
|---|---|---|
| 180 | **As long as ~** ~하는 한 | 269 |
| 181 | **it would have p.p. ~** ~했겠지 | 270 |
| 182 | **not ~ without ...** … 없이는 ~할 수 없어 | 271 |

## Part 19 명령할 때 디즈니 캐릭터가 사용하는 패턴

| | | |
|---|---|---|
| 183 | **Stop -ing** 그만 좀 ~해 | 276 |
| 184 | **Go get ~** 가서 ~를 가져와 | 277 |
| 185 | **You must ~** 넌 ~해야 해 | 278 |
| 186 | **You've got to ~** 넌 ~해야 해 | 279 |
| 187 | **Make sure ~** 꼭 ~하도록 해 | 280 |
| 188 | **Don't be ~** ~하지 마 | 281 |
| 189 | **Don't let ~** ~하지 못하도록 해 | 282 |
| 190 | **Don't tell me ~** 나한테 ~하라고 하지 마 | 283 |
| 191 | **Just tell me ~** 그냥 ~인지 말해 줘 | 284 |
| 192 | **Just keep ~** 그냥 계속 ~해 | 285 |

## Part 20 자신의 의도를 말할 때 디즈니 캐릭터가 사용하는 패턴

| | | |
|---|---|---|
| 193 | **I mean ~** 제 말은 ~라구요 | 290 |
| 194 | **I didn't mean to ~** ~하려고 했던 건 아니에요 | 291 |
| 195 | **I'm trying to ~** ~하려고 한다고 | 292 |
| 196 | **I should have p.p. ~** ~했어야 했는데 | 293 |
| 197 | **I thought ~** ~인 줄 알았죠 | 294 |

| | | |
|---|---|---|
| 198 | **I'm not saying ~** ~라는 말이 아니라 | 295 |
| 199 | **I'm supposed to ~** 난 ~해야 해요 | 296 |
| 200 | **That's what I ~** 그게 내가 ~한 거예요 | 297 |
| 201 | **Who knows ~?** ~할지 누가 알겠어? | 298 |
| 202 | **~ on my own** 나 혼자서 ~ | 299 |

## Part 21 부정적인 감정을 말할 때 디즈니 캐릭터가 사용하는 패턴

| | | |
|---|---|---|
| 203 | **How dare you ~** 감히 ~하다니 | 304 |
| 204 | **I can't believe ~** ~하다니 믿을 수 없어 | 305 |
| 205 | **I don't care ~** ~는 상관없어 | 306 |
| 206 | **I hate ~** ~가 싫어 | 307 |
| 207 | **There's nothing ~** ~할 게 없어 | 308 |
| 208 | **What's wrong with ~?** ~는 왜 그러는 거야? | 309 |
| 209 | **What's with ~?** ~가 왜 이래? | 310 |
| 210 | **Why do I have to ~?** 왜 내가 ~해야 하지? | 311 |
| 211 | **What am I ~?** 내가 무엇을 ~하지? | 312 |
| 212 | **What have I ~?** 내가 ~한 거지? | 313 |

## Part 22 감탄할 때 디즈니 캐릭터가 사용하는 패턴

| | | |
|---|---|---|
| 213 | **How + 형용사!** 정말 ~해! | 318 |
| 214 | **What a ~!** 정말 ~하군! | 319 |
| 215 | **최상급 + I've ever p.p.** 내가 ~한 중에서 가장 …한 | 320 |

| | | | |
|---|---|---|---|
| 216 | **최상급 + of my life** 내 인생에서 가장 ~한 | | 321 |
| 217 | **I love your ~** 당신의 ~가 좋아요 | | 322 |
| 218 | **You look ~** 당신 ~해 보여요 | | 323 |
| 219 | **You're such a ~** 넌 아주 ~해 | | 324 |
| 220 | **That's a good ~** 그거 좋은 ~야 | | 325 |
| 221 | **Isn't it ~?** ~하지 않니? | | 326 |
| 222 | **There + 주어 + 동사** 저기 ~가 있어 | | 327 |

## Part 23 평소에 습관처럼 디즈니 캐릭터가 사용하는 패턴

| | | | |
|---|---|---|---|
| 223 | **Don't ~ like that** 그렇게 ~하지 마 | | 332 |
| 224 | **I always ~** 난 항상 ~해 | | 333 |
| 225 | **It's too ~** 너무 ~해 | | 334 |
| 226 | **kinda ~** 좀 ~해 | | 335 |
| 227 | **~ either** ~도 아니에요 | | 336 |
| 228 | **more than ~** ~보다 더 | | 337 |
| 229 | **not that + 형용사** 그렇게 ~하지 않은 | | 338 |
| 230 | **~ or something** ~ 같은 거 | | 339 |
| 231 | **So do + 주어** ~도 그래 | | 340 |
| 232 | **You know ~** 저기 말야 ~ | | 341 |
| 233 | **Why do you ~?** 왜 ~하는 거야? | | 342 |

## 디즈니가 추천한 성우가 녹음했습니다!
## 이 책의 mp3 파일 활용 방법

1. 길벗이지톡 홈페이지(www.gilbut.co.kr)에 접속하여, 검색 창에 '디즈니 영어회화 핵심패턴 233'을 검색하여 해당 도서 페이지로 이동합니다.

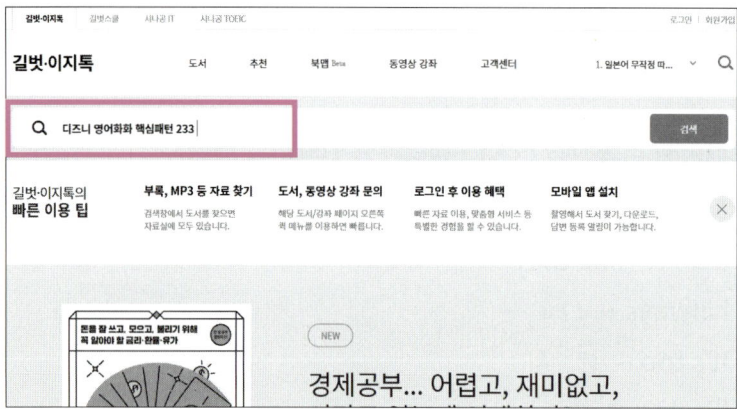

2. 해당 도서의 자료실을 클릭하면 mp3를 바로 듣거나 다운로드 받을 수 있습니다. PC와 스마트폰 모두 이용 가능합니다.

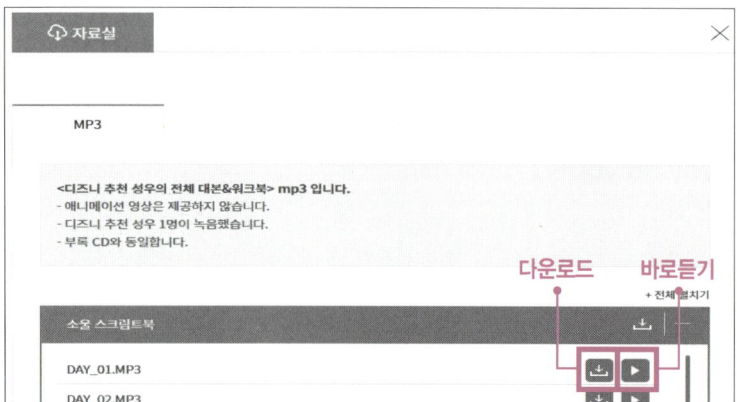

# Part 1

## 나에 대해 말할 때
### 디즈니 캐릭터가 사용하는 패턴

자신을 소개할 때 여러분은 주로 어떤 말을 하세요? 이름이 무엇인지, 어디에서 왔는지, 좋아하는 것은 무엇인지 그리고 지금 자신의 기분이 어떤지도 말할 수 있겠네요. 디즈니 캐릭터들도 우리와 다르지 않답니다. 이번 파트에서는 우리에게 친숙한 알라딘, 니모, 우디가 어떤 패턴을 활용하여 자신을 소개하는지 알아볼게요.

- **패턴 001** Call me ~
- **패턴 002** I'm from ~
- **패턴 003** I'm so ~
- **패턴 004** I'm such a ~
- **패턴 005** I'm the one who ~
- **패턴 006** I like ~
- **패턴 007** I like to ~
- **패턴 008** I don't like ~
- **패턴 009** ~ is my favorite
- **패턴 010** I got ~

# 001 Call me ~
~라고 부르세요

 001.mp3

처음 만난 상대에게 편하게 자신의 이름을 소개하는 말이에요. 성을 제외하고 이름만 말할 때나 영어 이름, 별명 등을 말할 때 쓰면 좋아요. My friends call me ~.(제 친구들은 ~라고 부르죠.) 역시 잘 쓰는 표현이에요.

> 🎬 **도리를 찾아서** : 베일리가 도리의 엄마, 아빠를 처음 만나 인사하며
>
> **BAILEY** Hello, I'm Bailey. Mrs. Dory, Mr. Dory –
> 베일리   안녕하세요, 전 베일리예요. 도리 부인, 도리 씨 –
>
> **JENNY** Oh, please! **Call me** Jenny.
> 제니   그러지 말고, 제니**라고 불러요**.
>
> **CHARLIE** Oh, and I'm Charlie.
> 찰리   난 찰리야.

**1.** 윈스턴 데버예요. 윈**이라고 불러도** 돼요.
▶ Winston Deavor, you can **call me** Win.

🎬 **인크레더블 2** : 데버가 프로존을 처음 만나 자신을 소개하며 한 말이에요.

**2.** 제발 날 캐런**이라고 부르지** 마.
▶ Please don't **call me** Karen.

🎬 **몬스터 대학교** : 마이크가 선생님의 이름을 예의 없이 부르자 선생님이 그를 타이르며 한 말이죠.

**3.** '알'**이라고 부르세요**.
▶ _____

힌트 Al

🎬 **알라딘** : 알라딘이 자스민에게 자신을 소개하며 한 말이에요.

**4.** 지미 설리번, 친구들은 설리**라고 불러**.
▶ Jimmy Sullivan, friends **call me** Sulley.

🎬 **몬스터 대학교** : 설리가 다른 몬스터들에게 자신을 소개하며 한 말이죠.

**5.** 친구들은 날 스퀴시**라고 불러**.
▶ My friends _____

힌트 Squishy

🎬 **몬스터 대학교** : 스퀴시가 다른 동아리 멤버들에게 자신을 소개하며 한 말이에요.

✦ 정답은 소책자 2쪽에

## 002

난 ~에서 왔어요
# I'm from ~

🎧 002.mp3

자신의 고향이나 출신 지역을 말할 때 쓰는 표현이에요. 또한 자신이 소속된 단체나 직장, 학교 등을 말할 때도 쓸 수 있어요.

🎬 **니모를 찾아서** : 어항 속 물고기들이 니모를 처음 만나 자신이 어디에서 왔는지 말하며

**NEMO** Pet store?
**니모** 애완 동물 가게라구요?
**BLOAT** Yeah, you know, like **I'm from** Bob's Fish Mart.
**블롯** 그래, 있잖아, 이를 테면 **난** 밥의 수산시장**에서 왔어**.
**GURGLE** Pet Palace.
**거글** 난 펫 팰리스.

＊ pet store 애완 동물 가게

**1.** 난 사바나 **출신이야**!
▶ **I'm from** the savannah!

🎬 **주토피아** : 야생 동물에 반대하는 시위대에게 비버가 화를 내며 한 말이에요.

**2.** 내가 해양 전시관 **출신이라고**?!
▶ **I'm from** the Open Ocean exhibit?!

🎬 **도리를 찾아서** : 데스티니에게 자신의 출생지에 관한 소식을 듣고 도리가 놀라며 한 말이죠.

**3.** 난 바다에서 왔어요.
▶ _____
　　　　　　　　　　　힌트　the ocean

🎬 **니모를 찾아서** : 니모가 어항에 있는 물고기들에게 자신을 소개하며 한 말이에요.

**4.** 당신에게 내 과거에 대해 말해야겠어요. 그리고 **내가** 어디서 **왔는지도**.
▶ I need to tell you about my past. And where **I'm from**.

🎬 **겨울왕국 2** : 엘사의 엄마가 아빠에게 자신에 대해 고백하며 한 말이에요.

**5.** 난 미네소타**에서 왔어**.
▶ _____
　　　　　　　　　　　힌트　Minnesota

🎬 **인사이드 아웃** : 학교 첫날, 라일리가 친구들에게 자신을 소개하며 한 말이에요.

✧ 정답은 소책자 2쪽에

**잠깐만요!** **2** exhibit 전시관　**3** ocean 바다　**4** past 과거

## 003 I'm so ~
나 너무 ~해

003.mp3

현재 자신의 감정이나 상태를 말할 때 쓰는 표현이에요. so는 '너무 ~한'이란 뜻인데 영어 회화에서는 very보다 더 자주 쓰는 경향이 있어요.

🎬 **빅 히어로** : 히로가 대학교에 합격하자 카스 이모가 매우 자랑스러워하며

**TADASHI** Aunt Cass? We'll catch up, okay?
타다시 카스 이모? 곧 따라갈게요, 알았죠?

**CASS** Sure. **I'm so** proud of you. I'm proud of both of you.
카스 이모 알았어. **나는** 네가 **너무** 자랑스러워. 너희 둘 다 말이야.

**HIRO/TADASHI** Thanks. / Thanks Aunt Cass.
히로/타다시 고마워요. / 감사해요 카스 이모.

\* catch up 따라가다 | be proud of ~를 자랑스러워하다

**1.** 어머, 너무 영광**이야**.
▶ Well, **I'm so** honored.

🎬 **도리를 찾아서** : 도리가 보조 교사 자리를 맡았다고 생각하고 한 말이에요.

**2.** 그녀를 찾아 주셔서 정말 기쁘**네요**.
▶ **I'm so** glad you found her.

🎬 **알라딘** : 알라딘이 위기에 처한 자스민을 구해 주기 위해 화가 난 상인을 진정시키며 한 말이에요.

**3.** 나 너무 배고**파**.
▶ _____
힌트 hungry

🎬 **라이언 킹** : 하이에나가 스카의 신호를 기다리며 불평하는 말이에요.

**4.** 나 너무 무서워.
▶ **I'm so** jumpy.

🎬 **인사이드 아웃** : 라일리가 새로 이사 온 방에서 무서워하자 소심이도 두려움에 떨며 한 말이죠.

**5.** 나 너무 긴장**돼**.
▶ _____
힌트 nervous

🎬 **몬스터 대학교** : 개강 첫날, 랜디가 룸메이트인 마이크에게 긴장된 말투로 한 말이죠.

✦ 정답은 소책자 2쪽에

**잠깐만요!** 4 jumpy 무서운, 조마조마한  5 nervous 긴장된

## 004 난 정말 ~이야
# I'm such a ~

🎧 004.mp3

'난 정말 바보야.', '난 정말 위선자야.' 등 자신이 어떤 존재라고 생각하는지 감정을 섞어 말할 때 쓰는 표현이에요. such a는 '정말 ~한'이란 뜻인데 뒤에 나오는 명사의 의미를 더 크게 해 주는 역할을 해요.

> 🎬 **겨울왕국** : 엘사가 자신의 운명에서 자유로울 수 없음을 노래하며
>
> **ELSA** I'm such a fool! I can't be free!
> 엘사   난 정말 바보 같아! 난 자유로울 수 없어!
>
> **ANNA** You don't have to be afraid.
> 안나   두려워할 필요 없어.
>
> **ELSA** No escape from the storm inside of me!
> 엘사   내 안에 있는 폭풍우로부터 벗어날 수 없어!

\* fool 바보 | afraid 두려워하는 | escape 벗어나다

---

**1.** 왜 **내가 정말** 빨리 배우**는지** 알고 싶어요?
▸ You want to know why I'm such a fast learner?

🎬 **라따뚜이** : 링귀니가 꼴레뜨에게 레미에 관한 비밀을 털어 놓으려고 한 말이죠.

**2.** 왜 **내가 정말** 훌륭한 요리사**인지** 알고 싶어요?
▸ You want to know why I'm such a great cook?

🎬 **라따뚜이** : 링귀니가 꼴레뜨에게 레미에 관한 비밀을 털어 놓으려고 한 말이죠.

**3.** 난 정말 위선자**예요**…
▸ _____
   힌트   hypocrite

🎬 **인크레더블 2** : 슈퍼히어로로 일에 희열을 느끼는 엘라스티걸이 밥에게 죄책감을 느끼며 한 말이에요.

**4.** 넌 말을 **참** 잘 들어**줘**.
▸ You're such a good listener.

🎬 **겨울왕국 2** : 올라프가 안나의 배려에 기분이 좋아져서 한 말이에요.

**5.** 난 너를 **정말** 좋아하는 팬**이야**.
▸ _____
   힌트   huge fan of your work

🎬 **인사이드 아웃** : 기쁨이가 봉봉이를 처음 만나 기쁜 마음으로 한 말이죠.

✦ 정답은 소책자 2쪽에

**잠깐만요!**  **1** fast learner 무엇이든 빨리 배우는 사람  **2** cook 요리사  **3** hypocrite 위선자

## 005

~한 사람은 바로 저예요

# I'm the one who ~

🎧 005.mp3

어떤 일을 한 사람이 바로 나라고 강조하고 싶을 때 이 표현을 써 보세요. 반대로 I'm not the one who ~.는 '~한 사람이 내가 아니에요.'라는 뜻으로 자신을 변호할 때 쓰면 좋아요.

> 🎬 **라이언 킹** : 라피키가 주술을 외우며 심기를 건드리자 심바가 화를 내며
>
> **SIMBA** I think you're a little confused.
> **심바** 당신, 정신이 좀 없는 것 같군요.
>
> **RAFIKI** Wrong! **I'm not the one who**'s confused. You don't even know who you are.
> **라피키** 아니야! 정신이 없**는 사람은 내가 아니지**. 넌 자신이 누군지도 모르잖아.

＊ confused 혼란스러운

**1.** 난 기회를 잡기 위해서라면 기꺼이 무슨 일이든 하**는 사람이야**.

▶ **I am the one who** is willing to do what it takes to seize my moment.

🎬 **코코** : 델라 크루즈가 미구엘을 절벽으로 밀어 버리며 한 말이죠.

**2.** 로켓에 묶여야 하**는 건 바로 나라구**.

▶ **I'm the one that** should be strapped to that rocket.

🎬 **토이 스토리** : 버즈를 질투하던 우디가 자책하는 심경으로 한 말이에요.

**3.** 당신의 갈고리를 찾**은 건 나라구요**.

▶ _____

　　　　　　　　　　　　힌트　found your hook

🎬 **모아나** : 마우이가 혼자 동굴로 들어가려고 하자 모아나가 화를 내며 한 말이에요.

**4.** 네가 없을 때 집에서 너를 맞이**해 주는 사람은 바로 나야**.

▶ When you're gone **I'm the one who** sees you home.

🎬 **겨울왕국 2** : 크리스토프가 사랑에 관해 노래한 말이에요.

**5.** 버림받**은 건 내가 아니라고**.

▶ _____

　　　　　　　　　　　　힌트　who's lost

🎬 **토이 스토리 4** : 보니에게 돌아가야 한다고 주장하는 우디에게 보가 화를 내며 한 말이에요.

✦ 정답은 소책자 2쪽에

1 be willing to 기꺼이 ~하다, take 필요로 하다, seize 붙잡다　2 strap 묶다　3 hook 갈고리

## 006
난 ~가 좋아요
# I like ~

자신이 좋아하는 것을 말할 때 쓰는 표현이에요. 아주 기본적인 표현이지만 회화에서 아주 많이 사용하는 말이에요. I love ~. 역시 좋아하는 것을 말하는 표현이죠.

🎬 **업** : 러셀과 칼이 먼츠의 강아지들을 발견하고

**RUSSELL** Hey, I like dogs!
러셀   와, 난 강아지가 좋아요!

**CARL** We have your dog! Wonder who he belongs to?
칼   저희가 개를 데리고 있어요! 주인이 누군지 궁금하네.

**RUSSELL** Sit boy.
러셀   앉아.

\* wonder 궁금해하다 | belong to ~에 속하다

1. 난 따뜻하게 껴안는 게 좋아.
▶ I like warm hugs.

🎬 겨울왕국 2 : 올라프가 안나를 껴안으며 정겹게 한 말이에요.

2. 난 열린 성문이 좋아.
▶ I like the open gates.

🎬 겨울왕국 : 평화가 찾아온 아렌델에서 안나와 엘사가 기뻐하며 한 말이에요.

3. 난 조개가 좋아.
▶ _____
힌트 shells

🎬 도리를 찾아서 : 도리가 집을 찾기 위해 조개를 따라가며 한 말이죠.

4. 그의 다른 목소리가 좋았는데.
▶ I liked his other voice.

🎬 업 : 러셀이 강아지 알파의 다른 목소리를 듣고 한 말이에요.

5. 난 모래가 좋아.
▶ _____
힌트 sand

🎬 도리를 찾아서 : 부모님과 집 찾기 놀이를 하던 어린 도리가 모래에 정신이 팔려서 한 말이에요.

✧ 정답은 소책자 2쪽에

**잠깐만요!** 1 hug 껴안기   3 shell 조개   5 sand 모래

## 007 I like to ~
### 난 ~하는 게 좋아요

🎧 007.mp3

자신이 좋아하는 행동을 말할 때 쓰는 패턴이에요. to 다음에는 동사원형이 나와요. 반대로 어떤 행동을 하길 싫어한다고 말하고 싶으면 I don't like to ~.라고 해 주세요. I love to ~.도 좋아하는 행동을 말할 때 쓰는 표현이에요.

---

🎬 **겨울왕국** : 여름에 대해 기대가 큰 올라프에게 크리스토프가 현실을 말해 주려고 하며

**KRISTOFF**  Really? I'm guessing you don't have much experience with heat.
크리스토프  정말? 네가 열에 대한 경험이 별로 없는 것 같은데.

**OLAF**  Nope. But sometimes **I like to** close my eyes and imagine what it'd be like when summer does come.
올라프  그래 없어. 하지만 **난** 가끔 눈을 감고 여름이 오면 어떨까 상상**하는 게 좋아**.

\* experience 경험 | heat 열 | imagine 상상하다 | what it'd be like ~가 어떨까

---

**1.** 난 스스로를 사랑 전문가라고 생각**하는 게 좋아**.
▸ **I like to** consider myself a love expert.

🎬 **겨울왕국** : 올라프가 사랑 전문가를 만나러 간다고 생각하고 기대에 부풀어 한 말이죠.

**2.** 삶이 힘들 때 여름 태양 아래서 긴장을 풀고 즐기는 꿈을 꿔!
▸ When life gets rough, **I like to** hold on to my dream of relaxing in the summer sun just letting off steam!

🎬 **겨울왕국** : 올라프가 여름을 생각하며 행복하게 노래한 말이에요.

**3.** 꽉 잡아요! 우린 빨리 가**는 걸 좋아해요**.
▸ Hang on! We _____
  힌트  go fast

🎬 **겨울왕국** : 크리스토프가 썰매를 빨리 몰면서 안나에게 한 말이에요.

**4.** 난 헤엄치**는 게 좋아**!
▸ **I love to** swim!

🎬 **니모를 찾아서** : 니모를 찾아 나서는 도리가 흥겹게 노래한 말이에요.

**5.** 난 물과 함께 춤추**는 걸 좋아해**.
▸ _____
  힌트  dance with the water

🎬 **모아나** : 탈라 할머니가 모아나에게 내면의 목소리에 대해 노래한 말이에요.

✦ 정답은 소책자 3쪽에

---

 1 expert 전문가  2 rough 힘든, hold on to 붙잡다, let off steam 긴장을 풀다  3 Hang on! 꽉 잡아요!

# 008　I don't like ~

난 ~를 좋아하지 않아

🎧 008.mp3

어떤 것에 대해 호감이 없거나 어떤 행동을 하고 싶지 않다는 말이에요. 이와 비슷한 표현으로 I'm not a huge fan of ~.도 익혀 두면 좋아요. 직역하면 '~의 왕팬은 아니야.'가 되는데 '~를 그리 좋아하지 않아.'라는 의미랍니다.

> 🎬 **코코** : 헥터가 자신을 무시하는 음악가들을 비난하자 미구엘이 자신도 음악가라고 하며
>
> **HÉCTOR**　This is why **I don't like** musicians... bunch of self-important jerks!
> 헥터　이래서 **내가** 음악가들을 안 좋아한다니까... 잘난 척만 하는 바보들이지!
>
> **MIGUEL**　Hey, I'm a musician.
> 미구엘　이봐요, 나도 음악가라구요.
>
> **HÉCTOR**　You are?
> 헥터　그래?

＊ bunch of 몇 개의 | self-important 잘난 척하는 | jerk 바보

---

**1.** 난 그런 일을 하고 싶지 않아!!
▸ **I don't like** doing it!!

🎬 **알라딘** : 지니가 죽은 사람을 살리는 일은 하고 싶지 않다고 한 말이에요.

**2.** 난 잡담이나 질문 같은 거 안 좋아해 –
▸ **I don't like** chatter, and questions and--

🎬 **도리를 찾아서** : 말이 많은 도리에게 행크가 조용히 하라는 의도로 한 말이에요.

**3.** 난 비밀을 좋아하지 않아.
▸ _____
　　　　　　　　　　　힌트　secrets

🎬 **라따뚜이** : 에밀이 레미에게 비밀을 지킬 수 없을 것 같다고 한 말이죠.

**4.** 난 이곳이 싫어.
▸ **I don't like** it here.

🎬 **인사이드 아웃** : 슬픔이가 으스스한 무의식의 동굴로 들어가며 한 말이에요.

**5.** 난 갈등을 좋아하지 않아.
▸ _____
　　　　　　　　　힌트　confrontations

🎬 **토이 스토리** : 장난감들이 우디를 책하자 렉스가 싸움을 원하지 않는다며 한 말이죠.

✦ 정답은 소책자 3쪽에

**잠깐만요!**　**2** chatter 수다　**3** secret 비밀　**5** confrontation 갈등, 대립

## 009 ~ is my favorite
~는 내가 제일 좋아하는 거예요

🎧 009.mp3

자신이 가장 좋아하는 것을 설명할 때 쓰는 표현이에요. My favorite ○○○ is ~.라는 패턴으로도 쓸 수 있는데 '내가 가장 좋아하는 ○○○는 ~이에요.'라는 뜻이에요.

> 🎬 **미녀와 야수** : 벨이 책방 주인에게 자신이 좋아하는 책에 대해 설명하며
>
> **BOOKSELLER** That one? But you've read it twice!
> **책방 주인** 그거? 하지만 두 번이나 읽었잖니!
>
> **BELLE** Well it's my favorite! Far off places, daring swordfights, magic spells, a prince in disguise!
> **벨** 제가 제일 좋아하는 거예요! 머나먼 곳에서, 대담한 칼싸움, 마법의 주문, 변장을 한 왕자님!
>
> **BOOKSELLER** Well, if you like it all that much, it's yours!
> **책방 주인** 그럼 그렇게 좋아하면 가지렴!

＊ twice 두 번 | far off 멀리 떨어진 | daring 대담한 | swordfight 칼싸움 | spell 마법 주문 | disguise 변장

---

1. 그는 제가 제일 좋아하는 차였어요!
▶ **He's always been my favorite!**

🎬 **카 3** : 프리터가 TV에 나와서 맥퀸에 대해 하는 말이에요.

2. 학교에 있는 하수구 중 이게 내가 최애하는 거야.
▶ **Of all the sewers on campus this one has always been my favorite.**

🎬 **몬스터 대학교** : 아트가 동아리 친구들에게 길을 안내하며 한 말이죠.

3. 보라색이 내가 제일 좋아하는 거야.
▶ _____
  힌트 Purple ones

🎬 **도리를 찾아서** : 도리의 엄마가 어린 도리와 놀아 주면서 한 말이에요.

4. 내가 좋아하는 게 아니야.
▶ **It's just not my favorite.**

🎬 **온워드** : 발리가 아빠와의 아쉬운 기억을 떠올리며 한 말이에요.

5. 비는… 나도 제일 좋아하는 거야!
▶ _____
  힌트 Rain

🎬 **인사이드 아웃** : 슬픔이가 비를 제일 좋아한다고 하자 기쁨이가 당황하며 한 말이에요.

◆ 정답은 소책자 3쪽에

**잠깐만요!** 2 sewer 하수구  3 purple 보라색

## 010 난 ~가 있어
# I got ~

🎧 010.mp3

I got ~.은 I have ~.(~가 있어.)처럼 자신이 가지고 있는 것을 말할 때 쓰는 패턴이에요. 주로 회화에서 쓰는데 자신이 지금 어떤 상황에 있는지 설명할 때도 쓸 수 있어요.

> 🎬 **주토피아** : 시장이 의사에게 동물들이 난폭하게 변하는 이유를 빨리 알아내라고 재촉하며
>
> **DOCTOR BADGER**  Mayor Lionheart, please, we're doing everything we can.
> **오소리 의사**  라이언하트 시장님, 저희는 최선을 다하고 있습니다.
> **LEODORE LIONHEART**  Really? Cuz **I got** a dozen and a half animals here who've gone off the rails crazy-- and you can't tell me why. I'd call that awfully far from doing everything.
> **레오도어 라이언하트**  진심으로 하는 말인가? **나에겐** 지금 미쳐 날뛰는 많은 동물**이 있는데** – 당신은 그 이유도 밝힐 수 없잖소. 최선을 다하는 것과는 거리가 아주 먼 것 같은데.

✱ mayor 시장 | dozen 12개 | go off the rails 정도를 벗어나다 | awfully 매우 | far from ~와는 거리가 먼

---

**1.** 난 꿈이 있어. 꿈이 좀 있다고.
▸ **I got** a dream, **I got** some dreams.

🎬 라푼젤 : 건달이 술에 취해 흥얼거리며 한 말이죠.

**2.** 난 아무것도 없다고.
▸ **I got** nothing.

🎬 빅 히어로 : 참신한 아이디어가 떠오르지 않자 히로가 짜증내며 한 말이죠.

**3.** 너에게 보여 줄 게 있어!
▸ _____
힌트  somethin' to show ya

🎬 업 : 어린 엘리가 팔에 깁스를 하고 누워 있는 칼에게 한 말이에요.

**4.** 선약이 있어요.
▸ **I have** a previous engagement.

🎬 인크레더블 : 데이트 신청을 하는 인크레더블에게 엘라스티걸이 한 말이에요.

**5.** 아직 개봉하지 않은 영화**도** 있어요!
▸ _____
힌트  movies that haven't even been released yet

🎬 주토피아 : 족제비가 길모퉁이에서 불법 영화를 팔면서 한 말이죠.

✦ 정답은 소책자 3쪽에

**잠깐만요!** 3 ya = you  4 previous engagement 선약  5 release 개봉하다

# Review 001 ~ 010 패턴으로 대화하기

앞서 배운 10개 패턴을 활용하여 네이티브와 대화에 도전해 보세요. 빈칸을 채운 후, 오디오 파일을 2번씩 따라하세요.

## 1. [인크레더블 2] 데버가 슈퍼히어로들을 처음 만나 인사하며

**DEAVOR** Winston Deavor, _____. Genuine pleasure to meet you – Frozone.
원스턴 데버예요. **윈이라고 불러도 돼요.** 만나서 정말 반가워요 – 프로존.

**FROZONE** Oh, good to see you.
오, 만나서 반갑습니다.

**DEAVOR** Elastigirl.
엘라스티걸이군요.

**ELASTIGIRL** Nice to meet you.
반가워요.

* genuine 진정한, 진짜의

## 2. [도리를 찾아서] 도리가 예전에 부모님과 집 찾기 놀이를 하던 기억을 떠올리며

**YOUNG DORY** Hey, I live there.
아, 나 여기에 살아요.

**CHARLIE** Yes, yes indeed.
그래, 그렇단다.

**YOUNG DORY** _____
**난 조개가 좋아요.**

**JENNY** That's right, dear. Do you think you could find me another shell?
맞아, 우리 아기. 다른 조개도 찾아 줄 수 있겠니?

**JENNY** Purple ones are my favorite.
보라색 조개가 내가 제일 좋아하는 거잖아.

* indeed 진정으로 | shell 조개 | purple 보라색

## 3. [빅 히어로] 히로가 쇼케이스 발표를 위한 좋은 생각이 떠오르지 않자 짜증을 내며

**HIRO** Nothing. No ideas. Useless, empty brain.
아무것도 없어. 생각이 떠오르지 않아. 쓸모도 없는, 깡통 같은 뇌 같으니라고.

**TADASHI** Wow.
와.

**TADASHI** Washed up at fourteen. So sad.
14살밖에 안 됐는데 가망이 없다니. 참 슬픈 일이군.

**HIRO** _____ I'm done. I'm never getting in.
**난 아무것도 없다고.** 난 끝이야. 절대로 입학하지 못할 거야.

**TADASHI** Hey. I'm not giving up on you.
이봐. 난 널 포기하지 않아.

* useless 쓸모가 없는 | empty 텅 빈 | washed up 가망이 없는, 쓸모가 없는 | get in 들어가다, 입학하다 | give up on ~를 포기하다

## 4.
**[토이 스토리 4] 보와 우디가 장난감의 의리에 대해 말싸움을 하며**

**BO** No. YOU need Bonnie... Open your eyes Woody. There's plenty of kids out there... It can't be just about the one you're still clinging to.

아니야. 보니가 필요한 건 바로 너야… 눈을 뜨라고 우디. 밖에는 아이들이 많이 있어… 아직도 한 아이에게만 집착할 필요는 없어.

**WOODY** It's called "loyalty." Something a lost toy wouldn't understand.

그건 "의리"라고 하는 거야. 버려진 장난감은 이해할 수 없는 말이지.

**BO** _____

버림받은 건 내가 아니라고.

\* plenty of 많은 | cling to ~에 집착하다 | loyalty 충성심, 의리 | lost 버려진, 잃어버린

## 5.
**[온워드] 발리가 이안에게 아빠에 대한 아쉬운 추억을 말하며**

**IAN** Barley, do you have another memory of Dad you haven't told me?

형, 나한테 말하지 않은 아빠의 기억이 또 있는 거야?

**BARLEY** _____

그리 마음에 드는 건 아니야.

**IAN** What do you mean?

무슨 말이야?

**BARLEY** When Dad was sick... I was supposed to go in and say goodbye to him. But he was hooked up to all these tubes and... he just didn't look like himself. I got scared.

아빠가 편찮으셨을 때… 내가 병실에 들어가서 작별인사를 해야 했어. 하지만 아빠 몸에 선들이 너무 많이 꽂혀 있었고… 우리 아빠처럼 안 보였다고. 난 너무 무서웠어.

\* be supposed to ~해야 한다 | hook up to ~에 연결되어 있다 | scared 무서운

## 6.
**[인사이드 아웃] 소심이가 곰이 나타난 줄 알고 겁을 먹고서**

**FEAR** Was it a bear? It's a bear!

곰이었어? 곰이야!

**DISGUST** There are no bears in San Francisco!

샌프란시스코에는 곰이 없어!

**ANGER** I saw a really hairy guy. He looked like a bear...

털이 정말 많은 남자를 봤어. 정말 곰처럼 보였지…

**FEAR** Oh, _____.
My nerves are shot!

오, **나 너무 무서워**. 신경이 곤두섰어!

**DISGUST** Ew, I don't want to hear about your nerves!

으이구, 네 신경 따위가 어떻게 됐는지 듣고 싶지 않아!

\* hairy 털이 많은 | jumpy 조마조마한, 겁나는 | My nerves are shot! 예민하고 긴장된 상태를 의미하는 말

**1.** [겨울왕국] 크리스토프가 안나를 데리고 트롤을 만나러 가려고

| | | |
|---|---|---|
| OLAF | Okay! Where are we going? | 알았어! 우리 어디에 가는데? |
| KRISTOFF | To see my friends. | 내 친구들을 만나러. |
| ANNA | The love experts? | 사랑 전문가들 말하는 거예요? |
| OLAF | Love experts?! | 사랑 전문가라고?! |
| KRISTOFF | Yes, now come on. | 그래요, 자 갑시다. |
| KRISTOFF | Yes. And don't worry; they'll be able to fix this. | 네. 걱정 말아요; 그들이 이 문제를 해결해 줄 테니까. |
| ANNA | How do you know? | 어떻게 알아요? |
| KRISTOFF | ...Because I've seen them do it before. | … 그렇게 하는 걸 예전에 본 적이 있으니까. |
| OLAF | _____ | 난 내가 사랑 전문가라고 생각하는 게 좋아. |

＊ expert 전문가 | fix 해결하다

정답  1. you can call me Win  2. I like shells.  3. I got nothing.  4. I'm not the one who's lost.  5. It's just not my favorite.  6. I'm so jumpy  7. I like to consider myself a love expert.

036

# Part 2

## 인사할 때
### 디즈니 캐릭터가 사용하는 패턴

이번 파트에서는 대화를 시작하고 끝맺는 인사말을 연습해 볼 거예요. 처음 만난 상대에게 쓸 수 있는 패턴부터 대화를 마무리하며 활용할 수 있는 패턴까지 다양해요. 눈으로만 익히지 말고 자신이 디즈니 캐릭터가 되었다고 생각하고 크게 말해 보세요.

- 패턴 011  It's nice to ~
- 패턴 012  Look who ~
- 패턴 013  I'm here to ~
- 패턴 014  How was ~ ?
- 패턴 015  Things are ~
- 패턴 016  Enjoy ~
- 패턴 017  Say hello to ~
- 패턴 018  You ready to ~ ?
- 패턴 019  There's something I want to ~
- 패턴 020  You must be ~

~해서 반가워요
# It's nice to ~

반가움이나 기쁨을 표현하는 말이에요. to 뒤에 어떤 일로 기쁜지를 쓰면 되는데 꼭 동사의 기본형을 써야 해요. 처음 만난 사람에게 하는 인사 Nice to meet you.는 It's nice to meet you.를 줄여서 쓴 말이에요.

> 🎬 **인크레더블 2** : 슈퍼히어로들이 모인 자리에서 엘라스티걸이 브릭과 만나 인사하며
>
> **BRICK** I am called Brick.
> 브릭 저는 브릭이에요.
>
> **ELASTIGIRL** Nice to meet you, Brick. Uh, where are you from?
> 엘라스티걸 만나서 반가워요. 브릭, 어디서 왔어요?
>
> **BRICK** Wisconsin.
> 브릭 위스콘신이요.

**1.** 친구, 만나서 반가워.
▶ Buddy, it's nice to see ya.

🎬 **주토피아** : 닉이 주디와 함께 나무늘보를 찾아가서 한 말이에요.

**2.** 누군가가 이 위에 있다니 정말 반갑네요!
▶ It's nice to know someone else is up here!

🎬 **업** : 칼이 안개 속에서 한 남자의 형체를 발견하고 한 말이에요.

**3.** 안녕, 만나서 반가워.
▶ How are you? _____

   힌트 see you

🎬 **몬스터 주식회사** : 마이크가 웃음 에너지를 얻으려고 아이의 방에 들어가 한 말이죠.

**4.** 안녕하세요, 알라딘. 쇼에 와 주셔서 감사해요.
▶ Hello, Aladdin, nice to have you on the show.

🎬 **알라딘** : 지니가 알라딘을 처음 만나서 한 말이에요.

**5.** 안녕, 포키, 만나서 반가워.
▶ Well, hello, Forky, _____

   힌트 meet you

🎬 **토이 스토리 4** : 유치원 선생님이 보니가 만든 포키에게 인사하며 한 말이에요.

✦ 정답은 소책자 3쪽에

## 012 Look who ~

누가 ~한지 보라고

🎧 012.mp3

오랜만에 만난 상대에게 인사말로 잘 쓰는 표현이에요. '~ 아니신가?'라고 해석할 수도 있고 look의 뜻을 살려서 '누가 ~한지 보라고.'라고 할 수도 있어요.

> 🎬 **니모를 찾아서** : 학교 첫날, 말린이 니모를 학교에 데려다 주는 길에 밥을 만나
>
> **MARLIN** Excuse me, is this where we meet his teacher?
> **말린** 실례합니다, 여기가 선생님을 만나는 곳인가요?
> **BOB** Well, **look who**'s out of the anemone.
> **밥** 드디어 **누가** 말미잘 밖으로 나왔**는지 보라고.**
> **MARLIN** Yes. Shocking, I know.
> **말린** 그래요. 놀라운 게 당연하죠.

\* out of ~에서 나온 | anemone 말미잘 | shocking 놀라운

---

**1.** 오, 이게 **누구신가**.
▶ Well, **look who**'s here.

🎬 카 3 : 플로가 오랜만에 맥퀸을 만나 반가워서 하는 말이에요.

**2.** 마침내 **누가** 왔나 **보라고**!
▶ **Look who** finally showed up!

🎬 카 3 : 레이싱 훈련을 하는 스모키가 매우 흥분하며 크게 소리치는 말이에요.

**3.** 사장님, **누가** 왔**는지 보세요**.
▶ Hey, boss, _____
힌트 is here

🎬 라따뚜이 : 라루스가 스키너에게 링귀니를 소개하며 한 말이에요.

**4.** 이런, 이런, 이게 **누구야**.
▶ Well, well, **look who** it is.

🎬 주토피아 : 닉이 길에서 불법 영화를 파는 족제비를 만나서 한 말이에요.

**5.** **누가** 돌아왔**나 보라고**.
▶ _____
힌트 is back

🎬 토이 스토리 3 : 랏소가 다시 돌아온 우디를 발견하고 한 말이에요.

✦ 정답은 소책자 3쪽에

**잠깐만요!** 2 show up 나타나다  5 be back 돌아오다

# 013  I'm here to ~

~하러 왔어요

 013.mp3

자신이 이곳에 온 목적이나 의도를 말할 때 쓰는 표현이에요. 상대방에게 자신의 방문 목적이나 의도를 명확하게 전달하고 싶을 때 이 패턴을 활용해 보세요. to 뒤에는 동사의 기본형을 써야 합니다.

> 🎬 **주토피아**: 주디가 닉을 만나서 어떤 사건에 대해 물어보며
>
> **NICK**  Hey, it's Officer Toot-toot.
> **닉**  이야, 뛰뛰빵빵 경관이네.
>
> **HOPPS**  Ha-ha-ho, no actually it's Officer Hopps, and **I'm here to** ask you some questions about a case.
> **홉스(주디)**  하하, 아니야, 난 홉스 경관이라고, 사건에 대해 물어보**려고 왔어**.

\* officer 경관 | toot-toot 빵빵(자동차 경적 소리) | actually 사실 | case 사건

---

1. 등록하는 곳이 저쪽이라고 말해 **주려고**.
▶ **I'm here to** say that registration is that-a-way!

🎬 **몬스터 대학교**: 선배 몬스터가 신입생들에게 등록하는 곳을 가르쳐 주며 한 말이죠.

2. 무파사 전하께서 오시는 중이라고 알려 드리**려고 왔습니다**.
▶ **I'm here to** announce that King Mufasa is on his way.

🎬 **라이언 킹**: 자주가 스카에게 무파사 왕이 오고 있는 중이라고 한 말이에요.

3. 난 그가 계획한 대로 해 주려고 온 거야.
▶ Well, _____
힌트 play his game

🎬 **뮬란**: 산유가 황제의 정찰대에게 도발하듯 한 말이에요.

4. 신사 숙녀 여러분, **여러분은** 이 자리에서 역사를 목격**하실 것입니다**.
▶ Ladies and gentlemen, **you're here to** witness history.

🎬 **빅 히어로**: 크레이가 순간 이동 장치를 귀빈들에게 소개하며 한 말이에요.

5. 너를 막으**러 왔다**, 외눈 악당 바트!
▶ _____, One-Eyed Bart!
힌트 stop you

🎬 **토이 스토리**: 장난감 놀이를 하는 앤디가 포테이토 헤드에게 경고하며 한 말이에요.

✧ 정답은 소책자 4쪽에

1 registration 등록   2 announce 말하다, be on one's way 오는 중이다   3 play one's game ~의 계획에 맞춰 주다
4 witness 목격하다

## 014  How was ~?

~는 어땠어?

🎧 014.mp3

'오늘 회사는 어땠어요?', '학교는 어땠니?'처럼 상대방에게 관심을 가지고 물어보는 말이에요. 상대방과 대화를 시작할 때 가볍게 던지는 질문으로 좋은 패턴이죠.

> 🎬 **주토피아** : 경찰로서 첫 출근을 한 주디가 부모님과 화상 통화를 하며
>
> **MRS. HOPPS**   Aw there she is! Hi sweetheart!
> 홉스 부인(엄마)   아, 저기 있네! 안녕 얘야!
>
> **MR. HOPPS**   Hey there, Jude the Dude! **How was** your first day on the force?
> 홉스 씨(아빠)   안녕, 우리 주디! 경찰서에서의 첫날**은 어땠어**?
>
> **HOPPS**   It was real great.
> 홉스(주디)   정말 좋았어요.

\* force 군대, 경찰서

**1.** 바이올렛의 데이트**는 어땠어요**?
▸ **How was** Violet's date?

🎬 **인크레더블 2** : 헬렌이 밥에게 전화해서 집안일에 대해 물어본 말이에요.

**2.** 배심원 활동**은 어땠어**?
▸ **How was** jury duty?

🎬 **몬스터 주식회사** : 마이크가 회사 동료에게 반갑게 인사하며 한 말이에요.

**3.** 학교**는 어땠어**?
▸ _____
힌트  school

🎬 **인크레더블** : 저녁을 먹으며 헬렌이 바이올렛에게 오늘 하루가 어땠는지 물어본 말이에요.

**4.** 낮잠**은 잘 주무셨어요**, 맥퀸 씨?
▸ **How was** your nap, Mr. McQueen?

🎬 **카 3** : 크루즈가 낮잠에서 깬 맥퀸에게 다정하게 물어본 말이에요.

**5.** 학교 첫날**은 어땠어**?
▸ _____
힌트  the first day of school

🎬 **인사이드 아웃** : 엄마가 라일리에게 전학 간 학교가 어땠는지 물어본 말이에요.

✧ 정답은 소책자 4쪽에

**잠깐만요!**   2 jury duty 배심원 활동   4 nap 낮잠

# 015

일이 ~해요

## Things are ~

🎧 015.mp3

자신의 현재 상황이나 일이 진행되고 있는 상태를 전반적으로 말할 때 쓰는 표현이에요. 또한 어떤 일의 분위기를 한 마디로 묘사할 때 쓸 수도 있어요. Things are bad.(상황이 안 좋아.), Things are different.(상황이 바뀌었어.)처럼 말이죠.

🎬 인크레더블 2 : 저녁 식사 자리에서 대쉬가 지금 상황을 걱정하자 헬렌이 안심시키며

**DASH** Are things... bad?
대쉬  나쁜… 일이 있는 거예요?

**HELEN**  Things are fine.
헬렌  다 괜찮아.

**DASH**  May I be excused?!
대쉬  저 일어나도 돼요?!

\* May I be excused? 자리를 떠나도 되는지 허락을 구하는 표현

1. 그래, 다 잘되고 있어.
▶ Yes, things are going quite well.

🎬 인크레더블 : 에드나가 오랜만에 자신을 찾아온 밥에게 한 말이에요.

2. 하지만 지금은 상황이 바뀌었어.
▶ But things are different now.

🎬 인크레더블 : 비행기가 추락할 위기에 처하자 헬렌이 바이올렛에게 초능력을 쓰라며 한 말이죠.

3. 다 잘되고 있어요.
▶ _____

힌트  good

🎬 인크레더블 2 : 엘라스티걸이 TV 토크쇼에 출연해서 인사로 한 말이에요.

4. 두 번째 경기의 중반전인데요, 점점 흥미로워지네요.
▶ We are at the halfway point of the 2nd event, and things are getting interesting.

🎬 몬스터 대학교 : 학생회 부대표가 겁주기 대회의 진행 상황을 관중들에게 알려 주며 한 말이에요.

5. 정말 모든 게 엉망이라고.
▶ _____

힌트  messed up

🎬 인사이드 아웃 : 까칠이가 본부로 돌아온 기쁨이에게 암울한 상황을 설명한 말이에요.

✦ 정답은 소책자 4쪽에

 4 halfway 중반, interesting 흥미로운   5 messed up 엉망인

## 016 Enjoy ~

**좋은 ~ 되세요**

대화를 마무리하며 상대방에게 좋은 시간을 보내라는 의미로 쓰는 말이에요. Enjoy 뒤에 상대방이 즐길 일을 간단하게 붙여 주면 돼요. 문장의 끝을 올려서 경쾌하게 말하면 상대방의 기분도 더 좋아지겠죠?

> 🎬 코코 : 미구엘이 밴드의 도움으로 파티에 몰래 잠입한 후 그들과 헤어지며
>
> **BAND LEADER** **Enjoy** the party, little músico!
> 밴드 리더   파티를 즐기라고, 작은 음악가 친구!
>
> **MIGUEL** Gracias!
> 미구엘   고마워요!

\* músico 음악가(스페인어) | Gracias! 감사합니다(스페인어)

---

**1.** 잘 다녀와요, 헥터!
▶ **Enjoy** your visit, Héctor!

🎬 코코 : 출입국 관리관이 출국장에서 헥터에게 한 말이에요.

**2.** 자, 섬에서 좋은 시간 보내라고.
▶ Okay, **enjoy** the island.

🎬 모아나 : 마우이가 모아나를 섬에 혼자 남겨둔 채 떠나며 한 말이죠.

**3.** 방문 잘 하세요!
▶ _____
힌트   your visit

🎬 코코 : 출입국 관리관이 여행객에게 한 말이에요.

**4.** 명절 잘 쉬고 오셨기를 바라네요!
▶ We hope you **enjoyed** your holiday!

🎬 코코 : 죽은 이들의 세상 입국장에서 사람들을 환영하며 한 말이에요.

**5.** 영화 잘 보고 와.
▶ _____
힌트   the movie

🎬 인크레더블 2 : 데이트하러 가는 바이올렛에게 밥이 좋은 시간 보내라며 한 말이에요.

✦ 정답은 소책자 4쪽에

# 017

~와 인사해

# Say hello to ~

🎧 017.mp3

대화를 마무리하며 '~에게 안부 전해 줘.'라고 할 때 쓰는 표현이에요. 이럴 때는 맨 뒤에 for me를 붙이는 경우가 많아요. 또한 '~와 인사해.'라는 뜻으로 누군가를 소개할 때 쓰기도 해요. 디즈니 악당들이 사악한 웃음을 지으며 나쁜 인물이나 물건을 소개할 때 이 말을 많이 하죠.

🎬 **인크레더블** : 집을 나서는 밥과 루시우스가 헬렌에게 작별 인사를 하며

**BOB** It's Wednesday.
밥  오늘은 수요일이잖아.

**HELEN** Bowling night. **Say hello to** Honey for me, Lucius.
헬렌  볼링 치는 밤이네요. 허니**에게 안부 전해 줘요**, 루시우스.

**FROZONE** Will do. Goodnight, Helen. Night, kids!
프로존(루시우스)  그럴게요. 잘 있어요, 헬렌. 안녕, 얘들아!

**1.** 그렇다면 난 부탁이 하나밖에 없지: 할머니**와 인사해**.
▶ Then I have only one request: **say hello to** Gram-mama.

🎬 **주토피아** : 미스터 빅이 주디와 닉을 죽이려고 하며 한 말이에요.

**2.** 비명 유착기**와 인사나 해**.
▶ **Say hello to** the scream extractor.

🎬 **몬스터 주식회사** : 랜달이 마이크를 위협하며 한 말이에요.

**3.** 새 엄마**에게 인사하렴**.
▶ _____
힌트  your new mummy

🎬 **니모를 찾아서** : 치과 의사 셔먼이 니모에게 달라의 사진을 보여 주며 한 말이에요.

**4.** 너의 귀중한 알리 왕자**와 인사해 봐**.
▶ **Say hello to** your... precious Prince Ali.

🎬 **알라딘** : 자파가 알라딘의 정체를 자스민에게 폭로하며 한 말이죠.

**5.** 아빠**에게 안부 전해 줘**.
▶ _____
힌트  Dad for me

🎬 **온워드** : 이안이 발리에게 아빠를 만날 기회를 양보하며 한 말이죠.

✦ 정답은 소책자 4쪽에

1 request 부탁  2 scream 비명, extractor 뽑아내는 기계  3 mummy 엄마  4 precious 소중한

# 018

~할 준비됐어요?
## You ready to ~?

🎧 018.mp3

상대방이 어떤 행동을 할 준비가 되었는지 물어보는 말이에요. Are you ready to ~?가 정석 표현이지만 회화에서는 이렇게 줄여서 쓰는 경우가 많아요.

> 🎬 **업** : 이른 아침, 간호사가 칼을 요양원으로 데려가려고 하며
>
> **CARL** Morning gentlemen.
> 칼 안녕하슈.
>
> **NURSE GEORGE** Good morning, Mr. Fredricksen. **You ready to** go?
> 간호사 조지 안녕하세요, 프레드릭슨 씨. 갈 **준비되셨어요**?
>
> **CARL** Ready as I'll ever be. Would you do me a favor and take this?
> 칼 준비되고 말고. 이것 좀 받아 주겠어?

\* do ~ a favor 부탁을 들어주다

**1.** 자 훈련 시작할 **준비됐어?**
▶ **So you ready to start training?**

🎬 카 3 : 맥퀸이 크루즈에게 레이싱 훈련을 할 준비가 되었는지 물어본 말이에요.

**2.** 탄소를 배출할 준비가 되었나, 친구?
▶ **You ready to blow out a little carbon there, boy?**

🎬 카 3 : 덕이 맥퀸에게 레이싱 훈련을 제안하며 한 말이에요.

**3.** 다시 질 **준비됐어요?**
▶ _____
힌트  lose again

🎬 카 3 : 레이싱 전에 크루즈가 맥퀸에게 즐겁게 도발하며 한 말이에요.

**4.** 비행 **준비됐나**, 아비게일?
▶ **Ready to go for a ride, Abigail?**

🎬 빅 히어로 : 크레이가 파일럿 아비게일에게 비행할 준비가 되었는지 물어본 말이죠.

**5.** 세상을 더 좋은 곳으로 만들 **준비됐나요?**
▶ _____
힌트  make the world a better place

🎬 주토피아 : 첫 출근을 한 주디가 밝은 목소리로 다른 경찰 동료에게 물어본 말이에요.

✦ 정답은 소책자 4쪽에

**잠깐만요!** 2 blow out 뿜어내다, carbon 탄소  4 go for a ride (차나 비행기 등을) 주행하다

## 019 내가 ~하고 싶은 게 있어
# There's something I want to ~

 019.mp3

상대방에게 심각한 말을 할 때나 뭔가 중요한 것을 보여 줄 때 쓰는 '뜸들이기(?)' 표현이에요. I want to ~. 대신에 I need to ~.나 I should ~, I got to ~. 등을 쓸 수도 있는데 '내가 ~해야 할 게 있어.'라는 뜻이 된답니다.

> 🎬 **미녀와 야수** : 깜짝 선물을 보여 주기 전에 야수가 벨에게 눈을 감으라고 하며
>
> **BEAST**  Belle, there's something I want to show you.
> 야수  벨, 보여 주고 **싶은 게 있어요**.
>
> **BEAST**  But first, you have to close your eyes.
> 야수  하지만 먼저 눈을 감아야 해요.
>
> **BEAST**  It's a surprise.
> 야수  깜짝 선물이거든요.

\* surprise 깜짝 선물

---

**1.** 음, 당신에게 항상 물어보고 싶었던 게 있어요.
▶ Um, there's uhh, **there's something I've always wanted to** ask you.

🎬 **인크레더블 2** : 엘라스티걸을 처음 만난 보이드가 그녀에게 무언가를 물어보려고 한 말이에요.

**2.** 얼른 와, 네게 보여 줄 게 있단다.
▶ Come on, **there's something I need to** show you.

🎬 **모아나** : 투이가 모아나를 데리고 어딘가로 가면서 한 말이에요.

**3.** 어머니, 드릴 말씀이 있어요.
▶ Well, mother, _____
힌트  tell you

🎬 **라푼젤** : 라푼젤이 고텔에게 어려운 말을 꺼내기 전에 망설이며 한 말이에요.

**4.** 자스민, 당신에게 말할 게 있어요.
▶ Jasmine, **there's something I gotta** tell you.

🎬 **알라딘** : 알라딘이 자스민에게 자신의 정체를 밝히기 전에 한 말이에요.

**5.** 시간이 있으면 내가 보여 주고 싶은 게 있어서.
▶ If you got a minute, _____
힌트  show you

🎬 **몬스터 주식회사** : 마이크가 설리에게 무언가를 보여 주려 하며 한 말이죠.

❖ 정답은 소책자 5쪽에

잠깐만요!  4 gotta = got to

# 020 You must be ~

당신이 ~군요

🎧 020.mp3

처음 만난 사람과 인사 나누면서 쓰는 패턴이에요. 또한 상대방의 기분이나 상태가 어떠할 거라고 짐작하고 말할 때도 쓸 수 있죠. 피곤해 보이는 사람에게 You must be tired.(피곤하시겠어요.)라고 하거나, 식사를 대접하며 You must be hungry.(시장하시겠어요.)라고 말할 수 있어요.

🎬 **빅 히어로** : 칼라한이 히로를 만나 그의 로봇을 만져 보며

**CALLAGHAN** You must be Hiro. Bot fighter, right? When my daughter was younger, it's all she wanted to do. May I?
칼라한 네가 히로구나. 로봇 파이터, 맞지? 내 딸이 어렸을 때, 걔가 그걸 정말 하고 싶어했지. 내가 만져 봐도 될까?

**HIRO** Uh, sure.
히로 어, 물론이죠.

**CALLAGHAN** Hmmm. Magnetic-bearing servos...
칼라한 음. 자성을 띤 제어 장치군...

\* magnetic 자성을 띤 | bearing ~을 함유하고 있는 | servos 자동 제어 장치

1. 시장하시겠어요.
▶ You must be famished.

🎬 **인어공주** : 그림스비가 저녁 식사 자리에서 에리얼에게 한 말이에요.

2. 당신이 셰프군요…
▶ You must be the chef...

🎬 **라따뚜이** : 이고가 꼴레뜨를 셰프로 착각하고 한 말이에요.

3. 오, 너 배고픈가 보구나.
▶ _____
힌트 hungry

🎬 **알라딘** : 자스민이 시장에서 어린 소년에게 사과를 건네며 한 말이에요.

4. 안녕하세요! 인크레더블 부인이시군요.
▶ Hello! You must be Mrs. Incredible.

🎬 **인크레더블** : 미라지가 헬렌을 처음 만나서 한 말이에요.

5. 피곤하시겠어요.
▶ _____
힌트 tired

🎬 **업** : 먼츠가 러셀과 칼을 처음 만나서 한 말이에요.

🔹 정답은 소책자 5쪽에

1 famished 배가 고픈

# Review 011 ~ 020 패턴으로 대화하기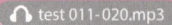

앞서 배운 10개 패턴을 활용하여 네이티브와 대화에 도전해 보세요. 빈칸을 채운 후, 오디오 파일을 2번씩 따라하세요.

### 1. [인크레더블 2] 저녁 식사 중에 헬렌이 바이올렛에게 학교 생활을 물어보며

| | | |
|---|---|---|
| **HELEN** | What about you, Vi? _____ | 넌 어때, 바이올렛? **학교는 어땠어?** |
| **VIOLET** | Nothing to report. | 말할 거 없어요. |
| **HELEN** | You've hardly touched your food. | 음식에 거의 손을 안 댔구나. |
| **VIOLET** | I'm not hungry for meatloaf. | 미트로프는 별로예요. |
| **HELEN** | Well, it is leftover night. We have steak, pasta – what are you hungry for? | 남은 음식 먹는 날이잖아. 스테이크하고 파스타 있어 – 뭘 먹고 싶니? |

\* hardly 거의 ~하지 않은 | leftover 남은 음식

### 2. [카 3] 맥퀸이 크루즈에게 레이싱 훈련을 제안하며

| | | |
|---|---|---|
| **MCQUEEN** | So _____ ? | 자 **훈련 시작할 준비됐어?** |
| **CRUZ** | I don't know. You ready to lose again? | 잘 모르겠네요. 또 질 준비는 되셨어요? |
| **MCQUEEN** | Oh-ho-ho... hope you've got your fluffy cloud. | 오 – 호호… 푹신한 구름이라도 가져왔길 바래. |
| **CRUZ** | Hope you got your drip pan. | 기름 받이는 챙겨 오셨죠? |
| **MCQUEEN** | Got my drip pan and I've taken my nap. | 기름 받이도 준비했고 낮잠도 자고 왔지. |
| **CRUZ** | Bring it on, old man. | 한번 해 보죠, 어르신. |

\* fluffy 푹신한 | drip pan 기름 받이 | nap 낮잠 | bring it on 덤벼, 해 보자고

### 3. [업] 칼이 자신의 어린 시절 영웅인 먼츠를 만나 반가워하며

| | | |
|---|---|---|
| **CARL** | I'm Carl Fredricksen. My wife and I, we were your biggest fans! | 저는 칼 프레드릭슨이에요. 아내와 저는 당신의 열렬한 팬이었어요! |
| **MUNTZ** | Well, you're a man of good taste! | 뭘 좀 아시는 분이시네요! |
| **MUNTZ** | _____ Hungry? | 피곤하시겠어요. 시장하시죠? |
| **RUSSELL** | Uh-huh. | 네. |
| **MUNTZ** | Attention everyone! These people are no longer intruders. They are our guests. | 다들 주목! 이분들은 더 이상 침입자가 아니다. 우리의 손님이지. |

\* a man of good taste 좋은 취향을 가진 사람 | Attention! 주목! | intruder 침입자

## 4.

[업] 칼과 러셀이 사람의 목소리를 듣고 반가워하며

**VOICE** Hey, are you okay over there?

**CARL** Uh, hello?

**CARL** Oh! Hello sir! Thank goodness.

**CARL** _____

이봐요, 거기 괜찮아요?

아, 안녕하세요?

안녕하세요! 다행이네요.

누군가가 이 위에 있다니 정말 반갑네요!

\* Thank goodness. 다행이야.(안도할 때 쓰는 말)

## 5.

[라이언 킹] 자주가 스카에게 무파사 왕이 오고 있다고 말하며

**ZAZU** Didn't your mother ever tell you not to play with your food?

**SCAR** What do you want?

**ZAZU** _____
So you'd better have a good excuse for missing the ceremony this morning.

**SCAR** Oh, now, look, Zazu. You've made me lose my lunch.

어머니가 음식 갖고 장난치지 말라고 말씀하지 않으셨나요?

뭐야?

무파사 전하께서 오시는 중이라고 알려 드리려고 왔습니다. 오늘 아침에 있었던 의식에 왜 참석을 안 했는지 적당한 핑계를 생각해 놓는 게 좋을 겁니다.

오, 저기 봐라, 자주. 너 때문에 점심 식사를 놓쳤잖아.

\* announce 말하다 | on one's way 오고 있는 | excuse 변명

## 6.

[라푼젤] 라푼젤이 고텔에게 긴히 할 말이 있다고 하며

**MOTHER GOTHEL** I have a big surprise!

**RAPUNZEL** Uh, I do too!

**MOTHER GOTHEL** Oh, I bet my surprise is bigger!

**RAPUNZEL** I seriously doubt it.

**MOTHER GOTHEL** I brought back parsnips. I'm going to make hazelnut soup for dinner. Your favorite. Surprise!

**RAPUNZEL** Well, mother, _____ –

**MOTHER GOTHEL** Oh Rapunzel, you know I hate leaving you after a fight especially when I've done absolutely nothing wrong –

놀라운 소식이 있어!

저도 그래요!

내 소식이 더 놀라울걸!

안 그럴 것 같은데요.

파스닙을 또 가지고 왔지. 저녁으로 헤이즐넛 수프를 만들 거야. 네가 제일 좋아하는 거잖니. 놀랍지?

어머니, 드릴 말씀이 있어요 –

오 라푼젤, 우리가 싸운 뒤에 널 두고 떠나는 게 너무 가슴이 아프단다 특히 내가 잘못한 게 아무것도 없을 때는 더 그래 –

\* surprise 놀라운 소식 | doubt 의문이 들다 | parsnip 파스닙(배추 뿌리같이 생긴 채소) | especially 특히 | absolutely 확실히

**1.** [인크레더블] 밥이 히어로 슈트를 수선하기 위해 에드나를 찾아가서

**E** My God, you've gotten fat. Come in! Come!

어머, 자네 살쪘군. 들어와! 들어오라고!

**E** Yes, _____. My God, no complaints. But, you know, it is not the same. Not the same at all.

그래, **다 잘되고 있어**. 정말로, 불평할 게 없을 만큼 말이지. 하지만 예전 같지 않아. 확실히 예전 같지 않지.

**BOB** Weren't you just in the news? Some show in Prague?

뉴스에 나오지 않았어요? 프라하에서 쇼를 하셨다고요?

**E** Milan, darling, Milan. "Supermodels"– HAH! Nothing super about them. Spoiled, stupid little stick figures with poofy lips who think only about themselves – FEH! I used to design for Gods! But perhaps you come with a challenge, eh? I was surprised to get your call.

밀란이야, 자기, 밀란. "슈퍼모델들" – 하! 특별할 것도 없는 것들이야. 버릇없고, 멍청한 젓가락 같은 몸매에 통통한 입술을 하고 자기만 생각하는 종자들이지 – 칫! 난 신들을 위해서 디자인을 했다고! 헌데 자네가 과제를 들고 온 것 같군, 그렇지? 자네 전화를 받고 놀라긴 했어.

**BOB** E, I just need a patch job.

에드나, 그냥 옷의 구멍만 덧대 주시면 돼요.

∗ complaint 불평 | spoiled 버릇없는 | stick 막대기 | figure 형체 | poofy 통통한, 부어 있는 | patch job 구멍이 나서 옷감을 덧대는 작업

**정답** 1. How was school? 2. you ready to start training 3. You must be tired. 4. It's nice to know someone else is up here! 5. I'm here to announce that King Mufasa is on his way. 6. there's something I want to tell you 7. things are going quite well

# Part 3

## 기쁨이나 희망을 표현할 때
**디즈니 캐릭터가 사용하는 패턴**

happy, want, hope 등은 우리가 너무나도 잘 알고 있는 단어들이죠. 디즈니 캐릭터들은 이런 기본적인 단어로 기쁨이나 희망을 표현한답니다. 이번 파트에서 다룰 패턴은 기본적인 단어들로 구성되어 있는 간단한 표현이지만 적재적소에 사용하면 황금처럼 빛날 거예요.

- 패턴 021  I want to ~
- 패턴 022  I hope ~
- 패턴 023  I'd like to ~
- 패턴 024  I'm happy to ~
- 패턴 025  I look forward to ~
- 패턴 026  I'm glad ~
- 패턴 027  I can't wait to ~
- 패턴 028  I wish I could ~
- 패턴 029  I wish to ~
- 패턴 030  All I want ~ is ...

## 021

### ~하고 싶어요
# I want to ~

🎧 021.mp3

자신이 하고 싶은 일을 말할 때 쓰는 대표적인 패턴이에요. 반대로 '~하고 싶지 않아요.'라고 말할 때는 I don't want to ~.라고 해 주세요. 회화에서는 I wanna ~, I don't wanna ~.라고 줄여서 말하기도 하죠.

> 🎬 **미녀와 야수** : 야수가 벨에 대한 감정을 콕스워스에게 털어놓으며
>
> **BEAST** I've never felt this way about anyone. **I want to** do something for her. But what?
> 야수 난 누구에게도 이런 감정을 느껴 본 적이 없어. 그녀를 위해 뭔가를 **하고 싶어**. 헌데 뭘 하지?
>
> **COGSWORTH** Well, there's the usual things--flowers, chocolates, promises you don't intend to keep...
> 콕스워스 일반적인 것들이 있죠 – 꽃이나, 초콜릿, 지킬 의도가 없는 약속들…

✻ usual 일반적인 | intend to ~할 의도이다

---

**1.** 떠다니는 등불을 보고 **싶어요**.
▸ **I want to** see the floating lights.

🎬 **라푼젤** : 라푼젤이 고텔에게 등불을 보고 싶다고 부탁하는 말이에요.

**2.** 난 평범해지고 **싶어요**!
▸ **I want to** BE normal!

🎬 **인크레더블** : 토니와의 일로 히어로가 되길 거부하는 바이올렛이 한 말이에요.

**3.** 보여 줄 게 **있어요**.
▸ _____
    힌트 show you something

🎬 **겨울왕국 2** : 허니마렌이 엘사에게 무언가를 보여 주려고 한 말이에요.

**4.** 그 남자를 막아 줘서 고맙다고 말하고 **싶어요**.
▸ **I want to** thank you for stopping that man.

🎬 **알라딘** : 자스민이 알라딘에게 시장에서 자신을 구해 준 것에 감사하며 한 말이에요.

**5.** 하지만 저도 돕고 **싶어요**!
▸ But _____
    힌트 help

🎬 **업** : 칼이 러셀에게 가만히 기다리라고 하자 러셀이 강하게 반발하며 한 말이에요.

✦ 정답은 소책자 5쪽에

**잠깐만요!** 1 float 떠다니다  2 normal 평범한

# 022

~하길 바라요

# I hope ~

🎧 022.mp3

I hope ~.은 자신이 바라는 일을 말할 때 쓰는 표현이에요. 회화에서는 Hope ~.이라고 줄여서 쓰는 경우도 자주 있어요.

> 🎬 **라푼젤** : 고텔이 라푼젤에게 별 이야기를 그만하라고 하며
>
> **RAPUNZEL** Okay, I've been thinking a lot about what you said earlier –
> 라푼젤 저기, 어머니가 이전에 한 말에 대해서 많이 생각했어요 –
>
> **MOTHER GOTHEL** I hope you're not still talking about the stars.
> 고텔 그놈의 별 타령을 안 했**으면 하는구나**.
>
> **RAPUNZEL** Floating lights and yes, I'm leading up to that, but –
> 라푼젤 떠다니는 등불과 네, 결국에는 그 말을 하려구요, 하지만 –

＊ earlier 이전에 | lead up to ~에 이르다

**1.** 네가 뭘 찾든지 간에 찾을 수 있**길 바랄게**.

▶ Well, I hope you find whatever it is you're looking for.

🎬 **도리를 찾아서** : 부모님을 찾고 있는 도리에게 지나가던 물고기가 상냥하게 한 말이에요.

**2.** 하지만 마법이 조금이라도 남아 있**길 바란다**… 너희들에게.

▶ But I hope there's a little magic left… in you.

🎬 **온워드** : 아빠가 현실에서 마법이 조금이라도 남아 있길 희망하며 한 말이에유

**3.** 여러분 마음에 들**면 좋겠군요**.

▶ _____

힌트 you like it

🎬 **빅 히어로** : 히로가 쇼케이스에서 자신의 발명품을 소개하며 한 말이죠.

**4.** 네가 부모님을 찾**길 바랄게**!!

▶ Hope you find your parents!!

🎬 **도리를 찾아서** : 스쿼트가 도리에게 작별 인사로 한 말이에요.

**5.** 네가 환불받을 수 있으**면 좋겠군**.

▶ _____

힌트 you can get your money back

🎬 **뮬란** : 어떤 군인이 자신의 가슴에 있는 수호 문신을 자랑하자 링이 그의 가슴을 가격하며 한 말이에요.

✦ 정답은 소책자 5쪽에

 1 whatever 무엇이든 간에　5 get money back 환불받다

# 023

~하고 싶어요

# I'd like to ~

🎧 023.mp3

상대방에게 자신이 지금 하고 싶은 일을 말할 때 쓰는 표현이에요. 또한 상대방의 제안에 '좋아요.'라는 의미로 I'd like to.라고 짧게 말할 수도 있어요.

🎬 **미녀와 야수** : 벨이 야수의 성을 구경하고 싶다고 말하며

**BELLE**   **I'd like to** look around, if that's all right.
벨   둘러보고 **싶어요**. 괜찮다면 말이죠.

**LUMIERE**   Oh! Would you like a tour?
뤼미에르   오! 투어를 하고 싶으신가요?

＊ look around 둘러보다

---

**1.** 도와 **드리고 싶지만**, 그럴 수 없네요.
▶ **I'd like to** help you, but I can't.

🎬 **인크레더블** : 밥이 고객과 상담을 하면서 아쉬운 마음으로 한 말이에요.

**2.** 저의 결혼식에 와 주신 것에 대해 감사를 **표하고 싶습니다**.
▶ **I'd like to** thank you all for coming to my wedding.

🎬 **미녀와 야수** : 개스톤이 마을 사람들에게 벨과 결혼하겠다고 장담하며 한 말이에요.

**3.** 에드나와 통화**하고 싶어요**.
▶ _____
힌트  speak to Edna

🎬 **인크레더블** : 밥이 어디에 있는지 궁금한 헬렌이 전화로 에드나를 찾으며 한 말이에요.

**4.** 그래, 그렇게 됐으**면 좋겠군**.
▶ Okay, **I'd like to** see that.

🎬 **몬스터 대학교** : 마이크가 설리를 이기겠다고 호언 장담하자 설리가 비웃으며 한 말이에요.

**5.** 아빠를 보고 **싶어요**, 제발.
▶ _____ please.
힌트  see my father

🎬 **미녀와 야수** : 벨이 마법의 거울에게 아버지의 모습을 보여 달라고 하며 한 말이죠.

✦ 정답은 소책자 5쪽에

**잠깐만요!**   2 wedding 결혼, 결혼식

# 024 I'm happy to ~

~해서 기뻐

🎧 024.mp3

상대방에게 나의 기쁨을 고스란히 전하고 싶을 때 이 패턴을 써 보세요. happy 대신에 pleased나 delighted 같은 단어를 쓸 수도 있는데 모두 '기쁜'이라는 의미랍니다.

🎬 **인크레더블 2** : 바이올렛이 헬렌과 밥에게 토니를 소개하며

**VIOLET** Tony, this is my mom...
바이올렛 토니, 우리 엄마야…

**HELEN** Pleased to meet you.
헬렌 만나서 반가워.

**VIOLET** ...this is my dad...
바이올렛 … 이분은 우리 아빠…

---

**1.** 네가 날 잘 알잖아, 친구. **난 항상 도와주는 게 좋아**.
▶ You know me, buddy, I'm always happy to help.

🎬 **카 3** : 메이터가 맥퀸에게 큰 도움을 줄 수 있어 기쁘다며 한 말이에요.

**2.** **와 주셔서 너무 기뻐요**!
▶ We're happy to have you!

🎬 **몬스터 대학교** : 동아리 멤버들이 신입생들에게 동아리를 홍보하며 한 말이죠.

**3.** 만나서 반가워!
▶ _____
힌트 see you

🎬 **도리를 찾아서** : 큰 조개가 말린과 니모를 만나 반가워서 한 말이에요.

**4.** 몇 년 동안의 구애 끝에 제가 그러자고 했다고 말씀**드릴 수 있어 기쁘네요**.
▶ Well, I am pleased to tell you that after years and years of asking, and asking, and asking... I finally said yes.

🎬 **라푼젤** : 플린이 관객들에게 라푼젤과의 결혼 소식을 전하며 한 말이에요.

**5.** 새로운 곳으로 와서 힘들겠지만, **우린 네가 와서 기쁘단다**.
▶ I know it can be tough moving to a new place, but _____
힌트 have you here

🎬 **인사이드 아웃** : 선생님이 학교 첫날 울음을 터트린 라일리를 위로하며 한 말이죠.

✦ 정답은 소책자 5쪽에

**잠깐만요!** 4 ask 구애하다  5 tough 힘든

## 025  ~를 기대해요
# I look forward to ~

희망에 부풀어 무언가를 기대한다고 말할 때 쓰는 표현이에요. to 뒤에 동사를 쓸 때는 반드시 -ing 형태를 써 주세요. 절대 to 부정사로 착각해선 안 됩니다.

> 빅 히어로 : 칼라한이 히로에게 입학을 축하하자 친구들이 크게 환호하며
>
> **CALLAGHAN** I look forward to seeing you in class.
> 칼라한   수업 시간에 만나길 기대하겠네.
>
> **GANG** Woo-hoo! / Unbelievable! / That was amazing!
> 모두들  우후! / 믿을 수 없어! / 정말 잘됐어!

---

**1.** 당신과 함께 하게 돼서 **기대가 커요**.
▶ Well I do look forward to working with you.

인크레더블 2 : 스크리치가 브릭을 처음 만나 인사를 나누며 한 말이에요.

**2.** 이 공연이 너무 **기대되는구나**, 세바스찬.
▶ I'm really looking forward to this performance, Sebastian.

인어공주 : 트라이튼 왕이 공주들의 공연에 큰 기대를 가지고 한 말이에요.

**3.** 다시 수업에서 만나길 기대하겠네.
▶ _____
힌트  having you back in class

몬스터 대학교 : 교수가 설리에게 우승을 축하하며 한 말이에요.

**4.** 그냥 일년 내내 이것만 기대하고 있었다고.
▶ It's just that I've been looking forward to this all year.

토이 스토리 2 : 우디가 앤디와 카우보이 캠프를 가는 것에 큰 기대를 하며 한 말이죠.

**5.** 당신과 함께 싸울 수 있어 기대가 되네요.
▶ But _____
힌트  being in battle with you

인크레더블 2 : 브릭이 스크리치를 처음 만나 인사로 한 말이에요.

✦ 정답은 소책자 6쪽에

2 performance 공연   4 It's just that ~ 그냥 ~이라고   5 battle 전투

# 026 I'm glad ~

~해서 기쁘네요

🎧 026.mp3

'~해서 기뻐요.'라는 의미로 자주 쓰는 표현이에요. I'm glad 뒤에 내가 기쁜 이유를 to 부정사로 쓸 수도 있고 '주어 + 동사'의 문장 형태로 쓸 수도 있어요.

🎬 **토이 스토리 4** : 앤디의 엄마가 보의 램프를 기부하며

**VISITOR HUSBAND**  Oh, it's beautiful...
방문객 남편   오, 멋지네요…

**ANDY'S MOM**   ...**I'm glad** to see this old lamp go to a good home.
앤디 엄마   … 이 오래된 등이 좋은 집으로 가는 걸 보게 돼**서 기쁘네요**.

**ANDY'S MOM**   We've had it since Molly was a baby.
앤디 엄마   몰리가 아기였을 때부터 가지고 있었던 거예요.

---

**1.** 다 잘돼서 **다행이에요**.
▶ **I'm glad** it all worked out.

🎬 **토이 스토리 4** : 기부를 받는 사람이 고마워하자 앤디 엄마가 대답한 말이죠.

**2.** 네가 돌아와서 **기뻐**, 마이크.
▶ **I'm glad** you came back, Mike.

🎬 **몬스터 주식회사** : 마이크가 돌아온 것을 기뻐하며 설리가 한 말이에요.

**3.** 우리가 이걸 발견하게 되어 기쁘네.
▶ _____
힌트  we found this one

🎬 **도리를 찾아서** : 연구원이 도리의 꼬리에 택을 붙이며 한 말이에요.

**4.** 널 다시 만날 수 있어서 **기뻐**.
▶ **I'm glad** I got to see you again.

🎬 **토이 스토리 4** : 보가 우디를 다시 만나 기뻐서 한 말이에요.

**5.** 네가 와 줘**서 기뻐**.
▶ _____
힌트  you're here

🎬 **카 3** : 맥퀸이 경기를 응원하러 온 샐리에게 고마워서 한 말이죠.

◆ 정답은 소책자 6쪽에

  1 work out (일 등이) 잘 해결되다

## 027 I can't wait to ~
빨리 ~하고 싶어

🎧 027.mp3

단어 그대로 해석하면 '~하기를 기다릴 수 없어.'가 되잖아요? 빨리 어떤 일을 하고 싶다는 의미로 쓰는 표현이에요. 흥분과 기대에 찬 말투로 하셔야겠죠?

> 🎬 **몬스터 대학교** : 수업 첫날, 기분이 매우 좋은 마이크가 걱정이 많은 랜디와 대화를 나누며
>
> **RANDY** Boy, I wish I had your confidence, Mike. Aren't you even a little nervous?
> 랜디 아, 나도 너 같은 자신감이 있으면 좋겠어, 마이크. 넌 조금도 긴장이 안 되니?
>
> **MIKE** Actually, no. I've been waiting for this my whole life.
> 마이크 사실 조금도 안 돼. 평생 이 순간을 기다려 왔거든.
>
> **MIKE** I just **can't wait to** get started.
> 마이크 **빨리** 시작**하고 싶어**.
>
> ＊ confidence 자신감 | nervous 긴장된 | get started 시작하다

---

**1.** 라일리의 예전 모습을 **빨리** 찾아 주**고 싶어**.
▶ **I can't wait to** get the old Riley back.

🎬 **인사이드 아웃** : 기쁨이가 라일리의 행복한 모습을 빨리 찾아 주고 싶다며 한 말이죠.

**2.** 아, 그 이야기들을 **얼른** 들어보고 **싶구나**.
▶ Ah, **I can't wait to** hear all about it.

🎬 **빅 히어로** : 카스 이모가 히로에게 학교생활에 대해 듣고 싶어 한 말이에요.

**3.** 다시 인간이 되고 싶어!
▶ _____
　　　　　　　　　　　힌트 be human again

🎬 **미녀와 야수** : 야수의 하인들이 다시 인간이 되기를 갈망하며 한 말이에요.

**4.** 오, **빨리** 왕이 되**고 싶어**!
▶ Oh, I just **can't wait to** be king!

🎬 **라이언 킹** : 어린 심바가 빨리 왕이 되고 싶다고 한 말이죠.

**5.** 그게 어떻게 끝나는지 **정말로** 듣고 **싶네요**.
▶ _____
　　　　　　　　　　　힌트 hear how it ends

🎬 **업** : 먼츠가 칼의 여정에 관심을 보이며 한 말이에요.

✦ 정답은 소책자 6쪽에

🎞️ **잠깐만요!**　1 get ~ back ~를 되찾다

## 028  ~하면 좋겠어
# I wish I could ~

자신이 어떤 일을 하고 싶다고 간절히 소망할 때 쓰는 표현이에요. 이루어지지 못한다는 것을 은연 중에 알고 있지만 그래도 소망해 본다는 뉘앙스가 담겨 있어요.

> 🎬 **토이 스토리 3** : 엄마가 대학으로 떠나는 앤디를 끌어안으며 슬퍼하자 앤디가 위로하며
>
> **ANDY**   Mom, it's okay.
> 앤디   엄마, 괜찮아요.
> **MOM**   I know, it's just… **I wish I could** always be with you.
> 엄마   알아, 그냥… 항상 너와 함께 하**면 좋겠구나**.
> **ANDY**   You will be, Mom.
> 앤디   그러실 거예요, 엄마.

---

1. 저도 한 마리 키우**고 싶어요**.
   ▸ **I wish I could** keep one.

   🎬 **업** : 케빈의 새끼들을 보고 러셀이 감탄하며 한 말이에요.

2. 걔가 그 옷을 입고 있는 걸 잊을 수 있으**면 좋겠어요**.
   ▸ **I wish I could** forget I ever saw her in that suit.

   🎬 **인크레더블 2** : 토니가 바이올렛이 슈퍼히어로 옷을 입고 있는 모습을 잊고 싶다고 한 말이죠.

3. 내가 사과를 할 수 있으**면 좋겠어**.
   ▸ _____
   　　　　　　　　　　　힌트  apologize

   🎬 **코코** : 헥터가 미구엘에게 딸 코코에 대해 애틋한 마음을 가지고 한 말이에요.

4. 그 애에게 아빠가 집에 가려고 했었다고 말하**고 싶어**.
   ▸ **I wish I could** tell her that her Papá was trying to come home.

   🎬 **코코** : 헥터가 미구엘에게 딸 코코에 대해 애틋한 마음을 가지고 한 말이에요.

5. 고래 말을 할 수 있으**면 좋겠어**.
   ▸ _____
   　　　　　　　　　　　힌트  speak whale

   🎬 **니모를 찾아서** : 도리가 고래 말을 할 수 있기를 소망하며 한 말이죠.

✤ 정답은 소책자 6쪽에

3 apologize 사과하다   5 whale 고래

## 029 ~하고 싶어요
# I wish to ~

🎧 029.mp3

상대방에게 자신이 하고 싶은 일이나 부탁의 말을 할 때 쓰는 표현이에요. 다소 격식이 있는 표현인데 앞에서 배운 I want to ~.와 의미에 있어서 큰 차이는 없어요. 요즘 영어 회화에는 I want to ~.나 I'd like to ~.가 더 자연스러워요.

> 🎬 **알라딘** : 자파가 지니에게 첫 번째 소원을 명령하듯 말하며
>
> **JAFAR**  I am your master now.
> 자파  이제 내가 네 주인이다.
>
> **GENIE**  I was afraid of that.
> 지니  두렵군요.
>
> **JAFAR**  Genie, grant me my first wish. **I wish to** rule on high... as sultan!
> 자파  지니, 내 첫 번째 소원을 들어줘. 나는 술탄 왕으로 이 세상을 지배**하고 싶다**!
>
> \* master 주인 | be afraid of ~를 두려워하다 | grant 승인하다 | rule on high 세상을 지배하다

---

**1.** 아주 강력한 지니가 되**고 싶어**!
▶ **I wish to** be an all-powerful genie!

🎬 **알라딘** : 자파가 지니에게 세 번째 소원을 빌며 한 말이에요.

**2.** 가능한 빨리 결혼**하고 싶어**.
▶ **We wish to** be married as soon as possible.

🎬 **인어공주** : 에릭이 미녀로 변신한 우슬라와 결혼하고 싶다며 한 말이죠.

**3.** 쥐 감염에 대해 고발**하고 싶습니다**.
▶ _____
힌트  report a rat infestation

🎬 **라따뚜이** : 스키너가 익명으로 구스토 식당을 고발하며 한 말이에요.

**4.** 셰프님을 만나**시려면** 다른 손님들이 가실 때까지 기다리셔야 해요.
▶ **If you wish to** meet the chef, you will have to wait until all the other customer have gone.

🎬 **라따뚜이** : 셰프를 만나려고 하는 이고에게 꼴레뜨가 한 말이죠.

**5.** 세상에서 가장 강력한 마법사가 되**고 싶어**!
▶ _____ in the worl-l-l-l-d!
힌트  be the most powerful sorcerer

🎬 **알라딘** : 자파가 지니에게 두 번째 소원을 빌면서 한 말이에요.

❖ 정답은 소책자 6쪽에

  2 as soon as possible 가능한 빨리   3 infestation 감염   5 sorcerer 마법사

060

## 030
### 내가 원하는 건 …이에요
# All I want ~ is …

🎧 030.mp3

자신이 간절히 원하는 것을 말할 때 쓰는 표현이에요. '그게 내가 간절히 원하는 거야.'라고 할 때는 That's all I want.라고 해 주세요. 진심이 드러날 수 있게 간절한 표정과 말투로 해야 합니다.

🎬 **노틀담의 꼽추** : 콰지모도, 피버스가 에스메랄다를 체포하러 온 줄 알고 그를 쫓아내며

**QUASIMODO**  No soldiers! Sanctuary! Get out!
콰지모도   군인은 못 들어와! 성역이라고! 나가!

**PHOEBUS**   Wait! **All I want is** to...
피버스   잠깐! **내가 원하는 건**…

**QUASIMODO**  Go!
콰지모도   가라고!

\* sanctuary 성역

**1.** 내가 단지 **원하는 건** 그런 순간을 한 번이라도 느낄 수 있는 기회를 가지는 거야.
▶ **All I want is** a chance for just one of those moments.

🎬 **토이 스토리 4** : 개비 개비가 우디에게 자신도 아이의 사랑을 받고 싶다며 한 말이죠.

**2.** 내가 8살 아니면 9살이었을 거야. 난 주니어 레인저 스카우트에 가입**하고 싶을 뿐이었어**.
▶ I think I was 8, maybe 9 and **all I wanted** to do **was** join the Junior Ranger Scouts.

🎬 **주토피아** : 닉이 자신의 어린 시절 트라우마를 주디에게 털어놓으며 한 말이죠.

**3.** 내가 단지 **원했던 건** 당신을 돕는 거였어.
▶ _____
힌트  to help you

🎬 **인크레더블** : 버디가 밥에게 과거에 있었던 일을 기억하며 한 말이에요.

**4.** 그게 **내가** 하고 **싶었던 말**이야.
▶ That's **all I wanted** to say.

🎬 **토이 스토리** : 우디가 버즈를 처음 만나 자신을 소개하며 한 말이에요.

**5.** 난 그냥 수족관에 혼자 있고 싶어. 그게 **내가 원하는 거라고**!
▶ I just want to live in a glass box alone. It's _____

🎬 **도리를 찾아서** : 행크가 바다로 나가는 것을 싫어한다며 한 말이에요.

🎞️ **잠깐만요!**   1 chance 기회

# Review 021 ~ 030 패턴으로 대화하기

🎧 test 021-030.mp3

앞서 배운 10개 패턴을 활용하여 네이티브와 대화에 도전해 보세요. 빈칸을 채운 후, 오디오 파일을 2번씩 따라하세요.

## 1. [인크레더블 2] 슈퍼히어로들이 함께 모인 자리에서 서로 인사하며

**SCREECH** Well _____ ...
당신과 함께 일하게 돼서 기대가 커요…

**DEAVOR** Yes, that is impressive. Keep practicing.
네, 아주 좋아요. 계속 연습하세요.

**BRICK** I look forward to being in battle with you.
당신과 함께 싸울 수 있어 기대가 되네요.

**DEAVOR** Well, I'm beat. Congratulations, big day. Good night, ladies. I will see you tomorrow.
전 이제 피곤하네요. 축하드려요, 오늘 수고들 하셨어요. 안녕히 주무세요, 숙녀님들. 내일 뵙겠습니다.

**EVELYN** G'night.
잘 자요.

＊ Congratulations. 축하해요. | G'night. = Good night.

## 2. [몬스터 대학교] 마이크가 설리와 학기 초에 기 싸움을 하며

**MIKE** My chances are just as good as yours.
너나 나나 기회는 다 똑같아.

**SULLEY** You're not even in the same league with me.
넌 절대 내 상대가 안 돼.

**MIKE** Just wait hot shot, I'm gonna scare circles around you this year.
두고 봐 이 겉멋만 든 녀석아. 올해 안에 내가 너보다 훨씬 더 겁을 잘 줄 테니까.

**SULLEY** Okay, _____.
그래, 그렇게 됐으면 좋겠군.

**MIKE** Oh, don't worry… You will.
오, 걱정 마… 그럴 거니까.

＊ be in the same league 상대가 되다, 대등하다 | hot shot 잘나가는 친구

## 3. [인크레더블] 헬렌이 에드나에게 전화해서 밥에 대해 물어보며

**HELEN** Hello? _____
여보세요? 에드나와 통화하고 싶어요.

**E** This is Edna.
저예요.

**HELEN** E? This is Helen.
에드나? 헬렌이에요.

**E** Helen who?
헬렌 누구요?

**HELEN** Helen Parr- er, uh… you know… Elastigirl.
헬렌 파- 어… 저기… 엘라스티걸이요.

**E** DARLING! How ARE you?? How divine to hear from you!
자기구나! 잘 지냈어? 목소리 들으니 너무 반갑네!

**HELEN** Yes, it has been a while. Listen, there's only one person Bob would trust to patch his Supersuit, and that's YOU, E.
네, 세월이 좀 지났죠. 저기, 밥이 슈퍼슈트 덧댐작업을 믿고 맡길 수 있는 사람이 한 명밖에 없잖아요. 바로 당신이죠, 에드나.

＊ divine 멋진, 훌륭한 | patch 옷의 구멍을 다른 천으로 덧대다

**4.** [라푼젤] 라푼젤이 고텔에게 떠다니는 등불을 보고 싶다고 하며

**MOTHER GOTHEL**  Okay, okay, Rapunzel, please stop with the mumbling. You know how I feel about the mumbling...blah, blah, blah, it's very annoying, I'm just teasing, you're adorable, I love you so much, darling.

**RAPUNZEL**  _____

**MOTHER GOTHEL**  What?

**RAPUNZEL**  Oh, well, I was hoping you would take me to see the floating lights.

알아서 라푼젤, 제발 중얼거리는 짓 좀 그만해. 내가 중얼거리는 거에 대해서 어떻게 생각하는지 알잖니… 어쩌구, 저쩌구, 정말 짜증나. 그냥 농담으로 한 말이야. 넌 너무 깜찍하지. 난 널 정말 사랑한단다. 얘야.

떠다니는 등불을 보고 싶어요.

뭐라고?

어, 어머니가 저를 데리고 떠다니는 등불을 보러 갔으면 좋겠어요.

＊ mumble 중얼거리다 | blah 어쩌구, 저쩌고(말을 많이 한다는 의미) | tease 농담하다 | adorable 사랑스러운, 귀여운 | float 떠다니다

**5.** [인크레더블] 밥이 과거 자신이 무시했던 버디를 알아보고

**WILD-HAIRED MAN**  I went through quite a few Supers to get it worthy to fight you, but, man... it wasn't good enough! After you trashed the last one I had to make some major modifications. Sure it was difficult, but you are worth it. After all... I'm your biggest fan.

**BOB**  Buddy...?

**BUDDY**  My name's not BUDDY!

**BUDDY**  And it's not "IncrediBoy" either. That ship has sailed. _____
I only wanted to help! And what did you say to me??

당신과 겨룰 수 있도록 하기 위해서 여러 슈퍼히어로들을 해치웠지, 하지만, 참… 그게 충분하지는 않았어! 당신이 마지막 로봇을 박살낸 뒤에 대대적인 수정을 해야 했어. 물론 힘든 작업이었지만 당신은 그만한 가치가 있으니까. 어쨌든… 난 당신의 열렬한 팬이거든.

버디…?

내 이름은 버디가 아니야!

"인크레디보이"도 아니고. 다 지난 일이야. **내가 단지 원했던 건 당신을 돕는 거였어.** 단지 돕고 싶었다고! 그런데 당신은 나에게 뭐라고 했지??

＊ go through 겪다, 경험하다 | trash 박살내다 | modification 수정 | That ship has sailed. 지난 일이야.

**6.** [토이 스토리 3] 엄마가 앤디를 대학으로 보내기 전에 슬퍼하며

**MOM**  Did you say goodbye to Molly?

**ANDY**  Mom, we've said goodbye like ten times!

**MOM**  Oh, Andy...!

**ANDY**  Mom...! It's okay...

**MOM**  I know, it's just... _____.

**ANDY**  You will be, Mom.

몰리에게 작별 인사는 했니?

엄마, 이미 10번이나 작별 인사를 했어요.

오, 앤디…!

엄마…! 괜찮아요…

알아. 그냥… **너와 항상 함께 하면 좋겠구나.**

그러실 거예요, 엄마.

＊ ten times 10번

**1.** [인크레더블] 바이올렛이 헬렌에게 평범하게 살고 싶다고 외치며

**HELEN** Don't think that you've avoided talking about your trip to the Principal's office, young man. Your father and I are still going to discuss it.

네가 교장실에 간 거를 그냥 넘어갈 거라고 생각하지 마. 아빠와 상의해 볼 거야.

**DASH** I'm not the only kid who's been sent to the office, y'know.

나만 교장실에 불려간 건 아니잖아요.

**HELEN** Other kids don't have Superpowers. Now it's perfectly normal for you to feel –

다른 애들은 슈퍼파워가 없잖아. 네가 그렇게 느끼는 건 정말 정상인데 –

**VIOLET** Normal? What do you know about normal? What does anyone in our family know about normal? The only normal one is Jack-Jack.

정상이라구요? 정상이라는 것에 대해 아는 거라도 있으세요? 우리 가족 중에 정상인 것에 대해서 아는 사람이 있기나 해요? 유일하게 정상인 사람은 잭잭이에요.

**HELEN** Now, wait a minute, young lady –

잠깐만, 꼬마 아가씨 –

**VIOLET** We ACT normal! _____
The only normal one is Jack-Jack, and he's not even toilet-trained!

우린 정상인 것처럼 행동하잖아요! **난 정상이고 싶어요!** 유일하게 평범한 사람은 잭잭인데 걔는 똥오줌도 못 가리죠!

✻ principal's office 교장실 | normal 정상적인 | act 행동하다 | toilet-trained 변기 사용을 연습하는

**정답** 1. I do look forward to working with you  2. I'd like to see that  3. I'd like to speak to Edna  4. I want to see the floating lights.  5. All I wanted was to help you.  6. I wish I could always be with you  7. I want to BE normal!

Part

4

# 상황을 설명할 때
### 디즈니 캐릭터가 사용하는 패턴

이번 파트에서는 무언가를 설명할 때 자주 사용하는 패턴들을 공부해 볼게요. 나의 생각을 상대방에게 조리 있게 설명하고 싶다면 이 패턴들을 꼭 익혀 두셔야 해요. 자, 디즈니 세상에서는 이 패턴들이 어떻게 사용되는지 함께 들여다볼까요?

- 패턴 031  It's called ~
- 패턴 032  This is ~
- 패턴 033  It's the only way to ~
- 패턴 034  That's how ~
- 패턴 035  The thing is ~
- 패턴 036  It's hard to ~
- 패턴 037  Which means ~
- 패턴 038  There's no ~
- 패턴 039  Whatever you ~
- 패턴 040  Whoever + 동사

# 031

~라고 하는 거야

# It's called ~

🎧 031.mp3

It's called ~.는 상대방에게 무언가를 설명할 때 쓰는 말이에요. '~라고 하는 거야.', '~라고 부르지.'라고 해석해 주세요.

🎬 **빅 히어로** : 친구들이 6개월간 빨래를 하지 않은 프레드를 놀리며

**TADASHI** Wow, that is both disgusting and awesome.
타다시 와, 역겨우면서도 멋지네.

**GO GO** Don't encourage him.
고고 좋은 소리 해 주지 마.

**FRED** **It's called** recycling.
프레드 그건 재활용**이라고 하는 거야**.

＊ disgusting 역겨운 | awesome 놀라운 | encourage 부추기다

---

**1.** '사기'**라고 하는 거예요**, 아가씨.
▸ **It's called** a hustle, sweetheart.

🎬 **주토피아** : 주디가 닉의 거짓말을 알아차리자 닉이 대수롭지 않은 듯 한 말이죠.

**2.** 새를 이용해서 글씨를 쓰는 건 "트윗한다"**고 해**.
▸ **When ya use a bird to write with, it's called "tweeting."**

🎬 **모아나** : 마우이가 헤이헤이를 사용해 사인을 하면서 한 말이에요.

**3.** 그게 "의리"**라고 하는 거야**.
▸ _____
힌트 loyalty

🎬 **토이 스토리 4** : 우디가 보에게 장난감의 의리를 강조하며 한 말이에요.

**4.** "누가 제일 오랫동안 조용할 수 있나."**라는 거야**.
▸ **It's called**: "See who can be quiet the longest."

🎬 **업** : 칼이 러셀의 수다를 잠재우기 위해 게임을 제안하며 한 말이에요.

**5.** 길잡이**라고 하는 거야**, 공주님.
▸ _____ princess.
힌트 wayfinding

🎬 **모아나** : 마우이가 모아나에게 바닷길잡이하는 방법을 보여 주며 한 말이에요.

✦ 정답은 소책자 7쪽에

1 hustle 사기, sweetheart 자기  2 tweet 새가 울다, 트윗하다  3 loyalty 충성심, 의리  5 wayfinding 길안내표지

# 032 This is ~
~한 일이네요

 032.mp3

지금 벌어지고 있는 일이나 분위기를 설명할 때 쓰는 표현이에요. '이건 ~하네요.', '~한 일이네요.'라는 해석이 가장 자연스러워요.

> 🎬 **겨울왕국** : 안나가 한스에게 첫눈에 반해 어색해하며
>
> **ANNA** Ha. **This is** awkward. Not you're awkward, but just because we're... I'm awkward. You're gorgeous. Wait, what?
> **안나** 하, 어색**하네요**. 당신이 어색하다는 게 아니라, 단지 우리가… 내가 어색하네요. 당신은 멋져요. 잠깐, 뭐라고?
>
> **HANS** I'd like to formally apologize for hitting the Princess of Arendelle with my horse... and for every moment after.
> **한스** 제 말로 아렌델의 공주님을 친 것을 공식적으로 사과하고 싶습니다… 그 뒤의 일도 말이죠.

\* awkward 어색한 | gorgeous 멋진 | formally 공식적으로 | apologize 사과하다

---

**1.** 있을 수 없**는 일이야**.
▶ **This is unacceptable.**

🎬 **겨울왕국** : 경비병들이 자신을 연행하려고 하자 공작이 모멸감에 화를 내며 한 말이에요.

**2.** 정말 신나**는 일이군요**.
▶ **This is so exciting actually.**

🎬 **주토피아** : 벨웨더가 주디의 수사를 도와주며 신이 나서 한 말이죠.

**3.** 다 내 잘못**이야**.
▶ _____
힌트 all my fault

🎬 **라푼젤** : 라푼젤이 어머니의 말을 듣지 않은 자신을 탓하며 한 말이죠.

**4.** 사소한 오해**입니다**.
▶ **This is a simple misunderstanding.**

🎬 **주토피아** : 닉이 미스터 빅에게 변명으로 한 말이에요.

**5.** 끔찍한 일이야.
▶ _____
힌트 horrible

🎬 **알라딘** : 술탄이 자파의 정체를 알아차리고 격분하며 한 말이에요.

✦ 정답은 소책자 7쪽에

 1 unacceptable 받아들일 수 없는  3 fault 잘못  4 misunderstanding 오해  5 horrible 끔찍한

# 033
그게 유일하게 ~하는 방법이야
## It's the only way to ~

 033.mp3

It's the only way ~.는 자신이 제안하는 것이 유일한 해결책이라고 말할 때 쓰는 표현이에요. The only way to ~ is ...라고 응용해서 많이 쓰기도 하는데 '~할 수 있는 유일한 방법은 …이야.'라는 뜻이에요.

> 🎬 **온워드** : 발리가 의심이 많은 이안을 자신 있게 설득하며
>
> **IAN**  But, how do we know this tavern is still there?
> **이안** 하지만, 그 술집이 아직도 거기에 있는지 어떻게 알아?
>
> **BARLEY** It's there. Look, my years of training have prepared me for this very moment. And I'm telling you… **this is the only way to** find a Phoenix Gem.
> **발리** 거기에 있어. 이봐, 이 순간을 위해서 난 몇 년간을 훈련하며 준비했다고. 그리고 내가 확실히 말해 두겠는데… **이게** 피닉스의 보석을 **찾을 수 있는 유일한 방법이야.**

\* tavern 선술집 | gem 보석

1. 그게 안개를 멈추고 숲을 자유롭게 할 유일한 방법이에요.
▸ **It's the only way to** break the mist and free the forest.

🎬 겨울왕국 2 : 안나가 숲을 구하기 위해서 댐을 부숴야 한다고 한 말이에요.

2. 최고의 재료를 얻는 유일한 방법은 그날에 처음 수확한 걸 받는 거야.
▸ **The only way to** get the best produce **is** to have first pick of the day.

🎬 라따뚜이 : 꼴레뜨가 링귀니에게 재료에 대해 설명해 주며 한 말이죠.

3. 하지만 그게 그녀의 생명을 구할 유일한 방법이었어.
▸ But _____
힌트  save her life

🎬 노트르담의 꼽추 : 피버스가 콰지모도에게 에스메랄다를 해칠 생각이 없다고 한 말이죠.

4. 그게 우리가 도리를 구할 수 있는 유일한 방법이에요!
▸ **It's the only way** we can save Dory!

🎬 니모를 찾아서 : 니모가 도리를 구하기 위해 말린을 설득하며 한 말이에요.

5. 네가 원하는 것을 얻을 수 있는 유일한 방법은 스스로 인간이 되는 거야.
▸ _____ is to become a human yourself.
힌트  get what you want

🎬 인어공주 : 우슬라가 에리얼에게 인간이 되라고 유혹하며 한 말이죠.

✦ 정답은 소책자 7쪽에

 **1** mist 안개  **2** produce 재료, pick 수확

## 034 That's how ~
그게 ~하는 거야

🎧 034.mp3

That's how ~.는 일이 진행되는 절차나 방법을 설명할 때 쓰는 표현이에요. That's the way ~.도 같은 의미로 쓸 수 있는 패턴이에요.

---

🎬 **카 3** : 경기가 끝나고 맥퀸의 이름이 전광판에 올라가자 그 이유를 스모키가 설명하며

**MCQUEEN** What? Why is my name up there?
맥퀸  뭐야? 왜 내 이름이 저기에 올라가 있지?

**SMOKEY** You started the race, **that's how** it works.
스모키  네가 경기를 시작했잖아. **그렇게 하는 거야.**

**STERLING** Wait, wait, now wait a minute, no –
스털링  기다려, 잠깐만 기다려 봐, 안 돼 –

\* work (일이) 진행되다

---

**1.** 그렇게 하겠단 말이지, 아저씨?
▸ So **that's how** you want to play it, old man?

🎬 **인사이드 아웃** : 버럭이가 라일리의 아빠에게 화를 내며 한 말이에요.

**2.** 우리가 이 일을 함께 시작했으니 **이렇게** 함께 끝내**야지**.
▸ We started this thing together and **that's how** we'll finish it.

🎬 **뮬란** : 무슈가 군대에서 쫓겨난 뮬란을 위로하며 한 말이죠

**3.** 저게 네가 그들에게 가**는 방법이라고**.
▸ _____
힌트  you get to 'em

🎬 **도리를 찾아서** : 행크가 도리에게 파이프를 타고 가면 부모님을 만날 수 있다고 한 말이에요.

**4.** 따뜻한 공기가 찬 공기를 지나고 공기들이 서로를 지나는데 **그렇게** 번개가 만들어지**는 거예요**.
▸ ...warm air goes by cool air, and the airs go by each other and **that's how** we get lightning.

🎬 **업** : 러셀이 칼에게 구름에 대해 자세히 설명하며 한 말이죠.

**5.** 그렇게 하는 게 맞는 거야?
▸ Are you sure _____
힌트  it works

🎬 **노틀담의 꼽추** : 석상들이 작동법도 모르고 새총을 쏘면서 한 말이에요.

✦ 정답은 소책자 7쪽에

**잠깐만요!**  4 go by 지나가다. lightning 번개

# 035 The thing is ~

실은 말야 ~

🎧 035.mp3

꺼내기 어려운 말을 상대방에게 해야 할 때 '저기 말야', '사실은 말이야'라고 하면서 살짝 뜸을 들이는 경우가 있잖아요? The thing is ~.는 이런 상황에 가장 잘 맞는 표현이에요.

> 🎬 카 3 : 맥퀸이 스톰을 이길 방법을 친구들에게 말하며
>
> **MCQUEEN** Guys! I'm talking about making this my best season yet!
> 맥퀸 친구들! 난 이 시즌을 최고로 만드는 것에 대해 말하고 있다고!
>
> **DUSTY** We were hoping you'd say that!
> 더스티 네가 그렇게 말할 걸 기대하고 있었지!
>
> **MCQUEEN** **The thing is**, if I'm gonna be faster than Storm, I need to train like him.
> 맥퀸 사실은, 내가 스톰보다 더 빨라지려면 그 애처럼 훈련해야 해.

\* train 훈련하다

1. 실은… 나와 내 친구 미구엘이 당신의 기타를 꼭 빌려야 해서요.
   ▶ **The thing is**... me and my friend, Miguel, we really need to borrow your guitar.

   🎬 코코 : 헥터가 치차론에게 기타를 빌리려고 한 말이에요.

2. 실은 그 사람이 체포되지 않도록 네가 도와줬으면 좋겠어.
   ▶ And **the thing is** I need you not to get him arrested.

   🎬 라푼젤 : 라푼젤이 막시무스에게 도움을 요청하며 한 말이에요.

3. 사실, 그는 우리가 당신도 데려오길 원한다고.
   ▶ _____, too.
   힌트 he wants us to bring you

   🎬 인크레더블 2 : 보이드가 프로존을 납치하면서 한 말이죠.

4. 음, 사실은… 제가 등록을 늦게 해서 따라가야 할 학교 일이 너무 많아요.
   ▶ Um, **the thing is**... since I registered so late, I've got a lot of school stuff to catch up on.

   🎬 빅 히어로 : 히로가 베이맥스를 숨기면서 카스 이모에게 변명으로 한 말이에요.

5. 실은, 전 이제 겁나지 않아요.
   ▶ And _____
   힌트 I'm not scared any more

   🎬 라푼젤 : 라푼젤이 플린에게 용기를 내서 한 말이에요.

✦ 정답은 소책자 7쪽에

2 arrest 체포하다  4 register 등록하다, school stuff 학교 일, catch up on 따라잡다

# 036

~하는 게 어려워요

# It's hard to ~

 036.mp3

어떤 일을 하는 게 어렵다고 설명할 때 쓰는 패턴이에요. to 뒤에 어떤 일이 어려운지 동사의 기본형으로 쓰면 됩니다. 반대로 '~하는 게 쉬워요.'는 It's easy to ~.라고 해 주세요.

> 🎬 **도리를 찾아서** : 부모님이 격리 구역에 있다는 말을 듣고 도리가 실망하자 옆에 있던 게가 도리를 위로하며
>
> **DORY** What? No! No, my parents are back in Quarantine?! They're being shipped to Cleveland?! But I just--I just got here! I've got to get to them! They don't know I'm here!
> **도리** 뭐라고? 안 돼! 우리 부모님이 격리 구역에 있다고?! 클리블랜드로 배송된다고?! 하지만 난 – 난 막 여기에 도착했는데! 그들에게 가야 해! 내가 여기에 있는 걸 모르신다고!
>
> **NEIGHBOR CRAB** Don't worry, *it's easy to* get to Quarantine. You can just go through the pipes, Honey.
> **옆에 있는 게** 걱정 마, 격리 구역에 가**는 건 쉬워**. 그냥 파이프만 통과하면 되거든.

＊ quarantine 격리 구역 | ship 배송하다 | get to ~에 도착하다 | go through 통과하다

---

**1.** 하지만, 알아보**기 힘드네**.
▶ But it's, it's, *it's hard to* make out.

🎬 **알라딘** : 알라딘이 램프에 적힌 문구를 읽으려고 램프를 문지르면서 한 말이죠.

**2.** 제 말은 지금은 말씀**드리기가 어렵네요**, 아빠.
▶ I mean *it's hard to* tell now, Dad.

🎬 **온워드** : 발리가 아빠에게 고철 덩어리였던 귀네비어를 소개하며 한 말이에요

**3.** 정말 설명**하기 힘들어요**.
▶ _____
　　　　　　　　　　　　　　　　힌트　explain

🎬 **라따뚜이** : 링귀니가 꼴레뜨에게 레미에 관한 진실을 밝힐 수 없어서 한 말이에요.

**4.** 그리고 왜 그런지 아**는 건** 아주 **어렵지 않아요**!
▶ And *it's not* very *hard to* see why!

🎬 **미녀와 야수** : 르푸가 개스톤의 매력을 극찬하며 한 말이죠.

**5.** 하지만 그건 배우**는 게 쉽지 않았지**.
▶ But _____
　　　　　　　　　　　　　　　　힌트　master

🎬 **온워드** : 아빠가 마법이 사라진 세상에 대해 설명하며 한 말이에요.

✦ 정답은 소책자 7쪽에

 1 make out 알아보다　3 explain 설명하다　5 master 배우다

# 037 Which means ~

그 말은 ~

상대방에게 설명을 한 뒤 그게 어떤 의미가 있는 것인지 추가적으로 말할 때 쓰는 패턴이에요. 상대방이 하는 말의 의도를 이해하지 못해 추가로 물어볼 때는 Which means ~?라고 되물을 수도 있어요.

### 🎬 빅 히어로 : 베이맥스가 히로의 몸 상태를 진단하며

**BAYMAX** Your neurotransmitter levels are rising steadily.
베이맥스  너의 신경 전달 물질 수치가 계속 올라가고 있어.

**HIRO** Which means what?
히로  그게 무슨 말인데?

**BAYMAX** The treatment is working.
베이맥스  치료가 효과가 있다고.

*neurotransmitter 신경 전달 물질 | level 수치 | steadily 꾸준히 | treatment 치료

---

1. 모두가 점심을 먹으러 가. **그 말은** 겁주기 층이…
   ▶ Everyone goes to lunch. **Which means** the scare floor will be...

   🎬 몬스터 주식회사 : 랜달이 자신의 계획을 마이크에게 알려 주며 한 말이에요.

2. 우린 실수를 합니다. **그 말은** – 좋은 쪽으로 생각하면 – 우린 공통점이 많다는 거예요.
   ▶ We all make mistakes. **Which means**-- hey, glass half full!-- we all have a lot in common.

   🎬 주토피아 : 주디가 경찰 학교 졸업식에서 연설한 말이에요.

3. **그 말은**, 우즈마 카파가 다시 경기를 할 수 있다는 거죠!
   ▶ _____
   힌트 Oozma Kappa is back in the games

   🎬 몬스터 주식회사 : 마이크의 동아리가 경기에서 기사회생했음을 알리는 말이에요.

4. 노덜드라 족은 마법을 따르고 있어, **그 말은** 그들을 신뢰해서는 안 된다는 거지.
   ▶ The Northuldra follow magic, **which means** we can never trust them.

   🎬 겨울왕국 2 : 엘사의 할아버지 루나드 왕이 노덜드라 족을 믿어서는 안 된다며 한 말이에요.

5. 우선, 난 쥐예요. **이 말은** 삶이 힘들다는 거죠.
   ▶ First of all, I'm a rat. _____
   힌트 life is hard

   🎬 라따뚜이 : 레미가 자신을 관객들에게 소개하며 한 말이죠.

   ✦ 정답은 소책자 8쪽에

 1 scare 겁주다  2 in common 공통점이 있는  4 trust 믿다, 신뢰하다  5 rat 쥐

# 038

## ~는 없어
## There's no ~

'~가 있다'라는 뜻의 There's와 '없다'라는 뜻의 no가 결합된 표현이에요. 이 표현에는 그냥 없는 것이 아니라 '아무리 찾아봐도 없다', '절대로 없다'라는 부정적인 뉘앙스가 강하게 실려 있어요.

> 업: 칼이 정글에서 힘들어하는 러셀을 재촉하며
>
> **RUSSELL** I don't want to walk anymore. Can we stop?
> 러셀 더 이상 걷고 싶지 않아요. 좀 쉬면 안 돼요?
>
> **CARL** Russell! If you don't hurry up, the tigers will eat you.
> 칼 러셀! 서두르지 않으면 호랑이들이 널 잡아먹을 거야.
>
> **RUSSELL** **There's no** tigers in South America.
> 러셀 남미에는 호랑이가 없어요.

\* hurry up 서두르다 | South America 남미

---

1. 라이더의 흔적이 없습니다.
▶ **There's no** sign of Rider.

   라푼젤: 플린 (라이더)의 뒤를 쫓는 근위병이 대장에게 플린을 찾을 수 없다고 한 말이에요.

2. 괴물은 없어 – 괴물 따위는 없다고!
▶ **There's no** monsters – No monsters!

   모아나: 투이가 할머니의 괴물 이야기를 듣고 겁먹은 아이들을 진정시키려 한 말이죠.

3. 물고기가 없어요.
▶ _____
   힌트 fish

   모아나: 마을 어부가 모아나에게 물고기가 잡히지 않는다고 한 말이에요.

4. 시간이 없어요!!
▶ **THERE'S NO** TIME!!

   인크레더블 2: 급박한 상황에서 엘라스티걸이 아이들을 대피시키려고 하자 바이올렛이 반박하며 한 말이에요.

5. 그림이 없잖아!
▶ _____
   힌트 pictures

   미녀와 야수: 개스톤이 글씨만 잔뜩 있는 벨의 책을 보며 한 말이에요.

✧ 정답은 소책자 8쪽에

**잠깐만요!** 1 sign 흔적  2 monster 괴물

# 039 Whatever you ~

네가 무엇을 ~하든 간에

🎧 039.mp3

상대방의 행동이나 말은 크게 중요하지 않다고 말할 때 쓰는 표현이에요. 이런 말을 하는 사람은 상대방의 행동에 대해 살짝 회의적인 생각을 가지고 있기도 하죠.

> 🎬 **주토피아** : 낭떠러지에 간신히 매달린 닉이 주디에게 손을 놓지 말라고 명령하며
>
> **NICK** Rabbit, whatever you do, do not let go!
> 닉    토끼야, **무슨 짓을 하든 간에**, 절대 손을 놓지 마!
>
> **HOPPS** I'm gonna let go!
> 홉스(주디)   손을 놓을 거야!
>
> **NICK** No, you what? You must have misunderstood me. I said don't-- noooo!
> 닉    안 돼, 뭐라고? 내 말을 오해하는 게 분명해. 내가 하지 말라고 – 안 돼!

＊ let go 손을 놓다 | misunderstand 오해하다

---

**1.** 이봐, **무슨** 생각을 **하든 간에** 그 생각 그만하라고!
▶ Hey, whatever you're thinking, stop thinking it!

🎬 **주토피아** : 닉이 주디에게 이상한 짓을 하지 말라며 경고하는 말이에요.

**2.** 뭘 **하든 간에** – 절대로 그만두지 마!
▶ Well, whatever you do – DON'T STOP!

🎬 **인크레더블** : 적의 공격에 바이올렛이 갑자기 보호막을 만들자 대쉬가 한 말이에요.

**3.** 네가 뭘 **했든 간에**, 사람들이 그걸 좋아했잖아.
▶ _____, they liked it.
　　　　　　　　　　　　　　　힌트  did

🎬 **라따뚜이** : 링귀니가 레미가 만든 음식을 칭찬하며 한 말이죠.

**4.** 네가 결정해. **네가** 하고 싶은 건 무엇이든지 말야.
▶ It's up to you, honey. Whatever you want to do.

🎬 **토이 스토리 3** : 장난감을 기부할 생각을 하는 앤디에게 엄마가 한 말이죠.

**5.** 무슨 말을 하든지, 우리 둘 앞에서 해도 돼.
▶ _____, you-you can say to both of us.
　　　　　　　　　　힌트  have to say

🎬 **겨울왕국** : 엘사가 안나와 단둘이서 말하려고 하자 안나가 한스 왕자와 같이 듣겠다고 한 말이에요.

✦ 정답은 소책자 8쪽에

4 be up to ~에게 달려 있다　5 both of us 우리 둘

# 040 Whoever + 동사

~하는 사람은 누구든지

어떤 행동의 조건을 만족시키는 사람은 누구든지 뭔가를 할 수 있다는 뜻이에요. Whoever 뒤에는 동사를 쓰거나 '주어 + 동사'의 형태로도 쓸 수 있어요. 특히 게임의 규칙을 설명할 때 Whoever ~ wins.(~하는 사람이 승자입니다.)라는 패턴으로 자주 씁니다.

> 🎬 **몬스터 대학교** : 겁주기 경기가 시작되기 전에 학생회 부회장이 관중들에게 규칙을 설명하며
>
> **GREEK COUNCIL VP**  This is the starting line. The light at the end of the tunnel is the finish line.
> **학생회 부회장**  여기가 출발선입니다. 터널의 끝에 있는 불빛이 도착선이죠.
>
> **GREEK COUNCIL VP**  And **whoever comes** in last is eliminated from the games.
> **학생회 부회장**  그리고 마지막으로 **들어오는 사람은** 경기에서 탈락됩니다.

\* eliminate 탈락시키다

---

**1.** 황금을 가진 자는 누구나 규칙을 만들 수 있지?
▶ **Whoever has** the gold makes the rules?

🎬 **알라딘** : 자파가 알라딘에게 요술 램프를 가지고 오도록 설득하며 하는 말이에요.

**2.** 이상하게 들린다는 거 알아. 하지만 누가 날 부르든 좋은 사람이라고 믿어.
▶ I know it sounds crazy, but I believe **whoever is calling** me, is good.

🎬 **겨울왕국 2** : 자신을 부르는 신비의 목소리에 대해 엘사가 한 말이죠.

**3.** 해파리들로부터 가장 빨리 뛰어나가는 사람이 이기는 거야.
▶ **Whoever** _____ wins.
   힌트 can hop the fastest out of these jellyfish

🎬 **니모를 찾아서** : 말린이 해파리 떼를 빨리 지나가기 위해 도리에게 게임을 제안하며 한 말이에요.

**4.** 전 파란 차를 세고 아빠는 빨간 차를 세요. 그리고… 제일 많이 세는 사람이 이기는 거죠.
▶ I'll count all the blue cars and he counts all the red ones, and… and **whoever gets** the most, wins.

🎬 **업** : 러셀이 아빠와의 놀이를 추억하며 한 말이에요.

**5.** 하지만 그가 누구든, 그는 가족을 버렸다고.
▶ But _____, he still abandoned his family.
   힌트 he was

🎬 **코코** : 아빠가 델라 크루즈를 크게 비난하며 한 말이에요.

✦ 정답은 소책자 8쪽에

 **잠깐만요!**  3 hop out of ~에서 뛰어나가다, jellyfish 해파리  4 count 세다  5 abandon 버리다

# Review  031 ~ 040 패턴으로 대화하기

🎧 test 031-040.mp3

앞서 배운 10개 패턴을 활용하여 네이티브와 대화에 도전해 보세요. 빈칸을 채운 후, 오디오 파일을 2번씩 따라하세요.

**1.** [주토피아] 닉의 사기극을 알아차린 주디가 닉을 검거하려고 하며

HOPPS  I stood up for you! And you lied to me! You liar!

NICK  _____, sweetheart. And I'm not the liar, he is.

HOPPS  Hey!

HOPPS  All right, slick Nick, you're under arrest.

NICK  Really, for what?

HOPPS  Gee I dunno, how 'bout selling food without a permit, transporting undeclared commerce across borough lines, false advertising...

난 널 위해 나섰는데! 넌 나에게 거짓말을 했어! 이 거짓말쟁이야!

'사기'라고 하는 거예요, 아가씨. 그리고 난 거짓말쟁이가 아니에요. 저놈이 그렇지.

이봐!

자, 뻔뻔이 닉, 널 체포하겠어.

진짜요? 이유가 뭐죠?

글쎄, 이런 건 어때? 무허가 음식 판매, 신고하지 않은 상품을 구 경계를 넘어서 수송한 것, 허위 광고...

＊ stand up for ~를 위해 나서다 | hustle 사기 | slick 뻔뻔한 | under arrest 체포되어 | permit 허가 | commerce 상업, 상품 | borough 구역 | advertising 광고

**2.** [토이 스토리 4] 우디가 포키에게 보니에게로 돌아가야 한다고 말하며

WOODY  Okay, like it or not, you are a toy. Maybe you don't like being one but you are one nonetheless. _____, when he –

FORKY  Who's Andy?

WOODY  – I mean, Bonnie! You have to be there for Bonnie. That is your job.

FORKY  Well, what's your job?

WOODY  Well, right now, it's to make sure you do yours.

자, 좋든 싫든 간에 넌 장난감이야. 네가 싫어해도 넌 장난감이야. 그 말은 네가 앤디를 위해 거기에 있어야 해, 걔가 –

앤디가 누구야?

– 내 말은, 보니 말야! 보니를 위해서 그 자리에 있어야 해. 그게 네가 할 일이야.

그럼, 네가 할 일은 뭐야?

지금은 네가 그렇게 하도록 확실히 도와주는 거지.

＊ like it or not 좋든 싫든 간에 | nonetheless 그럼에도 불구하고 | make sure 확실히 ~하다

**3.** [도리를 찾아서] 행크가 도리에게 부모님에게 가는 길을 보여 준 후 꼬리표를 요구하며

HANK  I'm not going with ya. I won't fit. You have to go by yourself.

DORY  Um... uh... T-that's... I'm... I... See I can't, because I'm... I'm... I'm not so good with directions.

HANK  Well, that's too bad. A deal's a deal! You wanted to find your parents? _____ Now, give me your tag!

DORY  But, Hank, I-I can't go in the pipes alone. I'll just forget where I'm going.

난 너와 함께 가지 않을 거야. 난 안 들어간다고. 너 혼자 가야 해.

어... 그건... 난... 난 못 해요. 왜냐하면 난... 방향치라서요.

정말 안됐구나. 약속은 약속이라고! 네 부모님을 찾고 싶다며? 저게 그들에게 가는 방법이라고. 자, 이제 꼬리표를 내놔!

하지만 행크, 난 파이프 안으로 혼자 갈 수 없어요. 내가 어디로 가는지 까먹을 거예요.

＊ fit 몸이 맞다 | by yourself 혼자서 | be good with ~를 잘하다 | direction 방향 | deal 거래, 약속 | tag 꼬리표

076

**4.** [코코] 헥터가 치차론에게 기타를 빌려 달라고 요청하며

| | | |
|---|---|---|
| HÉCTOR | Buenas noches, Chicharrón! | 안녕하세요, 치차론! |
| CHICHARRÓN | I don't want to see your stupid face, Héctor. | 자네의 한심한 얼굴은 보고 싶지 않군, 헥터. |
| HÉCTOR | C'mon, it's Día de Muertos! I brought you a little offering! | 왜 이래요, 오늘은 죽은 자들의 날이잖아요! 헌물을 가져왔어요! |
| CHICHARRÓN | Get out of here... | 나가… |
| HÉCTOR | I would, Cheech, but _____. | 치치, 나도 그러고 싶지만 **실은… 나와 내 친구 미구엘이 당신의 기타를 꼭 빌려야 해서요.** |
| CHICHARRÓN | My guitar?! | 내 기타?! |
| HÉCTOR | Yes? | 그럴 수 있을까요? |
| CHICHARRÓN | My prized, beloved guitar...? | 나의 보물 같은, 사랑스러운 기타…? |
| HÉCTOR | I promise we'll bring it right back. | 빨리 갖다 드릴게요. |

\* Buenas noches 안녕(스페인어 저녁 인사) | offering 공헌 물품, 헌물 | prized 소중한, 보물 같은 | beloved 사랑스러운

**5.** [온워드] 발리가 피닉스의 보석을 찾기 위해서는 맨티코어의 술집으로 가야 한다고 주장하며

| | | |
|---|---|---|
| BARLEY | The Manticore's Tavern! It's run by a fearless adventurer. She knows where to find any kind of gem, talisman, totem... | 맨티코어의 선술집! 용맹한 모험가가 운영하는 곳이지. 그녀는 보석이나 부적, 장승 같은 것들이 어디에 있는지 알고 있어… |
| IAN | Barley, this is for a game. | 발리, 이건 게임을 위한 거잖아. |
| BARLEY | Based on real life! | 실생활에 근거한 거야! |
| IAN | But, how do we know this tavern, still there? | 하지만 이 선술집이 아직 거기에 있을지 어떻게 알아? |
| BARLEY | It's there. Look, my years of training have prepared me for this very moment. And I'm telling you... _____. | 거기에 있어. 이봐, 몇 년 동안에 걸친 훈련으로 난 이 순간을 준비해 왔어. 그리고 확실히 말해 두겠는데… **이게 피닉스의 보물을 찾을 수 있는 유일한 방법이야.** |

\* tavern 술집 | run 운영하다 | fearless 용맹스러운 | adventurer 모험가 | gem 보석 | talisman 부적 | totem 장승 | based on ~에 근거한

**6.** [겨울왕국 2] 안나가 아렌델을 위해서라면 댐을 부숴야 한다고 말하며

| | | |
|---|---|---|
| ANNA | Lieutenant Mattias. | 마티아스 중위님. |
| MATTIAS | Your Highness? What are you doing? | 공주님? 뭐 하시는 거예요? |
| ANNA | The dam must fall. _____. | 댐을 무너뜨려야 해요. **그게 안개를 멈추고 숲을 자유롭게 할 유일한 방법이에요.** |
| MATTIAS | But we have sworn to protect Arendelle at all costs. | 하지만 저희는 무슨 수를 써서라도 아렌델을 보호할 것을 맹세했습니다. |
| ANNA | Arendelle has no future until we make this right. King Runeard betrayed everyone. | 우리가 이것을 바로잡지 못하면 아렌델에는 미래가 없어요. 루널드 왕이 모두를 배신한 거예요. |

\* lieutenant 중위 | mist 안개 | sworn swear(맹세하다)의 과거 분사 | at all costs 무슨 수를 쓰더라도 | betray 배신하다

**1.** [겨울왕국 2] 엘사가 안나에게 자신이 느낀 목소리에 대해 설명하며

**ANNA** Just tell me what's going on.

무슨 일이 있는지 말해 줘.

**ELSA** I woke the magical spirits of the enchanted forest.

내가 마법의 숲에 있는 영혼들을 깨웠어.

**ANNA** Okay, that's definitely not what I thought you were going to say. Wait, the enchanted forest? The one Father warned us about?

알았어, 언니가 그런 말을 할 거라고는 전혀 생각을 못 했지만. 잠깐, 마법의 숲이라고? 아빠가 우리에게 경고했던 그거?

**ELSA** Yes.

그래.

**ANNA** Why would you do that?

왜 그런 거야?

**ELSA** Because of the voice. I know it sounds crazy, but _____.

목소리 때문에. 이상하게 들린다는 거 알아, 하지만 **누가 날 부르든 좋은 사람이라고 믿어**.

**ANNA** How can you say that? Look at our kingdom!

어떻게 그렇게 말할 수 있어? 우리 왕국을 봐!

**ELSA** I know. It's just that my magic can feel it. I can feel it.

나도 알아. 그냥 내 마법이 그걸 느낄 수 있어. 내가 느낄 수 있다고.

\* spirit 영혼 | enchanted 마법에 걸린 | definitely 확실히 | warn 경고하다

**정답** 1. It's called a hustle  2. Which means you are going to be there for Andy  3. That's how you get to 'em  4. the thing is... me and my friend, Miguel, we really need to borrow your guitar  5. this is the only way to find a Phoenix Gem  6. It's the only way to break the mist and free the forest  7. I believe whoever is calling me, is good

# Part 5

## 생각을 말할 때
### 디즈니 캐릭터가 사용하는 패턴

이번 파트에서는 자신의 생각을 말할 때 쓰는 패턴들을 알아보려고 해요. 지금까지 I think만 알고 있었다면 Part 5 연습을 마친 뒤에는 다양한 씽킹 패턴들을 활용할 수 있을 거예요. 그것도 디즈니 캐릭터들이 자주 사용하는 패턴으로 말이죠.

| 패턴 041 | I think ~ |
| 패턴 042 | I guess ~ |
| 패턴 043 | I know ~ |
| 패턴 044 | I have no idea ~ |
| 패턴 045 | I'm afraid ~ |
| 패턴 046 | I wonder ~ |
| 패턴 047 | It's just ~ |
| 패턴 048 | I never thought ~ |
| 패턴 049 | ~ than I thought |
| 패턴 050 | That's why I ~ |
| 패턴 051 | better than ~ |

## 041  ~한 것 같아요
# I think ~

🎧 041.mp3

직역하면 '~라고 생각합니다.'이지만 실제로는 100% 확신을 갖지 못하고 말할 때 쓰는 패턴이에요. 우리말로 '~한 것 같아.'라는 번역이 가장 잘 어울리는 표현이죠.

🎬 **라푼젤** : 라푼젤이 고텔에게 플린이 자신을 좋아하는 것 같다고 말하며

**MOTHER GOTHEL** Yes, the wanted thief, I'm so proud. Come on, Rapunzel.
고텔  그래, 지명 수배 중인 도둑이라고, 정말 잘 한 짓이다. 정신 차려, 라푼젤.

**RAPUNZEL** No, Mother, wait. I think he... **I think** he likes me.
라푼젤  아니요, 어머니, 잠깐만요. 그가… 그가 날 좋아**하는 것 같아요**.

**MOTHER GOTHEL** Likes you? Please, Rapunzel, that's demented...
고텔  널 좋아한다고? 제발, 라푼젤, 미친 짓이라고…

\* wanted 수배 중인 | demented 정신이 이상한

---

1. 여기 뭔가가 적혀 있**는 것 같은데**.
▸ **I think** there's something written here.

🎬 **알라딘** : 알라딘이 램프에 무엇인가 적혀 있는 것을 발견하고 한 말이에요.

2. 잃어버린 문어를 찾**은 것 같아**.
▸ **I think** I might have found that missing octopus.

🎬 **도리를 찾아서** : 수족관 직원이 행크의 흔적을 보고 무전으로 한 말이에요.

3. 쟤가 아빠를 좋아**하는 것 같아요**.
▸ _____, Dad.
　　　　　　　　　힌트 she likes you

🎬 **도리를 찾아서** : 베키가 말린을 자꾸 쪼아 대자 니모가 농담하며 한 말이죠.

4. 너희 아빠에게 무슨 일이 생**긴 것 같아**.
▸ **I think** your father is in trouble.

🎬 **인크레더블** : 헬렌이 밥에게 무슨 일이 생겼다며 아이들에게 심각하게 한 말이죠.

5. 안나, 우리 가야 **할 것 같아**.
▸ Anna, _____
　　　　　　　　　힌트 we should go

🎬 **겨울왕국** : 크리스토프가 안나에게 엘사의 성을 떠나자며 한 말이에요.

✦ 정답은 소책자 8쪽에

**잠깐만요!** 2 missing 잃어버린  4 be in trouble 곤경에 처하다

# 042

~인 것 같아

# I guess ~

🎧 042.mp3

I think ~. 처럼 100% 확신하지 못하는 생각이나 느낌을 말할 때 양념처럼 쓰는 표현이에요. '추측하다'라는 뜻의 guess가 있다고 해서 '~를 추측해요.'라고 해석하면 아주 어색해요.

🎬 **몬스터 대학교** : 마이크가 동아리 친구들과 작별하며

**MIKE** Well, **I guess** we should be going now.
마이크 이제 가야 **할 것 같아**.

**DON** Promise me you'll keep in touch.
돈 연락하겠다고 약속해.

＊ keep in touch 연락하다

1. 음, 결국에는 잘되지 않**을 것 같은데**.
▶ Oh, well, **I guess** it's not gonna work after all.

🎬 **미녀와 야수** : 르푸가 개스톤의 계략대로 되지 않을 거라며 한 말이에요.

2. 아래층으로 내려가서 치우**는 게 좋겠어**.
▶ Well, **I guess** we better go downstairs and start cleaning up.

🎬 **미녀와 야수** : 벨과 야수의 저녁 식사가 취소되자 콕스워스가 푸념하며 한 말이에요.

3. 난 우리 형 같은 존재는 아**닌 것 같아**.
▶ _____
힌트  I'm not like my brother

🎬 **빅 히어로** : 히로가 타다시의 생전 모습이 담긴 영상을 보며 한 말이에요.

4. 음, 파스칼이 여기에는 숨지 않**은 것 같은데**…
▶ Well, **I guess** Pascal's not hiding out here…

🎬 **라푼젤** : 라푼젤이 카멜레온 파스칼과 숨바꼭질하며 한 말이에요.

5. 왕도 겁이 나**는가 봐요**, 그래요?
▶ _____, huh?
힌트  even kings get scared

🎬 **라이언 킹** : 심바가 자신을 구해 준 무파사에게 귀엽게 농담하며 한 말이죠.

✦ 정답은 소책자 8쪽에

 1 work 일이 잘되다, after all 결국  2 downstairs 아래층으로  4 hide 숨다  5 scared 겁이 나는

## 043

~인 걸 알아요

# I know ~

🎧 043.mp3

자신이 어떤 사실을 알고 있다고 말하는 표현이에요. 추측이나 느낌이 아니라 자신이 확신하는 생각을 전달하는 거죠. I know 뒤에는 간단하게 명사를 써도 되지만 '주어+동사' 형태의 문장을 쓸 수도 있어요.

> 🎬 **빅 히어로** : 히로가 경찰관에게 목격한 것을 진술하며
>
> **DESK SERGEANT** Did you file a report when your flying robots were stolen?
> **접수받는 경찰** 네 비행 로봇들을 도난당했을 때 사건 신고를 한 거니?
>
> **HIRO** No! I thought they were all destroyed. Look, **I know** it sounds crazy, but Baymax was there too. Tell him!
> **히로** 아니요! 그것들이 다 파괴되었다고 생각했어요. 이봐요, 미친 소리처럼 들린**다는 거 알아요**. 하지만 베이맥스도 거기에 있었어요. 너도 말해 봐!

\* sergeant 경사 | file a report 사건 신고를 하다 | stolen 도난당한 | destroy 파괴하다

---

**1.** 그가 여기 어딘가에 있다**는 걸 알아**.
▸ **I know** he's in here somewhere.

🎬 **라푼젤** : 대장이 숨어 있는 플린을 찾으면서 한 말이에요.

**2.** 이게 누구 차**인지 알아**.
▸ **I know** whose car this is.

🎬 **주토피아** : 닉이 차의 주인이 누구인지 알아차리고 겁을 내며 한 말이에요.

**3.** 네가 날 용서하지 않을 거**라는 걸 알아**.
▸ _____
힌트  you'll never forgive me

🎬 **주토피아** : 주디가 닉에게 간절히 도움을 요청하며 한 말이에요.

**4.** 여기 있는 한 안전하다**는 걸 알아요**.
▸ **I know** I'm safe as long as I'm here.

🎬 **라푼젤** : 라푼젤이 탑을 벗어나지 않으면 안전하다고 한 말이에요.

**5.** 그를 무찌를 방법**을 알아**.
▸ _____
힌트  how to beat him

🎬 **빅 히어로** : 히로가 친구들에게 칼라한을 무너뜨릴 방법이 있다고 한 말이죠.

✧ 정답은 소책자 9쪽에

**잠깐만요!**  4 as long as ~하는 한   5 beat 무찌르다

# 044

~를 모르겠어요

## I have no idea ~

🎧 044.mp3

'생각이 떠오르지 않는다'라는 뜻이 아니라 I don't know ~.처럼 '잘 모르겠다'라는 의미예요. 정말 모르겠다고 강조해서 말하고 싶으면 no에 살짝 힘을 줘서 발음해 주세요.

🎬 **인크레더블** : 헬렌이 에드나가 하는 말을 이해하지 못하겠다고 하며

**HELEN** E, it's great to see you, but – **I have no idea** what you're talking about, I just –
**헬렌** 에드나, 당신을 만나서 좋긴 하지만 – 무슨 말씀을 하**시는지 도통 모르겠어요**. 난 그냥 –

**E** Yes, words are useless. Gobble gobble gobble – there's too much of it, darling, too much! That is why I show you my work. That is why you are here!
**에드나** 그래, 말해봤자 소용없지. 이러쿵저러쿵 – 너무 말이 많아, 자기, 너무 많다고! 그래서 내 작품을 네게 보여 주는 거야. 그래서 네가 여기 온 거고!

\* words 말 | useless 소용없는 | gobble 웅성웅성하는 소리

---

**1.** 네가 왜 이렇게 하**는지 도통 모르겠어**.
▶ **I have no idea** why you're even doing this.

🎬 **도리를 찾아서** : 행크가 도리에게 왜 가족을 찾으려고 하는지 궁금하며 한 말이에요.

**2.** 그게 무슨 뜻**인지 나도 모르겠어**.
▶ **I have no idea** what that means.

🎬 **겨울왕국 2** : 마법에 걸린 숲에 대해 어려운 단어를 늘어놓던 올라프가 한 말이에요.

**3.** 바다가 왜 날 선택했**는지 정말 모르겠어요**.
▶ _____
힌트  why the ocean chose me

🎬 **모아나** : 모아나가 자신의 심경을 마우이에게 솔직하게 털어놓으며 한 말이죠.

**4.** 당신이 누구**인지 전혀 몰랐어요**.
▶ **I had no idea** who you were.

🎬 **노틀담의 꼽추** : 에스메랄다가 광장에서 조롱거리가 된 콰지모도에게 사과하며 한 말이에요.

**5.** 그게 뭔**지 전혀 모르겠어**.
▶ _____
힌트  what it is

🎬 **온워드** : 엄마가 이안에게 아빠가 물려준 물건을 보여 주며 한 말이에요.

✦ 정답은 소책자 9쪽에

## 045 I'm afraid ~
~인 것 같아요

부정적인 생각이나 느낌을 말할 때 자주 사용하는 패턴이에요. I'm afraid 뒤에는 '주어 + 동사'의 문장 형태를 써 주세요. afraid가 '두려워하는' 이란 뜻이니까 왠지 부정적인 생각과 잘 어울리지 않나요?

🎬 **미녀와 야수** : 콕스워스, 야수가 벨을 떠나보냈다는 소식을 하인들에게 전달하며

**All(ex. COGSWORTH)**  He did what?!?!
모두들(콕스워스를 제외하고)  뭘 하셨다구요?!?!

**COGSWORTH**  Yes, **I'm afraid** it's true.
콕스워스  맞아, 그게 사실**인 것 같아**.

**CHIP**  She's going away?
칩  그녀가 떠났다구요?

＊ ex 제외하고(= except) | go away 떠나다

---

**1.** 너무 오랫동안 계**신 것 같군요**, 아부부 왕자님.
▶ **I'm afraid** you've worn out... your welcome, Prince Abooboo.

🎬 **알라딘** : 자파가 알라딘을 체포하며 한 말이에요.

**2.** 모텔에서의 2주가 제가 해 줄 수 있는 최선**인 것 같군요**.
▶ **I'm afraid** two more weeks in the motel is the best I can do for ya.

🎬 **인크레더블 2** : 딕커가 안타깝지만 헬렌의 가족을 모텔에 투숙시키며 한 말이죠.

**3.** 자네를 도와줄 수 없**을 것 같은데**.
▶ Well, _____
힌트  I can't help you

🎬 **주먹왕 랄프** : 캔디왕이 메달을 되찾으려는 랄프를 도와줄 수 없다며 한 말이에요.

**4.** 모두가 사방으로 흩어지고 있고 저도 곧 이동**해야 할 것 같습니다**.
▶ Everyone here has scattered and **I'm afraid** I'll need to move at any minute.

🎬 **인크레더블 2** : TV 리포터가 악당의 공격으로 혼란스러운 상황을 보도하는 말이에요.

**5.** 쟤는 좀 이상**한 것 같아**.
▶ _____
힌트  she's rather odd

🎬 **미녀와 야수** : 벨이 좀 이상한 것 같다고 마을 사람들이 한 말이에요.

✦ 정답은 소책자 9쪽에

1 wear out one's welcome 처음 와서 너무 오래 있어 민폐가 되다   4 scatter 흩어지다   5 odd 이상한

## 046 I wonder ~
~가 궁금하네

주로 혼잣말로 어떤 일에 대해서 궁금하다고 말하는 표현이에요. I wonder 뒤에는 if가 자주 따라 나오는데 이때 쓰인 if는 '~인지'라는 의미가 있어요.

> **미녀와 야수** : 벨이 성의 금지 구역을 궁금해하며
>
> **BELLE** I wonder what he's hiding up there.
> 벨  그가 저기에 뭘 숨기고 있**는지 궁금하네**.
>
> **LUMIERE** Hiding? The master is hiding nothing!
> 뤼미에르  숨긴다구요? 주인님은 숨기는 게 없어요!
>
> **BELLE** Then it wouldn't be forbidden.
> 벨  그렇다면 금지되지 않았겠죠.

\* hide 숨기다 | forbidden 금지된

**1.** 뇌가 아직 거기에 있**을지 궁금하네**.
▶ I wonder if its brains are still in there.

🎬 라이언 킹 : 코끼리 무덤에 도착한 심바가 감탄하며 한 말이에요.

**2.** 걔가 특별한 임무를 떠나 그 새를 찾았**는지 궁금하네**.
▶ Yeah, I wonder if he's found the bird on his very special mission.

🎬 업 : 더그가 미지의 새를 찾았는지 감마가 궁금해하며 한 말이에요.

**3.** 이건 뭔**지 궁금하네**?
▶ _____
   힌트  what this one is

🎬 인어공주 : 에리얼이 담배 파이프의 용도를 궁금해하며 한 말이죠.

**4.** 저기에 살면서 하인들을 거느리는 게 어떤 느낌**일까 궁금해요**.
▶ I wonder what it would be like to live there and have servants and valets.

🎬 알라딘 : 알라딘이 호화로운 궁궐 생활을 상상하며 자스민에게 한 말이죠.

**5.** 우리가 같은 공장에서 만들어**진 게 아닐까 궁금하네**.
▶ Gee, _____
   힌트  if we were made in the same factory

🎬 토이 스토리 4 : 개비 개비가 우디의 제작 연도를 물어보고 한 말이에요.

✦ 정답은 소책자 9쪽에

**잠깐만요!** 2 mission 임무  4 servant 하인, valet (남자) 하인  5 Gee 이런(감탄사)

# 047 It's just ~

그냥 ~해서요

🎧 047.mp3

상대방에게 아주 사소한 핑계나 불만을 말할 때 혹은 어떤 제안을 할 때 양념처럼 쓰는 말이에요. 강하게 어필하는 게 아니라 상대방의 기분이 나쁘지 않도록 조심하면서 쓰는 표현이에요.

> 🎬 **미녀와 야수** : 모리스가 콕스워스를 신기하게 바라보며
>
> **COGSWORTH** Sir, close that at once, do you mind?
> **콕스워스** 당장 닫아요, 선생. 그래 주겠어요?
> **MAURICE** I beg your pardon, **it's just** that I've never seen a clock that…aah…I mean…aah aah aah-chooo!!!!
> **모리스** 죄송해요. **그냥** 이런 시계를 본 적이 없어서… 아… 제 말은… 에… 에취!!!!

\* at once 당장 | I beg your pardon. 죄송합니다.

---

**1.** 그냥… 하나를 들어보고 싶었**거든**.
▶ **It's just** that… I wanted to maybe hold one.

🎬 **인사이드 아웃** : 슬픔이가 코어 기억을 건드려서 엉망이 되자 죄책감을 가지고 한 말이에요.

**2.** 내 말은, **그냥** 네가 나와 함께 안 갔으**면** 해서…
▶ I mean, **it's just** that I don't want you… with me.

🎬 **니모를 찾아서** : 말린이 도리에게 혼자서 니모를 찾겠다며 한 말이에요.

**3.** **그냥** 내 마법이 그걸 느낄 수 **있어**.
▶ _____
힌트  my magic can feel it

🎬 **겨울왕국 2** : 엘사가 안나에게 자신을 부르는 목소리의 존재를 느낄 수 있다며 한 말이에요.

**4.** 단지 내가 처리했어야 하는 서류 작업을 깜빡**하고 있어서**.
▶ **It's just** that I forgot about some paperwork I was supposed to file.

🎬 **몬스터 주식회사** : 설리가 마이크를 위해 변명거리를 만들면서 한 말이죠.

**5.** **그냥** 주인님은 매년 가**시잖아요**.
▶ _____
힌트  you go every year

🎬 **노트르담의 꼽추** : 축제에 가고 싶은 콰지모도가 프롤로에게 살짝 불만을 가지고 한 말이에요.

✧ 정답은 소책자 9쪽에

1 hold 손에 들다   4 paperwork 서류 작업, file (서류 등을) 분류하다

# 048

~할 거라고 생각도 못했어

# I never thought ~

🎧 048.mp3

생각지도 않았던 일이 갑자기 일어나서 놀랐다는 느낌을 전달할 때 쓰는 표현이에요. 또한 '~라고는 생각해 본 적이 없어.'라는 뜻으로 어떤 일이 발생할 가능성이 없다고 할 때 쓸 수도 있어요.

🎬 **카 3** : 본부로 돌아가기 전 크루즈가 맥퀸에게 물어보며

**CRUZ** But can I ask you something? What was it like for you? When you showed up to your first race – how did you know you could do it?
**크루즈** 하지만 뭐 좀 물어봐도 될까요? 그게 어땠어요? 첫 경기에 나섰을 때 – 그럴 수 있다는 걸 어떻게 알았던 거죠?

**MCQUEEN** I don't know. I just **never thought** I couldn't.
**맥퀸** 모르겠어. 못**한**다는 생각은 안 했어.

\* show up 나타나다

---

**1.** 일이 이렇게 될 줄 생각도 못했어.
▶ **I never thought** things would come to this.

🎬 **몬스터 주식회사** : 워터누즈가 마이크에게 사악한 본심을 드러내며 한 말이죠.

**2.** 그렇게 생각해 본 적이 없네요.
▶ **I never thought** about it like that.

🎬 **온워드** : 콜트로 변신한 이안의 역질문에 고어 경관이 당황하며 한 말이에요.

**3.** 널 다시 만날 수 있을 거라 생각도 못했다고!
▶ _____
힌트  I'd see you again

🎬 **토이 스토리 4** : 보가 우디를 다시 만나 반가워하며 한 말이죠.

**4.** 네가 그랬을 거라고는 전혀 생각을 못했는데… 네가…
▶ **I never thought** that you might have... that you...

🎬 **코코** : 헥터가 델라 크루즈가 자신을 독살했다는 것을 알고 분노하며 한 말이에요.

**5.** 그가 터보를 사용할 거라는 생각은 하지 못했죠.
▶ But _____
힌트  he'd go Turbo

🎬 **주먹왕 랄프** : 펠릭스가 랄프의 행동을 이상하게 생각하고 칼혼에게 한 말이에요.

✦ 정답은 소책자 9쪽에

 1 things would come to this 일이 이렇게 진행되다

# 049 ~ than I thought

내가 생각했던 것보다 더 ~

 049.mp3

~ than I thought은 '내가 생각했던 것보다 더'라는 의미로 비교급의 의미를 강조하는 역할을 해요. 이와 비슷한 표현인 ~ than I expected 도 알아 두세요. '내가 기대했던 것보다 더'라는 뜻이랍니다.

> 🎬 **겨울왕국** : 안나가 대관식을 앞두고 엘사와 대화하며
>
> **ELSA** So, this is what a party looks like?
> 엘사 음, 파티가 이런 건가?
>
> **ANNA** It's warmer **than I thought**.
> 안나 내가 생각했던 것보다 더 따뜻해.
>
> **ELSA** And what is that amazing smell?
> 엘사 이 멋진 냄새는 뭐지?

* amazing 멋진

**1.** 생각보다 머리를 더 세게 부딪힌 게 분명해.
▶ I must've hit my head harder **than I thought**.

🎬 **알라딘** : 지니가 나타나자 알라딘이 놀라며 한 말이에요.

**2.** 생각보다 행운이 더 많이 필요할 거야.
▶ We'll need more luck **than I thought**.

🎬 **뮬란** : 할머니가 행운의 귀뚜라미를 뮬란의 엄마에게 건네며 한 말이죠.

**3.** 생각보다 더 힘들겠군.
▶ This is gonna be _____
힌트 harder

🎬 **몬스터 대학교** : 겁주기 경기에 참여하려는 마이크가 자신의 동아리 회원들을 보고 걱정하며 한 말이에요.

**4.** 이런, 생각보다 자네 더 형편 없군 –
▶ Oh my God, you're worse **than I thought** –

🎬 **인크레더블 2** : 에드나가 집안일로 지친 밥을 보고 한 말이죠.

**5.** 오, 쟤가 생각보다 잘하는군.
▶ Ah, she's _____
힌트 better

🎬 **인어공주** : 에리얼이 에릭과 키스를 할 뻔하자 우슬라가 한 말이죠.

✦ 정답은 소책자 10쪽에

# 050

그래서 내가 ~한 거예요

# That's why I ~

 050.mp3

자신의 행동이나 말에 대한 구체적인 이유를 설명할 때 자주 쓰는 표현이에요. 물론 문맥에 따라서 'I' 대신 'you', 'he' 등의 다양한 주어를 쓸 수도 있어요.

> 🎬 **인크레더블 2** : 에블린이 엘라스티걸에게 사악한 본색을 드러내며
>
> **EVELYN**  That's why you failed.
> 에블린  그래서 당신이 실패한 거예요.
>
> **ELASTIGIRL**  What—?
> 엘라스티걸  뭐라구요?
>
> **EVELYN**  Why would you count on me? Because I built you a bike? Because my brother knows the words to your theme song? We don't know each other.
> 에블린  왜 날 믿은 거죠? 당신에게 오토바이를 만들어 줘서? 우리 오빠가 당신 주제가의 가사를 알아서? 우리는 서로를 모르잖아요.
>
> \* count on ~를 신뢰하다

**1.** 그래서 그를 데려오려고 그 차를 보냈던 거야.
▶ **That's why I** sent that car to pick him up.

🎬 **주토피아** : 미스터 빅이 주디에게 오터톤의 실종에 대해 설명하며 한 말이에요.

**2.** 그래서 우리는 좋은 경찰이 필요한 거야 – 너같이 말이지.
▶ **That's why we** need good cops--like you.

🎬 **주토피아** : 보고 서장이 낙담한 주디에게 용기를 주며 한 말이죠.

**3.** 그래서 이 컵케이크도 만들었다고.
▶ _____
힌트 I made these cupcakes

🎬 **몬스터 대학교** : 개강 첫날 랜디가 학교 친구들에게 잘보이고 싶다며 한 말이에요.

**4.** 그래서 베이맥스가 우리에게 연락한 거야.
▶ **That's why Baymax** contacted us.

🎬 **빅 히어로** : 타다시의 친구들이 히로가 있는 곳으로 찾아와서 한 말이죠.

**5.** 거봐요, 그게 내가 결혼을 안 하는 이유니까요.
▶ See, _____
힌트 I never got married

🎬 **온워드** : 고어 경관이 아이에 대한 콜트의 고민을 듣고 한 말이에요.

✤ 정답은 소책자 10쪽에

 1 pick ~ up ~를 데려오다   4 contact 연락하다

# 051

~보다 더 좋은

# better than ~

🎧 051.mp3

단순히 그냥 좋은 게 아니라 무언가와 비교했을 때 더 좋다고 표현할 때 쓰는 패턴이에요. better than 뒤에 비교하고 싶은 대상을 쓰면 됩니다. 간혹 then이라고 잘못 쓰는 경우가 있는데 then은 '그때'라는 뜻이에요. 원어민들도 가끔 혼동하는 단어니까 철자를 조심해 주세요.

🎬 **빅 히어로** : 카스 이모가 한턱내겠다는 말에 프레드가 기뻐하며

**CASS** All right, geniuses, let's feed those hungry brains. Back to the cafe, dinner is on me!
카스 이모   알았어요, 천재 여러분, 배고픈 두뇌를 채웁시다. 카페로 와요, 저녁은 내가 낼 테니!

**FRED** Yes! Nothing is **better than** free food! Unless it's moldy or has salmonella.
프레드   좋아! 공짜 음식**보다 더 좋은** 건 없지! 곰팡이 피거나 살모넬라균만 없으면 말이지.

* feed 먹이다 | be on me 내가 살게 | moldy 곰팡이가 핀 | salmonella 살모넬라균(식중독균)

---

**1.** 순록이 사람**보다 더** 나아.
▶ **Reindeers are better than people.**

🎬 **겨울왕국** : 크리스토프가 순록이 사람보다 더 훌륭하다고 노래한 말이죠.

**2.** 엄마, 슈트예요, 엄마는 그것**보다 더** 멋지잖아요, 이거 입어요.
▶ **Mom, the suit, you're better than that, try this.**

🎬 **인크레더블 2** : 바이올렛이 헬렌에게 예전 슈트를 건네면서 한 말이에요.

**3.** 내가 상상했던 것**보다 더** 좋은데.
▶ **This is _____**
　　　　　　　　　　　힌트 I ever imagined

🎬 **몬스터 대학교** : 우편 분류 작업을 하는 설리가 흥분해서 한 말이에요.

**4.** 플린 라이더**보다** 유진 피츠허버트가 **더** 좋아요.
▶ **I like Eugene Fitzherbert much better than Flynn Rider.**

🎬 **라푼젤** : 라푼젤이 플린의 실제 이름을 듣고 한 말이에요.

**5.** 오, 쟤가 생각**보다** 잘하는군.
▶ **Ah, she's _____**
　　　　　　　　　　　힌트 I thought

🎬 **인어공주** : 에리얼이 에릭과 키스를 할 뻔하자 우슬라가 한 말이에요.

✤ 정답은 소책자 10쪽에

**잠깐만요!**　1 reindeer 순록   2 try 입어 보다

# Review  041 ~ 051 패턴으로 대화하기

🎧 test 041-051.mp3

앞서 배운 11개 패턴을 활용하여 네이티브와 대화에 도전해 보세요. 빈칸을 채운 후, 오디오 파일을 2번씩 따라하세요.

### 1. [라푼젤] 고텔이 라푼젤을 탑에 혼자 두고 나가면서

| | | |
|---|---|---|
| **MOTHER GOTHEL** | You're sure you'll be alright on your own? | 정말 혼자서 괜찮겠니? |
| **RAPUNZEL** | _____ | **여기 있는 한 안전하다는 걸 알아요.** |
| **MOTHER GOTHEL** | I'll be back in three days time. I love you very much, Dear. | 3일 후에 돌아올 거야. 정말 사랑해. |
| **RAPUNZEL** | I love you more. | 제가 더 사랑해요. |
| **MOTHER GOTHEL** | I love you most. | 내가 최고로 사랑해. |

\* on one's own 혼자서 | as long as ~하는 한

### 2. [겨울왕국] 엘사가 자신을 찾아온 안나를 매몰차게 거절하며

| | | |
|---|---|---|
| **ELSA** | Who's this? Wait, it doesn't matter. You have to go. | 이건 누구지? 잠깐, 상관없어. 넌 가야 해. |
| **ANNA** | No, I know we can figure this out together… | 안 돼. 우린 함께 이걸 해결할 수 있어… |
| **ELSA** | How? What power do you have to stop this winter? To stop me? | 어떻게? 넌 이 겨울을 멈추기 위해 어떤 힘이 있는데? 나를 멈추는 건 어떻고? |
| **KRISTOFF** | Anna, _____. | 안나, **우리 가야 할 것 같아.** |
| **ANNA** | No. I'm not leaving without you, Elsa. | 안 돼. 난 언니 없이는 안 갈 거야. |
| **ELSA** | Yes, you are. | 그래, 넌 가야 해. |

\* figure out (일 등을) 해결하다, 알아내다

### 3. [빅 히어로] 친구들이 히로가 걱정되어 그를 찾아와서

| | | |
|---|---|---|
| **WASABI** | Dude, what are you doing out here? | 이봐, 여기서 뭐 하는 거야? |
| **HIRO** | Nothing. Just out for a walk. Helps my pubescent mood swings. | 아무것도 안 해. 그냥 산책하러 나왔어. 사춘기 감정 기복에 도움이 되거든. |
| **WASABI** | Is that Baymax? | 저거 베이맥스니? |
| **HIRO** | Yeah but, you really… | 응 하지만, 너희들이 정말로… |
| **GO GO** | Uh… why is he wearing carbon fibre underpants? | 어… 왜 쟤가 탄소 섬유로 만든 속옷을 입고 있어? |
| **BAYMAX** | I also know karate. | 난 합기도도 할 줄 알아. |
| **HIRO** | You guys need to go! | 너희들 이제 가! |
| **HONEY** | No, don't push us away, Hiro. We're here for you. _____. | 아니, 우릴 밀어내지 마, 히로. 널 위해 여기에 온 거라고. **그래서 베이맥스가 우리에게 연락한 거야.** |

\* pubescent 사춘기의 | swing 감정 기복 | carbon 탄소 | fibre 섬유 | underpants 속옷 | push ~ away ~를 밀어내다 | contact 연락하다

**4.** [토이 스토리 4] 개비 개비가 우디와 포키를 처음 만나 다정하게 대하면서

**GABBY GABBY** May I ask, when were you made?

**WOODY** Me? Oh, I'm not sure. Late fifties?

**GABBY GABBY** Me too! Gee, _____ _____. Wouldn't that be something? I gotta say, you are in great condition.

**WOODY** Well... I try to stay active.

뭐 하나 물어봐도 될까. 넌 언제 제작된 거니?

나? 잘 모르겠어. 50년대 후반쯤?

나도 그래! 어머, **우리가 같은 공장에서 만들어진 게 아닐까 궁금하네**. 그러면 좋지 않겠어? 내 말은, 넌 상태가 아주 좋구나.

음… 많이 움직이려고 하거든.

＊ Wouldn't that be something? 그러면 좋지 않겠어? | be in great condition 상태가 좋다 | stay active 활발하게 움직이다

**5.** [도리를 찾아서] 행크가 부모를 찾으려고 하는 도리를 이해할 수 없다고 하며

**HANK** You know something? _____ _____

**DORY** What do you mean?

**HANK** Seems like a lotta trouble just to find some more fish. If I had short-term memory loss, I'd just swim off into the blue, and forget everything.

**DORY** I don't want to do that. I want my family.

그거 아니? **네가 왜 이렇게 하는지 도통 모르겠어.**

무슨 말씀이세요?

물고기들을 찾으러 나서는 게 아주 힘든 일 같거든. 내가 단기 기억 상실증이 있으면 난 푸른 바다로 나가서 그냥 모든 것을 잊어버릴 거야.

전 그러고 싶지 않아요. 가족과 함께 하고 싶어요.

＊ a lotta = a lot of | short-term 단기 | loss 상실

**6.** [라이언 킹] 무파사가 하이에나로부터 심바를 구한 후 용감함의 의미를 설명하며

**MUFASA** I'm only brave when I have to be. Simba, being brave doesn't mean you go looking for trouble.

**SIMBA** But you're not scared of anything.

**MUFASA** I was, today.

**SIMBA** You were?

**MUFASA** Yes. I thought I might lose you.

**SIMBA** Oh. _____, huh?

난 용감해야 할 상황이 될 때만 용감해져. 심바, 용감하다는 건 위험을 찾아다닌다는 말이 아니란다.

하지만 아빠는 두려운 게 없잖아요.

오늘 그랬단다.

그러셨어요?

그래. 널 잃을지 모른다고 생각했어.

오. **왕도 겁이 나는가 봐요**, 그래요?

＊ brave 용감한 | trouble 문제 | scared 무서운

**정답** 1. I know I'm safe as long as I'm here. 2. I think we should go 3. That's why Baymax contacted us. 4. I wonder if we were made in the same factory 5. I have no idea why you're even doing this. 6. I guess even kings get scared

# Part 6

## 소문이나 사실을 말할 때
### 디즈니 캐릭터가 사용하는 패턴

이번 파트에서는 자신이 알고 있는 사실이나 소문을 말할 때 쓰는 패턴들을 익혀 보려고 해요. 디즈니 캐릭터들이 반짝반짝한 눈으로 소문을 전하며 자주 사용하는 패턴이니 잘 외워 두면 유용하게 쓸 수 있을 거예요.

| | |
|---|---|
| 패턴 052 | I heard ~ |
| 패턴 053 | Everyone knows ~ |
| 패턴 054 | According to ~ |
| 패턴 055 | Speaking of ~ |
| 패턴 056 | You told me ~ |
| 패턴 057 | 'Cause + 주어 + 동사 |
| 패턴 058 | Because of ~ |
| 패턴 059 | be on one's way |
| 패턴 060 | It took ~ |
| 패턴 061 | How come ~? |

## 052  I heard ~

~라고 들었어

🎧 052.mp3

어떤 소문이나 사건에 관한 소식을 들었다고 할 때 쓰는 표현이에요. I heard 뒤에 자신이 들은 내용을 '주어 + 동사'의 형태로 써 주세요. I heard about ~.(~에 대한 소문을 들었어.)라는 응용 패턴도 많이 쓴답니다.

🎬 니모를 찾아서 : 나이젤, 말린이 상어를 무찔렀다는 소식을 니모에게 전하며

NIGEL    That's it! Marlin! The little clownfish from the reef.
나이젤    그래! 말린이야! 산호초에서 온 흰동가리 말이야.

NEMO    It's my dad! He took on a shark!
니모    우리 아빠예요! 아빠가 상어를 무찔렀다구요!

NIGEL    **I heard** he took on three.
나이젤    3마리나 무찔렀다고 하던데.

\* clownfish 흰동가리 | reef 산호초 | take on ~를 무찌르다

**1.** 오늘 이후로 당신이 흙받이를 판**다고 들었는데**.
▶ **I heard** you're sellin' mudflaps after today.

🎬 카 3 : 경기 전에 스톰이 맥퀸에게 도발적으로 한 말이죠.

**2.** 그들에게 앵무새가 있**다는 말을 들었는데**, 어디서 사는가 하면 –
▶ **I heard** they have parrots living in the –

🎬 인사이드 아웃 : 라일리의 고향 친구가 그녀와 화상 통화하며 한 말이에요.

**3.** 프로그램이 중단되었**다고 들었어**.
▶ _____
힌트  the program shut down

🎬 인크레더블 2 : 루시우스가 밥에게 슈퍼히어로 프로그램이 중단되었다고 걱정스럽게 한 말이에요.

**4.** 마지막으로 **내가 듣기로는** 그가 항구로 오고 있다는 거야.
▶ Last **I heard**, he's heading towards the harbor.

🎬 니모를 찾아서 : 펠리컨이 말린이 니모를 찾으러 오고 있다는 소문을 퍼트리며 한 말이에요.

**5.** 쟤에 대한 **소문을 들었어**.
▶ _____
힌트  about him

🎬 코코 : 죽은 영혼들이 미구엘을 알아보고 수군거리며 한 말이에요.

✦ 정답은 소책자 10쪽에

1 mudflap 자동차 타이어 흙받이   2 parrot 앵무새   3 shut down 중지되다   4 harbor 항구

## 053

모두가 ~를 알고 있어

# Everyone knows ~

🎧 053.mp3

어떤 생각이나 사실을 모든 사람의 의견인 것처럼 확대해서 말할 때 쓰는 패턴이에요. Everyone 혹은 Everybody는 단수 취급을 하기 때문에 반드시 knows라고 써야 합니다.

🎬 **코코** : 미구엘이 델라 크루즈가 헥터를 살해한 사실을 알고 놀라며

**MIGUEL** That you murdered Héctor… for his songs?
미구엘 당신이 노래를 노리고 헥터를 살해했단 말인가요?

**DE LA CRUZ** You don't think that. Do you?
델라 크루즈 그렇게 생각하지 않는 거지?

**MIGUEL** I–no! **Everyone knows** you're the… the good guy.
미구엘 아니에요! **모든 사람들이** 당신은… 좋은 사람이라고 알고 있어요.

\* murder 살해하다

1. 모두들 당신이 해결할 수 있다고 믿고 있어요.
▶ **Everyone knows** you'll get us through it.

🎬 **몬스터 주식회사** : 설리가 워터누즈에게 회사의 어려움을 이겨낼 거라고 용기를 주며 한 말이에요.

2. 심바, 모두가 그 일에 대해 알고 있어.
▶ Simba, **everybody knows** about that.

🎬 **라이언 킹** : 스카가 심바에게 아버지의 죽음에 대해 죄책감을 느끼도록 한 말이에요.

3. 모두가 그걸 알고 있다고.
▶ _____
　　　　　　　　　　　　　힌트 that

🎬 **인어공주** : 트라이튼 왕이 인간과 인어의 관계는 금지된 거라고 한 말이에요.

4. 선반 뒤가 제일 좋은 길이라는 건 누구나 다 알고 있잖아.
▶ **Everybody knows** the best route is behind the shelves.

🎬 **토이 스토리 4** : 듀크 카붐이 보의 말에 맞장구를 치며 한 말이죠.

5. 모두들 그녀의 아버지가 정신병자인 걸 알잖아.
▶ But _____
　　　　　　　　　힌트 her father's a lunatic

🎬 **미녀와 야수** : 개스톤이 벨의 아버지를 정신 병동에 가두려고 음모를 꾸미며 한 말이죠.

✦ 정답은 소책자 10쪽에

**잠깐만요!** 1 get ~ through ~를 극복하게 하다　4 route 길, shelf 선반　5 lunatic 정신병자

# 054  According to ~

~에 따르면

🎧 054.mp3

상대방에게 어떤 근거를 들어서 설명할 때 쓰는 표현이에요. 무언가를 인용하거나, 공식 서류 등을 보여 주며 상대방을 설득하는 장면에서 단골로 등장하는 패턴입니다. ~ say …라는 표현도 알아 두세요. '~에 따르면 …라고 해'라는 의미로 자주 쓰는 말이랍니다.

> 🎬 **온워드**: 발리가 이안에게 위장 주문에 대해 말해 주며
>
> **IAN** What if I mess up again?
> **이안** 내가 또 망치면 어떻게 하지?
>
> **BARLEY** According to the spell, "Disguising yourself is a lie, so you must tell the truth to get by." As long as you don't tell a lie, the spell will be fine.
> **발리** 마법에 따르면, "위장은 거짓말이다, 그러므로 들키지 않으려면 진실을 말해야 한다"라고 하네. 거짓말을 하지 않는 한, 마법은 괜찮을 거야.

\* mess up 망치다 | spell 마법 | disguise 위장하다 | get by 지나가다 | as long as ~하는 한

---

**1.** 내 최종 계획대로 일이 진행되고 있군.
▶ Things are working out according to my ultimate design.

🎬 **인어공주**: 우슬라가 자신의 사악한 계획대로 일이 진행되어 만족하며 한 말이에요.

**2.** 어쨌든, 네 소득 신고에 따르면… 얼마를 보고했냐, 어디 보자, 여기: 한 푼도 없네.
▶ Anyway, according to your tax forms… you reported, let me see, here: zero.

🎬 **주토피아**: 주디가 세금 보고로 닉을 협박하며 한 말이에요.

**3.** 카일라에 따르면 우리는 레이븐 포인트를 찾아야 해.
▶ Well, _____, we just have to look for "Raven's Point."
힌트  Kayla

🎬 **온워드**: 발리가 카일리가 색칠한 장난감 지도를 보면서 한 말이에요.

**4.** 법에 따르면 넌 왕자와 결혼을 해야 한다고.
▶ The law says you must be married to a prince.

🎬 **알라딘**: 술탄 왕이 자스민 공주에게 결혼을 종용하며 한 말이에요.

**5.** 정부에 따르면 우리는 둘 다 존재하지 않는 사람들이에요.
▶ _____, neither of us exist.
힌트  the Government

🎬 **인크레더블**: 미라지가 밥에게 미션을 설명하며 한 말이에요.

✦ 정답은 소책자 10쪽에

1 work out (일 등이) 계획대로 되다, ultimate 최종의   2 tax form 소득 신고 양식   4 law 법   5 exist 존재하다

## 055 Speaking of ~

~라고 하니까 말인데

상대방이 한 말을 듣고 그와 관련된 말이나 질문을 할 때 쓰는 패턴이에요. 이와 비슷한 의미로 When it comes to ~.라는 표현도 알아 두세요. '~에 관해서라면 말이지.'라는 뜻이에요.

> 🎬 **온워드** : 로렐이 믹서기를 갈면서 큰 소리로 이안에게 주행 연습에 대해 물어보며
>
> **LAUREL** Well, your birthday is a day to try new things, be the "new you"!
> 로렐  너의 생일은 새로운 것을 해볼 수 있는 날이야. "새로운 너"가 되는 날이지!
>
> **LAUREL SPEAKING OF TRYING NEW THINGS, DID YOU SIGN UP FOR DRIVING PRACTICE?!**
> 로렐  새로운 것을 시도해 본다고 하니 말인데, 운전 주행 연습 신청은 한 거니?!

＊ try 시도하다 | sign up for 신청하다

---

**1.** 고난**이라고 하니 말인데**, 지금쯤이면 힘든 일이 생겼어야 하는데 말이야.
▶ **Speaking of** trouble, we should have run into some by now.

🎬 노틀담의 꼽추 : 피버스가 콰지모도와 함께 지하 터널을 지나면서 한 말이에요.

**2.** 오랜만**이라니 말인데**, 날 본 걸 잊어버리는건 어때?
▶ And **speaking of** no see, how about you forget you saw me?

🎬 주토피아 : 북극곰들을 만난 닉이 기지를 발휘해 빠져나오려고 한 말이에요.

**3.** 아, 노는 시간**이고 하니까 말인데**, 애들이 밖에 줄을 서고 있어!
▶ Oh, _____, they're lining up out there!
힌트  play time

🎬 토이 스토리 3 : 햄이 아이들이 몰려오는 것을 보고 기뻐하며 한 말이에요.

**4.** 하지만 힘**에 관해서라면** 내가 우리 종족에선 거의 바닥일 것 같군.
▶ But **when it comes to** brute strength, I'm afraid I am at the shallow end of the gene pool.

🎬 라이언 킹 : 스카가 무파사에게 사자들 중에서 자신의 힘이 가장 약하다고 불평하며 한 말이에요.

**5.** 그런 일**에서는** 나는 덕이 아니잖아.
▶ I guess I ain't Doc _____
힌트  that

🎬 카 3 : 메이터가 덕의 훈련 방식을 높게 평가하며 맥퀸에게 한 말이죠.

✧ 정답은 소책자 11쪽에

1 run into 마주치다, by now 지금쯤  3 line up 줄을 서다  4 brute strength 강한 힘, shallow 얕은, gene pool 어떤 종족의 유전자

# 056 You told me ~
네가 ~라고 했잖아

🎧 056.mp3

상대방이 했던 말을 다시 상기시켜 줄 때 쓰는 표현이에요. 상대방이 한 말을 부인하며 몸을 사리려고 할 때 따지듯이 이 패턴을 말해 보세요. 반대로 '네가 ~라고 한 적이 없잖아.'는 You never told me ~.라고 해요.

> 🎬 라이언 킹 : 심바가 하이에나에게 위협을 받고 있지만 그들에 대한 자신의 솔직한 생각을 말하며
>
> **SIMBA** Puh. You can't do anything to me.
> 심바 칫. 나한테 아무 짓도 못 할걸.
>
> **ZAZU** Uh, technically, they can. We are on their land.
> 자주 음, 실제로 그럴 수 있어요. 우리가 저들의 영토에 있거든요.
>
> **SIMBA** But Zazu, **you told me** they're nothing but slobbering, mangy, stupid poachers.
> 심바 하지만 자주, 저놈들은 침이나 질질 흘리고 다니면서 냄새만 나는 멍청한 밀렵꾼**이라고 했잖아**.
>
> \* technically 실제로 | slobbering 침을 질질 흘리는 | mangy 고약한 냄새가 나는 | poacher 밀렵꾼

**1.** 지진이 근거 없**는 거라고 말해 줘서** 기뻐, 조이.
▶ I sure am glad **you told me** earthquakes are a myth, Joy.

🎬 인사이드 아웃 : 소심이가 샌프란시스코 지진에 대해서 안심하며 한 말이에요.

**2.** 우리는 함께 술을 마셨고 **넌** 친구를 위해서라면 하늘과 땅을 옮길 수도 있**다고 했지**.
▶ We drank together and **you told me** you would move heaven and earth for your amigo.

🎬 코코 : 헥터가 과거를 회상하며 델라 크루즈에게 한 말이죠.

**3.** 당신은 음악가가 싫**다고 했잖아요**. 당신이 음악가라는 말은 안 했다구요.
▶ _____, you never said you were one.
힌트 you hated musicians

🎬 코코 : 헥터가 음악가였다는 사실을 알고 미구엘이 따지듯 한 말이에요.

**4.** 예전에 **친구가 말했지**, "밖에는 아이들이 많이 있다고."
▶ **A friend** once **told me**, "There are plenty of kids out there."

🎬 토이 스토리 4 : 개비 개비가 보니에게 다가가도록 우디가 용기를 주며 한 말이에요.

**5.** 저 사람이 당신을 안**다고 했어요**.
▶ He _____
힌트 he knew you

✦ 정답은 소책자 11쪽에

1 earthquake 지진, myth 근거 없는 말  2 amigo 친구(스페인어)  3 hate 싫어하다  4 plenty of 많은

## 057 ~하기 때문이야
# 'Cause + 주어 + 동사

🎧 057.mp3

상대방에게 왜 그런지 이유를 설명하는 표현이에요. 원래 Because라고 써야 하지만 회화에서는 'Cause라고 줄여서 말하는 경우가 많아요.

---

🎬 **라이언 킹** : 하이에나가 도망가는 심바를 발견하고

**BANZAI** Hey, did we order this dinner to go?
반자이 이봐, 우리가 저녁 식사를 포장해 달라고 했냐?

**SHENZI** No. Why?
쉔지 아니. 왜?

**BANZAI** **'Cause** there **it goes**!!
반자이 저기 **도망가잖아**!!

\* order ~ to go 포장 주문하다

---

**1.** 난 그가 어디에서 리허설을 하는지 **알고 있거든**!
▶ **'Cause I happen** to know where he's rehearsing!

🎬 **코코** : 헥터가 미구엘에게 델라 크루즈가 있는 곳으로 데려가겠다고 하며 한 말이에요.

**2.** 지름길로 **가니까** 기차역에 더 가까워졌어!
▶ I'm closer to the station **'cause I'm taking the shortcut!**

🎬 **인사이드 아웃** : 빙봉이 기쁨이와 슬픔이에게 지름길로 가고 있다고 확신하며 한 말이에요.

**3.** 당신은 너무 멋지**거든요**!
▶ _____
힌트 you're amazing

🎬 **모아나** : 타마토아의 관심을 끌기 위해 모아나가 그를 일부러 칭찬하며 한 말이에요.

**4.** 당신들이 사용**하지 않으니까** 날개가 작동을 안 하는 거라구요.
▶ Well, your wings don't work **'cause you stopped using them.**

🎬 **온워드** : 발리가 도깨비들에게 날지 못하는 이유를 설명하며 한 말이죠.

**5.** 오… 이상한 옷이었지? 이유**가 있어서**…
▶ Ohhh... was it the weird outfit? _____
_____
힌트 there's a reason

🎬 **인크레더블 2** : 바이올렛이 토니에게 자신의 히어로 슈트에 대해 변명하며 한 말이죠.

✤ 정답은 소책자 11쪽에

**잠깐만요!** 1 happen to 우연히 ~하다  2 shortcut 지름길  3 amazing 멋진  5 weird 이상한, outfit 옷, 의상

## 058 Because of ~

~ 때문에

🎧 058.mp3

앞에서 배운 Because('Cause)처럼 이유를 말하는 표현이에요. 하지만 쓰임에 있어 차이가 있어요. Because 뒤에는 '주어 + 동사'의 형태가 오지만 Because of 뒤에는 명사를 쓰거나 동사의 -ing 형태를 써야 해요.

> 🎬 **겨울왕국 2** : 엘사가 자신을 부르는 목소리에 대해 안나에게 말하며
>
> **ANNA** Why would you do that?
> 안나 왜 그러는 거야?
>
> **ELSA** **Because of** the voice. I know it sounds crazy, but I believe whoever is calling me, is good.
> 엘사 목소리 **때문에**. 미친 것처럼 들리겠지만 누가 날 부르든 간에 선한 분이라는 걸 믿어.

\* sound ~처럼 들리다

1. 당신의 오만함 **때문에** 우리 딸이 사라진 거라고.
▶ My daughter is gone **because of** your arrogance.

🎬 빅 히어로 : 칼라한이 크레이에게 딸의 실종에 대한 책임을 물으며 한 말이에요.

2. 너희 두 범인들 **때문에** 내가 일찍 문을 닫아야 했다고.
▶ I had to close up early **because of** you two felons.

🎬 빅 히어로 : 이모가 히로와 타다시를 힘들게 키우며 겪었던 일을 언급하며 한 말이죠.

3. 당신 동생은 죽었어… 당신 **때문에**.
▶ Your sister is dead... _____
힌트 you

🎬 겨울왕국 : 한스가 안나의 죽음을 엘사 탓으로 돌리며 한 말이에요.

4. 나의 멍청한 모자 **때문에** 카우보이 캠프를 못 가는 첫해가 되겠군!
▶ This'll be the first year I miss cowboy camp, all **because of** my stupid hat!

🎬 토이 스토리 2 : 우디가 앤디와 카우보이 캠프를 가지 못한다고 낙담하며 한 말이에요.

5. 하지만 맹수들이 내 실수 **때문에** 고통받아서는 안 돼.
▶ But predators shouldn't suffer _____
_____
힌트 my mistakes

🎬 주토피아 : 주디가 닉의 도움을 간절히 요청하며 한 말이에요.

✦ 정답은 소책자 11쪽에

1 be gone 사라지다, arrogance 오만함  2 felon 범죄자  5 predator 포식 동물, suffer 고통을 겪다

## 059 ○○○가 가는 중이야
# be on one's way

🎧 059.mp3

be on one's way는 '가는 중이야'라는 뜻이에요. 어디로 가고 있는지 목적지를 표현하고 싶으면 뒤에 'to + 장소'를 붙여 주세요. 또한 이 패턴은 문맥에 따라 '오고 있는 중이야'라고 해석할 수도 있어요.

🎬 **인사이드 아웃** : 기쁨이가 슬픔, 빙봉이와 함께 기쁜 마음으로 본부로 향하면서

**JOY** Guess who's on their way to Headquarters?!
**기쁨** 지금 누가 본부로 **가고 있지**?!

**SADNESS** We are!
**슬픔** 바로 우리지!

＊ headquarter 본부

**1.** 무파사 전하께서 **오시는 중이라고** 알려 드리려고 왔습니다.
▶ I'm here to announce that King Mufasa's on his way.

🎬 **라이언 킹** : 자주가 스카에게 무파사 왕이 오고 있다고 한 말이에요.

**2.** 네 주황색 친구들은 클리블랜드로 **가고 있어**!
▶ Your orange friends are on their way to Cleveland!

🎬 **도리를 찾아서** : 행크가 다급하게 도리에게 말린과 니모의 소식을 전하며 한 말이에요.

**3.** 내가 **가고 있어** 얘들아, 무사히 있어 주렴.
▶ _____ boys, just try to stay out of trouble.
힌트 I

🎬 **온워드** : 로렐이 반드시 아이들을 구하겠다고 다짐하며 한 말이에요.

**4.** 그 말은 그가 지금 이쪽으로 **오고 있다는** 거지.
▶ Which means he may be on his way here right now.

🎬 **니모를 찾아서** : 새가 말린이 니모를 찾으러 오고 있다는 소문을 전하며 한 말이에요.

**5.** 버즈와 우디는 지금 분명히 **오고 있을** 거야.
▶ I'm sure _____ back right now.
힌트 Buzz and Woody

🎬 **토이 스토리 4** : 돌리가 버즈와 우디가 돌아올 거라고 믿으며 한 말이에요.

✦ 정답은 소책자 11쪽에

**잠깐만요!** 1 announce 말하다  3 stay out of trouble 무사히 있다  5 right now 지금 당장

101

# 060  ~ (시간이) 걸렸어
## It took ~

take는 여러 가지 뜻이 있는 단어인데 이 패턴에서는 '(시간이) 걸리다'라는 의미로 쓰였어요. 어떤 행동을 하는 데 얼만큼의 시간이 걸렸다고 말할 때 활용할 수 있는 표현이죠. 'It took + 사람 + 시간'의 패턴으로 써도 되고 'It took + 시간'처럼 간단하게 쓸 수도 있어요.

> 🎬 **카 3** : 맥퀸이 옛 친구들과 페이스 타임으로 통화를 하며
>
> **MATER**  Sorry buddy, did you want this call to be private?
> **메이터**  미안해 친구, 이 통화를 사적으로 하길 원했던 거야?
>
> **MCQUEEN**  No Mater, this is perfect. Listen – Thanks everyone, for sticking by me. **It took** me a while to figure it out, but I know now that it's time for me to make some changes.
> **맥퀸**  아니 메이터, 이게 좋아. 이봐 – 모두들, 나와 함께 해 줘서 고마워. 이걸 알게 될 때까지 **시간이** 좀 **걸렸지만**, 이제는 내가 변화를 좀 가져야 한다는 걸 알게 됐어.

*private 사적인 | stick by 옆에 있다 | a while 얼마 동안의 시간 | make changes 변화를 가지다*

---

**1.** 그럼 왜 이렇게 오래 **걸리는지** 모르겠구나.
▶ Then I don't know why **it takes** so long.

🎬 **라푼젤** : 고텔이 라푼젤의 머리카락을 잡고 탑으로 들어오며 한 말이죠.

**2.** 다시 부풀리는 데 **시간이** 좀 **걸릴 거야**.
▶ **It will take** me a moment to reinflate.

🎬 **빅 히어로** : 바람이 빠진 베이맥스가 히로에게 한 말이에요.

**3.** 그가 누구인지 알게 될 때까지 **시간이** 좀 **걸렸지**.
▶ _____ to find out who he was.
　　　　　　　　　　　힌트 him a while

🎬 **온워드** : 로렐이 이안에게 아빠의 옛날 이야기를 해 주면서 한 말이에요.

**4.** 정말 오래 **걸렸지만** 우리는 마침내 데이지의 집에 도착했지.
▶ **It took** forever, but we finally made it back to Daisy's.

🎬 **토이 스토리 3** : 처클스가 다른 장난감들에게 자신이 버려지게 된 이야기를 해 주며 한 말이에요.

**5.** 너무 오래 **걸려서** 미안해, 친구.
▶ Sorry _____, pal.
　　　　　　　　　힌트 so long

🎬 **몬스터 주식회사** : 마이크가 다시 결합된 부의 옷장 문을 설리에게 보여 주며 한 말이에요.

◆ 정답은 소책자 11쪽에

**잠깐만요!**  2 reinflate 다시 부풀리다  3 find out 알아내다  4 make it back to ~로 성공적으로 돌아오다

# 061

왜 ~한 거니?

## How come ~?

🎧 061.mp3

상대방에게 이유를 물을 때 자주 쓰는 표현이에요. '왜 ~한 거니?'라는 의미로 해석하지만 상대방에게 이유를 추궁하듯이 '어째서 ~한 거니?'라는 의미로 쓸 수도 있죠.

🎬 **몬스터 대학교** : 설리가 마이크에게 속마음을 이야기하며

**SULLY** I act scary Mike, but most of the time... I'm terrified.
설리 마이크. 난 무서운 것처럼 행동하는 거야. 하지만 대개는… 난 겁쟁이야.

**MIKE** How come you never told me that before?
마이크 어째서 그런 말을 전에는 하지 않았**던 거야**?

**SULLY** Because... we weren't friends before.
설리 왜냐하면… 전에는 친구가 아니었으니까.

\* act scary 무서운 것처럼 행동하다 | terrified 겁을 내는

---

**1.** 그럼 **어떻게 해서** 스크린슬레이버가 그걸 가지고 있**는 거죠**?
▶ Then how come Screenslaver has it?

🎬 **인크레더블 2** : 엘라스티걸이 에블린에게 스크린슬레이버가 슈트 캠을 가지고 있는 이유를 물어본 말이에요.

**2.** 그는 너의 고조할아버지야. 그가 **어째서** 널 초대하지 않**은 거니**?
▶ He's YOUR great-great grandpa. How come he didn't invite YOU?

🎬 **코코** : 헥터가 미구엘에게 델라 크루즈의 콘서트에 초대받지 않은 이유를 물어본 말이에요.

**3.** 그게 넌 **왜** 안 쏘는 거야?
▶ _____
힌트 it didn't sting you

🎬 **니모를 찾아서** : 도리가 말린에게 해파리에게 쏘이지 않는 이유를 물어본 말이에요.

**4.** 정말이에요? **어째서요**?
▶ Really? How come?

🎬 **알라딘** : 자스민이 궁궐로 돌아가지 않겠다고 하자 알라딘이 이유를 물어본 말이에요.

**5.** 우디. 넌 **왜** 레이저가 없어?
▶ _____, Woody?
힌트 you don't have a laser

🎬 **토이 스토리** : 포테이토 헤드가 버즈의 레이저에 감탄하며 우디에게 물어본 말이에요.

✧ 정답은 소책자 12쪽에

**잠깐만요!** 2 invite 초대하다  3 sting 쏘다

# Review 052 ~ 061 패턴으로 대화하기

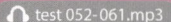 test 052-061.mp3

앞서 배운 10개 패턴을 활용하여 네이티브와 대화에 도전해 보세요. 빈칸을 채운 후, 오디오 파일을 2번씩 따라하세요.

## 1. [코코] 미구엘이 델라 크루즈의 콘서트에 데려가겠다고 한 헥터에게 따지면서

| | | |
|---|---|---|
| **MIGUEL** | Hey, you said you had front row tickets! | 이봐요, 무대 앞줄 티켓을 가지고 있다고 했잖아요! |
| **HÉCTOR** | That... that was a lie. I apologize for that. | 그건… 거짓말이었어. 사과할게. |
| **HÉCTOR** | Cool off, chamaco, come on... I'll get you to him. | 얘야, 화 풀어, 이봐… 그에게 널 꼭 데려갈게. |
| **MIGUEL** | How? | 어떻게요? |
| **HÉCTOR** | _____ | 그가 어디서 리허설을 하는지 알고 있거든! |

\* front row 앞줄 | apologize 사과하다 | chamaco 어린아이(스페인어)

## 2. [코코] 미구엘과 헥터가 델라 크루즈의 리허설에 초대받지 못한 이유를 물으며

| | | |
|---|---|---|
| **MIGUEL** | You said my great-great grandpa would be here! He's halfway across town, throwing some big party. | 고조 할아버지가 여기에 있을 거라고 했잖아요! 그 분은 지금 마을 반대편에서 큰 파티를 열고 있어요. |
| **HÉCTOR** | That bum! Who doesn't show up to his own rehearsal? | 참내! 자기 리허설에 안 오는 사람도 있나? |
| **MIGUEL** | If you're such good friends, how come he didn't invite you? | 친구라면서 그가 왜 당신을 초대하지 않은 거죠? |
| **HÉCTOR** | He's YOUR great-great grandpa. _____ | 그는 너의 고조 할아버지야. 그가 어째서 널 초대하지 않은 거니? |

\* halfway 반 정도 | throw a party 파티를 열다 | show up 나타나다

## 3. [빅 히어로] 칼라한이 크레이에게 딸의 실종에 대한 책임을 물으며

| | | |
|---|---|---|
| **KREI** | Callaghan! But you... your daughter... that... that was an accident. | 칼라핸 하지만 당신… 당신 딸은… 그건… 그건 사고였어. |
| **CALLAGHAN** | No! You knew it was unsafe. _____ | 아니야! 당신은 그게 안전하지 않다는 걸 알고 있었어. 당신의 오만함 때문에 우리 딸이 사라진 거라고. |
| **KREI** | What are you doing? | 뭘 하는 건가? |
| **CALLAGHAN** | You took everything from me when you sent Abigail into that machine. Now I'm taking everything from you. | 당신이 아비게일을 저 기계 안으로 보낼 때 내게서 모든 것을 빼앗아 간 거야. 이제 내가 당신에게 모든 것을 빼앗을 차례야. |
| **KREI** | No. No, no! You can't! | 안 돼. 안 돼, 안 된다고! 그럴 순 없어! |

\* accident 사고 | unsafe 안전하지 않은 | be gone 사라지다 | arrogance 오만함 | take 빼앗다

**4.** [인크러데블 2] 엘라스티걸이 스크린슬레이버의 화면이 자신의 카메라에 잡히자 의아해하며

| | | |
|---|---|---|
| **ELASTIGIRL** | One of Screenslaver's monitors is tuned into my suit cam – | 스크린슬레이버의 모니터 중 하나가 제 슈트 카메라에 잡혔어요 – |
| **EVELYN** | What...? | 뭐라구요…? |
| **ELASTIGIRL** | Isn't the suit cam closed circuit? | 슈트 카메라는 폐쇄회로 아닌가요? |
| **EVELYN** | It is. | 그렇죠. |
| **ELASTIGIRL** | Then _____ ? | 그럼 **어떻게 해서 스크린슬레이버가 그걸 가지고 있는 거죠**? |
| **EVELYN** | Maybe he – hacked it...? | 아마 그가 – 해킹을 했을 수도…? |

\* tune in 청취하다, 주파수를 맞추다 | closed 폐쇄적인 | circuit 회로

**5.** [라이언 킹] 스카가 심바에게 하이에나 사건을 언급하며

| | | |
|---|---|---|
| **SIMBA** | I'll go with you. | 저도 함께 갈래요. |
| **SCAR** | No! No, no. Just stay on this rock. You wouldn't want to end up in another mess like you did with the hyenas. | 안 돼! 그냥 이 바위에 있어. 하이에나 사건처럼 또 안 좋은 일이 생기면 안 되잖니. |
| **SIMBA** | You know about that? | 그걸 아세요? |
| **SCAR** | Simba, _____ . | 심바, **모두가 그 일에 대해 알고 있어**. |
| **SIMBA** | Really? | 진짜요? |
| **SCAR** | Oh, yes. Lucky Daddy was there to save you, eh? Oh, and just between us, you might want to work on that little roar of yours, mm? | 오, 그래. 운 좋게도 아빠가 널 구해 줬다지, 어? 오, 너만 알고 있어. 너 으르렁 소리 연습 좀 해야겠더라. 음? |

\* end up 결국 ~하게 되다 | mess 엉망, 안 좋은 일 | work on ~에 노력을 들이다, 애쓰다 | roar 으르렁거림, 포효

**6.** [코코] 헥터가 델라 크루즈에게 과거 일을 언급하자 미구엘이 영화의 한 장면이라고 말하며

| | | |
|---|---|---|
| **HÉCTOR** | Ernesto... Remember the night I left? | 에르네스토… 내가 떠났던 그 밤을 기억하나? |
| **DE LA CRUZ** | That was a long time ago. | 그건 오래 전 일이야. |
| **HÉCTOR** | We drank together and _____ _____ . Well, I'm asking you to now. | 우리는 함께 술을 마셨고 **네가 친구를 위해서라면 하늘과 땅도 옮길 수도 있다고 했지**. 이제 난 자네에게 그렇게 해 달라고 부탁하는 거야. |
| **MIGUEL** | Heaven and earth? Like in the movie? | 하늘과 땅이라구요? 영화에서처럼 말이에요? |
| **HÉCTOR** | What? | 뭐라고? |
| **MIGUEL** | That's Don Hidalgo's toast... in the de la Cruz movie, "El Camino A Casa." | 그건 돈 히달고의 건배사예요… 델라 크루즈의 영화 "집으로 가는 길"에 나오죠. |

\* amigo 친구 (스페인어) | toast 건배, 건배사

## 1.

[토이 스토리 4] 보가 듀크 카붐에게 우디에 대해 말하며

**DUKE CABOOM**  What were you doing getting tangled up with Gabby Gabby? You know better.
개비 개비와 엮여서 뭘 하고 있었던 거야? 그러면 안 된다는 거 네가 더 잘 알잖아.

**BO**  Yeah, some toy thought it would be a good idea to wander into the aisle.
그래, 어떤 장난감이 통로 쪽으로 가는 게 더 좋다고 생각해서 말이야.

**DUKE CABOOM**  That doesn't make any sense.
그건 말도 안 되지.

**BO**  It doesn't, does it?
그래, 그렇지?

**DUKE CABOOM**  _____
선반 뒤가 제일 좋은 길이라는 건 누구나 다 알고 있잖아.

**BO**  That would have been a better route, wouldn't it?
그게 더 좋은 길이었겠지, 그렇지 않니?

**DUKE CABOOM**  Wow, this toy sounds like a complete idiot.
참, 그 장난감 정말 바보 멍청이 같네.

**BO**  He does.
진짜 그래.

\* tangle up with ~와 엮이다 | wander 걸어 다니다 | aisle 통로 | make sense 말이 되다 | route 길, 경로 | shelf 선반 | complete 완전한 | idiot 바보

정답  1. 'Cause I happen to know where he's rehearsing!  2. How come he didn't invite YOU?  3. My daughter is gone because of your arrogance.  4. how come Screenslaver has it  5. everybody knows about that  6. you told me you would move heaven and earth for your amigo  7. Everybody knows the best route is behind the shelves.

# Part 1

## 시간에 대해 말할 때
### 디즈니 캐릭터가 사용하는 패턴

'시간은 금이다'라는 말처럼 '시간'만큼 우리에게 소중한 것은 없죠. 이번 과에서는 시간에 관한 다양한 패턴을 연습해 볼 거예요. 단어만 보면 어떤 뜻인지 알 수 있지만 막상 쓰려고 하면 입이 떨어지지 않는 패턴들이니 열심히 연습해 두세요.

- 패턴 062  It's time to ~
- 패턴 063  No time to ~
- 패턴 064  Now's your chance to ~
- 패턴 065  When was the last time ~?
- 패턴 066  Every time ~
- 패턴 067  It's been ~ since ...
- 패턴 068  spend + 시간 + -ing
- 패턴 069  as soon as ~
- 패턴 070  Not ~ until ...
- 패턴 071  be about to ~

## 062  It's time to ~

~할 시간이야

🎧 062.mp3

상대방에게 어떤 행동을 할 때가 되었다고 할 때 쓰는 패턴이에요. It's를 빼고 Time to ~.라고 간단하게 쓰는 것도 좋아요. 이제 아이들을 재울 때 Go to bed.라고 명령하는 것보다 Time to go to bed.라고 해 보세요.

---

🎬 **라이언 킹** : 자주가 하이에나에게서 도망가려고 변명을 하며

**ZAZU**   Oh, my-my-my. Look at the sun. **It's time to** go.
자주   이런. 해가 지는 것 좀 봐. 갈 **시간이라고**.

**SHENZI**   What's the hurry? We'd love you to stick around for dinner.
쉔지   뭐가 그리 급해? 저녁 먹고 가지.

＊hurry 성급함 | stick around 가지 않고 있다

---

**1.** 나를 따를 시간이다!
▸ **It's time to** follow me!

🎬 **미녀와 야수** : 개스톤이 마을 사람들을 선동해 야수의 성을 공격하자며 한 말이에요.

**2.** 오늘 밤의 도전자들을 만날 시간입니다!
▸ **It's time to** meet tonight's challengers!

🎬 **카 3** : 장내 아나운서가 경기에 참가하는 차들을 소개하며 한 말이에요.

**3.** 축하할 시간이야!
▸ _____
　　　　　　　　　　힌트  celebrate

🎬 **카 3** : 맥퀸의 크루들이 새로운 훈련 센터에 감탄하며 한 말이에요.

**4.** 행동을 개시할 때!
▸ So **it's time to** take some action, boys.

🎬 **미녀와 야수** : 개스톤이 마을 사람들을 선동해 야수의 성을 공격하자며 한 말이에요.

**5.** 집으로 갈 시간이야!
▸ _____
　　　　　　　　　　힌트  head home

🎬 **도리를 찾아서** : 말린이 도리를 만나 집으로 갈 때라고 한 말이에요.

✦ 정답은 소책자 12쪽에

**잠깐만요!**   2 challenger 도전자   3 celebrate 축하하다   4 take action 행동을 하다   5 head ~로 향하다

## 063 No time to ~
~할 시간이 없어

🎧 063.mp3

시간이 얼마 없으니 상대방에게 서둘러 어떤 행동을 하라고 재촉할 때 쓰는 패턴이에요. This is no time to ~.라는 응용 패턴도 자주 쓰는데 '지금은 ~할 시간이 아니야.'라는 뜻이에요.

🎬 **미녀와 야수** : 감옥에 갇힌 모리스가 벨에게 다급하게 말하며

**BELLE** Who's done this to you?
벨 누가 이런 짓을 한 거죠?

**MAURICE** No time to explain. You must go... now!
모리스 **설명할 시간이 없어**. 넌… 지금 가야 해!

**BELLE** I won't leave you!
벨 아빠를 두고 가지 않겠어요!

\* explain 설명하다

---

**1.** 말다툼할 시간 없어!
▶ No time to argue!

🎬 **도리를 찾아서** : 베일리가 데스티니에게 당장 점프하라고 다급하게 한 말이에요.

**2.** 지금은 실험할 시간이 아니야.
▶ This is no time to experiment.

🎬 **라따뚜이** : 꼴레뜨가 링귀니에게 빨리 요리해야 한다고 재촉하며 한 말이에요.

**3.** 말할 시간 없어.
▶ _____
힌트 talk

🎬 **뮬란** : 무슈가 아침에 허겁지겁 뮬란을 준비시키며 한 말이에요.

**4.** 보안관님, 지금은 당황할 때가 아니라구요.
▶ Sheriff, this is no time to panic.

🎬 **토이 스토리** : 길 한가운데 버려진 우디가 매우 당황하자 버즈가 안심시키며 한 말이죠.

**5.** 지금은 히스테리를 부릴 때가 아니야.
▶ This is _____
힌트 be hysterical

🎬 **토이 스토리 3** : 버즈가 화가 난 장난감들을 진정시키며 한 말이에요.

✦ 정답은 소책자 12쪽에

1 argue 논쟁하다  2 experiment 실험하다  4 sheriff 보안관, panic 당황하다  5 hysterical 히스테리를 부리는

## 064 Now's your chance to ~

지금이 ~할 기회야

🎧 064.mp3

상대방에게 용기를 심어 주며 하는 말이에요. This is your chance to ~.나 You have a chance to ~.처럼 상황에 따라서 다양하게 응용할 수 있는 패턴이죠.

> 🎬 **라이언 킹** : 스카가 사자들 앞에서 무파사의 죽음에 대한 책임을 심바에게 물으며
>
> **NALA**  Simba, what is he talking about?
> **날라**  심바, 저 자가 무슨 말을 하는 거야?
>
> **SCAR**  Ahh, so you haven't told them your little secret. Well, Simba… **now's your chance to** tell them. Tell them who is responsible for Mufasa's death!
> **스카**  아, 너의 비밀을 그들에게 말하지 않았구나. 심바, **지금이** 그들에게 말할 **기회야**. 그들에게 누가 무파사의 죽음에 책임이 있는지 말해!

\* be responsible for ~에 책임이 있다

---

**1.** 왜냐하면 **지금이** 그걸 바꿀 **기회거든**, 새로운 방과 모든 것들 말이야.
▶ **Cause now's your chance to** change it, new room and all.

🎬 **토이 스토리 3** : 돌리가 우디에게 이름을 바꿀 기회라고 한 말이에요.

**2.** 지금이 너를 증명할 기회라고.
▶ **This is your chance to** prove yourself.

🎬 **뮬란** : 할머니가 귀뚜라미에게 진짜 행운의 상징인지 알아보고자 한 말이에요.

**3.** 지금이 네 재능의 가치를 시험해 볼 기회라고, 링귀니.
▶ _____, Linguini.
힌트 try something worthy of your talent

🎬 **라따뚜이** : 스키너가 링귀니에게 자신의 능력을 증명해 보이라며 한 말이에요.

**4.** 우리 아빠예요, 그를 만날 기회가 있긴 하지만–
▶ It's our dad, and **we have a chance to** meet him, but–

🎬 **온워드** : 이안이 맨티코어에게 지도를 달라고 간청하며 한 말이에요.

**5.** 우리 아들이 일생에 한 번 아빠를 만날 기회가 있어요.
▶ My sons have a once in a lifetime _____
_____.
힌트 see their father

🎬 **온워드** : 로렐이 파괴의 검을 가지고 있는 전당포 주인에게 화를 내며 한 말이죠.

✧ 정답은 소책자 12쪽에

 2 prove 증명하다   3 worthy 가치 있는, talent 재능   5 once in a lifetime 일생에 한 번 있는

## 065

마지막으로 ~한 게 언제야?

# When was the last time ~?

상대방에게 '너 마지막으로 ~한 게 언제니?'라고 걱정스럽게 물어볼 때 쓰는 표현이에요. 아래 디즈니 캐릭터들의 대사를 통해서 When을 활용한 다양한 질문 패턴을 익혀 보세요.

> 🎬 인크레더블 2 : 루시우스가 잭잭을 돌보느라 힘들어하는 밥을 위로하며
>
> **LUCIUS** I get it. Bob, I get it... **When was the last time** you slept?
> 루시우스 이해해. 밥, 이해한다고… **마지막으로** 잠을 제대로 잔 **게 언제야?**
>
> **BOB** Who keeps track of that? Besides, he's a baby. I can handle it, I got this handled –
> 밥 누가 그런 걸 세고 앉아 있어? 그리고, 걔는 고작 아기라고. 내가 해결할 수 있어. 내가 해결할 수 있다고 –
>
> **LUCIUS** So... you good, then? You got everything under control, right?
> 루시우스 그래서… 자네 괜찮은 거지? 다 잘하고 있는 거 맞지?

\* I get it. 이해해. | keep track of ~를 기록하다 | get everything under control 모든 일을 잘하고 있다

---

1. 우리가 저 놀이를 마지막으로 한 게 언제였지?
▸ **When's the last time** we ever got to play that?

🎬 토이 스토리 4 : 장난감들이 아이들과 함께 놀았던 시절을 떠올리며 한 말이죠.

2. 괜찮아 보이는데. 언제부터 이렇게 된 거야?
▸ Looks normal to me. **When** did this start happening?

🎬 인크레더블 2 : 루시우스가 잭잭을 살펴보며 밥에게 물어본 말이에요.

3. 너 마지막으로 샤워한 게 언제니?
▸ _____
힌트 you showered

🎬 온워드 : 엄마가 이안을 괴롭히던 밸리에게 한심한 듯 물어본 말이에요.

4. 혹시, 언제 만들어졌는지 물어봐도 되니?
▸ May I ask, **when** were you made?

🎬 토이 스토리 4 : 개비 개비가 우디의 제작 연도를 물어본 말이에요.

5. 그를 마지막으로 본 게 언제였지?
▸ _____
힌트 you saw him

🎬 인크레더블 : 밥이 프로존에게 게이저빔에 대해 물어본 말이에요.

✦ 정답은 소책자 12쪽에

잠깐만요! 2 normal 정상적인

## 066 ~할 때마다
# Every time ~

🎧 066.mp3

'까마귀 날자 배 떨어진다.'는 속담처럼 무언가를 할 때마다 어떤 일이 발생한다고 할 때는 Every time ~. 패턴을 사용하세요. Every time 뒤에는 '주어 + 동사'의 패턴을 써야 합니다. 또한 every time은 '항상', '매번'이란 뜻으로도 활용할 수 있어요.

> 🎬 **카 3** : 스털링이 맥퀸을 자신의 회사로 영입하려고 설득하며
>
> **STERLING** Look, I'm trying to help you. As your sponsor, yes, but also as your friend. Your racing days are coming to an end. **Every time** you lose, you damage yourself.
> **스털링** 전 당신을 도우려 합니다. 당신의 스폰서로, 그리고 당신의 친구로 말이죠. 당신이 레이싱을 할 시간도 끝나가고 있어요. 당신이 경기를 질 **때마다**, 당신은 스스로에게 데미지를 입히는 거예요.
>
> **MCQUEEN** Damage the brand you mean.
> **맥퀸** 브랜드에 데미지를 입힌다는 말씀이겠죠.

\* come to an end 끝나다 | damage 손해를 끼치다

**1.** 자네가 그런 말을 할 **때마다** 난 한 달 반 가량을 고생해야 돼, 밥.
▶ **Every time** you say those words, it means a month and a half of trouble for me, Bob.

🎬 인크레더블 : 직장에서 말썽을 일으킨 밥을 타이르며 딕커가 한 말이에요.

**2.** 어째서 이 산호초 끝에만 있으면 우리 중 하나는 떠나려고 하는 거지?!
▶ How come **EVERY TIME** we're on the edge of this reef, one of us is trying to leave?!

🎬 도리를 찾아서 : 말린이 도리를 붙잡으며 푸념하듯 한 말이에요.

**3.** 무언가를 켤 **때마다** 몬스터 주식회사는 거기에 있습니다.
▶ _____, Monsters, Incorporated is there.
힌트 you turn something on

🎬 몬스터 주식회사 : 몬스터 주식회사의 TV 광고에서 한 말이에요.

**4.** 안전벨트는 생명을 구해 줘요 – **항상** 벨트 하세요.
▶ Seatbelts save lives – buckle up every time.

🎬 빅 히어로 : 베이맥스가 차에서 떨어질 뻔한 히로를 구해서 안전벨트를 채워 주며 한 말이죠.

**5.** 물어볼 **때마다** 그 사람은 이야기를 바꿔.
▶ He changes the story _____
힌트 you ask him

🎬 라따뚜이 : 꼴레뜨가 링귀니에게 호스트의 과거에 대해 한 말이에요.

✦ 정답은 소책자 12쪽에

2 edge 가장자리, reef 산호초    3 turn on ~를 켜다, Incorporated 주식회사    4 seatbelt 안전벨트, buckle up 안전벨트를 하다

# 067 It's been ~ since ...

…한 후로 ~가 지났네

어떤 일이 있은 후로 얼만큼의 시간이 흘렸다고 말할 때 쓰는 표현이에요. It's been 다음에는 얼만큼의 시간이 지났는지를, since 다음에는 어떤 일이 있었는지를 쓰면 됩니다.

> 빅 히어로 : 카스 이모가 히로에게 학교에 아직도 등록할 수 있다는 메시지를 전하며
>
> **CASS** Oh, the university called again. **It's been** a few weeks **since** classes started, but they said it's not too late to register.
> 카스 이모 대학에서 전화가 또 왔어. 수업 시작**하고** 몇 주**가 지났지만** 아직은 등록할 수 있다고 했어.
>
> **HIRO** Okay, thanks. I'll think about it.
> 히로 알았어요, 고마워요. 생각해 볼게요.

\* register 등록하다

1. 음… 당신이 슈퍼히어로로 활약**한 후로** 시간**이 좀 지났잖아요**.
  ▶ Well... it's been a while since your superhero days.

   인크레더블 2 : 에블린이 엘라스티걸에게 자신의 생각을 털어놓으며 한 말이죠.

2. 알았어, 내 이름은 프레드야, 30일**이 지났네**, 내가 마지막으로…. 세상에나!
  ▶ Okay, my name is Fred and it has been thirty days since my last... Holy Mother of Megazon!

   빅 히어로 : 프레드가 자신을 소개하다가 깜짝 놀라며 한 말이죠.

3. 마지막으로 생선을 먹**은 게** 3주 전**이야**.
  ▶ _____
  힌트 three weeks, my last fish

   니모를 찾아서 : 상어 브루스가 다른 상어들에게 자랑스럽게 고백한 말이에요.

4. 마지막으로 놀아 보고 얼마나 시간이 지난 거야?
  ▶ How long's it been since you all got played with?

   토이 스토리 3 : 랏소가 데이케어로 오게 된 앤디의 장난감들에게 물어본 말이에요.

5. 여기에 누구를 초대**한 것도** 10년**이나 되었네요**.
  ▶ It's ten years _____
  힌트 we had anybody here

   미녀와 야수 : 야수의 하인들이 벨에게 저녁 식사를 대접하며 부른 노랫말이에요.

◆ 정답은 소책자 13쪽에

1 it's been a while 시간이 좀 지났네

~하는 데 시간을 보내요

# spend + 시간 + -ing

🎧 068.mp3

어떤 행동을 하면서 시간을 보낸다고 할 때는 'spend + 시간 + 동사-ing' 패턴을 활용하세요. 인생의 굴곡이 많은 디즈니 캐릭터들은 'spend my life -ing'라는 표현을 자주 쓰는데 '평생을 ~하는 데 바쳤어.'라는 의미예요.

🎬 **코코** : 이멜다 할머니가 헥터에게 크게 화를 내며

**HÉCTOR**   Imelda —
헥터   이멜다 —

**MAMÁ IMELDA**   I want nothing to do with you. Not in life, not in death! I **spent decades protecting** my family from your mistakes. He spends five minutes with you and I have to fish him out of a sinkhole!
이멜다 할머니   당신과 엮이고 싶지 않아. 살아서도, 죽어서도 말이야! 난 당신의 실수로부터 우리 가족을 **보호한다고 수십 년을 보냈어**. 쟤가 당신과 5분 같이 있었는데 구덩이에서 그 애를 꺼내야 한다고!

✱ decade 10년 | fish ~ out of ... …에서 ~를 꺼내다 | sinkhole 구덩이

**1.** 내 힘을 사용하려는 사람들을 **피해 다니느라 평생을 보냈다구요**.
▶ I **have spent my entire life hiding** from people who would use me for my power.

🎬 **라푼젤** : 라푼젤이 고텔의 정체를 알아차리고 배신감을 느끼며 한 말이죠.

**2.** 그냥 **서성이며 시간을 보내서는** 안 되죠. 나가셔야 해요.
▶ You can't **spend all your time moping** about. You need to get out.

🎬 **인어공주** : 그림스비가 에리얼을 그리워하는 에릭에게 조언하며 한 말이죠.

**3.** 전 그걸 **추적하느라 평생을 보냈어요**.
▶ I've _____
힌트  a lifetime tracking it

🎬 **업** : 먼츠가 칼에게 희귀한 새인 케빈을 설명하며 한 말이에요.

**4.** 새로운 친구 핑 덕택에 너희들은 **오늘 밤** 쌀 한 톨도 남김없이 **주워 담아야** 한다.
▶ Thanks to your new friend Ping, you'll **spend tonight picking** up every single grain of rice.

🎬 **뮬란** : 리샹이 뮬란이 소란을 일으켰다고 생각하고 뮬란이 속한 대원들 모두에게 벌을 내리며 한 말이죠.

**5.** 하루 종일 **보드게임을 하며 지낼** 수는 없잖아.
▶ You can't _____
힌트  all day playing your board game

🎬 **온워드** : 콜트가 보드게임에 미친 발리에게 잔소리로 한 말이에요.

✦ 정답은 소책자 13쪽에

1 entire life 평생   2 mope about 서성이다. get out 외출하다   3 track 추적하다   4 grain 낱알

## 069 ~하자마자
# as soon as ~

'~하자마자 …해요'처럼 두 가지 일이 동시에 벌어지는 상황을 설명할 때 쓰는 표현이에요. as soon as 뒤에는 '주어 + 동사' 패턴을 써 주세요.

### 🎬 인크레더블 2 : 에블린과 데버가 엘라스티걸에게 부모님의 죽음에 대해 말하며

**DEAVOR** If superheroes had not been forced underground, it never would've happened.
**데버** 슈퍼히어로들이 강제로 사라지지 않았다면, 이런 일은 없었겠죠.

**EVELYN** Or... Dad could've taken Mom to the safe room **as soon as** he knew there was trouble.
**에블린** 아니면 아빠가 문제가 있다는 것을 깨달**자마자** 엄마를 안전실로 대피시켰을 수도 있었겠지.

\* force 강제로 ~하게 되다 | underground 지하의 | could have p.p. ~할 수도 있었다

---

**1.** 우승**하면** 다시 돌려주려고 했어요.
▶ I was going to give it back to you **as soon as** I won the race.

🎬 주먹왕 랄프 : 바넬로피가 자신이 우승하면 랄프에게 메달을 돌려주려 했다며 변명으로 한 말이에요.

**2.** 이 불쌍한 자를 풀어 **주고 난 뒤**예요.
▶ Just **as soon as** I free this poor creature.

🎬 노틀담의 꼽추 : 에스메랄다가 프롤로에게 가지고 콰지모도를 보살피며 한 말이에요.

**3.** 우리가 거기에 도착**하는 대로** 이 혼란을 바로잡고 말겠어.
▶ _____ I'm going to fix this whole mess.        힌트  we get there

🎬 인사이드 아웃 : 기쁨이가 라일리의 행복한 모습을 되찾겠다고 결심하며 한 말이죠.

**4.** 이게 부팅**되자마자** 당신을 런닝머신에 올리고 저는 스피드를 체크할 거예요.
▶ **As soon as** this thing's booted up, we'll get you on the treadmill and I'll track your speed.

🎬 카 3 : 해변으로 나온 크루즈가 시뮬레이터를 실행시키며 맥퀸에게 한 말이죠.

**5.** 보육원에 도착**하자마자** 너희들은 집에 가자고 애걸할 거야.
▶ _____, you'll be begging to go home.        힌트  we get to daycare

🎬 토이 스토리 3 : 우디가 데이케어로 가는 장난감들에게 후회할 거라고 한 말이에요.

🎞️ 정답은 소책자 13쪽에

**잠깐만요!** 1 win the race 경기를 우승하다   2 free 풀어 주다, creature 생명체, 생명   3 mess 혼란인 상태   4 boot up 부팅시키다, track 추적하다   5 daycare 보육원, beg to ~를 애원하다

**…할 때까지는 ~할 수 없어**

# Not ~ until ...

🎧 070.mp3

어떤 일이 마무리될 때까지 그 다음 행동을 할 수 없다고 할 때 쓰는 패턴이에요. 상대방에게 '…할 때까지 ~하지 마.'라고 조건을 걸면서 명령할 때가 있잖아요? 이럴 때는 Don't ~ until …이란 응용 패턴을 활용해 보세요.

> 🎬 **빅 히어로** : 베이맥스가 히로에게 종료하는 방법을 말해 주며
>
> **BAYMAX**  I can**not** deactivate **until** you say you are satisfied with your care.
> **베이맥스**  네가 치료에 만족했다는 말을 할 때까지 종료할 수 없어.
>
> **HIRO**  Well then I'm satisfied with my care.
> **히로**  그렇다면 치료에 만족해.

\* deactivate 종료시키다 | satisfied with ~에 만족한 | care 치료, 보호

---

**1.** 르푸, 벨과 그녀의 아버지가 집에 올 **때까지** 그곳에서 절대 움직이**지 마**.
▶ Lefou, don't move from that spot until Belle and her father come home.

🎬 **미녀와 야수** : 개스톤이 르푸에게 보초를 설 것을 명령하며 한 말이에요.

**2.** 무슨 일이 있는지 알아**낼 때까지** 그냥 아무 기억도 건드리**지 마**.
▶ Just don't touch any other memories until we figure out what's going on.

🎬 **인사이드 아웃** : 슬픔이가 라일리의 기억을 우울하게 만들자 기쁨이가 한 말이에요.

**3.** 양탄자가 완전히 정지할 **때까지** 일어나**지 마세요**.
▶ Don't stand _____
힌트  the rug has come to a complete stop

🎬 **알라딘** : 마법의 양탄자를 타고 있는 알라딘에게 지니가 승무원처럼 한 말이에요.

**4.** 이걸 바로잡을 **때까지** 아렌델에는 미래**가 없어요**.
▶ Arendelle has no future until we make this right.

🎬 **겨울왕국 2** : 아렌델을 위해서는 댐을 부숴야 한다고 안나가 한 말이죠.

**5.** 관계자가 올 **때까지** 아무도 저 문 근처에 갈 **수 없어**.
▶ No one goes near that door _____
힌트  the authorities arrive

🎬 **몬스터 대학교** : 하드스크래블 총장이 다른 몬스터들이 마이크가 들어간 문에 다가가지 못하도록 막으며 한 말이에요.

✦ 정답은 소책자 13쪽에

  1 spot 장소  2 figure out 알아내다  3 rug 양탄자, complete 완전한  4 right 올바른  5 authority 관계자

~하려고 해

# be about to ~

🎧 071.mp3

about이 있지만 '~에 관해서'라는 뜻과는 전혀 관련이 없어요. be about to ~는 어떤 일이 임박했다고 말할 때 쓰는 표현이거든요. '막 ~하려고 해', '일보 직전이야'라고 하고 싶으면 'be just about to ~'라고 하세요.

> 🎬 **인크레더블 2** : 데버가 귀빈들에게 슈퍼히어로들을 소개하려고 하며
>
> **DEAVOR** Our stars? Where are they? The event's about to start...
> 데버  우리의 스타들은? 어디에 있지? 이벤트가 시작**되려고 하는데**…
>
> **EVELYN** They didn't want to upstage the others. They'll join for the signing.
> 에블린  그분들은 다른 사람들의 관심을 가로채고 싶어하지 않아요. 사인회를 할 때 함께 할 거예요.

\* upstage 관심을 가로채기하다

**1.** 새로 온 여자애가 모두 앞에서 울**려고 해**.
▶ The new girl **is about to** cry in front of everyone.

🎬 **인사이드 아웃** : 라일리가 자기 소개 중에 울려고 하자 학생들이 속닥이며 한 말이죠.

**2.** 쟤가 울려고 **하는** 것 같아.
▶ It looks like she**'s about to** cry.

🎬 **인사이드 아웃** : 라일리가 자기 소개 중에 울려고 하자 학생들이 속닥이며 한 말이에요.

**3.** 해가 지**려고 해**!
▶ The sun _____

힌트  set

🎬 **온워드** : 발리가 이안에게 해가 지기 전에 아빠를 만나야 한다고 다급히 한 말이에요.

**4.** 미쳤어? 우리가 우승하기 일보 직전이라고!
▶ What, are you crazy? We**'re about to** win this thing!

🎬 **코코** : 헥터가 무대에서 도망치는 미구엘이 못마땅해서 한 말이에요.

**5.** 가게 영업**이** 곧 시작될 거야.
▶ The store _____

힌트  open

🎬 **토이 스토리 4** : 개비 개비가 중고품 가게의 영업이 시작될 거라고 한 말이에요.

✿ 정답은 소책자 13쪽에

**잠깐만요!** 1 in front of ~ 앞에  3 set (해가) 지다

# Review  062 ~ 071 패턴으로 대화하기

앞서 배운 10개 패턴을 활용하여 네이티브와 대화에 도전해 보세요. 빈칸을 채운 후, 오디오 파일을 2번씩 따라하세요.

## 1.
**[인사이드 아웃]** 기쁨이가 라일리를 깨우자고 제안한 슬픔이를 칭찬하며

**JOY** Hey, that was a good idea. About scaring Riley awake. You're not so bad.
**SADNESS** Really?
**JOY** Nice work.
**JOY** I can't wait to get the old Riley back. _____

이봐, 좋은 생각이었어. 라일리를 겁줘서 깨우는 거. 너 그리 나쁘지 않은걸.
그래?
잘했어.
예전 라일리의 모습을 빨리 찾았으면 좋겠어. **우리가 거기에 도착하는 대로 이 혼란을 바로잡고 말겠어.**

*scare ~ awake ~를 겁줘서 깨우다 | fix 바로잡다 | mess 혼란스러운 상황

## 2.
**[도리를 찾아서]** 말린이 니모에게 빨리 집으로 가자고 독촉하며

**NEMO** Dad! Did you hear that? Dory really does speak whale!
**MARLIN** I heard it. And it's bringing back some very bad memories so let's get outta here. I say we... we go this way. Follow me. _____
**DORY** Wait, wait, wait... um... um... My parents are here.
**MARLIN** They are?!
**NEMO** You found your parents?!

아빠! 저 소리 들었어요? 도리가 정말로 고래 말을 할 수 있네요!
나도 들었어. 나쁜 기억이 떠오르려고 하니까 빨리 여기를 빠져나가자. 우린… 이쪽으로 가야 해. 따라와. **집으로 갈 시간이야!**
잠깐, 잠깐, 잠깐만… 어… 어… 부모님이 여기 계셔.
그래?!
부모님을 찾았다고?!

*whale 고래 | bring back 다시 가져오다 | head ~로 향하다

## 3.
**[온워드]** 이안과 발리가 맨티코어에게 피닉스의 보석으로 가는 지도를 달라고 부탁하며

**MANTICORE** What is that?
**IAN** It's our dad, and _____ _____, but--
**BARLEY** Buuuut... we can't do that without a Phoenix Gem.
**MANTICORE** No! My days of sending people on dangerous quests are over.
**BARLEY** What? Why?
**MANTICORE** Uh, 'cause they're dangerous!

저건 뭐야?
우리 아빠예요, **그를 만날 기회가 있어요.** 하지만–
하지만… 피닉스의 보석이 없으면 그럴 수 없어요.
싫어! 사람들을 위험한 여정으로 떠나보내던 나의 옛 시절은 끝났어.
뭐라구요? 왜요?
음, 너무 위험하잖아!

*gem 보석 | quest 여정 | dangerous 위험한

## 4.
[코코] 성공적인 무대를 마친 미구엘이 갑자기 떠나려고 하자 헥터가 의아해하며

**HÉCTOR** Hey, where are you going?  
이봐, 어디에 가는 거야?

**MIGUEL** We gotta get outta here.  
여기서 나가야 해요.

**HÉCTOR** What, are you crazy?  
뭐라고, 미쳤어? 우리가 우승하기 일보 직전이라고!

\* get outta = get out of ~에서 나가다

## 5.
[토이 스토리 4] 장난감들이 흥겹게 놀았던 추억을 떠올리며

**MELEPHANT BROOKS** Wow… they're doing "hat shop."  
와… 쟤들 "모자 가게 놀이"를 하네.

**CARL REINEROCEROS**  
우리가 저 놀이를 마지막으로 한 게 언제였지?

**CHAIROL BURNETT** Remember when she played house?  
걔가 집 놀이 했던 거 기억나?

**MELEPHANT BROOKS** I liked "House."  
난 "집 놀이"가 좋았어.

**BITEY WHITE** Those were the days.  
옛날이 좋았어.

**MELEPHANT BROOKS** It was basic. You made a house, you lived in it, done.  
아주 단순한 놀이였지. 집을 만들고 거기에 사는 거야, 그러면 끝이지.

\* Those were the days. 예전이 좋았어.(과거를 추억하며 하는 말) | done 어떤 일이 해결됨, 끝난

## 6.
[온워드] 콜트가 발리에게 게임하는 것에 대해 잔소리하며

**LAUREL** I'm serious, Barley, you need to start thinking less about the past and more about your future.  
발리야, 농담하는 거 아냐. 우리 마음의 과거는 덜 생각해도 되니까 제발 네 미래나 신경 써.

**COLT** She's right.  
엄마 말이 맞아.

**COLT**  
하루 종일 보드게임을 하며 지낼 수는 없잖아.

**BARLEY** Uh, Quests of Yore isn't just a board game, it's an historically-based role playing scenario. Did you know in the old days centaurs could run seventy miles an hour?  
"요어의 모험"은 그냥 보드게임이 아니에요. 역사에 근거한 역할극 시나리오란 말이에요. 옛날에는 켄타우로스가 시속 70마일로 달렸다는 거 아세요?

**COLT** I own a vehicle, don't need to run.  
난 차가 있으니까 이제 달릴 필요가 없어.

**BARLEY** Well, Ian, you could definitely learn a lot from Quests of Yore. You want to play?  
이안, "요어의 모험"을 하면 확실히 많은 것들을 배울 수 있어. 같이 할래?

**IAN** I don't.  
아니, 됐어.

\* past 과거 | quest 모험 | centaurs 켄타우로스(상반신은 사람이고 하반신은 말인 괴물) | vehicle 자동차 | definitely 확실히

**1.** [인크레더블] 딕커가 밥에게 더 이상 슈퍼히어로로 일을 봐 줄 수 없다고 하며

**BOB** Someone was in trouble... 힘들어하는 사람이 있었어요...

**DICKER** Someone's always in trouble. 힘들어하는 사람은 항상 있어.

**BOB** I had to do something... 제가 뭔가를 해야 했어요...

**DICKER** Yeah. _____, Bob. Minimum. It means hundreds of thousands of taxpayer dollars... 그래. **자네가 그런 말을 할 때마다 난 한 달 반 가량을 고생해야 돼**, 밥. 최소한 말이지. 몇 십만 달러의 세금이 허비되는 거라고...

**BOB** I know. 알아요.

**DICKER** We gotta pay to keep the company quiet. We gotta pay damages, erase memories, relocate your family. Every time it gets harder. Money money money. We can't keep doing this, Bob. We appreciate what you did in the old days, but those days are over. From now on, you're on your own. 그 회사에 입막음으로 돈을 줘야 해. 손해를 보상하고, 기억을 지우고, 자네 가족을 이주시켜야 하지. 매번 더 힘들어. 돈, 돈, 돈 문제야. 계속 이럴 순 없어, 밥. 예전에는 자네가 한 일에 감사했지만 그런 시절이 이제 끝났어. 이제 자네는 스스로 해결해야 해.

＊ be in trouble 문제가 있다, 힘들어하다 | taxpayer 납세자 | damage 손해 | erase 지우다 | relocate 재배치하다, 이주시키다 | appreciate 감사하다 | be on your own 혼자 힘으로 해결하다

**정답**  **1.** As soon as we get there I'm going to fix this whole mess.  **2.** It is time to head home!  **3.** we have a chance to meet him  **4.** We're about to win this thing!  **5.** When's the last time we ever got to play that?  **6.** You can't spend all day playing your board game.  **7.** Every time you say those words, it means a month and a half of trouble for me

# Part  

## 과거에 대해 말할 때
### 디즈니 캐릭터가 사용하는 패턴

이번 파트에서는 대화를 할 때 빠져서는 안되는 과거를 말하는 패턴을 소개하려고 해요. 디즈니 캐릭터들이 자신의 경험이나 과거의 모습을 말할 때 어떤 패턴을 사용하는지 잘 알아 두었다가 여러분도 과거를 말하는 상황에서 꼭 활용해 보세요.

- 패턴 072  I've never ~ before
- 패턴 073  Have you ever ~?
- 패턴 074  I've been -ing
- 패턴 075  I used to ~
- 패턴 076  I told you ~
- 패턴 077  You said ~
- 패턴 078  I must have p.p. ~
- 패턴 079  You could have p.p. ~
- 패턴 080  You should have p.p. ~
- 패턴 081  Do you remember ~?

# 072 I've never ~ before

전에 ~해 본 적이 없어요

🎧 072.mp3

예전에 무엇을 경험한 적이 없다고 말할 때 쓰는 표현이에요. 반대로 '~해 본 적이 있어요.'라고 할 때는 I've ~ before.라고 하세요. 현재완료(have p.p.)는 경험을 표현할 때 쓰는 시제랍니다.

🎬 **코코** : 공연 직전에 매우 긴장한 미구엘이 헥터에게 공연 경험이 없다고 고백하며

**HÉCTOR** You always this nervous before a performance?
**헥터** 공연 전에 항상 이렇게 긴장하니?

**MIGUEL** I don't know – **I've never** performed **before**.
**미구엘** 몰라요 – 공연해 본 적이 없어서.

**HÉCTOR** What?! You said you were a musician!
**헥터** 뭐라고?! 네가 음악가라고 했잖니!

\* nervous 긴장한 | performance 공연 | perform 공연하다

---

**1.** 그에 관해 이런 이야기를 들어 본 적이 없어요.
▶ **I've never** heard any of this about him **before**.

🎬 **온워드** : 객스톤이 아빠에 관한 추억을 이야기하자 이안이 처음 듣는 거라고 한 말이에요.

**2.** 사실 그렇게 헤엄치는 물고기는 본 적이 없어.
▶ In fact, **I've never** seen a fish swim like that **before**.

🎬 **도리를 찾아서** : 도리가 데스티니의 수영 실력을 칭찬하며 한 말이에요.

**3.** 이런 걸 전에 해 본 적이 없어.
▶ _____
힌트 done this

🎬 **뮬란** : 뮬란이 군대에 들어가기 전 긴장하며 한 말이에요.

**4.** 하늘을 떠다니는 집은 처음 들어와 봐요.
▶ **I've never** been in a floating house **before**.

🎬 **업** : 러셀이 하늘을 나는 칼의 집으로 들어오면서 감탄하며 한 말이에요.

**5.** 이렇게 큰 건 해 본 적이 없다구요!
▶ _____
힌트 done one that big

🎬 **인크레더블** : 포스 필드를 치라는 헬렌의 다급한 명령에 바이올렛이 자신이 없어서 한 말이에요.

✦ 정답은 소책자 13쪽에

잠깐만요! 4 floating 떠다니는

# 073 Have you ever ~?

~해 본 적 있어?

🎧 073.mp3

'~해 본 적 있어?'라는 의미로 과거에서 현재까지 어떤 일을 해 본 적이 있는지 물어보는 패턴이에요. ever는 경험을 강조하려고 쓴 단어이기 때문에 생략해도 괜찮아요.

🎬 **토이 스토리 4** : 개비 개비가 우디를 붙잡으려는 계략을 꾸미며 포키에게 하는 말

**GABBY GABBY** Have you ever played hide and seek?
개비 개비 숨바꼭질해 본 적 있어?

**FORKY** No. But it sounds complicated.
포키 아니. 하지만 복잡한 놀이 같은데.

**GABBY GABBY** Oh, it's easy. I'll teach you, okay?
개비 개비 오, 쉬워. 내가 가르쳐 줄게, 알겠지?

\* hide and seek 숨바꼭질 | complicated 복잡한

---

1. 서민들의 축제에 가 **본 적 있나**, 대장?
▶ **Have you ever** attended a peasant festival, Captain?

🎬 **노틀담의 꼽추** : 프롤로가 피버스를 처음 만나서 물어본 말이에요.

2. 잠시라도 그것들에 관심을 **가진 적이 있나요**?
▶ **Have you ever** stopped to get to know them?

🎬 **카 3** : 크루즈가 맥퀸에게 타이어에 관심을 가진 적이 있는지 물어본 말이에요.

3. 상어를 **만나신 적 있어요**?
▶ _____
   힌트  met a shark

🎬 **니모를 찾아서** : 니모가 아빠에게 순진하게 물어본 말이죠.

4. 네 평생 이렇게 멋진 걸 **본 적 있어**?
▶ **Have you ever** seen anything so wonderful in your entire life?

🎬 **인어공주** : 에리얼이 난파선을 발견하고 놀라며 플라운더에게 물어본 말이에요.

5. 애완용 쥐를 **키운 적이 있나**?
▶ _____
   힌트  had a pet rat

🎬 **라따뚜이** : 생쥐가 있을 거라고 의심하는 스키너가 링귀니에게 물어본 말이에요.

◆ 정답은 소책자 14쪽에

1 attend 참석하다, peasant 서민의, 소작농의  4 entire life 평생  5 pet 애완용, rat 생쥐

## 074 ~하고 있었어요
# I've been -ing

🎧 074.mp3

현재완료(have p.p.)와 진행형(be + -ing)이 결합한 패턴이에요. 과거부터 현재 그리고 지금 이 순간까지 어떤 행동을 하고 있었거나 어떤 상태에 있었다는 의미랍니다.

🎬 **주토피아** : 부모님이 경찰이 되어 고향을 떠나는 주디를 배웅하며

**HOPPS** Guys. **I've been working** for this my whole life.
홉스(주디) 이 순간을 위해서 평생을 **노력했어요**.

**MRS. HOPPS** We know. And we're just a little excited for you, but terrified.
홉스 부인(엄마) 알아. 우린 기대가 되면서도 걱정이 크단다.

**HOPPS** The only thing we have to fear is fear itself.
홉스(주디) 우리가 두려워해야 하는 건 두려움 그 자체예요.

\* terrified 두려워하는 | fear 두려워하다, 두려움

**1.** 어머니가 말씀하신 걸 많이 **생각하고 있었어요** –
▶ Okay, **I've been thinking** a lot about what you said earlier –

🎬 **라푼젤** : 라푼젤이 고텔에게 속마음을 어렵게 꺼내며 한 말이에요.

**2.** 저는 히로 하마다입니다. 제가 생각하기에 아주 멋진 무언가를 **연구하고 있었어요**.
▶ My name is Hiro Hamada and **I've been working** on something that I think is pretty cool.

🎬 **빅 히어로** : 히로가 쇼케이스에서 자신의 발명품을 사람들에게 소개하며 한 말이죠.

**3.** 이걸 평생 동안 **기다려 왔어**.
▶ _____
힌트  waiting for this my whole life

🎬 **몬스터 대학교** : 마이크가 학교 생활에 대해 큰 기대를 하며 랜디에게 한 말이죠.

**4.** 우리가 헤어진 뒤로 너희들을 **계속 찾으려 다녔어**.
▶ **I've been searching** everywhere for you guys since we got separated.

🎬 **라푼젤** : 플린이 스태빙톤 형제를 다시 만나서 변명으로 한 말이에요.

**5.** 오전 내내 이 순간만 **기다렸지**.
▶ _____
힌트  waiting for this all morning

🎬 **토이 스토리 4** : 슬링키가 보니와 놀 시간을 기대하며 한 말이에요.

✦ 정답은 소책자 14쪽에

**잠깐만요!**  3 whole life 평생  4 search for ~를 찾다, get separated 흩어지다

# 075 I used to ~

~하곤 했죠

075.mp3

used to는 '사용했다'는 뜻과는 전혀 관련이 없는 패턴이에요. '~하곤 했어요'라는 의미로 자신의 과거 모습이나 행동을 묘사하는 패턴이거든요. 예전의 모습을 추억할 때 이 표현을 사용해 보세요.

🎬 **라이언 킹** : 무파사의 환영이 나타나서 자책하는 심바를 위로하며

**SIMBA** How can I go back? I'm not who **I used to** be.
**심바** 제가 어떻게 돌아갈 수 있겠어요? 난 예전의 내가 아닌데.

**MUFASA** Remember who you are. You are my son and the one true king.
**무파사** 네가 누구인지 기억해. 넌 내 아들이자 진정 유일한 왕이란다.

---

1. 난 위험하고 거칠었지!
▶ **I used to** be dangerous and wild!

🎬 **온워드** : 맨티코어가 과거 자신의 화려한 모습을 생각하며 한 말이에요.

2. 당신이 TV에 나오는 걸 보**곤 했죠**. 하늘을 날면서, 당신은… 너무 용감했어요…
▶ **I used to** watch you on TV, flying through the air, you seemed so… fearless…

🎬 **카 3** : 크루즈가 어린 시절 맥퀸을 보며 레이서의 꿈을 키웠다고 한 말이에요.

3. 저는 이렇게 달리**곤 했어요**…
▶ _____
힌트  run like this

🎬 **코코** : 미구엘이 코코 할머니에게 뽐내듯 한 말이에요.

4. 난 – 그의 발에 드럼 연주를 하**곤 했지**.
▶ **I used to** play -- drums on his feet.

🎬 **온워드** : 발리가 아빠의 발을 두드리며 그에 대한 기억을 이안에게 말해 준 거예요.

5. 난 신들을 위해 디자인을 했었지.
▶ _____
힌트  design for Gods

🎬 **인크레더블** : 에드나가 과거 자신의 화려했던 모습을 회상하며 한 말이죠.

✤ 정답은 소책자 14쪽에

**잠깐만요!**  1 wild 거친  2 fearless 두려움이 없는

# 076 I told you ~

내가 ~라고 했잖아

 076.mp3

상대방에게 자신이 했던 주장이 맞았다고 당당하게 말할 때 쓰는 표현이에요. 이 말을 할 때는 우쭐한 표정과 자신감 넘치는 목소리가 필수예요.

> 🎬 **미녀와 야수** : 마법에서 풀려난 뤼미에르가 콕스워스에게 당당히 말하며
>
> **LUMIERE** Of course, mon ami. **I told you** she would break the spell.
> 뤼미에르 물론이지, 친구. 그녀가 마법을 풀어 줄 거라고 **내가 말했잖아**.
>
> **COGSWORTH** I beg your pardon, old friend, but I believe I told you.
> 콕스워스 미안하지만, 친구. 그 말은 확실히 내가 했다고.
>
> **LUMIERE** No, you didn't. I told you.
> 뤼미에르 아니야. 내가 말했지.

\* mon ami 자네, 친구(불어) | break the spell 마법을 풀다

---

**1.** 그들이 제시간에 맞춰 올 거라고 했잖아요.
▶ **I told you** they'd be there in time.

🎬 **인크레더블 2** : 슈퍼히어로들이 등장하자 에블린이 데버에게 한 말이에요.

**2.** 내가 그녀의 카드 키를 가져올 거라고 했잖아.
▶ **I told you** I'd get her card key.

🎬 **몬스터 주식회사** : 설리가 카드 키를 가져왔는지 묻자 마이크가 당당히 한 말이죠.

**3.** 우리가 해낼 거라고 했잖아!
▶ _____
힌트  we'd make it

🎬 **빅 히어로** : 위기에서 간신히 탈출한 후 허니가 기쁘게 한 말이에요.

**4.** 봤지, 쟤가 쓸모가 있을 거라고 했잖아.
▶ See, **I told you** he'd come in handy.

🎬 **라이언 킹** : 심바가 사자의 공격으로부터 자신들을 지켜주자 티몬이 한 말이에요.

**5.** 아, 그녀가 중요할 거라고 말했죠.
▶ Ah, _____
힌트  she'd be important

🎬 **라푼젤** : 플린이 관객들에게 고텔을 소개하며 한 말이죠.

✧ 정답은 소책자 14쪽에

**잠깐만요!** 1 in time 제때에  3 make it (일 등을) 잘 해내다  4 come in handy 쓸모가 있다

## 077

~라고 했잖아

# You said ~

상대방이 예전에 했던 말을 상기시키면서 따지는 어투로 하는 말이에요. 상대방이 말한 대로 일이 제대로 되지 않을 때 이 패턴을 활용해 보세요. You told me ~. 역시 같은 의미로 쓸 수 있는 표현이에요.

> 🎬 **모아나** : 탈라 할머니가 모아나에게 용기를 주며
>
> **MOANA** Why aren't you trying to talk me out of it?
> 모아나 왜 제가 그 일을 못 하도록 설득하지 않으시는 거예요?
> **GRAMMA TALA** You said that's what you wanted.
> 탈라 할머니 그게 네가 원하는 **거라고 했잖아**.
> **MOANA** It is.
> 모아나 그렇긴 하죠.

\* talk out of ~를 하지 않도록 설득하다

1. 빨리 될 **거라고 했잖아**!
▶ **You said** this was going to be quick!

🎬 **주토피아** : 주디가 차량국의 직원이 모두 나무늘보임을 알고 닉에게 따지듯 한 말이죠.

2. 그녀가 당신을 해치지 않을 **거라고 했잖아요**.
▶ **You said** she'd never hurt you.

🎬 **겨울왕국** : 안나가 엘사 때문에 다쳤다는 말을 듣고 한스가 놀라면서 한 말이죠.

3. 새가 있**다고 했잖아**.
▶ 
   힌트  you had the bird

🎬 **업** : 알파가 거짓말을 한 더그에게 따지듯 한 말이에요.

4. 서장님, 포유류 실종 사건이 14건이나 있**다고 하셨죠**?
▶ Sir, **you said** there were 14 missing mammal cases?

🎬 **주토피아** : 주디가 실종 사건을 담당하고 싶다고 보고 서장에게 한 말이에요.

5. 당신이 어제 여기에 도착한**다고 했잖아요**!
▶ 
   힌트  it would be here yesterday

🎬 **인사이드 아웃** : 엄마가 아빠에게 이삿짐 차에 대해 화를 내며 한 말이죠.

✤ 정답은 소책자 14쪽에

2 hurt 다치게 하다   4 missing 실종된, mammal 포유류, case 사건

# 078 I must have p.p. ~

내가 ~한 게 분명해요

🎧 078.mp3

must have p.p.는 '~였던 게 분명하다'라는 의미로 과거에 있었던 일에 대해 확신을 가지고 말할 때 쓰는 표현이에요. 자신이 분명히 어떤 일을 했다고 상대방에게 단언할 때 I must have p.p. 패턴을 써 주세요.

🎬 **라이언 킹** : 심바의 대관식에 참여하지 않은 스카가 무파사에게 변명을 하며

**MUFASA** Sarabi and I didn't see you at the presentation of Simba.
**무파사** 심바의 후계자 명명식에 사라비와 나는 네 모습을 볼 수 없었구나.

**SCAR** That was today? Oh, I feel simply awful. **Must have slipped** my mind.
**스카** 그게 오늘이었나요? 오, 정말 기분이 안 좋군요. **깜빡한 게 분명해요.**

\* (It) Must have slipped my mind. 깜빡한 게 분명해요.

1. 생각보다 머리를 더 세게 **부딪힌 게 분명해**.
▶ **I must've hit** my head harder than I thought.

🎬 **알라딘** : 램프에서 지니가 나타나자 알라딘이 매우 놀라며 한 말이에요.

2. 확실히 내가 너희들이 좋아하는 뭔가를 **한 게 분명하군**, 친구들.
▶ Well, apparently, **I must've done** something you all liked, dudes.

🎬 **니모를 찾아서** : 말린이 즐거워하는 바다 거북 가족들에게 한 말이죠.

3. 그녀에게 내 말이 너무 멍청하게 **들린 게 분명해**!
▶ _____
힌트 sounded so stupid to her

🎬 **알라딘** : 자스민이 공주라는 사실을 알고 알라딘이 자신이 했던 말을 후회하며 한 말이에요.

4. 와, 네가 바느질 도사에게 **배운 게 분명해**.
▶ Wow, **you must have been** taught by some kind of sewing master.

🎬 **온워드** : 이안이 바느질을 잘하자 엄마가 칭찬하며 한 말이에요.

5. 나도 어떤 곳에서 **온 게 분명해**, 그렇지?
▶ _____, right?
힌트 come from somewhere

🎬 **도리를 찾아서** : 도리가 물고기들에게 자신의 가족과 고향을 그리워하며 한 말이에요.

✧ 정답은 소책자 15쪽에

**잠깐만요!** 2 apparently 명백한, dude 친구  3 sound ~하게 들리다  4 be taught 배우다, sew 바느질하다

## 079 You could have p.p. ~
네가 ~할 수도 있었다고

🎧 079.mp3

could have p.p.는 과거에 어떤 일을 할 수도 있었는데 그러지 못했다는 뜻이 있어요. 상대방이 어떤 일을 할 수 있었는데 하지 않았다고 따질 때나 상대방에게 안 좋은 일이 생기지 않아서 다행이라고 할 때 You could have p.p. 패턴을 사용하세요.

🎬 **코코** : 헥터가 미구엘에게 다른 가족이 있다는 사실을 알고 배신감을 느끼며

**HÉCTOR** You could have taken my photo back this whole time?!
헥터 그러니까 지금까지 계속 **네가** 내 사진을 **갖다 놓을 수 있었다는 거지**?!

**MIGUEL** – But they hate music! I need a musician's blessing!
미구엘 – 하지만 그분들은 음악을 싫어해요! 저는 음악가의 축복이 필요해요!

**HÉCTOR** You lied to me!
헥터 넌 내게 거짓말을 했어!

\* take ~ back ~를 갖다 놓다 | blessing 축복

---

**1.** 버즈, 넌 내내 저그를 **무찌를 수 있었다고**!
▶ Buzz, you could have defeated Zurg all along!

🎬 토이 스토리 2 : 렉스가 버즈에게 저그를 무찌를 수 있다고 용기를 주며 한 말이죠.

**2.** 너 죽을 뻔 했다고, 이 꼬마 녀석아!
▶ You coulda got yourself killed, kid!

🎬 몬스터 대학교 : 어린 마이크가 겁도 없이 인간 세계에 들어가자 어른들이 놀라서 한 말이에요.

**3.** 넌 압수될 수도 있었다고!
▶ _____
힌트  been confiscated

🎬 토이 스토리 4 : 우디가 유치원에 갔었다는 사실을 알고 돌리가 크게 놀라며 한 말이에요.

**4.** 걔가 그를 가지고 놀 때 너무 해맑게 웃더라고, **너희들도 그걸 봤어야 했는데.**
▶ When she started playing with him, she had the biggest smile on her face, I wish you could have seen it.

🎬 토이 스토리 4 : 보니가 포키를 얼마나 좋아하는지 우디가 다른 장난감들에게 설명하며 한 말이에요.

**5.** 넌 죽을 수도 있었다고.
▶ _____
힌트  been killed

🎬 겨울왕국 2 : 안나가 불길을 뚫고 엘사를 따라오자 그녀가 화를 내며 한 말이에요.

✦ 정답은 소책자 15쪽에

1 defeat 무찌르다, all along 내내   2 coulda = could have   3 confiscate 압류하다

## 080

넌 ~를 했어야 해

# You should have p.p. ~

 080.mp3

You should have p.p.는 상대방이 어떤 행동을 하지 않은 것을 나무라거나 후회하면서 쓰는 패턴이에요. 반대로 You shouldn't have p.p.는 하지 말았어야 했는데 저질러 버린 일을 말하는 거예요.

🎬 **주토피아** : 마침내 본색을 드러낸 벨웨더가 주디를 위협하며

**BELLWETHER**  Oohh. **You should have stayed** on the carrot farm. It really is too bad-- I really did like you.
벨웨더   오, 넌 당근 농장에 있어야 했어. 참 안됐네 - 널 정말 좋아했는데.

**HOPPS**  What are you gonna do? Kill me?
홉스(주디)   뭘 하려구요? 날 죽이기라도 하려구요?

**BELLWETHER**  Of course not... he is.
벨웨더   물론 아니지… 쟤가 그럴 거야.

---

**1.** 서쪽 별관에 **들어가지 말았어야죠**!
▶ Well, **you shouldn't have been** in the West Wing!

🎬 **미녀와 야수** : 야수가 자신의 명령을 어긴 벨을 나무라며 한 말이에요.

**2.** 난 생각할 시간이 필요했어, 헌데 **넌** 날 거기에 **남겨 두고 떠나지 말았어야 했어**.
▶ I needed some time to think, but **you shouldn't have left** me out there.

🎬 **몬스터 주식회사** : 마이크가 부에 대한 마음을 설리에게 털어놓으며 한 말이죠.

**3.** 오, 너도 봤어야 했는데.
▶ Oh, _____
힌트   seen it

🎬 **토이 스토리 2** : 우디가 자신의 얼굴이 들어간 상품을 버즈에게 자랑하며 한 말이에요.

**4.** 맞아요, 정신은 없겠지만 그래도 왕의 아우로서 첫 줄에 **있었어야죠**.
▶ Yes, well as slippery as your mind is... as the king's brother, **you should have been** first in line.

🎬 **라이언 킹** : 자주가 심바를 소개하는 의식에 참석하지 않은 스카를 비난하며 한 말이에요.

**5.** 넌 내 작전대로 **했어야 했다고**.
▶ _____
힌트   stuck to my strategy

🎬 **몬스터 주식회사** : 마이크가 자신의 말을 듣지 않은 설리와 다투면서 한 말이에요.

✧ 정답은 소책자 15쪽에

 1 wing 건물 한쪽에 있는 동(棟)   4 slippery 잘 잊어버리는   5 stick to ~를 고수하다, strategy 작전, 전략

## 081 ~가 기억나요?
# Do you remember ~?

🎧 081.mp3

상대방이 어떤 것을 기억하고 있는지 물어보는 표현이에요. 과거의 기억을 떠올리거나 아련한 추억에 잠길 때 이 패턴으로 물어보세요.

🎬 **도리를 찾아서** : 스쿼트가 도리에게 부모님이 기억나는지 물어보며

**SQUIRT** Do you remember what they look like?
**스쿼트** 그분들이 어떻게 생겼는지 기억하니?

**DORY** I'm a bit new to the memory thing, so I can't say for sure, but something tells me they were mostly blue, with maybe… yellow.
**도리** 기억하는 거에 익숙하지 않아서요, 확실히 말을 못 하겠어요. 하지만 그분들… 거의 푸른색이었던 것 같아요, 노란색도 좀 있었던 것 같구요.

\* new to ~가 처음인 | for sure 확실히

---

1. 네가 날 만들었잖아. **기억나니?**
   ▸ You built me. You remember that?

   🎬 **겨울왕국** : 올라프가 얼음 성에서 엘사를 처음 만나 한 말이에요.

2. 릭, 전에 내가 말했던 그 아이 **기억해**, 토니 라이딩거라고?
   ▸ Yeah, hey Rick, you remember that kid I mentioned to you, Tony Rydinger?

   🎬 **인크레더블 2** : 밥이 딕커에게 토니에 관해 물어본 말이에요.

3. 우리가 어떻게 만났**는지 기억해**?
   ▸ _____
   
   힌트  how we met

   🎬 **니모를 찾아서** : 말린이 아내에게 사랑스럽게 물어본 말이죠.

4. 색을 칠할 때 걔가 혀를 어떻게 내밀었**는지 기억나**?
   ▸ Do you remember how she used to stick her tongue out when she was coloring?

   🎬 **인사이드 아웃** : 기쁨이가 라일리의 어린 시절 기억을 떠올리며 한 말이죠.

5. 내가 말했던 누더기 인형 **기억나**?
   ▸ _____
   
   힌트  the rag doll I told you about

   🎬 **토이 스토리 4** : 보가 기글에게 우디를 소개하며 한 말이에요.

✦ 정답은 소책자 15쪽에

**잠깐만요!**  1 build 만들다  2 mention 언급하다  4 stick out 내밀다, tongue 혀  5 rag doll 누더기 인형

# Review  072 ~ 081 패턴으로 대화하기   🎧 test 072-081.mp3

앞서 배운 10개 패턴을 활용하여 네이티브와 대화에 도전해 보세요. 빈칸을 채운 후, 오디오 파일을 2번씩 따라하세요.

### 1. [주토피아] 주디가 보고 서장에게 포유류 실종 사건에 대해 물어보며

| | | |
|---|---|---|
| HOPPS | Sir, _____? | 서장님, 포유류 실종 사건이 14건이나 있다고 하셨죠? |
| BOGO | So. | 그래. |
| HOPPS | So I can handle one. You probably forgot, but I was top of my class at the academy. | 그러니까 저도 사건 하나를 처리할 수 있습니다. 잊으셨을까 봐 말씀드리는 건데 전 경찰 학교에서 수석을 차지했었죠. |
| BOGO | Didn't forget. Just don't care. | 잊지 않았어. 그냥 내 알 바가 아니라서. |

＊ missing 실종된 | mammal 포유류 | case 사건 | handle 처리하다 | care 신경 쓰다

### 2. [라이언 킹] 심바가 환영으로 나타난 무파사에게 자신의 답답한 심경을 고백하며

| | | |
|---|---|---|
| MUFASA | You have forgotten who you are and so have forgotten me. | 넌 네가 누구인지도 잊었고 나도 잊었지. |
| MUFASA | Look inside yourself, Simba. You are more than what you have become. You must take your place in the Circle of Life. | 네 안을 들여다보렴, 심바. 넌 지금보다 더 잘될 잠재력이 있어. 생명의 순환에서 너의 자리를 찾아야 한단다. |
| SIMBA | How can I go back? _____ | 제가 어떻게 돌아가요? 난 예전의 내가 아닌데. |
| MUFASA | Remember who you are. You are my son and the one true king. | 네가 누구인지 기억해. 넌 내 아들이야 그리고 진정 유일한 왕이지. |

＊ more than ~ 이상 | take place 자리를 찾다

### 3. [카 3] 크루즈가 맥퀸에게 자신의 타이어에 관심을 가지라고 하며

| | | |
|---|---|---|
| CRUZ | You've been driving on tires a long time. _____ | 오랫동안 타이어를 달고 경기를 하셨잖아요. 잠시라도 그것들에 관심을 가진 적이 있나요? |
| MCQUEEN | I'm sorry, what? | 죄송하지만 뭐라구요? |
| CRUZ | Tires are individuals. You should give each a name. | 타이어들도 개성이 있는 개체들이라구요. 각각 이름을 붙여 주세요. |
| MCQUEEN | Name them? I won't be doing that. | 이름을 붙이라구요? 그런 짓은 못 해요. |

＊ individual 개인, 개체 | name 이름을 붙이다

**4.** [몬스터 대학교] 마이크가 자신의 말을 듣지 않은 설리와 다투면서

| | | |
|---|---|---|
| SQUISHY | I've never felt so alive! | 정말 살아 있는 느낌이었어! |
| TERRI | We were awesome! | 우리 정말 대단했어! |
| SULLEY | Okay, look, that wasn't real scaring. | 알았어. 이봐 그건 진짜로 겁을 주는 건 아니었다고. |
| MIKE | It was better than what you did. _____ | 네가 한 것보다는 더 좋았어. **넌 내 작전대로 했어야 했다고.** |
| SULLEY | Whatever, talk to me when we start the real scaring – | 무슨 상관이야. 진짜 겁주기를 시작할 때나 말해 줘 – |

＊ strategy 전략, 작전

**5.** [겨울왕국 2] 안나가 위험을 무릅쓰고 엘사를 따라오자 엘사가 그녀를 걱정하며

| | | |
|---|---|---|
| ELSA | What were you doing?! _____ _____ You can't just follow me into fire. | 뭐 하려고 한 거야?! **넌 죽을 수도 있었다고.** 날 따라서 무작정 불 속으로 뛰어들면 안 돼. |
| ANNA | You don't want me to follow you into fire, then don't run into fire! You're not being careful, Elsa. | 불 속으로 언니를 따라가지 않기를 바란다면 언니가 불 속으로 뛰어들지 않으면 되잖아! 언니는 지금 조심하지 않는다고. |
| ELSA | I'm sorry. Are you okay? | 미안해. 너 괜찮니? |
| ANNA | I've been better. | 예전보다는 괜찮아. |
| ELSA | Hm, I know what you need. | 음, 네가 필요한 게 뭔지 알아. |

＊ careful 조심하는

**6.** [뮬란] 군대로 가기 전에 무슈가 뮬란에게 자신을 믿어야 한다고 말하며

| | | |
|---|---|---|
| MUSHU | Oww! That's it! Dishonor, dishonor on your whole family! Make note of this. | 으이 됐어! 불명예야. 너희 가족 모두에게 불명예라고. 똑똑히 들어. |
| MUSHU | Dishonor on you, dishonor on your cow, dis... | 너에게도, 너의 황소에게도 모두 불명예지, 불명… |
| MULAN | Stop – I'm sorry, I'm sorry! I'm just... nervous. _____ | 그만해 – 미안해, 미안하다고! 그냥… 긴장이 돼서. **이런 걸 전에 해 본 적이 없어.** |
| MUSHU | Then you're gonna have to trust me. And don't you slap me no more. We clear on that? | 그럼 날 믿어야 해. 그리고 더 이상 날 때리지 마. 알겠어? |
| MUSHU | Alright. Okey-dokey! Let's get this show on the road! Cri-kee, get the bags! Let's move it heifer! | 자, 오케바리! 이제 시작해 보자고! 귀뚤아, 가방 챙겨! 이동하자고, 송아지야! |

＊ dishonor 불명예 | make note of ~를 기록하다 | slap 찰싹 때리다 | get this show on the road 시작하다(시작을 알리는 말) | heifer (아직 새끼를 낳은 적이 없는) 어린 암소

**1.** [인크레더블 2] 밥이 딕커에게 바이올렛의 남자 친구에 대해 말하며

**BOB** Yea, hey Rick, _____, Tony Rydinger?

이봐 릭, **내가 전에 말했던 그 아이 기억해**. 토니 라이딩거라고?

**DICKER** Mind wipe? Yeah. Nice kid.

기억을 지웠던? 그래. 착한 애였지.

**BOB** Well, you also wiped out the Friday night date my daughter had with him. In fact, you wiped out my daughter.

자네가 우리 딸이 함께 하기로 했던 금요일 밤 데이트 기억도 지워 버렸어. 사실 아예 우리 딸을 완전히 지웠더라고.

**DICKER** Oops. Not an exact science, Bob.

아이고. 그게 정확한 과학이라고 할 수는 없지, 밥.

**BOB** Rick, you gotta help me here. Violet HATES me. And you. And Superheroes. I gotta fix this. What do you know about Tony?

릭, 날 좀 도와줘야겠어. 바이올렛이 날 싫어해. 그리고 자네도. 그리고 슈퍼히어로들도. 이 문제를 해결해야 해. 토니에 대해 아는 게 있나?

**DICKER** Oh, not much. Seems like a good kid. Popular. Plays sports. Music. Parents own The Happy Platter. Kid works there part-time.

오, 별로 없어. 좋은 아이 같기는 해. 인기도 있고. 스포츠도 하고. 음악도 하지. 부모가 해피 플래터를 운영하고 있어. 걔가 거기서 알바를 해.

\* wipe out ~를 지우다 | own 소유하다

**정답**
**1.** you said there were 14 missing mammal cases **2.** I'm not who I used to be. **3.** Have you ever stopped to get to know them? **4.** You should have stuck to my strategy. **5.** You could have been killed. **6.** I've never done this before. **7.** you remember that kid I mentioned to you

# Part 9

## 느낌을 말할 때
### 디즈니 캐릭터가 사용하는 패턴

이번 파트에서는 feel, look, seem 등의 단어들을 자주 만날 거예요. 아주 기본적인 단어들이지만 느낌을 말하는 패턴에서는 어떤 뉘앙스로 사용되는지 잘 알아 두세요. 자, 그럼 디즈니 캐릭터들이 자신의 느낌을 말할 때 쓰는 패턴을 살펴볼까요?

- 패턴 082  I feel ~
- 패턴 083  I feel like ~
- 패턴 084  It feels like ~
- 패턴 085  I'm worried about ~
- 패턴 086  I'm afraid of ~
- 패턴 087  might be ~
- 패턴 088  seem to ~
- 패턴 089  makes me feel ~
- 패턴 090  Looks like ~
- 패턴 091  It's like ~

## 082 I feel ~
~한 기분이야

자신의 기분이 어떤지 말할 때 쓰는 기본 패턴이에요. I feel 뒤에 good, bad, awesome 등의 형용사를 쓰면 됩니다. 약간의 차이는 있지만 I'm ~. 역시 자신의 기분을 드러낼 때 쓸 수 있어요.

> 🎬 **라이언 킹** : 불만이 많은 스카가 무파사와 대화하며
>
> **MUFASA** Sarabi and I didn't see you at the presentation of Simba.
> 무파사  심바의 후계자 명명식에 사라비와 나는 네 모습을 볼 수 없었구나.
>
> **SCAR** That was today? Oh, **I feel** simply awful. Must have slipped my mind.
> 스카  그게 오늘이었나요? 오, 정말 **기분이** 안 **좋군요**. 깜빡한 게 분명해요.

\* presentation 발표회, 소개 의식 | awful 기분이 좋지 않은 | slip one's mind 깜빡하다

---

**1.** 달라**진 기분이야**.
▸ **I feel** different.

🎬 **겨울왕국** : 엘사가 자신의 성에서 안나에게 한 말이죠.

**2.** 신선**한 기분이야**. 건강해진 느낌이고.
▸ **I feel** fresh. Healthy.

🎬 **토이 스토리 3** : 새롭게 오이 몸통을 가지게 된 포테이토 헤드가 한 말이에요.

**3.** 나 너무 멍청**한 것 같아**.
▸ _____
　　　　　　　　　　힌트　stupid

🎬 **도리를 찾아서** : 베일리가 음파로 길을 찾으면서 한 말이에요.

**4.** 쟤 안됐**다**.
▸ **I feel** bad for her.

🎬 **인사이드 아웃** : 라일리가 자기 소개 중에 울려고 하자 학생들이 속닥이며 한 말이죠.

**5.** 기분이 더 좋아**졌어**.
▸ _____
　　　　　　　　　　힌트　better

🎬 **겨울왕국 2** : 안나가 올라프를 위로해 주자 올라프가 기분이 좋아져서 한 말이죠.

✦ 정답은 소책자 15쪽에

**잠깐만요!**　2 fresh 신선한, healthy 건강한

# 083

~한 기분이 들어

# I feel like ~

🎧 083.mp3

I feel ~.만으로 자신의 기분을 자세히 설명할 수 없다면 I feel like ~.라는 패턴을 사용해 보세요. I feel like 뒤에 구체적으로 어떤 느낌이나 기분이 드는지 '주어＋동사'의 문장 형태로 설명하면 됩니다.

🎬 **겨울왕국 2** : 숲이 마법에서 풀려나자 올라프가 기뻐하며

**OLAF** While I still don't know what transformation means, **I feel like** this forest has really changed us all.

**올라프** 변화라는 게 뭔지 아직도 모르겠지만, 이 숲이 우리를 완전히 바꿔 놓은 것 같아.

\* transformation 변화

---

**1.** 모두 다 잘되**는 것 같아**.

▶ **I feel like** it's all coming together.

🎬 **몬스터 대학교** : 마이크가 동아리 친구들과의 훈련에 만족하며 한 말이에요.

**2.** 그것들이 내게 특별한 의미가 있**다는 느낌을 지울 수 없어요**!

▶ And **I can't help but feel like** they're... they're meant for me!

🎬 **라푼젤** : 라푼젤이 고텔에게 별을 보고 싶다며 한 말이에요.

**3.** 더 이상 좋은 생각이 떠오르지 않**는 것 같아**.

▶ And _____

힌트 I'm all out of ideas

🎬 **카 3** : 맥퀸이 메이터에게 경기력에 대한 고민을 털어놓으며 한 말이에요.

**4.** 그래서, 더 많이 기억이 나요. 그리고 내 기억이 점점 더 좋아지**는 것 같아요**.

▶ S-so, I'm remembering more and more, and **I feel like** my memory's getting better.

🎬 **도리를 찾아서** : 도리가 행크에게 부모님에 대한 기억이 점점 돌아오고 있다고 한 말이에요.

**5.** 제가 정말로 세상을 변화시킨**다는 기분이에요**.

▶ _____

힌트 I'm really making a difference

🎬 **주토피아** : 주디가 힘든 모습을 감추고 부모님과 화상 통화로 한 말이에요.

✦ 정답은 소책자 15쪽에

2 can't help but ~하지 않을 수 없다. be meant for ~에게 큰 의미가 있다  3 out of ideas 좋은 생각이 떠오르지 않는
5 make a difference 변화시키다

# 084 ~인 것 같아
## It feels like ~

🎧 084.mp3

지금 일어나고 있는 일이나 현재 상황이 '~인 것 같다'라고 할 때 쓰는 표현이에요. 이성적으로 사실을 말하는 게 아니라 자신의 느낌이나 기분을 상대방에게 말하는 거예요. '마치 꿈인 것 같아.(It feels like a dream.)', '마치 운명인 것 같아.(It feels like fate.)'처럼 쓸 수 있어요.

🎬 **도리를 찾아서** : 행크가 도리와 함께 수족관을 탈출하며

**DORY** Are we there yet?
도리 아직도 다 안 온 거예요?

**HANK** Shh. Keep it down.
행크 쉿. 목소리 낮춰.

**DORY** Hank, I am so glad I found you. **It feels like**… I… destiny!
도리 행크, 당신을 찾아서 너무 기뻐요. 마치 내가… 운명**과도 같군요**!

\* Keep it down. 목소리를 낮춰. | destiny 운명

---

**1.** 타이밍도 맞**는 것 같더라고**.
▶ **It felt like** the time was right for us too.

🎬 **카 3** : 더스티가 맥퀸에게 러스티를 판 이유를 설명하며 한 말이죠.

**2.** 그들이 날 발견했을 때 **마치 운명 같은 느낌이었어요**.
▶ When they found me **it felt like** fate.

🎬 **도리를 찾아서** : 도리가 부모님에게 니모와 말린을 찾으러 가겠다고 하며 한 말이죠.

**3.** 불이 난 **것 같은 느낌이었지**.
▶ _____
　　　　　　　　　　　　힌트 fire

🎬 **인사이드 아웃** : 라일리가 코로 우유를 내뿜을 때의 추억을 생각하며 슬픔이가 한 말이에요.

**4.** 미안, 내가 한 번만이라도 진지하려고 했는데 네가 딴청을 부리**는 것 같아서**.
▶ I'm sorry, I'm trying to be sincere for once and **it feels like** you're distracted.

🎬 **모아나** : 모아나가 자신의 말을 잘 듣지 않는 듯한 반응을 보이자 마우이가 한 말이에요.

**5.** 다 왔어 **마치** 집에 온 **것 같아**.
▶ I'm arriving and _____
　　　　　　　　　　　　힌트 I am home

🎬 **겨울왕국 2** : 엘사가 당당하게 운명을 맞이하겠다고 노래한 말이죠.

✦ 정답은 소책자 15쪽에

 2 fate 운명  4 sincere 진지한, for once 한 번이라도, distracted 딴생각을 하는

# 085 I'm worried about ~

~가 걱정돼

🎧 085.mp3

걱정스럽고 불안한 마음을 표현하는 대표적인 패턴이에요. 상대방의 행동이 불안하게 느껴질 때는 I'm worried about you.라고 하며 조심할 것을 당부해 보세요.

> 🎬 **카 3** : 크루즈가 스털링에 대해 걱정하자 맥퀸이 그녀를 안심시키며
>
> **CRUZ** What's Mr. Sterling going to say?
> 크루즈 스털링 씨가 뭐라고 할까요?
>
> **MCQUEEN** **I'm** actually more **worried about** what Tex is gonna say, considering he uhh... bought Rusteeze. Thanks Tex!
> 맥퀸 난 텍스가 뭐라고 할지**가 더 걱정인데**, 그가, 음… 러스티즈를 샀거든. 고마워요, 텍시!

\* considering 고려해 봤을 때

1. 네가 너무 **걱정이 됐어**, 얘야!
▶ **I was** so **worried about** you, dear!

🎬 라푼젤 : 고텔이 탑 밖에서 마침내 라푼젤을 만나서 한 말이에요.

2. 우리 친구**가 걱정돼서요**.
▶ **We're worried about** our friend.

🎬 도리를 찾아서 : 말린이 바다사자들에게 도리를 걱정하며 한 말이에요.

3. 그냥 – 보니**가 걱정이 돼서**.
▶ **It's just –** _____
힌트 Bonnie

🎬 토이 스토리 4 : 우디가 돌리에게 보니를 걱정하며 한 말이죠.

4. 뭘 그렇게 **걱정하는 거예요**?
▶ **What are you** so **worried about**?

🎬 라따뚜이 : 탈론이 여러 가지 일을 걱정하는 스키너를 이해할 수 없다는 듯이 한 말이죠.

5. 실은 말야, 난 단지 걔**가** 너무 **걱정이 돼**.
▶ **The truth is,** _____
힌트 her

🎬 도리를 찾아서 : 말린이 도리를 걱정하며 니모에게 한 말이에요.

✦ 정답은 소책자 16쪽에

**잠깐만요!** 1 dear 얘야 3 It's just ~ 그냥 5 The truth is ~ 사실은 말야

## 086  ~가 무서워
# I'm afraid of ~

🎧 086.mp3

귀신, 뱀, 도둑 등 자신이 무서워하는 것을 말할 때 쓰는 패턴이에요. I'm scared of ~. 역시 '난 ~가 무서워.'라는 뜻이에요. I'm afraid of ~.와 반대로 무섭지 않다고 할 때는 I'm not afraid of ~.를 씁니다.

> 🎬 **라푼젤** : 라푼젤이 탑으로 몰래 들어온 플린에게 당당하게 말하며
>
> **RAPUNZEL** I know why you're here and **I'm not afraid of** you.
> 라푼젤 당신이 왜 여기에 있는지 알아요 하지만 당신**이 무섭지 않아요**.
>
> **FLYNN** What?
> 플린 뭐라구요?
>
> **RAPUNZEL** Who are you and how did you find me?
> 라푼젤 당신 누구예요 그리고 날 어떻게 찾아냈죠?

**1.** 와조스키 군, 난 캔사스 시골에 사는 5살 여자아이고 번개**를 무서워해요**.
▸ Mr. Wazowski, I'm a five-year-old girl on a farm in Kansas **afraid of** lightning.

🎬 **몬스터 대학교** : 교수가 겁주기 시뮬레이션 상황을 마이크에게 설명하며 한 말이에요.

**2.** 크라우스 군, 난 6남매 중 막내딸이고 할러퀸 인형**을 무서워해요**.
▸ Mr. Kraus, I'm a four-year-old girl the youngest of six and **I am scared of** harlequin dolls.

🎬 **몬스터 대학교** : 교수가 겁주기 시뮬레이션 상황을 설명하며 한 말이죠.

**3.** 난 어둠**이 무서워**.
▸ _____
힌트   the dark

🎬 **인사이드 아웃** : 빙봉이 무의식의 동굴로 떠밀려 들어가며 한 말이에요.

**4.** 그게… 두려운 거예요?
▸ **Are... you afraid of** it?

🎬 **모아나** : 모아나가 테피티의 심장을 마우이에게 들이대며 한 말이에요.

**5.** 난 5살 여자아이고 거미와 산타**를 무서워해요**.
▸ I'm a five-year-old girl _____
힌트   spiders and Santa Claus

🎬 **몬스터 대학교** : 교수가 겁주기 시뮬레이션 상황을 설명하며 한 말이에요.

✦ 정답은 소책자 16쪽에

**잠깐만요!**   1 lightning 번개   3 the dark 어둠   5 spider 거미

## 087 ~일지도 몰라
# might be ~

무언가가 어떠할 거라고 추측해서 말할 때 쓰는 표현이에요. 100% 확신하는 것이 아니라 그런 느낌이 든다는 의미예요. might는 may의 과거 형태지만 의미상으로는 may처럼 '~일지 모른다'라는 현재의 감정을 나타내는 말이에요.

> 🎬 **주토피아** : 힘든 하루를 보낸 주디에게 옆방 이웃이 소리치며
>
> **HOPPS** Tomorrow's another day...
> **홉스(주디)** 내일은 또 다른 태양이 뜰 거…
>
> **ORYX POOTOSSER** Yeah, but it **might be** worse!
> **오릭스 푸토서** 그래, 하지만 더 나쁠 **수도 있지**!

\* worse 더 나쁜

**1.** 알아, 안다고, 하지만 내 친구가 저기에 있을**지도 몰라**.
▶ I know, I know, but my friend **might be** in there.

🎬 **토이 스토리 4** : 우디가 보를 생각하며 포키에게 한 말이에요.

**2.** 그리고 걔가 길을 잃었**을까 봐** 걱정된다고.
▶ And I'm very worried that she **might be** lost.

🎬 **토이 스토리 4** : 우디가 보를 생각하며 포키에게 한 말이에요.

**3.** 견과류 맛**일지도 몰라**.
▶ It _____
힌트  the nuttiness

🎬 **라따뚜이** : 에밀이 레미가 말한 대로 음식을 음미하며 한 말이에요.

**4.** 당신이 말했잖아요 – 이게 당신의 마지막 기회**일지 모른다고**.
▶ You said it yourself – this **might be** your last chance.

🎬 **카 3** : 맥퀸이 크루즈를 경기에 투입시키려 하자 그녀가 맥퀸을 위해 한 말이에요.

**5.** 걔가 배가 고플**지도 모르지**.
▶ He _____
힌트  hungry

🎬 **니모를 찾아서** : 도리가 고래를 부르려고 하자 말린이 부정적인 말투로 한 말이에요.

✦ 정답은 소책자 16쪽에

**잠깐만요!** 2 be lost 길을 잃다  3 nuttiness 견과 같은 맛  4 last chance 마지막 기회

# 088 seem to ~

~인 것 같아

🎧 088.mp3

seem to ~는 '~인 것 같아'라는 뜻으로 자신의 느낌이나 추측을 말할 때 쓰는 패턴이에요. 내 눈에 상대방이 어떤 상태처럼 보이는지 말해 줄 때는 You seem to ~.라는 응용 패턴을 써 보세요.

> 🎬 **인사이드 아웃** : 기억의 미로에서 슬픔이와 기쁨이가 길을 잃고
>
> **SADNESS**  Yeah. Just another right... And a left. Then another left, and a right...
> **슬픔**  그래. 또 오른쪽으로… 그리고 왼쪽. 또 왼쪽으로, 그리고 오른쪽…
>
> **JOY**  Dah. Are you sure you know where we're going? Because we **seem to** be walking AWAY from Headquarters-
> **기쁨**  우리가 어디로 가는지 확실히 아는 거야? 우리가 본부에서 멀어지**는 것 같거든**-

\* away from ~로부터 멀어지는 | headquarter 본부

1. 알겠어요, 하지만 당신에게는 그게 없**는 것 같군요**.
▶ Okay, but you don't **seem to** have that on you.

   🎬 **온워드** : 맨티코어가 저주 파괴자의 검에 대해 말하자 로렐이 의미심장하게 한 말이죠.

2. 그녀의 관심을 끌 수도 없고 제대로 말도 못 **하는 것 같아요**.
▶ I can't **seem to** get her attention or even say the right thing.

   🎬 **겨울왕국 2** : 크리스토프가 안나에게 청혼하는 것에 관한 고민을 라이더에게 털어놓으며 한 말이죠.

3. 뭔가를 잊**은 것 같은데**.
▶ _____
   힌트  You, be missing something

   🎬 **뮬란** : 샹이 야오에게 높이 꽂혀 있는 화살을 찾아오라고 명령한 뒤 무거운 황동을 몸에 걸어 주며 한 말이에요.

4. 이유가 뭐든 간에, 그들이 원시 야수의 습성으로 돌아가**는 것 같습니다**.
▶ For whatever reason, they **seem to** be reverting back to their primitive savage ways.

   🎬 **주토피아** : 주디가 기자 회견장에서 포식 동물 사건에 대한 자신의 생각을 밝히면서 한 말이죠.

5. 제 말은, 아그라바가 얼마나 위험한지 모르**는 것 같아서요**.
▶ I mean, uh...
   힌트  you, know how dangerous Agrabah can be

   🎬 **알라딘** : 알라딘이 자스민에게 시장에 대해 잘 모르는 것 같다고 한 말이에요.

✧ 정답은 소책자 16쪽에

2 attention 관심  4 revert 되돌아가다, primitive 원시의, savage 야만적인

# 089 makes me feel ~

○○○가 나를 ~하게 해요

🎧 089.mp3

이 패턴을 직역하면 '○○○가 나를 ~하게 느끼게 만든다'가 되잖아요? ○○○하게 되면 나의 기분이 어떻게 되는지 솔직하게 말할 때 쓰는 패턴이에요. feel을 쓰지 않고 바로 감정을 나타내는 형용사를 쓸 수도 있어요.

🎬 **주토피아** : 주디의 엄마가 그녀의 말을 못 알아듣자 기디온 역시 그랬다고 하며

**BONNIE HOPPS**   Not one bit.
보니 홉스   한 마디도 모르겠어요.

**ADULT GIDEON GREY**   That **makes me feel** a little better. I thought she was talking in tongues or something.
어른 기디온 그레이   그러셨다니 기분이 좋아지네요. 걔가 방언 같은 걸 하는 줄 알았거든요.

\* bit 조금 | talk in tongue 방언을 하다

---

**1.** 그가 안됐다는 느낌이 들 뻔했는데 – 정말은 아니에요!
▸ Almost **makes me feel** sorry for the guy – not really!

🎬 **카 3** : 칙이 TV 중계에서 맥퀸의 소식을 전하면서 한 말이에요.

**2.** 이제 나가서 **내가 널 자랑스러워할 수 있도록 해 봐**.
▸ Now get out there and **make me** proud!

🎬 **뮬란** : 무슈가 군대 훈련장으로 뮬란을 내보내며 한 말이에유

**3.** 그 사실을 듣고 왜 **기분이 좋지 않은 걸까**…?
▸ Why doesn't that _____
힌트  feel better

🎬 **겨울왕국 2** : 마티아스가 옛사랑이 아직 결혼하지 않았다는 소식을 안나에게 듣고 한 말이죠.

**4.** 오직 음악만이 **저를 행복하게 해 줘요**.
▸ Music's the only thing that **makes me** happy.

🎬 **코코** : 미구엘이 이멜다 할머니에게 음악에 대한 열정을 보이며 한 말이죠.

**5.** 자네가 맡은 고객들이 **날 불행하게 하거든**.
▸ Your customers _____
힌트  unhappy

🎬 **인크레더블** : 직장 상사가 밥의 일 처리 방법에 대해 불만을 가지고 한 말이에요.

✦ 정답은 소책자 16쪽에

잠깐만요!   2 proud 자랑스러운   5 customer 고객

143

## 090 Looks like ~
~인 것 같군

🎧 090.mp3

look like ~는 '~처럼 보이다'라는 뜻으로 외모를 말할 때 주로 쓰는 표현이지만 이 패턴 Looks like ~.는 현재 상황에 대한 나의 전반적인 느낌을 말하는 거예요. It looks like ~.라고 쓸 수도 있어요.

🎬 **뮬란** : 뮬란을 깔보는 군대 동기들이 그녀에게 시비를 걸면서

**LING** **Looks like** our new friend slept in this morning. Hello, Ping, are ya hungry?
링 우리의 새 친구가 오늘 늦잠을 잔 **것 같군**. 안녕, 핑, 배고파?

**YAO** Yeah, 'cause I owe you a knuckle sandwich.
야오 그래, 우리가 너에게 한 대 먹이려고.

\* sleep in 늦잠을 자다 | owe 빚을 지다 | knuckle sandwich 한 대 쥐어박기

---

1. REM 상태로 들어**간 것 같아**.
▶ **Looks like** we're going into REM.

🎬 **인사이드 아웃** : 라일리가 잠에 빠지자 기쁨이가 한 말이에요.

2. 마이크로봇이 다 떨어**진 것 같군**.
▶ **Looks like** you're out of microbots.

🎬 **빅 히어로** : 칼라한의 마이크로봇이 모두 없어지자 히로가 당당하게 한 말이에요.

3. 여기가 병원**이었던 것 같아**.
▶ _____
힌트 this was a hospital

🎬 **주토피아** : 주디와 닉이 으스스한 건물 안으로 들어가며 한 말이에요.

4. 마이클, 다시 너와 내가 함께 해야 **하는 것 같구나**.
▶ Well, Michael, **looks like** it's you and me again.

🎬 **몬스터 대학교** : 아무도 마이크의 짝이 되려고 하지 않자 선생님이 한 말이죠.

5. 내가 대박이 **난 것 같군**.
▶ _____
힌트 I've hit the jackpot

🎬 **인크레더블** : 신드롬이 밥의 가족을 모두 만나 기뻐서 한 말이에요.

✦ 정답은 소책자 16쪽에

**잠깐만요!** 1 REM 꿈을 꾸는 수면 상태  2 out of 다 없어진  5 hit the jackpot 대박이 나다

## 091 ~인 것 같아
# It's like ~

무언가가 전반적으로 어떤 느낌인지 말할 때 쓰는 표현이에요. 자신의 생각을 말하기 전에 양념처럼 It's like ~.를 붙이는 경우도 아주 많아요.

🎬 **빅 히어로** : 간신히 악당에게서 도망친 친구들이 베이맥스를 껴안으며

**FRED** Ahhh. **It's like** spooning a warm marshmallow.
**프레드** 아. 따뜻한 마시멜로우를 껴안**는 것 같아**.

**HONEY** So nice.
**허니** 너무 좋아.

**WASABI** Ohhh yeah. That's toasty.
**와사비** 그래. 너무 따뜻해.

\* spoon 껴안다 | toasty 따뜻한

---

1. 내가 고장이라도 난 것 같아.
▶ **It's like** I'm having a breakdown.

🎬 **인사이드 아웃** : 핵심 기억에 문제가 생길 뻔하자 슬픔이가 죄책감을 가지고 한 말이에요.

2. 아빠는 강철로 된 위장을 가지고 있는 것 같아요!
▶ **It's like** Dad's got a steel stomach!

🎬 **인사이드 아웃** : 라일리가 엄마에게 즐거운 농담으로 한 말이에요.

3. 작은 아기 유니콘 같아.
▶ _____
힌트 a little baby unicorn

🎬 **겨울왕국** : 올라프가 작은 당근 코에 만족하며 한 말이에요.

4. 아무것도 배우는 게 없는 것 같아.
▶ **It's like** we don't learn anything.

🎬 **인사이드 아웃** : 라일리가 하키 연습을 힘들어하자 까칠이가 한 말이죠.

5. 슈퍼히어로의 놀이터 같은 곳이잖아요!
▶ Well, _____
힌트 a Superhero's playground

🎬 **인크레더블 2** : 데버가 뉴 우르벰을 바라보며 엘라스티걸에게 흥분해서 한 말이죠.

✦ 정답은 소책자 17쪽에

**잠깐만요!** 1 breakdown 고장  2 steel 강철, stomach 위장  5 playground 놀이터

# Review   082 ~ 091 패턴으로 대화하기    test 082-091.mp3

앞서 배운 10개 패턴을 활용하여 네이티브와 대화에 도전해 보세요. 빈칸을 채운 후, 오디오 파일을 2번씩 따라하세요.

1. [인사이드 아웃] 라일리가 자기 소개를 하며 울려고 하자 반 친구들이 서로 속닥이며

   **STUDENTS**  It looks like she's about to cry. / I know. / The new girl is about to cry in front of everyone. How embarrassing. / _____

   **FEAR**  Did you see that look?!? They're judging us!

   쟤 울려고 해. / 그러게. / 새 여자애가 모두 앞에서 울려고 해. 정말 창피하네. / **쟤 안 됐다.**

   저 표정 봤어?!? 우리를 판단하고 있잖아!

   \* embarrassing 창피한 | judge 판단하다

2. [인크레더블] 밥의 업무 처리에 불만이 있는 휴가 밥과 면담을 하며

   **HUPH**  Sit down, Bob. I'm not happy, Bob. Not happy. Ask me why.

   **BOB**  Okay. Why?

   **HUPH**  Why what? Be specific, Bob.

   **BOB**  Why are you unhappy?

   **HUPH**  _____

   앉게, 밥. 난 기분이 안 좋아, 밥. 안 좋다고. 왜 그런지 물어 봐.

   알았어요. 왜요?

   왜 뭐? 구체적으로 해야지, 밥.

   왜 기분이 안 좋으세요?

   **자네가 맡은 고객들이 날 불행하게 하거든.**

   \* specific 구체적인

3. [카 3] 슬럼프에 빠진 맥퀸이 메이터에게 자신의 고민을 말하며

   **MCQUEEN**  I'm just not getting anywhere with the training. If anything I've gotten slower not faster.

   **MATER**  Ah shooot buddy, it'll work out. Just tell me what the problem is. I'll stay right here with ya till we fix it.

   **MCQUEEN**  That's just it, Mater. I don't know! …And _____.

   **MATER**  Hmmmm, alright, lemme think. …OH! You know what I'd do?

   **MCQUEEN**  What?

   **MATER**  I don't know. I got nuthin'. I guess I ain't Doc when it comes to that.

   훈련에 발전이 없어. 어떻게 해도 빨라지지 않고 더 느려진다고.

   아, 이봐. 더 좋아질 거야. 문제가 뭔지 말해 봐. 그걸 해결할 때까지 내가 자네와 함께 하겠어.

   그거야, 메이터. 나도 잘 모르겠어! … **더 이상 좋은 생각이 떠오르지 않는 것 같아.**

   흠, 알았어. 생각 좀 해 볼게. … 오! 내가 어떻게 할지 아나?

   어떻게 할 건데?

   몰라. 나도 아무 생각이 없어. 그런 일에 관해서라면 난 덕 같은 존재는 아니잖아.

   \* not getting anywhere 발전이 없는 | work out (일이) 잘 해결되다 | fix 해결하다 | out of ideas 생각이 없는 | when it comes to ~에 관해서라면

4. **[라푼젤]** 탑 밖에서 고텔이 라푼젤을 만나서

    **MOTHER GOTHEL**   Oh, my precious girl.   우리 소중한 아가.

    **RAPUNZEL**   Mother.   어머니.

    **MOTHER GOTHEL**   Are you alright? Are you hurt?   괜찮아? 다친 데는 없고?

    **RAPUNZEL**   Mother, how did you–   어머니, 어떻게–

    **MOTHER GOTHEL**   _____, dear! So I followed you. And I saw them attack you and... Oh my, let's go, let's go, before they come.   **네가 너무 걱정이 돼서**, 얘야! 그래서 널 따라왔지. 그들이 네게 못된 짓을 하는 걸 봤는데… 정말이지, 가자, 가자고, 그들이 오기 전에 말야.

    ∗ precious 소중한 | attack 공격하다, 해를 입히다

5. **[인사이드 아웃]** 라일리의 코어 기억을 건드릴 뻔한 슬픔이가 자책하며

    **JOY**   Sadness! You nearly touched a Core Memory. And when you touch them, we can't change them back!   슬픔아! 네가 코어 기억을 건드릴 뻔 했잖아. 그걸 건드리면 다시 바꿀 수 없다고!

    **SADNESS**   I know. I'm sorry. Something's wrong with me. I uh... _____.   알아. 미안해. 내가 좀 이상해. 내가… **내가 고장이라도 난 것 같아**.

    **JOY**   You are not having a breakdown. It's stress.   넌 고장나지 않았어. 그냥 스트레스야.

    **SADNESS**   I keep making mistakes like that. I'm awful...   이런 실수만 계속하네. 난 정말 최악이야…

    **JOY**   Nooo, you're not.   아니야, 안 그래.

    ∗ breakdown 고장, 정신적으로 힘든 상태 | awful 끔찍한

6. **[온워드]** 맨티코어가 저주 파괴자의 검을 로렐에게 설명하며

    **MANTICORE**   Every curse has a core, the center of its power. And only one weapon forged of the rarest metals can destroy it: my enchanted sword...   모든 저주에는 코어가 있어요. 힘의 중심이라 할 수 있죠. 정말 진귀한 금속으로 만든 단 하나의 무기만이 그것을 파괴할 수 있어요. 나의 마법의 검…

    **MANTICORE**   ...the Curse Crusher!   … 저주 파괴자!

    **LAUREL**   Okay, but _____.   알았어요, 헌데 **그게 지금 당신한테 없는 것 같네요**.

    **MANTICORE**   I sold it. Got in a little tax trouble a few years back. But don't worry, I know just where to find it.   팔았어요. 몇 년 전에 세금 문제가 있었거든요. 걱정 마요, 어디에 있는지 아니까.

    ∗ curse 저주 | core 코어, 중심 | weapon 무기 | forge 만들다 | rare 희귀한 | enchanted 마법의 | sword 검 | crusher 파괴자 | tax 세금

## 1.

[겨울왕국 2] 마티아스가 안나에게 자신의 과거를 말하면서

**MATTIAS** Hey, back at home, Halima still over at Hudson's Hearth?

이봐. 고향에. 할리마는 아직 허드슨 하트에 있는 건가?

**ANNA** She is.

그래요.

**MATTIAS** Really? She married? Oh wow. _____ _____...?

진짜? 결혼했어? 와. **그 사실을 듣고 왜 기분이 좋지 않은 걸까**…?

**ANNA** What else do you miss?

또 뭐가 그리워요?

**MATTIAS** ...My Father. He passed long before all this. He was a great man. Built us a good life in Arendelle, but taught me to never take the good for granted. He'd say: be prepared; just when you think you've found your way, life will throw you onto a new path.

… 우리 아버지. 이 일이 있기 훨씬 전에 돌아가셨지. 좋은 분이셨는데. 아렌델에서 우리가 잘 살도록 해 주셨지. 절대 좋은 일들을 당연하게 생각하지 말라고 가르치셨어. 이렇게 말씀하셨어: '준비해; 네가 드디어 길을 찾았다고 생각하면 인생은 너를 새로운 길로 안내한다'라고 말야.

\* pass 돌아가시다 | take ~ for granted ~를 당연하게 여기다 | path 길

**정답** 1. I feel bad for her. 2. Your customers make me unhappy. 3. I feel like I'm all out of ideas 4. I was so worried about you 5. It's like I'm having a breakdown 6. you don't seem to have that on you 7. Why doesn't that make me feel better

# Part 10

## 상대방에게 요청할 때
### 디즈니 캐릭터가 사용하는 패턴

이번 파트에서는 상대방에게 요청할 때 쓰는 패턴 10가지를 살펴보려고 해요. 외국에 나갔을 때 처음 맞닥뜨리는 상황이 많아 부탁이나 요청을 많이 하게 되죠? 이때 상대방에게 무례한 인상을 주지 않기 위해서 이번 과에 나오는 패턴들은 특별히 더 자세히 공부해 두도록 하세요.

- 패턴 092  Can you ~?
- 패턴 093  Will you ~?
- 패턴 094  Help me ~
- 패턴 095  May I ~?
- 패턴 096  Can I ~?
- 패턴 097  I need to ~
- 패턴 098  I need you to ~
- 패턴 099  I want you to ~
- 패턴 100  ~, please
- 패턴 101  Please don't ~

## 092 Can you ~?
~해 주시겠어요?

상대방에게 정중하게 무언가를 부탁할 때 쓰는 표현이에요. Can you ~? 대신 Could you ~?라고 해도 정중하게 부탁하는 느낌을 전달할 수 있어요.

> 🎬 **주토피아** : 기자 회견장에서 기자들이 주디에게 자세한 설명을 요구하며
>
> **BEAVER REPORTER** What do you mean by that?
> 비버 기자  그게 무슨 말이죠?
>
> **HOPPS** A biological component. You know, something in their DNA...
> 홉스(주디)  생물학적인 구성 요소예요. 뭐랄까, 그들의 DNA에 뭔가가 있는데…
>
> **FEMALE REPORTER** In their DNA? **Can you** elaborate on that please?
> 여성 기자  그들의 DNA에 말인가요? 더 구체적으로 설명해 주시겠어요?

\* biological 생물학적인 | component 구성 요소 | elaborate 구체적으로 설명하다

---

1. 거기 목소리 좀 낮춰 줄 수 있어?
   ▶ **Can you** please keep it down over there?

   🎬 **도리를 찾아서** : 음파로 길을 찾으려는 베일리가 데스티니에게 조용히 하라고 한 말이에요.

2. 콜트 브론코 경관을 연결시켜 주시겠어요?
   ▶ **Can you** put me through to Officer Colt Bronco?

   🎬 **온워드** : 콜트 경관의 이상한 행동을 의심하며 스펙터 경관이 무전으로 한 말이에요.

3. 저 좀 도와주시겠어요?
   ▶ _____
   힌트  please help me

   🎬 **도리를 찾아서** : 어린 도리가 다른 물고기들에게 부모님을 찾아 달라고 간청한 말이에요.

4. 허니, 프레드, 우리를 엄호해 주겠어?
   ▶ Honey, Fred, **can you** give us some cover?

   🎬 **빅 히어로** : 칼라한을 물리치기 위해서 히로가 친구들에게 엄호를 부탁한 말이죠.

5. 오늘 내 일을 도와줄 수 있어?
   ▶ _____
   힌트  help me with my chores today

   🎬 **뮬란** : 뮬란이 중매쟁이를 만나러 가기 전에 강아지에게 도움을 요청하며 한 말이에요.

✦ 정답은 소책자 17쪽에

1 keep it down 조용히 하다  2 put ~ through (전화로) 연결하다  4 give ~ cover ~를 엄호하다  5 chores 집안일

# 093

~해 주시겠어요?

# Will you ~?

의미의 차이가 약간은 있지만 앞에서 배운 Can you ~?처럼 상대방에게 무언가를 정중하게 요청할 때 쓰는 패턴이에요. Would you ~?라고 해도 정중하게 요청하는 표현이 된답니다.

> 🎬 **라이언 킹** : 심바가 자꾸 따라오는 라피키를 귀찮아하며
>
> **SIMBA** Creepy little monkey. **Will you** stop following me?
> **심바** 섬뜩한 원숭이 같으니라고. 그만 따라**와 주실래요?**
>
> **SIMBA** Who are you?
> **심바** 당신 누구예요?
>
> **RAFIKI** The question is; who are you?
> **라피키** 내가 묻고 싶네; 넌 누구냐?

\* creepy 섬뜩한

**1.** 저녁 먹으러 내려오**시겠어요?**
▶ **Will you** come down to dinner?

🎬 **미녀와 야수** : 야수가 벨에게 정중하게 저녁 식사를 제안하며 한 말이에요.

**2.** 제발요! 그만**해 주시겠어요?**
▶ Come on! **Will you** cut it out?

🎬 **라이언 킹** : 심바가 옆에서 주술을 외우는 라피키가 못마땅해서 한 말이에요.

**3.** 날 도와**주겠어?**
▶ _____
　　　　　　　　　　　　힌트 help me

🎬 **토이 스토리 4** : 우디가 포키를 데려다 주려고 보에게 도움을 요청한 말이에요.

**4.** 여보, 저 장난감 좀 꺼 주면 안될까?
▶ Honey, **will you** please shut that toy off?

🎬 **토이 스토리 4** : 보니의 아빠가 엄마에게 버즈의 목소리를 꺼 달라고 부탁한 말이죠.

**5.** 우릴 위해서 그 노래를 **해 주시겠어요,** 제발?
▶ _____, please?
　　　　　　　　　　　　힌트 sing it for us

🎬 **겨울왕국 2** : 안나와 엘사가 엄마에게 노래를 불러 달라고 조르며 한 말이에요.

✤ 정답은 소책자 17쪽에

 2 cut it out 그만하다　4 shut ~ off ~를 끄다

~하도록 도와주세요

# 094 Help me ~

🎧 094.mp3

Help me ~.는 구조를 바랄 때만 쓰는 게 아니에요. 상대방에게 어떤 일을 도와 달라고 요청하는 패턴인데 help me 뒤에 요청하는 내용을 구체적으로 쓰면 됩니다.

🎬 인크레더블 2 : 데버가 슈퍼히어로들을 만나 감격하며

**DEAVOR** All we need now are the superest superheroes. It needs you three! Ca'mon! **Help me** make ALL supers legal again!

데버  지금 우리가 필요한 건 강력한 슈퍼히어로예요. 당신들 세 명이 필요하다구요! 자! 슈퍼히어로가 다시 합법화**되도록 도와주세요**!

**MR. INCREDIBLE** This sounds GREAT! Let's get this goin'! What's my first assignment?

인크레더블  멋져요! 해 봅시다! 제 첫 임무는 뭐죠?

\* legal 합법적인 | Let's get this goin'! 해 봅시다! | assignment 임무

---

**1.** 올라프, 나 좀 멈춰 **줘**!
▶ Olaf, **help me** stop!

🎬 겨울왕국 2 : 안나가 빙판에서 미끄러지자 올라프에게 다급히 도움을 요청한 말이죠.

**2.** 이봐, 날 좀 풀어 **줘**.
▶ Hey, come on, **help me** out of these.

🎬 알라딘 : 알라딘이 원숭이 아부에게 쇠사슬을 풀어 달라며 한 말이에요.

**3.** 제발 우리 가족을 찾**을 수 있게 도와줘**.
▶ Please _____
　　　　　　　　　　힌트 find my family

🎬 도리를 찾아서 : 도리가 말린에게 부모님을 찾도록 도와 달라고 부탁한 말이에요.

**4.** 올라프, 날 좀 일으켜 **줘**.
▶ **Help me** up, Olaf. Please.

🎬 겨울왕국 : 고통스러워하는 안나가 올라프에게 몸을 일으켜 달라고 부탁한 말이에요.

**5.** 제발, 여기서 벗어**날 수 있게 도와줘**.
▶ C'mon, _____
　　　　　　　　　힌트 get outta here

🎬 토이 스토리 4 : 몸을 움직일 수 없는 버즈가 더키와 버니에게 도움을 요청한 말이죠.

✦ 정답은 소책자 17쪽에

잠깐만요!  2 out of ~로부터 벗어난  5 outta ~로부터(= out of)

152

## 095 내가 ~해도 되니? May I ~?

May I ~?는 '내가 ~해도 될까요?'라는 뜻으로 상대방에게 정중하게 허락을 구하는 표현이에요. 더 정중하게 부탁하려면 문장 뒤에 please를 붙여 보세요.

🎬 **겨울왕국** : 엘사가 안나의 결혼을 반대하며

**ELSA** May I talk to you, please? Alone.
엘사  나랑 말 좀 할 수 있을까? 둘이서만.

**ANNA** No. Whatever you have to say, you-you can say to both of us.
안나  아니. 무슨 말을 하든 우리 둘에게 해.

**ELSA** Fine. You can't marry a man you just met.
엘사  좋아. 방금 만난 남자와 결혼할 수 없어.

\* whatever 무엇이든 간에 | both of us 우리 둘 다

---

1. 개스톤, 제 책을 돌려**주겠어요**?
▶ Gaston, may I have my book, please?

   🎬 미녀와 야수 : 개스톤이 책을 뺏어 가자 벨이 돌려 달라며 한 말이에요.

2. 시뮬레이터를 탈 수 있게 내 타이어를 다시 붙여 **주시겠어요**?
▶ May I have my tires back so I can go on the simulator please?

   🎬 카 3 : 맥퀸이 빨리 레이싱 훈련을 하고 싶어서 그루즈에게 부탁한 말이에요.

3. 어떻게 오셨나요?
▶ _____
   힌트  help you

   🎬 미녀와 야수 : 벨이 아버지를 정신 병원에 데려가려고 찾아온 다퀴에게 한 말이에요.

4. 당신의 새를 포로로 잡아서 캠프로 데려가**도 될까요**?
▶ May I take your bird back to camp as my prisoner?

   🎬 업 : 희귀한 새 캐빈을 발견한 더그가 칼에게 정중하게 물어본 말이에요.

5. 실례해도 될까요?!
▶ _____
   힌트  be excused

   🎬 인크레더블 2 : 대쉬가 밥을 빨리 먹고 TV를 보고 싶어서 헬렌에게 물어본 말이죠.

♦ 정답은 소책자 17쪽에

**잠깐만요!** 4 take 데려가다, prisoner 포로

## ~해도 될까요?
# Can I ~?

🎧 096.mp3

앞에서 배운 May I ~?처럼 무언가를 해도 되는지 상대방에게 정중히 물어보는 표현이에요. '내가 ~할 능력이 될까?'라고 해석하면 아주 어색하겠죠? '~해도 될까요?'라는 해석이 가장 잘 어울려요.

> 🎬 **빅 히어로** : 히로가 로봇 싸움에 참여하려고 하며
>
> **YAMA** Who is next? Who has the guts to step into the ring with Little Yama?
> 야마  다음은 누구야? 리틀 야마와 겨룰 배짱이 있는 사람?
>
> **HIRO** Can I try?
> 히로  제가 해 **봐도 될까요**?
>
> **HIRO** I have a robot. I built it myself.
> 히로  저도 로봇이 있어요. 제가 직접 만들었죠.

＊ have the guts 배짱이 있다

1. 사랑해요, 엘라스티걸, 같이 사진 찍**어도 될까요**?!
▶ I love you, Elastigirl, can I get a picture with you?!

🎬 인크레더블 2 : 사람들이 엘라스티걸을 만나 환호하며 한 말이에요.

2. 바다야… 좀 도와**주겠니**?
▶ Uh, ocean... can I get a little help?

🎬 모아나 : 바다에 빠진 모아나가 도움을 요청하며 한 말이에요.

3. 하지만 뭐 하나 물어**봐도 될까요**?
▶ But _____
힌트  ask you something

🎬 카 3 : 크루즈가 떠나기 전에 마지막으로 맥퀸에게 물어본 말이에요.

4. 정말 친절하시네요, 제가 갚아 **드려도 될까요**?
▶ So kind, really, can I pay you back?

🎬 주토피아 : 주디가 아이스크림 값을 내주자 닉이 감사하며 한 말이죠.

5. 실례지만, 기타 좀 빌릴 수 있을까요?
▶ Excuse me, _____
힌트  borrow your guitar

🎬 코코 : 미구엘이 장기 자랑에 참여하기 위해 사람들에게 기타를 빌리려고 한 말이에요.

✦ 정답은 소책자 17쪽에

**잠깐만요!**  1 get a picture 사진을 찍다   4 pay ~ back ~에게 (돈 등을) 갚다   5 borrow 빌리다

## 097 제가 ~해야 해요
# I need to ~

🎧 097.mp3

need가 있다고 해서 '필요해'라고 해석하지 마세요. I need to ~.는 자신이 꼭 어떤 일을 해야 한다고 말할 때 쓰는 표현이거든요. 문맥에 따라서 상대방에게 요청할 수도 있고 강하게 주장할 수도 있어요.

🎬 코코 : 집으로 돌아온 후 미구엘이 황급히 코코 할머니를 찾으며

**ABUELITA** Where have you been?!
할머니 어디에 있었던 거야?!

**MIGUEL** Ah! **I need to** see Mamá Coco, please –
미구엘 아! 코코 할머니를 만나**야 해요**, 제발 –

---

1. 안나, 물어**볼 게 있어**.
▶ Anna, **I need to** ask you a question.

🎬 겨울왕국 2 : 엘사가 안나에게 무언가를 물어보려고 한 말이에요.

2. 전 그것들을 봐**야겠어요**, 어머니.
▶ **I need to** see them, Mother.

🎬 라푼젤 : 라푼젤이 고텔에게 별을 보고 싶다고 간절히 한 말이에요.

3. 닉을 찾아**야 해**. 제발이야.
▶ _____ Please.
   힌트  find Nick

🎬 주토피아 : 주디가 핀닉에게 다급하게 부탁한 말이죠.

4. 전 당신의 고손자 미구엘이에요… 이걸 빌려**야겠어요**.
▶ I'm Miguel, your great-great grandson… **I need to** borrow this.

🎬 코코 : 미구엘이 델라 크루즈의 묘에 들어가 그의 기타를 훔치면서 한 말이죠.

5. 안녕하세요. 우정 섬을 찾아**야 하는데요**.
▶ Hi. _____
             힌트  find friendship island

🎬 인사이드 아웃 : 기쁨이가 기억 청소부들에게 길을 물어본 말이에요.

✦ 정답은 소책자 18쪽에

잠깐만요! 4 great-great grandson 고손자  5 friendship 우정

## 098　네가 ~해 줘야 해
# I need you to ~

🎧 098.mp3

앞에서 배운 I need to ~.는 행동의 주체가 'I(나)'지만 I need you to ~.에서 행동의 주체는 'you(너)'예요. 이 패턴은 상대방에게 어떤 행동을 하라고 말할 때 사용해요.

> 🎬 **인크레더블** : 비행기가 추락할 위기에 처하자 헬렌이 바이올렛에게 다급하게 말하며
>
> **HELEN**　Vi! **I need you to** throw a force field around the plane!
> 헬렌　바이올렛! 비행기 주위로 포스 필드를 **치도록 해**!
>
> **VIOLET**　But you said never to –
> 바이올렛　하지만 절대로 그러지 말라고 –
>
> **HELEN**　I know what I said!! Listen to what I'm saying now!!
> 헬렌　내가 뭐라고 했는지 알아!! 내 말 들어!!

\* throw (초능력, 마법 등을) 발휘하다

---

**1.** 난 충분히 워밍업이 됐어요. 이제 이걸 실행**해 줬으면 하네요**.
▶ I'm warmed up enough and now **I need you to** launch this thing.

🎬 **카 3** : 맥퀸이 빨리 훈련을 하고 싶어 크루즈에게 부탁한 말이에요.

**2.** **당신이** 다음 주 경기를 대비해서 커트를 준비**시켜 줘야 하니까**.
▶ Because **I need you to** get Kurt up to speed for the race next weekend.

🎬 **카 3** : 스털링이 크루즈에게 훈련 센터로 돌아가라고 명령하며 한 말이에요.

**3.** 당신이 중재를 **해야죠**!
▶ _____
힌트　intervene

🎬 **인크레더블** : 헬렌이 밥에게 저녁 식사 자리에서 싸우는 아이들을 말리라고 한 말이죠.

**4.** 그래서 난 너희들이 최고 수준**이 되었으면 해**.
▶ And that's why **I need you to** be at your best.

🎬 **몬스터 주식회사** : 워터누즈가 겁주기 일의 중요성을 강조하며 한 말이에요.

**5.** 당신이 해변을 생각**했으면 해요**!
▶ _____
힌트　think of the beach

🎬 **카 3** : 첫 레이싱에 참여한 크루즈에게 맥퀸이 긴장을 풀어 주려고 한 말이에요.

✤ 정답은 소책자 18쪽에

 1 warmed up 워밍업이 된, launch 실행하다　3 intervene 중재하다　4 be at your best 최고가 되다

네가 ~하면 좋겠어

# 099 I want you to ~

🎧 099.mp3

I need you to ~.처럼 상대방에게 무언가를 요청할 때 쓰는 표현이에요. 또한 상대방이 어떤 상태가 되면 좋겠다고 말할 때 쓸 수도 있어요. 친구의 결혼식장에서 I want you to be happy.(네가 행복했으면 좋겠어.)라고 하며 행복을 바라는 것처럼 말이죠.

🎬 **겨울왕국** : 안나가 엘사를 만나러 가려고 크리스토프에게 부탁하며

**KRISTOFF**  Oh, it's just you. What do you want?
크리스토프  오, 당신이군요. 원하는 게 뭐예요?

**ANNA**  **I want you to** take me up the North Mountain.
안나  날 북쪽 산으로 데려**다 줘요**.

**KRISTOFF**  I don't take people places.
크리스토프  난 사람들을 어디로 데려다 주지 않아요.

\* take 데리고 가다

---

1. 내게 말**해 줬으면 해**… 뭐가 보여?
   ▸ **I want you to** tell me…do you see anything?

   🎬 **니모를 찾아서** : 말린이 도리에게 뭐가 보이는지 물어본 말이죠.

2. 우리를 바보로 만드는 일을 그만**했으면 좋겠어**.
   ▸ **I want you to** stop making us look like fools.

   🎬 **몬스터 대학교** : 마이크가 ROR 동아리 멤버에게 자신의 동아리를 놀리지 말라고 한 말이에요.

3. "지니, 내 생명을 구**해 줘**."라고 해야 해.
   ▸ You have to say, "Genie, _____."
   
   힌트  save my life

   🎬 **알라딘** : 지니가 물에 빠져 의식이 없는 알라딘에게 생명을 구해 달라는 소원을 빌고 한 말이죠.

4. 대쉬, 무슨 일이 생기면 **넌** 아주 빨리 도망가**야 해**.
   ▸ Dash, if anything goes wrong, **I want you to** run as fast as you can.

   🎬 **인크레더블** : 헬렌이 밥을 찾으러 가기 전에 대쉬에게 당부한 말이에요.

5. 벨, 넌 이곳을 벗어나**야 해**.
   ▸ Belle, _____.
   
   힌트  leave this place

   🎬 **미녀와 야수** : 감옥에 갇힌 모리스가 벨에게 다급하게 한 말이에요.

✦ 정답은 소책자 18쪽에

**잠깐만요!**  2 look like ~처럼 보이다   4 go wrong (일 등이) 잘못되다, as fast as you can 가능한 빨리

# 100 ~ 부탁해요
## ~, please

🎧 100.mp3

상대방에게 무언가를 부탁하거나 요구할 때 사용하는 표현이에요. Water, please.(물 좀 주세요.)처럼 명사 뒤에 please를 붙여도 되고 Listen, please.(제발 내 말 좀 들어 봐.)처럼 동사 뒤에 붙일 수도 있어요.

> 🎬 **빅 히어로** : 와사비가 플라즈마 레이저를 히로에게 선보이며
>
> **WASABI** Whoa, whoa. Whoa, whoa, whoa, whoa. Do not move. Behind the line, **please**.
> 와사비 워. 워. 움직이지 마. 선 뒤로 물러서 줘.
>
> **TADASHI** Hey, Wasabi. This is my brother, Hiro.
> 타다시 이봐, 와사비. 내 동생 히로야.
>
> **WASABI** Hello, Hiro. Prepare to be amazed. Catch.
> 와사비 안녕, 히로. 놀랄 준비 하라고. 잡아.

\* prepare 준비하다

1. 다음 가족이요!
▶ **Next family**, **please**!

🎬 **코코** : 죽은 이들의 세상 출입국 관리관이 순서를 기다리는 가족들에게 한 말이에요.

2. 신분증 **부탁합니다**.
▶ **Identification**, **please**...?

🎬 **인크레더블** : 로봇 새가 대쉬에게 신분 확인을 요구하며 한 말이에요.

3. 불 좀 비춰 **줘**.
▶ _____
　　　　　　　　　　힌트　light

🎬 **도리를 찾아서** : 도리가 어두운 심해에서 글씨를 읽으려고 한 말이죠.

4. 그 펜을 줘, **제발**.
▶ **Gimme the pen**, **please**.

🎬 **주토피아** : 닉이 주디에게 펜을 달라고 부탁한 말이에요.

5. 내 말 좀 들어 봐, **제발**.
▶ _____
　　　　　　　　　　힌트　listen

🎬 **토이 스토리** : 우디가 돌연변이 장난감들에게 도움을 요청하며 한 말이죠.

✦ 정답은 소책자 18쪽에

**잠깐만요!** 2 identification 신분증　4 gimme = give me

# 101  Please don't ~

제발 ~하지 마세요

🎧 101.mp3

Please don't ~.는 간절하게 무언가를 하지 말아 달라고 부탁하는 표현이에요. Don't만 쓰면 강하게 명령하는 말이 되지만 please를 붙이면 '제발 ~하지 마요.'라는 뜻으로 간청하는 패턴이 된답니다.

🎬 **미녀와 야수** : 벨이 죽어가는 야수를 끌어안고 사랑을 고백하며

**BELLE**  Don't talk like that. You'll be all right. We're together now. Everything's going to be fine. You'll see.
벨  그렇게 말하지 마세요. 당신은 괜찮을 거예요. 우리가 함께 있잖아요. 다 괜찮을 거예요. 두고 봐요.

**BEAST**  At least I got to see you one... last... time.
야수  그래도 당신을 마지막으로 보게 됐잖아요.

**BELLE**  No, no! Please! Please! **Please don't** leave me! I love you!
벨  안 돼! 제발! **제발** 날 떠나**지 마세요**! 사랑해요!

＊ at least 적어도

---

1. 제발 날 떨어뜨리**지 마**.
▶ **Please don't** drop me.

🎬 **겨울왕국** : 올라프가 안나와 크리스토프에게 자신을 떨어뜨리지 말라고 부탁한 말이에요.

2. 제발 놀라**지 말아요**.
▶ **Please don't** freak out.

🎬 **라푼젤** : 머리카락이 마법을 부리자 라푼젤이 플린을 진정시키려고 한 말이죠.

3. 제발 가지 마.
▶ _____
힌트  go away

🎬 **니모를 찾아서** : 도리가 말린에게 가지 말라고 애원하며 한 말이에요.

4. 제발 다시 날 멀리**하지 마**.
▶ **Please don't** shut me out again.

🎬 **겨울왕국** : 안나가 엘사에게 자신을 멀리하지 말라고 한 말이에요.

5. 제발 화내**지 마세요**.
▶ _____
힌트  be mad

🎬 **인사이드 아웃** : 고향이 그리워 가출을 시도한 라일리가 부모님을 다시 만나 울면서 한 말이에요.

✦ 정답은 소책자 18쪽에

2 freak out 놀라다  3 go away 떠나다  4 shut ~ out ~를 차단하다  5 mad 화가 난

# Review 092 ~ 101 패턴으로 대화하기

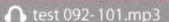 test 092-101.mp3

앞서 배운 10개 패턴을 활용하여 네이티브와 대화에 도전해 보세요. 빈칸을 채운 후, 오디오 파일을 2번씩 따라하세요.

## 1. [인크레더블] 헬렌이 밥에게 아이들의 싸움을 말리라고 하며

**HELEN** Bob?? It's time to engage!! Do something!
밥?? 이제 관여할 때예요!! 뭐라도 해 봐요!

**HELEN** Don't just stand there! _____
그냥 거기에 서 있지 말고! **당신이 중재를 해야죠!**

**BOB** Okay – I'm intervening, I'm INTERVENING!
알았어 – 중재할게, 중재한다고!

\* engage 관여하다, 개입하다 | intervene 간섭하다, 중재하다

## 2. [겨울왕국 2] 엘사가 안나에게 눈사람을 만들자고 제안하며

**ELSA** Anna, _____ .
안나, 물어볼 게 있어.

**ANNA** Okay.
좋아.

**ELSA** Do you want to build a snowman?
눈사람 만들래?

**ANNA** What?
뭐라고?

\* snowman 눈사람

## 3. [주토피아] 닉이 주디의 도움에 감사하며

**NICK** Officer, I can't thank you enough. So kind, really, _____ ?
경관님. 정말 감사드려요. 정말 친절하시네요. **제가 갚아 드려도 될까요?**

**HOPPS** Oh no, my treat – it just – y'know, it burns me up to see folks with such backward attitudes toward foxes. Well, I just wanna say, you're a great dad and just a... a real articulate fella.
아니에요. 제가 사 드릴게요 – 그냥, 여우에 대해서 옛날 사고를 가진 사람들을 보면 화가 나요. 당신은 좋은 아빠이고, 할 말은 하는 분이잖아요.

**NICK** Ah, well, that is high praise. It's rare that I find someone so nonpatronizing... Officer...
아, 과찬이세요. 가르치려 들지 않는 분을 만나는 게 참 드문 일인데… 경관님 성함이…?

**HOPPS** Hopps. Mr...
홉스예요. 성함이…

**NICK** Wilde. Nick Wilde.
와일드. 닉 와일드예요.

\* officer 경관 | pay ~ back ~에게 돈을 갚다 | my treat 제가 사 드릴게요 | burn up 화나게 하다 | folk 친구, 사람들 | backward 퇴보한 | articulate (생각을) 분명히 표현하는 | fella 친구, 사람 | praise 칭찬 | rare 드문 | nonpatronizing 가르치려 들지 않는

**4.** [토이 스토리 4] 포키를 보니에게 데려다 주기 위해 우디가 보에게 도움을 요청하며

**WOODY** Bo... my kid really needs this toy. _____ For old time's sake.

**BO** Alright, alright.

**WOODY** Thank you!

**GIGGLE MCDIMPLES** Alright, guess we're doing this. Let's ride!

보… 내 아이는 이 장난감이 정말 필요해. **날 도와주겠어?** 옛정을 생각해서.

알았어. 알았다고.

고마워!

자, 그럼 이 일을 하는 거네. 가자고!

＊ For old time's sake. 옛정을 생각해서.

**5.** [도리를 찾아서] 어린 도리가 주변 물고기들에게 부모님을 찾아 달라고 부탁하며

**YOUNG DORY** Hi! I'm Dory! _____

**WIFE FISH** Well, hi Dory. Dory, are you lost?

**HUSBAND FISH 'STAN'** Where are your parents?

**YOUNG DORY** Um. I can't remember.

**WIFE FISH** Oh.

**HUSBAND FISH 'STAN'** Well, we'll look around. Are any of these fish your parents?

안녕하세요! 전 도리예요! **저 좀 도와주시겠어요?**

안녕 도리. 도리야. 길을 잃은 거니?

부모님은 어디 계시니?

음. 기억이 안 나요.

오.

우리도 한번 둘러볼게. 이 물고기들이 네 부모님이니?

＊ look around 주변을 둘러보다

**6.** [미녀와 야수] 벨이 개스톤에게 자신의 책을 돌려달라고 부탁하며

**GASTON** Hello, Belle.

**BELLE** Bonjour Gaston. Gaston, _____?

**GASTON** How can you read this? There's no pictures!

**BELLE** Well, some people use their imaginations.

**GASTON** Belle, it's about time you got your head out of those books and paid attention to more important things... like me! The whole town's talking about it. It's not right for a woman to read--soon she starts getting ideas... and thinking.

안녕, 벨.

안녕 개스톤. 개스톤, **제 책을 돌려주겠어요?**

이걸 어떻게 읽는 거야? 그림이 없잖아!

사람들은 상상력이라는 걸 사용하죠.

책에서 눈을 떼고 더 중요한 것들에 관심을 가질 때야… 이를 테면 나 같은 사람! 마을 전체가 그 이야기를 한다고. 여자가 글을 읽는 건 옳지 않아 – 조만간 생각을 얻게 되고… 사고라는 걸 하겠지.

＊ imagination 상상력

161

1. [업] 더그가 칼에게 케빈을 데려가도 되는지 물어보며

   **DUG**  I am a great tracker. My pack sent me on a special mission all by myself. Have you seen a bird? I want to find one and I have been on the scent. I am a great tracker, did I mention that?

   **DUG**  Hey, that is the bird! I have never seen one up close but this is the bird. _____

   **CARL**  Yes! Take it! And on the way, learn how to bark like a real dog!

   **DUG**  Oh I can bark!

   **DUG**  And here's howling!

   \* tracker 추적자 | pack 동물의 무리 | by oneself 혼자서 | be on the scent 단서를 잡다 | prisoner 포로 | bark (개 등이) 짖다 | howl (개 등이) 울부짖다

저는 추적을 잘하죠. 제가 속한 무리가 저에게만 혼자 특별한 임무를 맡겨서 보냈어요. 새를 보셨는지요? 새를 찾고 있는데 단서를 잡아 추적 중이에요. 저는 추적을 참 잘해요, 제가 그 말을 했던가요?

아, 저기 그 새예요! 이렇게 가까이에서 본 적은 없지만 그 새가 맞아요. **당신의 새를 포로로 잡아서 캠프로 데려가도 될까요?**

그래! 데려가! 그리고 가는 길에 진짜 개처럼 짖는 법도 배워!

저 짖을 수 있어요!

그리고 이건 울부짖는 거예요!

정답  1. I need you to intervene!  2. I need to ask you a question  3. can I pay you back  4. Will you help me?  5. Can you please help me?  6. may I have my book, please  7. May I take your bird back to camp as my prisoner?

# Part 11

## 조언이나 제안을 할 때
### 디즈니 캐릭터가 사용하는 패턴

이번 파트에서는 디즈니 캐릭터들이 조언이나 제안을 할 때 자주 쓰는 패턴들을 소개하려고 해요. 영어 초보자들이 오해하기 쉬운 You should ~나 Try to ~와 같은 패턴들이 조언을 할 때 어떤 뉘앙스로 쓰이는지 살펴보세요. 머리로 이해한 패턴들은 눈으로만 읽고 끝내지 말고 여러 번 크게 읽으면서 연습해야 한다는 것 잊지 마세요!

- **패턴 102** Let's ~
- **패턴 103** How about ~?
- **패턴 104** Why don't we ~?
- **패턴 105** Why don't you ~?
- **패턴 106** We'd better ~
- **패턴 107** We've got to ~
- **패턴 108** Try to ~
- **패턴 109** You should ~
- **패턴 110** You don't have to ~
- **패턴 111** I'll take you ~

# 102 Let's ~
**~하자**

🎧 102.mp3

상대방이나 여러 사람들에게 함께 무언가를 하자고 제안하는 말이에요. 반대말 '~하지 말자.'는 Don't lets ~.가 아니라 Let's not ~.이에요.

> 🎬 **라푼젤** : 대장이 지하 감옥에 갇힌 플린에게 결판을 내자고 하며
>
> **CAPTAIN** Let's get this over with, Rider.
> 대장   이제 끝장을 **내자**, 라이더.
>
> **FLYNN** Where are we going?
> 플린   우리 어디로 가는 거죠?

\* get over with ~를 끝내다

---

**1.** 멋진 경기로 이 시즌을 끝**냅시다**!
▶ **Let's** end this season with a great race!

🎬 카 3 : 데럴이 경기를 시작하기 전에 화이팅을 외치며 한 말이죠.

**2.** 이리 와서 같이 사진 찍**읍시다**.
▶ Come here **let's** get a picture.

🎬 카 3 : 급하게 테이프를 붙이고 경기에 출전한 크루즈에게 스톰이 거만하게 한 말이에요.

**3.** 자, 아부, 집에 가**자**.
▶ Come on, Abu, _____
　　　　　　　　　　　　　　힌트   go home

🎬 알라딘 : 왕자에게 마음의 상처를 입은 알라딘이 한숨을 지으며 한 말이에요.

**4.** 좋아요, 천재 여러분, 배고픈 두뇌를 채우**자구요**.
▶ All right, geniuses, **let's** feed those hungry brains.

🎬 빅 히어로 : 카스 이모가 히로와 친구들에게 한턱내겠다며 한 말이죠.

**5.** 마을로 돌아가**자**.
▶ _____
　　　　　　　　　　　　힌트   go back to the village

🎬 모아나 : 투이가 바다를 바라보는 어린 모아나의 손을 잡고 한 말이죠.

✦ 정답은 소책자 18쪽에

 2 get a picture 사진을 찍다   4 feed (음식 등을) 먹이다, brain 뇌, 두뇌   5 village 마을

## 103

~는 어때요?

# How about ~?

🎧 103.mp3

How about ~?은 상대방에게 무언가를 제안할 때 자주 사용하는 패턴이에요. about 뒤에는 '동사-ing' 형태를 쓸 수도 있고 '주어+동사'의 문장 형태를 쓸 수도 있어요.

> 🎬 인사이드 아웃 : 생각의 기차가 멈춰 서자 슬픔이가 기쁨이에게 라일리를 깨우자고 제안하며
>
> **JOY** Oh, we can't wait that long!
> 기쁨 오, 우린 그렇게 오래 기다릴 수 없어!
>
> **SADNESS** **How about** we wake her up?
> 슬픔 얘를 깨우는 건 어때?
>
> **JOY** Sadness, that's ridiculous. How could we possibly...
> 기쁨 슬픔아, 말도 안 된다고, 우리가 어떻게…

＊ wake ~ up ~를 깨우다 | ridiculous 말도 안 되는

1. 나 빼고 먼저 시작하지 그래?
▶ **How about** you guys start without me?

🎬 겨울왕국 2 : 크리스토프가 올라프와 스벤을 먼저 보내면서 한 말이에요.

2. 네가 잘 때까지 내가 여기에 앉아 있는 건 어때?
▶ **How about** I sit here until you fall asleep?

🎬 몬스터 주식회사 : 부가 잠이 들 수 있도록 설리가 다정하게 한 말이에요

3. 이봐, 우리 게임할까?
▶ Hey, _____
   힌트 we play a game

🎬 니모를 찾아서 : 심심한 도리가 말린에게 게임을 하자고 제안한 말이죠.

4. 우리 마음 설명서를 읽어 보는 건 어때?
▶ **How about** we read some mind manuals, huh?

🎬 인사이드 아웃 : 기쁨이가 슬픔이의 관심을 돌리고자 제안한 말이에요.

5. 우리 축제에 가는 게 어떨까?
▶ _____
   힌트 we go to the carnival

🎬 토이 스토리 4 : 캠핑카 타이어가 펑크 나자 엄마가 보니에게 제안한 말이에요.

🔸 정답은 소책자 19쪽에

잠깐만요! 2 fall asleep 잠이 들다　4 manual 설명서　5 carnival 축제

## 우리 ~하는 게 어때?
# Why don't we ~?

🎧 104.mp3

상대방에게 '~하는 게 어때?'라고 자신의 생각을 제안하는 표현이에요. 상대방과 함께 어떤 일을 하고 싶다면 주저하지 말고 이 패턴을 써 보세요. 앞서 배운 How about ~? 역시 '~하는 게 어때?'라는 뜻으로 제안할 때 자주 쓰는 패턴이에요.

> 🎬 **인사이드 아웃** : 기쁨이가 없어서 우왕좌왕하는 감정들에게 버럭이가 제안하며
>
> **ANGER** Well **why don't we** quit standing around and do something?
> 버럭    그냥 서 있지 말고 **우리** 뭔가를 **하는 게 어떨까?**
>
> **DISGUST** Like what, genius?
> 까칠    이를테면, 천재 양반?
>
> **FEAR** Like quitting! That's what I'm doing.
> 소심    그만두는 거야! 나 지금 그렇게 하려고.

✱ quit 그만두다

---

**1.** 차라리 그 애들을 튀겼다가 감자칩과 함께 내놓**는 건 어때?**
▸ **Why don't we** fry them up now and serve them with chips?

🎬 **니모를 찾아서** : 아이들을 걱정하지 말라는 밥의 말에 말린이 화를 내며 한 말이에요.

**2.** 코끼리 농장에 가서 코끼리 한 마리를 렌트**하는 게 어떨까?**
▸ Well, **why don't we** go to the elephant lot and rent an elephant?

🎬 **인사이드 아웃** : 까칠이가 미네소타로 가는 방법을 물어보자 버럭이가 하는 말이에요.

**3.** 그냥 냄새나는 이 차에서 사**는 게 어떨까?**
▸ _____
                힌트   just live in this smelly car

🎬 **인사이드 아웃** : 라일리의 가족이 새 집에 도착하자 까칠이가 실망해서 하는 말이죠.

**4.** 그런 의미에서 아빠에게 굿나잇**하는 게 어때?**
▸ And on that note, **how about** we say goodnight to your father?

🎬 **겨울왕국 2** : 엄마가 안나와 엘사에게 잘 시간이라고 한 말이에요.

**5.** 우리 마음 설명서를 읽어 보**는 건 어때?**
▸ How _____, huh?
                힌트   we read some mind manuals

🎬 **인사이드 아웃** : 기쁨이가 슬픔이의 관심을 끌기 위해 한 말이에요.

✧ 정답은 소책자 19쪽에

   1 fry ~ up ~를 튀기다, chips 감자 튀김   2 lot 무리, 지역   4 on that note 그런 의미에서   5 manual 설명서

# 105 ~하지 그래요?
# Why don't you ~?

'너는 왜 ~하지 않니?'라고 따지는 표현이 아니에요. Why don't you ~?는 상대방에게 어떤 일을 하라고 권유하는 패턴이거든요. 강압적으로 지시하는 게 아니라 부드럽게 무언가를 제안할 때 이렇게 말해 보세요.

> 🎬 **미녀와 야수** : 벨이 야수에게 책을 읽어 달라고 부탁하며
>
> **BELLE** Here -- **why don't you** read it to me?
> 벨  여기요 – 그 부분을 제게 읽**어 주시겠어요**?
>
> **BEAST** Uh... alright. I can't.
> 야수  어… 알았어요. 못하겠어요.
>
> **BELLE** You mean you never learned?
> 벨  읽는 법을 배운 적이 없다는 말이에요?

\* You mean ~? ~라는 말이에요?

---

**1.** 나와서 새 친구들에게 인사**하지 그래**?
▶ **Why don't you** come meet our new friends?

🎬 **토이 스토리 3** : 랏소가 빅 베이비에게 장난감들을 소개하며 한 말이에요.

**2.** 그에게 기회를 주**는 건 어때요**?
▶ **Why don't you** give him a chance?

🎬 **미녀와 야수** : 옷장 부인이 벨에게 야수를 변호하며 한 말이에유

**3.** 여기 있**는 게 어때**?
▶ _____
　　　　　　　　　　　힌트  stay

🎬 **토이 스토리 3** : 슬링키가 우디에게 데이케어에 함께 있자고 제안한 말이에요.

**4.** 그에게 언제 한번 시도해 보지 그러니?
▶ **Why don't you** try him sometime?

🎬 **업** : 칼이 러셀에게 아빠와 대화를 해 보라고 권하는 말이에요.

**5.** 이봐, 잠을 좀 자**는 게 어때**?
▶ Hey, uh, _____
　　　　　　　힌트  get some sleep

🎬 **업** : 칼이 러셀에게 내일의 여정을 위해서 잠을 자라고 한 말이죠.

✦ 정답은 소책자 19쪽에

 2 give ~ a chance ~에게 기회를 주다　4 try 한번 해 보다　5 get some sleep 잠을 자다

## 106

### ~하는 게 좋겠어
# We'd better ~

🎧 106.mp3

상대방에게 어떤 일을 하는 게 좋겠다고 제안하는 패턴이에요. We better 혹은 Better처럼 줄여서 쓰기도 해요. 반대로 '~하지 않는 게 좋겠어.'는 We'd better not ~.이라고 합니다.

> 🎬 업 : 냄새를 맡으며 추적하던 강아지들이 새에 대해 보고해야 한다고 하며
>
> **BETA** Wait a minute, wait a minute! What is this? Chocolate. I smell chocolate.
> 베타  잠깐, 기다려 봐! 이건 뭐지? 초콜릿이다. 초콜릿 냄새가 나.
>
> **GAMMA** I'm getting prunes and denture cream! Who are they?
> 감마  난 말린 자두와 틀니 크림을 먹을 거야! 저들은 누구지?
>
> **BETA** Ah man, Master will not be pleased. **We'd better** tell him someone took the bird, right Alpha?
> 베타  참, 주인님 기분이 별로겠어. 누가 새를 훔쳐갔다고 말씀드리는 게 좋겠어, 그렇지 알파?

\* prune 말린 자두 | denture cream 틀니를 고정하는 연고 | pleased 기쁜

---

**1.** 그러면 우리가 확실히 거기서 그를 기다리**는 게 좋겠어**.
▶ Then **we'd better** make sure we're there waiting for him.

🎬 토이 스토리 2 : 버즈가 우디에게 집으로 돌아가 앤디를 기다리자고 제안한 말이죠.

**2.** 돌아가**는 게 좋겠어**… 그리고… 워… 워 이봐, 필립.
▶ **We'd better** turn around…and…whoa…whoa boy, whoa Phillipe.

🎬 미녀와 야수 : 숲에서 길을 잃은 모리스가 당황해서 날뛰는 말을 진정시키며 한 말이죠.

**3.** 훌륭한 저녁이었어요. 하지만 저희는 가 **봐야겠군요**.
▶ It's been a wonderful evening, but _____.

힌트  be going

🎬 업 : 칼이 황급하게 먼츠와의 식사 자리를 떠나며 한 말이에요.

**4.** 플로리다로 가**는 게 좋겠어**.
▶ **We better** get going to Florida.

🎬 카 3 : 훈련을 만족스럽게 마친 맥퀸이 경기에 참가하러 떠나기 전에 한 말이에요.

**5.** 우리가 기분을 업시키**는 게 좋겠어**.
▶ _____.

힌트  lighten up

🎬 노틀담의 꼽추 : 휴고가 다른 석상들에게 콰지모도의 기분을 좋게 해 주자고 제안한 말이에요.

✦ 정답은 소책자 19쪽에

1 make sure 확실히 ~하다   2 turn around 방향을 돌리다   5 lighten up 기분을 좋게 만들다

# 107

## 우리 ~해야 해
## We've got to ~

🎧 107.mp3

상대방에게 어떤 행동을 하자고 재촉하는 표현이에요. 느긋하고 부드럽게 제안하는 게 아니라 다급하게 행동을 촉구하고 싶을 때 이 패턴을 써 보세요. We got to ~. 혹은 We gotta ~.처럼 줄여서 쓸 수도 있어요.

> 🎬 **토이 스토리** : 시드가 장난감들을 괴롭힌다는 말을 듣고 버즈가 강한 어조로 말하며
>
> **MR. POTATO HEAD**   That ain't no happy child.
> **포테이토 헤드**   쟤는 절대로 행복한 아이가 아니야.
>
> **REX**   He tortures toys, just for fun!
> **렉스**   쟤는 장난감을 고문한다고, 그냥 재미로 말이지!
>
> **BUZZ**   Well, then **we've got to** do something.
> **버즈**   그럼 **우리가** 무슨 조치를 해**야지**.

\* torture 고문하다 | for fun 재미로

**1.** 알았어. 하지만 서둘러**야 해**.
▸ Alright. But we've got to hurry.

🎬 **업** : 칼이 케빈을 도와주려는 러셀에게 다급하게 한 말이에요.

**2.** 이제 이 출구를 폭파시켜**야 해**.
▸ Now we've got to blow up this exit.

🎬 **주먹왕 랄프** : 게임 세계가 무너지기 시작하자 칼혼이 캐릭터들을 대피시키며 다급하게 한 말이에요.

**3.** 네가 맞아 안나; 우린 그 목소리를 찾아**야 해**.
▸ And you're right, Anna; _____
힌트 find the voice

🎬 **겨울왕국 2** : 거인들의 눈을 간신히 피한 엘사가 안나의 말에 동의하며 한 말이죠.

**4.** 우리는 그를 구해**야 해**.
▸ We gotta save him.

🎬 **토이 스토리** : 우디가 돌연변이 장난감들에게 버즈를 구해 달라고 간청하는 말이에요.

**5.** 우린 당장 여기서 벗어나**야 해**.
▸ _____
힌트 get outta here now

🎬 **토이 스토리** : 우디가 앤디 집에 이사 트럭이 도착한 것을 보고서 한 말이죠.

✦ 정답은 소책자 19쪽에

잠깐만요!   2 blow up 폭파시키다, exit 출구   5 outta ~로부터(= out of)

## 108 ~해 보세요
# Try to ~

🎧 108.mp3

Try to ~.는 '~하려고 해 봐.', '~해 보세요.'라는 의미로 상대방에게 어떤 일을 해 보라고 조언하는 표현이에요. '열심히 노력해 봐.'라는 해석은 이 표현과는 어울리지 않아요.

> 🎬 **미녀와 야수** : 포츠 부인이 벨에게 화가 난 야수를 달래며
>
> **BEAST**   What's taking so long? I told her to come down. Why isn't she here yet?!?
> 야수   왜 이렇게 오래 걸리는 거야? 그녀에게 내려오라고 말했는데. 왜 아직 여기에 안 온 거지?!?
>
> **MRS. POTTS**   Oh, **try to** be patient, sir. The girl has lost her father and her freedom all in one day.
> 포츠 부인   오, 참으**세요**, 주인님. 그 아이는 하루 만에 아버지와 자유를 잃었다구요.

✻ patient 참을성 있는 | freedom 자유

---

**1.** 몸을 펴고, 신사답게 행동**하려고 하세요**.
▸ Straighten up, **try to** act like a gentleman.

🎬 **미녀와 야수** : 포츠 부인이 벨을 만나기 전에 야수에게 조언한 말이죠.

**2.** 세상을 좋은 곳으로 만들**려고 해 보세요**.
▸ **Try to** make the world a better place.

🎬 **주토피아** : 주디가 경찰학교 졸업식에서 연설하며 한 말이죠.

**3.** 여러분의 내면을 바라보**려고 하세요**.
▸ _____
힌트  look inside yourselves

🎬 **주토피아** : 주디가 경찰학교 졸업식에서 연설하며 한 말이에요.

**4.** 자, 어서, 잘 기억해 봐…
▸ Okay, come on, come on, **try to** remember better...

🎬 **도리를 찾아서** : 도리가 가족에 대한 단서를 기억해 내려고 애쓰며 한 말이에요.

**5.** 루시우스, 시간을 끌어 줘요!
▸ Lucius, _____
힌트  buy us some time

🎬 **인크레더블** : 헬렌이 악당 로봇을 조정하는 리모콘을 손에 넣고 루시우스에게 시간을 끌어 달라고 부탁한 말이죠.

✦ 정답은 소책자 19쪽에

**잠깐만요!**   1 straighten up 몸을 펴다   5 buy ~ time ~를 위해 시간을 끌다

# 109. You should ~

**~해 봐**

You should ~.는 '~하는 게 좋겠어.', '~해 봐.'라는 의미로 상대방에게 어떤 행동을 하도록 조언하는 표현이에요. '반드시 ~해야 한다'라는 강압적인 뜻이 절대 아니에요.

🎬 **겨울왕국** : 안나가 크리스토프에게 엘사의 성 밖에서 기다리라고 하며

**ANNA** You should probably wait out here.
안나  넌 여기서 기다리**는 게 좋겠어**.

**KRISTOFF** What?
크리스토프  뭐라고?

**ANNA** Last time I introduced her to a guy, she froze everything.
안나  최근에 내가 언니에게 어떤 남자를 소개시켰을 때, 언니가 모든 걸 다 얼려버렸거든.

\* probably 아마도 | introduce 소개하다 | froze freez(얼다, 얼리다)의 과거형

1. 맛있어. 당신도 좀 먹어 **봐**.
   ▶ They are delicious. You should try some.

   🎬 **주토피아** : 닉이 벨웨더에게 총알의 정체가 블루베리임을 밝히며 한 말이에요.

2. 너희가 직접 너희 얼굴을 봤으**면 좋겠어**. 너무… 멍청하게 보이거든.
   ▶ You should see your faces because you look… ridiculous.

   🎬 **라푼젤** : 플린이 스태빙턴 형제들을 물리치면서 한 말이죠.

3. 성질 죽이는 법을 배워**야겠군요**!
   ▶ Well, _____
   힌트  learn to control your temper

   🎬 **미녀와 야수** : 벨이 상처를 입은 야수를 치료하며 한 말이에요.

4. 너무 힘들면, 도리야, 그냥 포기**해야 해**.
   ▶ When something's too hard, Dory, you should just give up.

   🎬 **도리를 찾아서** : 도리 아빠가 엄마의 말에 농담으로 동조하며 한 말이에요.

5. 나와 함께 올라가**는 게 좋겠어**.
   ▶ _____
   힌트  be up there with me

   🎬 **주토피아** : 주디가 닉에게 기자 회견을 함께 하자고 제안한 말이에요.

❖ 정답은 소책자 20쪽에

**잠깐만요!**  1 try 먹어 보다  2 ridiculous 웃긴  3 control 통제하다, temper 욱하는 성질

# 110  You don't have to ~
~하지 않아도 돼

🎧 110.mp3

상대방에게 어떤 일을 할 필요가 없다고 말할 때 쓰는 표현이에요. 심한 부담감을 느끼는 친구에게 이 표현을 활용한 조언을 건네 보세요. 큰 위로가 될 수 있을 거예요.

🎬 **코코** : 미구엘이 이멜다 할머니에게 헥터를 변호하며

**MIGUEL** You don't have to forgive him... But we shouldn't forget him.
미구엘  그를 용서**하지 않아도 돼요**… 하지만 우린 그를 잊지 말아야 해요.

**MAMÁ IMELDA**  I wanted to forget you. I wanted Coco to forget you too, but –
이멜다 할머니  난 당신을 잊고 싶었어. 난 코코도 역시 당신을 잊어버리길 원했지, 하지만 –

**HÉCTOR**  This is my fault, not yours. I'm sorry, Imelda.
헥터  내 잘못이야. 당신 잘못이 아니라고. 미안해, 이멜다.

＊ forgive 용서하다 | fault 잘못

---

**1.** 언제가 적절하지 않은지 말할 필요는 없다고.
▶ You don't have to say when it's not time.

🎬 **도리를 찾아서** : 자꾸 머뭇거리며 확실히 말을 하지 않는 베일리에게 데스티니가 화를 내며 한 말이에요.

**2.** 더 이상 거리를 둘 필요는 없어.
▶ You don't have to keep your distance anymore.

🎬 **겨울왕국** : 안나가 엘사에게 더 이상 도망치지 말라고 한 말이에요.

**3.** 두려워할 필요도 없어.
▶ _____
　　　　　　　　　　　　　힌트  be afraid

🎬 **겨울왕국** : 안나가 엘사에게 더 이상 도망치지 말라고 한 말이죠.

**4.** 너도 비밀이 있어 하지만 숨을 필요는 없어.
▶ You have secrets too but you don't have to hide.

🎬 **겨울왕국 2** : 엘사가 당당하게 자신의 운명을 맞이하겠다고 노래한 말이죠.

**5.** 자, 잊지 마, 우승할 필요는 없어.
▶ Okay, remember, _____
　　　　　　　　　　　　　　힌트  win

🎬 **주먹왕 랄프** : 랄프가 레이싱 경기 전에 바넬로피에게 당부한 말이에요.

✤ 정답은 소책자 20쪽에

2 keep one's distance 거리를 두다   4 secret 비밀, hide 숨기다

내가 ~로 데려다 줄게

# I'll take you ~

🎧 111.mp3

이 패턴에서 take는 '데려가다'라는 의미예요. 상대방을 어느 곳으로 안내하거나 차 등을 태워 주겠다고 제안할 때 쓰는 표현이죠. 구체적인 장소를 말할 때는 'to + 장소'를 뒤에 붙여 주세요.

🎬 **빅 히어로** : 타다시가 히로에게 싸움 로봇 경기장으로 데려다 주겠다고 하면서

**TADASHI** Hey. I'll take you.
타다시 이봐. 내가 데려다 줄게.

**HIRO** Really?
히로 정말?

**TADASHI** I can't stop you from going, but I'm not gonna let you go on your own.
타다시 네가 못 가게 막을 수는 없지만 혼자 가도록 하지는 않을 거야.

＊ let ~하게 하다 | on one's own 혼자서

1. 좋아요, 당신이 등불을 볼 수 있게 **데려가죠**.
▶ Fine, I'll take you to see the lanterns.

🎬 **라푼젤** : 플린이 라푼젤의 제안을 받아들이며 한 말이죠.

2. 북쪽 산으로 **데려다 줘**... 부탁이야.
▶ Take me up the North Mountain... Please.

🎬 **겨울왕국** : 안나가 엘사를 만나러 가려고 크리스토프에게 부탁한 말이에요.

3. 널 집에 **데려다 주고** 따뜻한 걸 마시게 해 줄 테니까.
▶ _____ and get you something warm to drink.    힌트 home

🎬 **인어공주** : 세바스찬이 에리얼에게 용궁으로 돌아가자고 하며 한 말이에요.

4. 나를 등불이 있는 곳으로 **데려갔다가** 집에 안전하게 데려오는 거죠.
▶ Take me to these lanterns, and return me home safely.

🎬 **라푼젤** : 라푼젤이 플린에게 등불이 있는 곳으로 데려가 달라고 제안한 말이죠.

5. 이제 버즈를 놔주고 나와 함께 가자, **너희들을** 보니에게 **데리고 가 줄게**.
▶ Now, let go of Buzz and come with me, _____    힌트 to Bonnie

🎬 **토이 스토리 4** : 우디가 더키와 버니를 보니에게 데려가겠다고 한 말이에요.

✦ 정답은 소책자 20쪽에

 5 let go of ~를 풀어주다

# Review 102 ~ 111 패턴으로 대화하기

앞서 배운 10개 패턴을 활용하여 네이티브와 대화에 도전해 보세요. 빈칸을 채운 후, 오디오 파일을 2번씩 따라하세요.

1. [인사이드 아웃] 라일리가 미네소타로 가겠다고 결심하자 감정들이 방법을 의논하며

   ANGER    She took it. There's no turning back.    걔가 받아들였어. 이제 되돌릴 수 없어.

   DISGUST    So, how're we gonna get to Minnesota from here?    그럼 여기서 미네소타로 어떻게 가지?

   ANGER    Well, _____ ?    코끼리 농장에 가서 코끼리 한 마리를 렌트하는 게 어떨까?

   FEAR    That sounds nice!    그거 좋은 생각이야!

   * no turning back 돌이킬 수 없는 | lot 농장, 무리

2. [토이 스토리 4] 보니의 아빠가 캠핑카의 타이어가 펑크 난 것을 확인하고 화를 내며

   BONNIE'S DAD    Are you kidding me??    지금 장난해??

   BONNIE'S DAD    Just... everything's going perfectly. I just–    참... 다 잘 풀리고 있었는데. 난 그냥–

   BONNIE'S MOM    Okay! ... Daddy's going to use some words. _____ Or maybe check out some of those shops in town...    자! ... 아빠가 좀 안 좋은 말을 하려고 하시는구나. 우리 축제에 가는 게 어떨까? 아니면 마을에 있는 가게를 둘러봐도 되고...

   * go perfectly (일 등이) 잘 풀리다 | check out 둘러보다

3. [업] 칼이 러셀에게 아빠에 대해 물어보며

   CARL    You've been camping before, haven't you?    너 캠핑해 본 적 있지, 그렇지?

   RUSSELL    Well, never outside.    밖에서는 안 해 봤어요.

   CARL    Well, why didn't you ask your Dad how to build a tent?    왜 아빠에게 텐트를 어떻게 치는지 물어보지 않았어?

   RUSSELL    I don't think he wants to talk about this stuff.    아빠는 그런 얘기 하고 싶지 않은 것 같아요.

   CARL    _____ Maybe he'll surprise you.    언제 한번 해 보지 그래? 네가 놀랄 만큼 잘하실 수도 있지.

   RUSSELL    Well, he's away a lot. I don't see him much.    음, 아빠는 자주 나가 계세요. 많이 볼 수가 없어요.

   * stuff 물건, 일 | surprise 놀라게 하다 | be away 나가 있다

## 4. [주토피아] 닉과 주디가 벨웨더에게 총알의 정체를 밝히며

**NICK** Yea, oh, are you looking for the serum? Well, it's right here.

세럼을 찾고 있나? 바로 여기에 있어.

**HOPPS** What you've got in the weapon there-- those are blueberries. From my family's farm.

총에 있는 건 – 블루베리예요. 우리 가족 농장에서 온 거죠.

**NICK** They are delicious. _____

맛있어. **당신도 좀 먹어 봐.**

**BELLWETHER** I framed Lionheart, I can frame you too! It's my word against yours!

난 라이언하트에게 누명을 씌웠어, 너희들에게도 그럴 수 있지! 나와 너희 말 중에 누구의 말을 더 믿을 것 같아?

* weapon 무기, 총 | frame 죄[누명]를 뒤집어씌우다 | It's my word against yours. 나와 너희 말 중에 누구의 말을 더 믿을까?

## 5. [인사이드 아웃] 기쁨이가 슬픔이의 관심을 딴 곳으로 돌리려고

**JOY** You know what? Let's think about something else. _____, huh? Sounds fun.

있잖아, 다른 걸 생각해 보자. **우리 마음 설명서를 읽어 보는 건 어때**? 재미있겠다.

**SADNESS** I've read most of them.

대부분 다 읽었어.

**JOY** Well have you read this one? This seems interesting, "Long Term memory retrieval, Volume 47?"

이건 읽어 봤어? 재미있겠네, "장기 기억 회수법, 제47권?"

**SADNESS** No.

아니.

**JOY** Ohhh a real page turner!

오, 흥미진진한데!

* retrieval 회수, 뇌살아 옴 | volume 권 | page turner 흥미신신한 책

## 6. [라푼젤] 라푼젤이 플린에게 등불을 보여 줄 것을 제안하며

**RAPUNZEL** So I have made the decision to trust you.

그래서 당신을 믿기로 결정했어요.

**FLYNN** A horrible decision, really –

끔찍한 결정이군요, 정말이지 –

**RAPUNZEL** But trust me when I tell you this: you can tear this tower apart brick by brick, but without my help you will never find your precious satchel.

하지만 이 말 명심하세요: 이 탑에 있는 벽돌 하나하나를 뒤져 봐도 내 도움 없이는 당신이 소중하게 생각하는 가방을 찾을 수 없을 거예요.

**FLYNN** Let me just get this straight: _____, and you'll give me back my satchel?

내가 정리를 해 보죠: **당신을 데리고 등불을 보고, 집으로 다시 데려다 주면** 내 가방을 돌려주겠다는 건가요?

**RAPUNZEL** I promise. And when I promise something, I never, ever, break that promise. Ever.

약속해요. 뭐가를 약속하면, 난 절대로 그 약속을 어기지 않아요. 절대로.

* make decision 결정하다 | horrible 끔찍한 | tear ~ apart ~를 분해하다 | brick by brick 벽돌 하나씩 | precious 소중한 | satchel 옆으로 매는 가방

# 1.

[미녀와 야수] 벨이 자신을 구해 준 야수를 치료해 주며

**BELLE** If you'd hold still, it wouldn't hurt as much.   가만히 있으면 그리 아프지 않을 거예요.

**BEAST** Well, if you hadn't run away, this wouldn't have happened!   당신이 도망가지 않았으면 이런 일이 없었겠지!

**BELLE** Well, if you hadn't frightened me, I wouldn't have run away!   당신이 겁주지 않았으면 도망가지 않았겠죠!

**BEAST** Well, you shouldn't have been in the West Wing!   당신은 서쪽 별관에 들어가지 말아야 했어요!

**BELLE** Well, _____!   **당신은 성질 죽이는 법을 배워야 해요!**

**BELLE** Now, hold still. This may sting a little.   자, 가만히 있어요. 좀 따가울 거예요.

**BELLE** By the way, thank you, for saving my life.   어쨌든 고마워요 생명을 구해 줘서.

**BEAST** You're welcome.   천만에.

*hold still 가만히 있다 | run away 도망가다 | frighten 겁주다 | sting 쏘다, 따갑다

**정답**  1. why don't we go to the elephant lot and rent an elephant  2. How about we go to the carnival?  3. Why don't you try him sometime?  4. You should try some.  5. How about we read some mind manuals  6. I take you to see the lanterns, bring you back home  7. you should learn to control your temper

# Part 12

## 겸손하게 말할 때
### 디즈니 캐릭터가 사용하는 패턴

감사할 때는 Thank you.를, 미안할 때는 I'm sorry.를 쓴다는 것 알고 계시죠? 이번 과에서는 이런 기본 패턴을 살짝 응용해서 겸손하게 말하는 법을 배워 보려고 해요. 영어에서 존댓말은 없지만 공손하게 말하는 표현은 있거든요. 디즈니 캐릭터들이 소개하는 10가지 겸손 패턴만으로도 꽤 영어 실력이 있는 사람으로 보일 거예요.

- **패턴 112**   Let me ~
- **패턴 113**   Let me know ~
- **패턴 114**   Mind if I ~?
- **패턴 115**   It's a pleasure to ~
- **패턴 116**   Would you like to ~?
- **패턴 117**   I appreciate ~
- **패턴 118**   Thanks for ~
- **패턴 119**   Thanks to ~
- **패턴 120**   I'm sorry about ~
- **패턴 121**   I'm sorry to/that ~

내가 ~할게요

# Let me ~

🎧 112.mp3

상대방에게 어떤 일을 하겠다고 공손하게 말하는 패턴이에요. 상대방을 존중하는 의미가 담겨 있으니까 자주 사용하면 좋겠죠?

🎬 **라이언 킹** : 티몬이 날라를 만나 혼란스러워하며

**TIMON**   How do you do? Whoa, whoa. Time out! **Let me** get this straight. You know her. She knows you. But she wants to eat him. And, everybody's okay with this? Did I miss something?

**티몬**   처음 뵙겠습니다. 참 내. 잠깐만! **내가** 정리**해 볼게**. 넌 쟤를 알고. 쟤는 널 알아. 그리고 쟤는 저놈을 먹으려고 하고. 그리고 다들 이게 괜찮은 거야? 내가 또 뭔가를 놓치는 게 있어?

**SIMBA**   Relax, Timon.
**심바**   진정해, 티몬.

\* Time out! 잠깐만! | get ~ straight ~를 정리하다 | relax 진정하다

---

**1.** 당신들께 뭐 좀 물어**볼게요**.
▶ **Let me** ask you something.

🎬 **인크레더블 2** : 데버가 슈퍼히어로들에게 정체를 숨겨야 했던 이유를 물어보려고 한 말이죠.

**2.** 크루즈, 내 방식대로 하**게 해 줘요**.
▶ Cruz, **let me** handle this my way.

🎬 **카 3** : 맥퀸이 최첨단 훈련 방식에 적응을 못하자 스털링이 크루즈에게 자신이 해결하겠다고 한 말이에요.

**3.** 내가 해 볼게요!
▶ _____
  힌트  do it

🎬 **인크레더블 2** : 잭잭이 초능력을 보여주자 바이올렛이 그를 안아 보겠다고 한 말이죠.

**4.** 잘 들어, 먼저: 말하는 건 **나한테 맡겨**.
▶ Alright, listen, first: **let me** do the talking.

🎬 **온워드** : 발리가 맨티코어의 술집에 들어가기 전에 이안에게 주의를 당부하며 한 말이에요.

**5.** 그래, 심바, 하지만 내가 설명**해 줄게**.
▶ Yes, Simba, but _____
  힌트  explain

🎬 **라이언 킹** : 무파사가 심바에게 생명의 섭리를 설명하려고 한 말이에요.

✦ 정답은 소책자 20쪽에

**잠깐만요!**   2 handle 처리하다   4 do the talking 주도적으로 말을 하다   5 explain 설명하다

## ~ 알려 주세요
# Let me know ~

상대방에게 무언가를 알려 달라고 부탁하는 말이에요. 우리가 잘 알고 있는 Tell me ~.보다 훨씬 더 공손하게 쓸 수 있는 패턴이죠. 응용 패턴 Let you know ~.도 알아 두세요. '네게 ~를 알려 주는 거야.'라는 뜻이에요.

> **도리를 찾아서** : 트럭을 운전하는 행크에게 도리가 방향을 안내하며
>
> **DORY** It's okay. We just need to know how we got on and then we'll know how to get off.
> 도리  괜찮아요. 그냥 어떻게 들어가는지만 알면 되고 어떻게 나오는지는 또 알게 되겠죠.
>
> **HANK** Well, **let me know** when you figure it out!
> 행크  그래, 파악이 되면 **알려 줘**!
>
> **DORY** Unfortunately, I can't remember how we got on.
> 도리  헌데, 어떻게 들어가는지 기억이 안 나네요.

*get on 도로에 진입하다 | get off 도로에서 나오다 | figure ~ out ~를 알아내다 | unfortunately 안타깝게도

---

**1.** 공주님, 한 잔 더 하시고 싶으면 **알려 주세요**.
▶ **Let me know** when you're ready for another round M'Lady.

*겨울왕국* : 공작이 안나의 관심을 끌고 싶어 한 말이에요.

**2.** 기절할 것 같으면 **알려 주세요**, 제가 얼른 잡아 드리죠.
▶ If you swoon, **let me know**, I'll catch you.

*겨울왕국* : 공작이 안나에게 춤을 추자고 제안하며 한 말이에요.

**3.** 뭘 찾아냈는지 **알려 줘요**. 참 좋았어요, 내가 –
▶ _____, it was really nice for me to be--
힌트 what you find

*주토피아* : 주디를 도와주던 벨웨더가 시장의 호출을 받고 그녀와 헤어지며 한 말이죠.

**4.** 저 선 밖으로 뭐가 있는지 **알려 주세요**.
▶ And **let me know** what's beyond that line.

*모아나* : 모아나가 섬 밖의 세상에 대해 노래한 말이에요.

**5.** 그냥 너한테 **알려 주는 거야**, 라미레즈가 네 쪽으로 가고 있어.
▶ Just want to _____, Ramirez is moving up toward you.

*카 3* : 레이싱 경기를 하고 있는 스톰에게 코치가 조언한 말이에요.

✦ 정답은 소책자 20쪽에

1 round 한 잔  2 swoon 기절하다  4 beyond 너머서  5 move up toward ~로 움직이다

## 114 ~해도 될까요?
# Mind if I ~?

상대방에게 어떤 행동을 해도 되는지 허락을 구할 때 쓰는 표현이에요. 원래 Do you mind if I ~?가 정석인데 줄여서 You mind if I ~? 혹은 Mind if I ~?라고 많이 써요.

🎬 **인크레더블 2** : 에블린이 엘라스티걸에게 개인 비행기를 타고 갈 것을 제안하며

**EVELYN** You know we have a jet, right?
에블린  제트기가 있는 건 아시죠, 그렇죠?

**ELASTIGIRL** Mind if I fly it?
엘라스티걸  제가 조종해 봐도 될까요?

**EVELYN** I'd be honored. I can get your contraption together by five A.M.
에블린  저야 영광이죠. 기계를 새벽 5시까지 준비시켜 두겠어요.

\* jet 개인 비행기 | honored 영광스러운 | contraption (복잡한) 기계 | get ~ together ~를 정리하다, 준비하다

---

**1.** 담배 피우나요? 제가 피워**도 돼나요**?
▶ Do you smoke? **Mind if I do?**

🎬 **알라딘** : 지니가 알라딘을 처음 만나 자신을 소개하며 한 말이에요.

**2.** 부탁 좀 **드려도 될까요**?
▶ **You mind if I ~?**

🎬 **코코** : 경비원이 엘 산토와 사진을 같이 찍고 싶어 부탁한 말이에요.

**3.** 버즈, 네 옆에 앉아**도 될까**?
▶ Buzz, _____
　　　　　　　　　힌트  I squeeze in next to ya

🎬 **토이 스토리 3** : 제시가 버즈에게 옆에 앉아도 되는지 물어본 말이에요.

**4.** 이봐요, 빨리 닫아요, **그래 주시겠어요**?
▶ Sir, close that at once, **do you mind?**

🎬 **미녀와 야수** : 모리스가 자신의 배를 열어보자 콕스워스가 기분이 나빠서 한 말이죠.

**5.** 원숭이에게 키스**해도 될까요**?
▶ _____
　　　　　　　　　힌트  I kiss the monkey

🎬 **알라딘** : 지니가 원숭이 아부에게 작별 키스해도 되는지 물어본 말이에요.

♦ 정답은 소책자 20쪽에

**잠깐만요!** 3 squeeze in 공간을 헤집고 앉다, ya 당신(you의 줄임말)  4 at once 즉시

# 115  It's a pleasure to ~

~해서 기뻐요

🎧 115.mp3

자신의 기쁜 감정을 상대방에게 겸손하게 말할 때 쓰는 패턴이에요. 처음 만난 사람에게 It's a pleasure to meet you.라고 하며 반가움을 표현할 수 있어요. 이와 비슷한 It's an honor to ~.는 '~해서 영광이에요.'라는 뜻이에요.

> 🎬 업 : 먼츠가 칼과 러셀에게 식사를 대접하며
>
> **MUNTZ** I'm honored. And now you've made it!
> 먼츠 제가 영광이죠. 드디어 오셨군요!
>
> **CARL** You're sure we're not a bother? I'd hate to impose.
> 칼 저희가 방해하는 건 아니죠? 부담이 되고 싶지 않네요.
>
> **MUNTZ** No no! **It's a pleasure to** have guests – a real treat.
> 먼츠 아니에요! 손님이 오**는 건 즐거운 일이죠** – 진짜 기쁜 일이에요.

\* make it (마침내) 해내다 | bother 귀찮은 존재 | impose 부담을 주다 | treat 특별한 것, 대접

---

**1.** 내쉬 부인, 만나서 **반갑습니다**.
▶ Ms. Nash, it's a pleasure to meet you.

🎬 카 3 : 맥퀸이 레이스의 전설인 루이즈를 만나서 한 말이에요.

**2.** 내 나라와 가족을 지키**는 건 명예로운 일이야**.
▶ It is an honor to protect my country, and my family.

🎬 뮬란 : 파주가 나라를 위해 싸우겠다고 결심하며 한 말이에요.

**3.** 여기에 나오**게 되어서 기쁘군요**, 칙.
▶ _____, Chick.
　　　　　　　　　힌트  be here

🎬 카 3 : 레이싱 중계 방송에서 나탈리가 등장하며 한 말이에요.

**4.** 자네에게 히어로즈 메달을 수여**해서 영광이네**.
▶ It is my honor to bestow upon you the Medal of Heroes.

🎬 주먹왕 랄프 : 홀로그램 장군이 랄프에게 메달을 수여하며 한 말이에요.

**5.** 만나**서 반가워**.
▶ _____
　　　　　　　　　힌트  meet you

🎬 토이 스토리 4 : 우디가 개비 개비를 처음 만나 한 말이에요.

✦ 정답은 소책자 21쪽에

2 protect 보호하다  4 bestow upon ~에게 수여하다, 헌정하다

## 116 ~하시겠어요?
# Would you like to ~?

🎧 116.mp3

상대방의 의향을 공손하게 물어보는 표현이에요. 이 표현에 대한 대답으로 '그럴게요.'라고 하고 싶으면 Yes, I'd like to.라고 해 주세요. 반대로 '아니, 괜찮아요.'라고 거절할 때는 No, I'm okay.나 No, thank you.라고 가볍게 말하면 됩니다.

🎬 **인크레더블** : 에드나가 헬렌에게 밥의 위치를 알고 싶은지 물으며

**SECRETARY** My records say he was terminated almost two months ago.
비서 제 기록으로는 그분은 두 달 전에 그만두셨어요.

**E** So. You don't know where he is...
에드나 그가 어디에 있는지 모르는 거네…

**E** Would you like to find out?
에드나 알고 싶어?

* terminate 종료하다, 일을 그만두다 | find out 알아내다

---

**1.** 그들을 보고 싶어요?
▶ Would you like to see them?

🎬 **노틀담의 꼽추** : 콰지모도가 에스메랄다에게 성당의 석상들을 보여 주려고 한 말이에요.

**2.** 일어나서 자기 소개를 해 주겠니?
▶ Would you like to stand up and introduce yourself?

🎬 **인사이드 아웃** : 선생님이 새로 전학 온 라일리에게 자기 소개를 부탁한 말이에요.

**3.** 저녁 드시고 가시겠어요?
▶ _____
힌트 stay for dinner

🎬 **뮬란** : 리샹에게 호감이 있는 뮬란이 그를 저녁 식사에 초대하며 한 말이에요.

**4.** 내일 왕국 구경을 함께 하시겠어요?
▶ Would you like to join me on a tour of my kingdom tomorrow?

🎬 **인어공주** : 에릭이 에리얼에게 왕국을 보여 주겠다고 제안한 말이에요.

**5.** 더 보고 싶어요?
▶ _____
힌트 see more

🎬 **노틀담의 꼽추** : 콰지모도가 에스메랄다에게 성당을 더 둘러보고 싶은지 물어본 말이에요.

✦ 정답은 소책자 21쪽에

**잠깐만요!** 2 introduce oneself 자기 소개하다  3 stay for dinner 저녁 먹고 가다

## 117 I appreciate ~
~해 주셔서 감사해요

🎧 117.mp3

Thank you.와 더불어 감사를 표현할 때 자주 쓰는 패턴이에요. I appreciate 뒤에 어떤 것에 대해 감사한지 명사의 형태로 말하면 됩니다. Thank you.처럼 짧게 감사를 표현할 때는 I appreciate it.이라고 해 주세요.

🎬 **인크레더블** : 헬렌을 학교로 호출한 교장 선생님이 대쉬의 문제를 상의하며

**PRINCIPAL** I appreciate you coming down here so quickly, Mrs. Parr.
교장 이렇게 빨리 와 **주셔서 감사합니다**, 파 부인.

**HELEN** What's this about? Has Dash done something wrong?
헬렌 무슨 일이시죠? 대쉬가 무슨 잘못이라도 했나요?

\* principal 교장

---

**1.** 제안**은 감사해요**, 크레이 씨.
▶ **I appreciate** the offer, Mr. Krei.

🎬 **빅 히어로** : 마이크로봇을 팔라고 하는 크레이의 제안을 히로가 거절하며 한 말이죠.

**2.** 어, 네가 거기서 용기를 내서 한 일**에 대해서는 고마워**, 하지만 –
▶ **I uh, appreciate** what you did down there, took guts, but uh –

🎬 **모아나** : 모아나가 자신의 말을 잘 듣지 않는 듯하자 마우이가 주저하며 한 말이죠.

**3.** 정말 감사드립니다.
▶ _____
　　　　　　　　　　　힌트  it

🎬 **토이 스토리 4** : 방문객 남편이 앤디의 엄마에게 물건을 받고 감사를 표한 말이에요.

**4.** 마이크, 네가 한 일들을 다 **감사하게 생각하지만**… 쟤가 맞아.
▶ Mike, **we appreciate** everything you've done… but he's right.

🎬 **몬스터 대학교** : 돈이 마이크에게 동아리 멤버들에게 큰 기대를 갖지 말라며 한 말이죠.

**5.** 걱정**해 주셔서 감사해요**, 선생님.
▶ Look, _____, old-timer.
　　　　　　힌트  your concern

🎬 **토이 스토리 3** : 우디가 장난감 전화기의 걱정에 감사하며 한 말이에요.

✦ 정답은 소책자 21쪽에

**잠깐만요!** 1 offer 제안　2 take guts 용기를 내다　5 concern 걱정, old-timer 노인, 고참

~해 줘서 고마워
# Thanks for ~

🎧 118.mp3

Thanks for ~. 혹은 Thank you for ~.는 상대방의 호의에 대해서 고마움을 표현할 때 쓰는 말이에요. for 뒤에 감사한 이유를 쓰면 되는데 동사를 쓸 때는 반드시 -ing 형태로 만들어 주세요.

---

🎬 인크레더블 2 : 헬렌이 자신을 대신해서 집안일을 하는 밥에게 전화로 고마워하며

**HELEN** **Thanks for** handling everything.
헬렌 모든 일을 다 잘**해 줘서 고마워요**.

**BOB** It's nothing.
밥 아무것도 아닌데 뭐.

**HELEN** I love you, honey. I'll be back soon. Sweet dreams.
헬렌 사랑해요, 자기. 빨리 갈게요. 잘 자요.

＊ handle 해결하다

---

1. 만나서 반가워요. 와 **줘서 고마워요**.
▶ So good to see you, **thanks for** coming out.

🎬 인크레더블 2 : 데버가 파티에서 사람들과 인사하며 한 말이에요.

2. 할아버지에게 선심 써 **줘서 고맙군**.
▶ **Thanks for** taking it easy on grampa.

🎬 몬스터 대학교 : 돈이 경기에서 승리하고 상대편에게 당당하게 한 말이죠.

3. 이해해 **줘서 고마워요**.
▶ _____
   힌트 understanding

🎬 빅 히어로 : 히로가 카스 이모에게 변명하며 황급히 자리를 뜨면서 한 말이죠.

4. 있잖아… 저기, 날 포기하지 않아 **줘서 고마워**.
▶ So... you know, **thanks for** not giving up on me.

🎬 빅 히어로 : 히로가 대학 합격의 공을 타다시에게 돌리며 한 말이죠.

5. 전화해 **줘서 고마워요**.
▶ _____
   힌트 getting back

🎬 인크레더블 : 밥을 구하러 가기로 결심한 헬렌이 전화 통화를 하며 한 말이에요.

✤ 정답은 소책자 21쪽에

1 come out 참석하다   2 take it easy on ~에게 선심 쓰다, 봐주다   4 give up on ~를 포기하다
5 get back 답신 전화를 해 주다

# 119

~ 덕분이에요

# Thanks to ~

119.mp3

Thanks to ~.는 감사할 대상을 콕 집어 말할 때 쓰는 표현이에요. '~ 덕분이죠.', '~ 덕택이에요.'라는 해석이 가장 잘 어울리네요.

🎬 **인크레더블 2** : 파티에서 엘라스티걸이 모든 사람들에게 감사하며

**DEAVOR** I want you to have this. A memento.
**데버** 이걸 드리고 싶어요. 기념으로 말이죠.

**ELASTIGIRL** Thanks Winston, Evelyn, and everyone at DEVTECH. I am forever in your debt. And **thanks to** all of you. Your pressure changed all the right minds!
**엘라스티걸** 고마워요 윈스턴, 에블린, 그리고 데브텍에 있는 모든 분들도 말이죠. 제가 평생의 빚을 졌군요. 여러분들 **덕분에**. 여러분의 압박이 모든 사람들의 생각을 바꾸었어요!

*memento 기념이 될 만한 물건 | be in one's debt 빚을 지다

1. 아빠는 괜찮으셔, 이안 라이트풋 경의 운전 실력 **덕분이지**!
▶ He's fine, thanks to the skillful driving of Sir Ian Lightfoot!

🎬 **온워드** : 발리가 이안의 대담한 운전 솜씨를 칭찬하며 한 말이에요.

2. 중국이 오늘은 편히 잘 수 있겠어. 우리의 용맹스러운 전사들 **덕택에 말이야**!
▶ China will sleep safely tonight. Thanks to our brave warriors!

🎬 **뮬란** : 황제가 산유를 물리친 군인들을 칭송하며 한 말이에요.

3. 그게 다 네 **덕분이야**. 꼬마야.
▶ And it's all _____, kid.
힌트 you

🎬 **니모를 찾아서** : 수족관이 더러워지자 길이 니모를 칭찬하며 한 말이에요.

4. 막시무스 **덕분에** 왕국의 범죄도 하룻밤 만에 사라졌어요.
▶ Thanks to Maximus, crime in the kingdom disappeared almost overnight.

🎬 **라푼젤** : 플린이 관객들에게 영화의 해피엔딩을 설명하며 한 말이죠.

5. 이제 너 **때문에** 난 왕국 전체의 조롱거리가 되었다고!
▶ Now, _____, I am the laughingstock of the entire kingdom!
힌트 you

🎬 **인어공주** : 세바스찬이 에리얼에게 자신의 콘서트를 망친 책임을 따지며 한 말이죠.

✦ 정답은 소책자 21쪽에

**잠깐만요!** 1 skillful 솜씨 있는  2 warrior 전사  4 crime 범죄, disappear 사라지다  5 laughingstock 웃음거리

# I'm sorry about ~

~해서 안타깝네요

I'm sorry about ~.은 '~해서 안됐어요.', '~해서 안타까워요.'라는 뜻으로 애석한 마음을 상대방에게 전할 때 쓰는 표현이에요. 물론 sorry 본연의 뜻을 살려 '~해서 미안해요.'라는 의미로 쓸 수도 있어요.

> 🎬 **모아나** : 마우이의 갈고리가 부서지자 모아나가 안타까워하며
>
> **MOANA**  I'm sorry about your hook…
> 모아나  갈고리 일에 대해서는 안됐어요…
>
> **MAUI**  Well, hook, no hook. I'm Maui.
> 마우이  갈고리가 있거나 없거나. 난 마우이야.

\* hook 갈고리

1. 오늘 오후에 있었던 일**은** 정말 **안타깝네요**.
▶ I'm **really sorry about** this afternoon.

🎬 **노틀담의 꼽추** : 콰지모도가 광장에서 겪은 모욕적인 일을 안타까워하며 에스메랄다가 한 말이에요.

2. 프레드릭슨 할아버지, 집이 사라져**서 안타까워요**.
▶ **Sorry about** your house, Mr. Fredricksen.

🎬 **업** : 칼의 집이 사라지자 러셀이 그를 위로하며 한 말이에요.

3. 불이 나서 안됐어.
▶ _____
힌트  the fire

🎬 **빅 히어로** : 건물에 불이 난 것을 안타까워하며 베이맥스가 히로에게 한 말이에요.

4. 개들 **때문에 죄송해요** – 재들이 당신들에게 너무 거칠게 하지 않았기를 바라요.
▶ **I'm sorry about** the dogs – hope they weren't too rough on you.

🎬 **업** : 먼츠가 칼과 러셀에게 개들에 관해 사과하며 한 말이죠.

5. 말썽을 부려**서 죄송합니다**.
▶ _____
힌트  this violence

🎬 **겨울왕국** : 오켄이 크리스토프를 쫓아낸 후 안나에게 사과하며 한 말이에요.

❖ 정답은 소책자 21쪽에

4 rough on ~를 거칠게 대하는   5 violence 난폭한 행동

## 121 ~해서 미안해요
# I'm sorry to/that ~

🎧 121.mp3

I'm sorry ~.는 미안하고 안타까운 심경을 표현하는 대표 패턴이에요. sorry 뒤에 미안한 이유를 간단하게 'to 부정사'로 말할 수도 있고 좀 더 구체적으로 'that 주어 + 동사' 형태로 설명할 수도 있어요.

🎬 **온워드** : 아빠의 동창인 객스톤이 이안에게 아빠가 돌아가신 일을 안타까워하며

**GAXTON** You're kidding! I went to college with him!
객스톤  말도 안 돼! 난 그와 같은 대학을 다녔어!

**IAN** Really?
이안  정말요?

**GAXTON** Yeah! Boy, I was so sorry to hear that he passed away.
객스톤  그래! 그가 돌아가셨다는 소식을 듣고 **안타까웠단다**.

\* pass away 죽다

**1.** 네가 가서 **섭섭하구나**, 미구엘.
▶ I am sorry to see you go, Miguel.

🎬 **코코** : 델라 크루즈가 미구엘을 집으로 보내면서 한 말이에요.

**2.** 꿈을 깨서 **미안하지만**, 두 멧비둘기들은 선택의 여지가 없어요.
▶ Well... sorry to burst your bubble, but you two turtle doves have no choice.

🎬 **라이언 킹** : 자주가 심바에게 날라와의 정략결혼에 대해 한 말이에요.

**3.** 귀찮게 해서 미안한데 –
▶ _____, but
  힌트  bother you

🎬 **토이 스토리 4** : 우디가 개비 개비를 만나 보 핍의 행방에 대해 물어보며 한 말이죠.

**4.** 우리가 기분 나쁘게 했어? 그랬다면 정말 **미안해**.
▶ Did we hurt your feelings? I'm so sorry if we did.

🎬 **겨울왕국 2** : 안나가 엘사의 기분이 좋지 않다고 생각하고 사과하며 한 말이에요.

**5.** 전화로 말씀**드려서 죄송하네요**.
▶ _____
  힌트  tell you on the phone

🎬 **인크레더블 2** : 에블린이 밥을 유인하려고 그에게 전화해서 한 말이에요.

✦ 정답은 소책자 22쪽에

**잠깐만요!** 2 burst one's bubble 꿈을 깨뜨리다, turtle dove 멧비둘기(금슬이 좋은 것으로 유명한 새)   3 bother 귀찮게 하다
4 hurt one's feelings 기분 나쁘게 하다

# Review  112 ~ 121 패턴으로 대화하기

🎧 test 112-121.mp3

앞서 배운 10개 패턴을 활용하여 네이티브와 대화에 도전해 보세요. 빈칸을 채운 후, 오디오 파일을 2번씩 따라하세요.

**1.** [온워드] 도깨비들의 공격을 피해 도망간 이안과 발리의 주문이 풀리면서

IAN   Dad, are you okay?!
BARLEY  He's fine, _____! High Five!
IAN   Ow! What is happening!
BARLEY  I think the spell is wearing off.

아빠, 괜찮으세요?!
괜찮으셔. **이안 라이트풋 경의 운전 실력 덕분이지**! 하이파이브!
아야! 뭐지?
주문이 사라지는 것 같아.

\* skillful 솜씨 있는 | spell 주문 | wear off 사라지다

**2.** [뮬란] 뮬란이 샹에게 저녁 식사를 하고 가라고 권유하며

SHANG  Mulan! Uhhhh... you forgot your helmet. Well, actually it's your helmet, isn't it, I mean...
MULAN  _____
GRANDMA FA  Would you like to stay forever?
SHANG  Dinner would be great.

뮬란! 어… 헬멧을 두고 갔더라구요. 당신 헬멧이죠, 그렇죠? 제 말은…
저녁 드시고 가시겠어요?
영원히 여기에 있을래요?
저녁 식사가 좋겠어요.

**3.** [토이 스토리 4] 우디와 포키가 개비 개비 일행을 처음 만나 인사하며

WOODY  Uh... hey, howdy, hey there. Sorry to bother you, but –
GABBY GABBY  Why, you're not a bother at all.
GABBY GABBY  We were just out for my early morning stroll, – and look – we met you! My name is Gabby Gabby. And this is my very good friend Benson.
WOODY  Oh, uh. Woody. _____
GABBY GABBY  Well, it's nice to meet you, Woody. And you are...?
WOODY  This is Forky.
FORKY  I'm trash.
WOODY  Ah – our kid made him.

어… 안녕, 방해해서 미안한데 –
아니야, 방해하는 게 전혀 아니야.
우린 그냥 아침 산책을 하러 나온 거야 – 그러다가 – 널 만난 거지! 내 이름은 개비 개비야. 그리고 여기는 내 친구 벤슨.
난 우디야. **만나서 반가워.**
나도 반가워. 우디. 그리고 넌…?
얘는 포키야.
난 쓰레기야.
아 – 우리 아이가 얘를 만들었어.

\* bother 귀찮게 하다 | stroll 산책 | trash 쓰레기

## 4.

**[빅 히어로]** 히로가 타다시의 죽음에 책임이 있는 복면 쓴 자를 꼭 잡겠다고 결심하며

| | | |
|---|---|---|
| **BAYMAX** | _____ | 불이 나서 정말 안됐어. |
| **HIRO** | It's okay. It was… It was an accident. | 괜찮아. 그건… 그건 사고였잖아. |
| **HIRO** | Unless… unless it wasn't. At the Showcase that guy in the mask stole my microbots. Then set the fire to cover his tracks! He's responsible for Tadashi. | 만일… 사고가 아니었다면. 쇼케이스장에서 복면을 쓴 그 자가 내 마이크로봇을 훔친 거야. 그리고는 자신의 흔적을 감추려고 불을 지른 거지. 그 자가 타다시의 죽음에 책임이 있어. |
| **HIRO** | We gotta catch that guy. | 그 자를 잡아야 해. |

＊ accident 사건 | set the fire 불을 지르다 | cover 덮다 | track 흔적 | be responsible for ~에 책임이 있다

## 5.

**[모아나]** 모아나가 상어 머리를 한 마우이를 보고 당황하지 않으려고 하며

| | | |
|---|---|---|
| **SHARK-HEAD MAUI** | Listen… _____, but uh – | 이봐… 어, 네가 거기서 용기를 내서 한 일에 대해서는 고마워. 하지만 – |
| **MOANA** | – Mm-hm, mm-hm, mm-hm – | – 음, 으흠, 음 – |
| **SHARK-HEAD MAUI** | I'm sorry, I'm trying to be sincere for once and it feels like you're distracted-- | 미안해. 난 한 번만이라도 진지하려고 하는데 넌 딴생각을 하는 것 같아서 – |
| **MOANA** | No, no… no way. | 아니, 아니에요. 절대로. |
| **SHARK-HEAD MAUI** | Really? 'Cause you're looking at me like I have a… sharkhead. | 정말로? 지금 넌 마치 내가… 상어 머리를 하고 있는 것처럼 보고 있잖아. |
| **MOANA** | Whaaa? Do you have a shark head? 'Cause I – | 뭐라구요? 상어 머리를 하고 있다구요? 전 – |

＊ take guts 용기를 내다 | sincere 진지한 | distracted 딴생각을 하는

## 6.

**[라이언 킹]** 자주가 심바와 날라에게 정략결혼에 대해 설명하며

| | | |
|---|---|---|
| **ZAZU** | One day you two are going to be married! | 언젠가는 두 분이 결혼할 거예요! |
| **SIMBA** | Yuck! | 역겨워! |
| **NALA** | Ewww! | 으의 |
| **SIMBA** | I can't marry her. She's my friend. | 얘랑 결혼할 수 없어. 내 친구잖아. |
| **NALA** | Yeah. It'd be too weird. | 맞아. 너무 이상할 거야. |
| **ZAZU** | Well… _____, but you two turtle doves have no choice. It's a tradition going back generations. | 자… 꿈을 깨서 미안하지만, 두 멧비둘기들은 선택의 여지가 없어요. 몇 세대에 걸친 전통이에요. |

＊ Yuck! 역겨워! | weird 이상한 | burst one's bubble (꿈, 희망 등을) 깨다 | turtle dove 멧비둘기(금슬이 좋기로 유명한 새) | generation 세대

**1.** [빅 히어로] 대학에 합격한 히로가 타다시에게 고마움을 표하며

**HIRO** I know what you're gonna say – I should be proud of myself 'cause I'm finally using my "gift" for something important.

형이 무슨 말을 할지 알아 – 내가 마침내 중요한 일에 내 "재능"을 써서 뿌듯하게 생각해야 한다는 거지.

**TADASHI** No, no. I was just gonna tell you your fly was down for the whole show.

아니야. 그냥 네 남대문이 쇼케이스 내내 열려 있었다고 말하려고 했는데.

**HIRO** Ha-ha. Hilarious.

하하. 웃기는군.

**HIRO** What?!

뭐라고?!

**TADASHI** You know the second Callaghan saw your microbots, I knew you were in. Your tech- it's a game-changer.

칼라한이 네 마이크로봇을 본 순간 네가 입학했다는 걸 직감했어. 너의 기술은 – 정말 중요한 사건이라고.

**HIRO** Hey, I, um... I wouldn't be here if it wasn't for you. So... you know, _____.

난... 형이 아니면 난 여기에 없을 거야. 그러니까... **날 포기하지 않아 줘서 고마워**.

\* be proud of ~를 자랑스러워하다 | gift 재능 | fly 바지의 지퍼 | tech 기술 | game-changer 흐름을 바꾸어 놓는 중요한 사건 | give up on ~를 포기하다

**정답** **1.** thanks to the skillful driving of Sir Ian Lightfoot **2.** Would you like to stay for dinner? **3.** Pleasure to meet you. **4.** I am sorry about the fire. **5.** I uh, appreciate what you did down there, took guts **6.** sorry to burst your bubble **7.** thanks for not giving up on me

# Part 13

## 결단하며 말할 때
### 디즈니 캐릭터가 사용하는 패턴

디즈니 영화에 등장하는 캐릭터들은 어떤 상황에서도 고난과 역경에 굴복하지 않아요. 이번 과에서는 이들이 사용하는 결단의 패턴 10가지를 연습해 볼 거예요. 여러분도 지금 힘든 상황에 처해 있다면 디즈니 주인공이 용감하게 하는 말을 크게 따라해 보세요. 마음속에서 조금씩 용기가 생기는 걸 느낄 수 있을 거예요.

- **패턴 122** I'll ~
- **패턴 123** I won't ~
- **패턴 124** I won't let ~
- **패턴 125** I'm gonna ~
- **패턴 126** I'm not gonna ~
- **패턴 127** I have to ~
- **패턴 128** I gotta ~
- **패턴 129** No matter what ~
- **패턴 130** No one ~
- **패턴 131** I can't ~

## 122 ~하겠어요 I'll ~

자신이 앞으로 어떤 행동을 하겠다는 의지를 보여 주는 표현이에요. 회화에서는 I will보다는 I'll처럼 줄여서 쓰는 경우가 많아요.

> 🎬 **라푼젤** : 플린이 등불이 있는 곳으로 라푼젤을 데려가겠다고 하며
>
> **FLYNN** This is kind of an off day for me, this doesn't normally happen. Fine, **I'll take you to see the lanterns.**
> 플린  오늘은 나에게 쉬는 날과 같아요. 보통 이렇게 하지는 않지만. 좋아요. 당신이 등불을 볼 수 있도록 **데려다 드릴게요.**
>
> **RAPUNZEL** Really?
> 라푼젤  정말이요?

\* off day 쉬는 날 | normally 보통, 정상적으로

---

**1.** 썰매를 교체**해 드릴게요.** 그 안에 있는 것도 모두요.
▶ **I'll** replace your sled, and everything in it.

🎬 **겨울왕국** : 크리스토프의 썰매가 폭발하자 안나가 미안해하며 한 말이에요.

**2.** 그녀를 데려**와서** 이 일을 바로잡**을 거야.**
▶ **I'll** bring her back, and **I'll** make this right.

🎬 **겨울왕국** : 안나가 엘사를 데려오겠다고 결심하며 한 말이에요.

**3.** 내가 최선을 다할게.
▶ _____, son.
　　　　　　　　　힌트  do my best

🎬 **토이 스토리 2** : 위지가 우디를 구해 달라고 간청하자 버즈가 한 말이에요.

**4.** 소원 두 개를 말한 뒤에 세 번째 소원은 널 자유롭게 해주는 데 사용**할게.**
▶ After I make my first two wishes, **I'll** use my third wish to set you free.

🎬 **알라딘** : 알라딘이 마지막 소원으로 지니에게 자유를 허락하겠다고 약속한 말이죠.

**5.** 네 버릇을 고**쳐 주겠다!**
▶ _____
　　　　　힌트  teach you some respect

🎬 **알라딘** : 자파가 자신에게 저항하는 자스민을 강제로 제압하며 한 말이에요.

✦ 정답은 소책자 22쪽에

**잠깐만요!** 1 replace 교체하다, sled 썰매  2 make ~ right ~를 바로잡다  4 set ~ free ~를 풀어 주다
5 teach ~ some respect ~의 버릇을 고치다

# 123

## ~하지 않겠어
## I won't ~

🎧 123.mp3

어떤 행동을 하지 않겠다는 의지를 보여 주는 말이에요. I will not이라고 풀어서 말할 수도 있어요. 상대방에게 여러분의 결단과 고집을 표현하고 싶을 때 이 패턴을 써 보세요.

🎬 **라푼젤** : 고텔의 정체를 알아차린 라푼젤이 플린을 구하기 위해 그녀에게 간청하며

**MOTHER GOTHEL** Rapunzel, really. Enough already. Stop fighting me.
고텔  라푼젤. 그만해. 나와 싸울 생각하지 마.

**RAPUNZEL** No! **I won't** stop! For every minute of the rest of my life I will fight. I will never stop trying to get away from you. But if you let me save him, I will go with you.
라푼젤  아뇨! 멈추**지 않겠어요**! 남은 생의 매 순간 싸울 거예요. 당신에게서 끊임없이 벗어나려고 할 거예요. 하지만 제가 그를 구하도록 해 주시면, 어머니와 함께 갈게요.

\* Enough already. 그만해. | get away 벗어나다

---

**1.** 너도 그에게 말을 안 하고 나도 말을 **안** 할게.
▸ You won't tell him, **I won't** tell him.

🎬 **인어공주** : 세바스찬이 에리얼에게 인간 세상에 관한 일을 비밀로 하자고 한 말이죠.

**2.** 그렇게 해. 나쁘게 보**지 않을** 테니까.
▸ Go ahead. **I won't** judge.

🎬 **겨울왕국** : 크리스토프가 눈물이 날 것 같다고 하자 안나가 그래도 된다며 한 말이죠

**3.** 전 떠나**지 않을** 거예요!
▸ _____
힌트  leave you

🎬 **미녀와 야수** : 벨이 감옥에 갇힌 모리스에게 혼자 떠나지 않겠다고 한 말이에요.

**4.** 하나도 빼먹**지 않겠습니다**.
▸ And **I won't** leave anything out.

🎬 **뮬란** : 장군이 모든 일을 3주 후에 보고하라고 명령하자 치푸가 한 말이에요.

**5.** 난 그걸 용납**하지 않겠어**.
▸ _____
힌트  allow it

🎬 **인크레더블** : 밥의 오래된 히어로 슈트가 마음에 들지 않는다며 에드나가 한 말이에요.

◆ 정답은 소책자 22쪽에

2 judge 판단하다  4 leave ~ out ~를 빼먹다  5 allow 허용하다

~를 허락하지 않겠어

# I won't let ~

🎧 124.mp3

이 패턴에 사용된 let은 '허락하다', '~하도록 두다'라는 뜻이에요. I won't let ~.은 어떤 일이 일어나도록 그냥 지켜만 보지 않겠다고 할 때 쓰는 패턴이에요. 다소 복잡한 패턴이므로 아래 디즈니 캐릭터들의 대사를 통해 충분히 연습해 두세요.

🎬 **미녀와 야수** : 벨이 성에 남겠다고 하자 모리스가 이를 완강히 거절하며

**MAURICE** No, Belle. **I won't let** you do this!
**모리스** 안 돼, 벨. 네가 이렇게 하도록 허락하지 않겠어!

**BELLE** You have my word.
**벨** 제가 약속해요.

**BEAST** Done!
**야수** 알았어!

\* have one's word 약속하다

---

**1.** 날 믿어, 네가 전혀 부딪히**지 않게 할 테니까** – 벽이야!
▸ Trust me, **I won't let** you hit anything – wall!

🎬 **도리를 찾아서** : 베일리가 음파를 활용해서 데스티니에게 방향을 가르쳐 주며 한 말이에요.

**2.** 실망시켜 드리**지 않겠어요**.
▸ **I won't let** you down.

🎬 **뮬란** : 뮬란이 아버지에게 가족의 명예를 지키겠다고 맹세하며 한 말이에요.

**3.** 그녀에게 어떤 일도 일어나**지 않도록 하겠어**.
▸ _____
힌트 anything happen to her

🎬 **겨울왕국 2** : 안나가 엘사를 보호하겠다고 결심하며 한 말이에요.

**4.** 약속할게, 너에게는 어떤 일도 일어나**지 않도록 하겠어**… 니모.
▸ I promise, **I will never let** anything happen to you... Nemo.

🎬 **니모를 찾아서** : 말린이 단 하나 남은 알을 발견하고 그에게 니모라는 이름을 붙여 주며 한 말이죠.

**5.** 코코가 당신을 잊**지 않도록 하겠다고** 약속할게요!
▸ I promise _____
힌트 Coco forget you

🎬 **코코** : 집으로 돌아가는 미구엘이 헥터에게 맹세하며 한 말이에요.

✦ 정답은 소책자 22쪽에

**잠깐만요!** 2 let ~ down ~를 실망시키다   4 promise 약속하다

## 125 ~하겠어요
# I'm gonna ~

 125.mp3

자신이 앞으로 어떤 일을 하겠다고 말할 때 쓰는 패턴이에요. 의미에 있어 약간의 차이는 있지만 앞에서 배운 I'll ~처럼 의지가 담긴 표현이죠.

🎬 **주토피아** : 주디가 주차 위반 딱지를 많이 끊겠다고 다짐하며

**HOPPS** Sir, I'm not just some "token" bunny.
홉스(주디) 경관님, 저는 "경찰 시늉"만 하는 토끼가 아니에요.

**BOGO** Well, then writing a hundred tickets a day should be easy.
보고 그럼 하루에 딱지 100개 끊는 건 식은 죽 먹기겠군.

**HOPPS** 100 tickets...? **I'm gonna** write 200 tickets! Before noon!
홉스(주디) 딱지 100개요? 200개는 너끈히 할 **수 있어요**! 정오가 되기 전에 말이죠!

\* token 시늉만 하는 | ticket 주차 위반 딱지

---

**1.** 저놈을 박살 내고 **말겠어**!
▶ **I'm gonna** destroy that guy!

🎬 **몬스터 대학교** : 설리가 마이크를 못마땅하게 생각하며 한 말이에요.

**2.** 도착 지점에서 널 이기**고야 말겠어**!
▶ **I'm gonna** beat you over that finish line!

🎬 **몬스터 대학교** : 겁주기 경기에서 마이크가 설리에게 경고하듯 한 말이에요

**3.** 말을 해 **줘야겠어**.
▶ _____
힌트 tell him

🎬 **겨울왕국** : 크리스토프가 올라프에게 여름에 관한 사실을 알려 주겠다고 한 말이죠.

**4.** 아니요, 우리는 테피티에 갈 **거고** 당신은 거기에 그걸 돌려놓는 거예요.
▶ No, **I'm gonna** get us to Te Fiti so you can put it back.

🎬 **모아나** : 모아나가 마우이에게 꼭 테피티에 가야 한다고 한 말이에요.

**5.** 가서 내 갈고리를 찾아오**겠어**!
▶ _____
힌트 go get my hook back

🎬 **모아나** : 마우이가 자신의 문신에게 갈고리를 찾으러 가겠다고 한 말이에요.

✦ 정답은 소책자 22쪽에

1 destroy 파괴하다, 없애다   2 beat ~ over ~에게 이기다   4 put ~ back ~를 다시 제자리에 갖다 놓다
5 get ~ back ~를 되찾다

# 126

~하지 않겠어

## I'm not gonna ~

I'm not gonna ~.는 I'm not going to ~.를 줄인 말로 앞으로 어떤 일을 하지 않겠다고 결심할 때 쓰는 표현이에요. I won't ~.처럼 '~하지 않겠어.'라는 해석이 어울리네요.

> 🎬 **빅 히어로** : 히로가 베이맥스를 포털에 혼자 두고 갈 수 없다고 하며
>
> **HIRO** No, there's got to be another way. **I'm not gonna** leave you here. I'll think of something.
> **히로** 아니, 다른 방법이 있을 거야. 널 여기에 두고 가**지 않겠어**. 무슨 수가 있을 거야.
>
> **BAYMAX** Hiro, there is no time. Are you satisfied with your care?
> **베이맥스** 히로, 시간이 없어. 네 건강 관리에 만족하는 거니?
>
> **HIRO** Please. No. I can't lose you too.
> **히로** 제발. 안 돼. 너도 잃을 순 없어.

\* there's got to be ~가 있음에 틀림없다

---

**1.** 저 불쌍한 아이가 배고프게 두**지 않겠어요**.
▶ **I'm not going to** let the poor child go hungry.

🎬 **미녀와 야수** : 포츠 부인이 벨에게 저녁 식사를 대접하겠다며 한 말이에요.

**2.** 난 절대로 아무것도 없는 곳에 걸어가**지 않을 거야**!
▶ **I'm not going to** step out onto nothing!

🎬 **온워드** : 이안이 안전 장치 없이는 절대 협곡을 건너지 않겠다며 한 말이죠.

**3.** 널 두고 가**지 않을 거야**. 그런 일은 없어.
▶ _____, that's not happening.
   힌트 leave you behind

🎬 **주토피아** : 닉이 부상을 당한 주디를 혼자 두고 가지 않겠다며 한 말이에요.

**4.** 널 말릴 수는 없지만 널 혼자 보내**지는 않겠어**.
▶ I can't stop you from going, but **I'm not gonna** let you go on your own.

🎬 **빅 히어로** : 타다시가 히로에게 로봇 싸움장으로 데려다 주겠다고 한 말이에요.

**5.** 당신을 경주에 참여시키**지 않겠어요**.
▶ _____
   힌트 race you

🎬 **카 3** : 스털링이 맥퀸을 레이싱 경기에 참여시키지 않겠다고 한 말이죠.

✧ 정답은 소책자 22쪽에

1 go hungry 배고프게 하다  2 step out 걸어 나가다  4 on one's own 혼자서  5 race 경주에 참여시키다

## 127

### ~해야 해
# I have to ~

자신이 반드시 어떤 일을 해야겠다고 할 때 쓰는 패턴이에요. 말하는 사람의 결단력과 절실함이 그대로 드러나는 표현이죠.

🎬 **인크레더블** : 밥이 혼자서 악당을 물리치겠다고 하자 헬렌이 화를 내며

**BOB** I'm asking you to wait with the kids.
밥 애들하고 기다려.

**HELEN** And I'm telling you "not a chance." You're my husband. I'm with you. For better or worse.
헬렌 내가 말해 두겠는데 "말도 안 돼요." 당신은 내 남편이고, 난 당신과 함께 하겠어요. 좋을 때나 나쁠 때나.

**BOB** **I have to** do this alone.
밥 이 일은 나 혼자 **해야 해**.

\* not a chance 말도 안 돼 | For better or worse 좋을 때나 나쁠 때나(혼인 서약서에서 주로 쓰는 말)

---

1. 나 여기 다녀**야겠어**.
▶ **I have to** go here.

🎬 **빅 히어로** : 히로가 대학교에 다닐 결심을 하면서 한 말이에요.

2. 해가 뜨기 전에 **저는** 집에 가**야 해요**.
▶ **I have to** get home before sunrise.

🎬 **코코** : 미구엘이 델라 크루즈에게 자신의 사정을 설명하며 한 말이에요.

3. 그 보트를 찾**아야 해**.
▶ _____
  힌트 find the boat

🎬 **도리를 찾아서** : 말린이 니모를 납치한 보트를 찾아야 한다며 한 말이에요.

4. 내가 이걸 수습**해야 해**, 하지만 너 없인 할 수 없어.
▶ **I have to** fix this, but I can't do it without you.

🎬 **주토피아** : 주디가 닉에게 간절히 도움을 요청하며 한 말이죠.

5. 우리 가족을 찾**아야 해요**!
▶ _____
  힌트 find my family

🎬 **도리를 찾아서** : 도리가 행크에게 가족을 찾아야 한다고 다급하게 한 말이에요.

✦ 정답은 소책자 23쪽에

**잠깐만요!** 2 before sunrise 해가 뜨기 전에  4 fix (문제 등을) 해결하다

## 128 I gotta ~
~해야겠어

앞에서 배운 I have to ~.와 비슷하게 '~해야겠어.'라는 뜻으로 결단을 보여 주는 표현이에요. I've got to ~.를 줄인 표현인데 주로 회화에서 사용해요.

🎬 **알라딘** : 알라딘이 자스민에게 진정으로 사랑을 고백하며

**ALADDIN** Jasmine, I do love you, but **I gotta** stop pretending to be something I'm not.
알라딘 자스민, 당신을 정말 사랑해요. 하지만 내가 아닌 누군가인 척하는 일을 그만둬**야겠어요**.

**JASMINE** I understand.
자스민 이해해요.

\* pretend ~인 척하다

---

**1.** 그를 다시 만나**야겠어**, 오늘 밤!
▶ **I gotta** see him again, tonight!

🎬 **인어공주** : 에리얼이 에릭을 만나고 싶어 간절하게 한 말이에요.

**2.** 쟤가 그러기 전에 내가 들어가**야 한다고**!
▶ **I gotta** get back out there before he does!

🎬 **카 3** : 맥퀸이 레이싱 경기 중에 정비를 받으며 다급하게 한 말이죠.

**3.** 내가 이 문제를 해결**해야 돼**.
▶ _____
힌트  fix this

🎬 **인크레더블 2** : 밥이 바이올렛을 위해 토니와의 불화를 해결하겠다고 한 말이에요.

**4.** 부드럽게, 쿨하게, 그리고 자신 있게 **해야지**.
▶ **I gotta** be smooth, cool, confident.

🎬 **알라딘** : 알라딘이 자스민에게 자신의 실체를 밝히겠다고 결심하고 한 말이죠.

**5.** 돌아가서 일을 바로잡아**야겠어**.
▶ _____
힌트  go back and set things right

🎬 **알라딘** : 알라딘이 혼란스러운 상황을 바로잡겠다고 결심하며 한 말이에요.

✤ 정답은 소책자 23쪽에

**잠깐만요!** 2 get back 다시 돌아가다　3 fix (문제 등을) 해결하다　4 confident 자신 있는　5 set things right 문제를 바로잡다

# 129 No matter what ~

~라고 해도

🎧 129.mp3

No matter what ~.은 말하는 사람의 의지를 강하게 보여 주는 표현이에요. '아무리 힘든 일이 있어도', '누가 뭐라고 해도'처럼 고난과 역경을 말할 때 이 패턴을 사용하죠. No matter what.처럼 단독으로 쓸 수도 있는데 '무슨 일이 있어도.'라는 뜻이에요.

🎬 인크레더블 : 헬렌과 밥이 결혼 서약을 하며

**REVEREND** – as long as you both shall live?
목사 – 생을 마감할 때까지?

**BOB(MR. INCREDIBLE)** I do.
밥(인크레더블) 네.

**HELEN** As long as we both shall live. **No matter what** happens.
헬렌 우리가 살아 있는 한. 무슨 일이 있**더라도**.

\* reverend 목사 | as long as ~하는 한

1. 어떻게 되**든 상관없이**, 난 새로운 루키와 사귀고 널 알았다는 사실을 잊어버릴 거야.
   ▶ And no matter what happens, I'm gonna move onto the next rookie and forget I ever knew you.

   🎬 카 3 : 샐리가 맥퀸에게 경기 전에 농담으로 한 말이에요.

2. 그는 절대 날 포기하지 않아요. **무슨 일이 있어도**.
   ▶ He just never gives up on me. No matter what.

   🎬 도리를 찾아서 : 도리가 부모님에게 니모에 대해 한 말이에유

3. 누가 뭐라**든 간에**… 당신은 항상 나의 왕자님이에요.
   ▶ _____ ... you'll always be a prince to me.
   힌트  anybody says

   🎬 알라딘 : 지니가 알라딘과 헤어지며 아쉬운 마음으로 한 말이죠.

4. 무슨 시련**이 있어도**, 형제들을 지키겠다고 약속합니까…
   ▶ Do you promise to look out for your brothers, no matter what the peril…

   🎬 몬스터 대학교 : 스퀴시가 서약식을 하며 동아리 멤버들에게 물어본 말이죠.

5. **무슨 일이 있어도** 그는 너를 위해 그 자리에 있을 거야.
   ▶ He'll be there for you, _____

   🎬 토이 스토리 3 : 앤디가 보니에게 우디를 넘겨주며 한 말이죠.

❖ 정답은 소책자 23쪽에

1 move onto ~로 이동하다  2 give up on ~를 포기하다  4 look out for ~를 돌보다, 지켜주다, peril 시련

# 130 No one ~

아무도 ~하지 못해

🎧 130.mp3

여러 사람들에게 '절대 ~할 수 없다.'라고 명령하는 말이에요. 아무도 내 말을 거역할 생각하지 말라는 의미니까 당당한 목소리로 말해 주세요.

🎬 **겨울왕국** : 엘사가 안나의 결혼을 반대하며

**ELSA** Wait. Slow down. **No one**'s brothers are staying here. **No one** is getting married.
엘사　기다려. 천천히 말해 봐. 어떤 형제든 여기에 있을 수 없어. **아무도 결혼하지 않을 거야.**

**ANNA** Wait, what?
안나　잠깐, 뭐라고?

\* slow down (속도 등을) 늦추다

---

**1.** 아무도 야마를 건드리**지 못해**.
▶ **No one** hustles Yama.

🎬 **빅 히어로** : 로봇 싸움에서 진 야마가 크게 분노하며 한 말이에요.

**2.** 오늘은 죽은 자들의 날이야 – **아무도** 어디 갈 **수 없어**.
▶ It's Día de los Muertos – **no one**'s going anywhere.

🎬 **코코** : 할머니가 가족 행사에 모두 참석해야 한다고 명령한 말이에요.

**3.** **아무도** 산호초 밖으로 나가**선 안 돼**!
▶ _____
힌트　goes beyond the reef

🎬 **모아나** : 투이가 모아나에게 산호초 밖으로 나가지 말라고 경고한 말이에요.

**4.** 관계자가 올 때까지 **아무도** 저 문 근처에 갈 **수 없어**.
▶ **No one** goes near that door until the authorities arrive.

🎬 **몬스터 대학교** : 하드 스크래블이 마이크가 들어간 문 근처에 아무도 접근하지 말라고 명령한 말이에요.

**5.** 아무도 개스톤에게 '안 돼'라고 하**지 않아**!
▶ _____
힌트　says 'no' to Gaston

🎬 **미녀와 야수** : 르푸가 개스톤의 매력을 극찬하며 한 말이에요.

✦ 정답은 소책자 23쪽에

1 hustle 거칠게 떠밀다　2 Día de los Muertos 죽은 자들의 날(멕시코 전통 휴일)　3 beyond ~ 넘어, reef 산호초
4 authority 관계자

## 도저히 ~ 못하겠어요
# I can't ~

마음이 내키지 않는다면 몸도 잘 따라 주지 않잖아요? 어떤 일을 도저히 할 수 없다며 답답한 심정을 토로하는 패턴이에요. can't를 강하게 발음해 주세요.

🎬 **라이언 킹** : 왕국을 도망쳐 나온 심바가 티몬과 품바를 만나서 푸념하며

**SIMBA** Who cares? **I can't** go back.
**심바** 무슨 상관이에요? 난 돌아**갈 수 없어요**.

**TIMON** Ah, you're an outcast! That's great. So are we!
**티몬** 아, 너 쫓겨났구나! 좋아. 우리도 그렇거든!

**PUMBAA** What'd ya do, kid?
**품바** 무슨 짓을 저질렀는데, 얘야?

\* Who cares? 무슨 상관이에요? | outcast 버림받은 자 | ya = you

**1.** 난 그런 위험을 감당**할 수 없다고**!
▶ **I can't** take that kind of risk!

🎬 **온워드** : 맨티코어가 이안과 발리의 부탁을 단칼에 거절하며 한 말이에요.

**2.** 알다시피 걔한테 계속 쿠키를 줄 **순 없다고**!
▶ Obviously **I can't** keep giving him cookies!

🎬 **인크레더블 2** : 밥이 잭잭을 걱정하며 루시우스에게 한 말이에요.

**3.** 그냥 갈 **수는 없어요**!
▶ _____
힌트  just GO

🎬 **인크레더블 2** : 에블린을 추적해야 하는 엘라스티걸이 아이들을 걱정하며 한 말이죠.

**4.** 이 문제를 그녀에게 말**할 순 없어**. 그녀가 히어로 일을 하는 동안에는 말이야!
▶ **I can't** tell her about this, not while she's doing hero-work!

🎬 **인크레더블 2** : 밥이 루시우스에게 헬렌이 잭잭의 문제를 알아서는 안 된다고 한 말이에요.

**5.** 재랑 결혼**할 수 없어**.
▶ _____
힌트  marry her

🎬 **라이언 킹** : 어린 심바가 자주에게 날라와 결혼하고 싶지 않다고 한 말이에요.

✦ 정답은 소책자 23쪽에

**잠깐만요!** 1 take risk 위험을 감수하다  2 obviously 명백하게

# Review  122 ~ 131 패턴으로 대화하기

🎧 test 122-131.mp3

앞서 배운 10개 패턴을 활용하여 네이티브와 대화에 도전해 보세요. 빈칸을 채운 후, 오디오 파일을 2번씩 따라하세요.

### 1. [알라딘] 알라딘이 자스민에게 자신의 정체를 고백하려고 결심하며

| GENIE | A woman appreciates a man who can make her laugh. | 여자들은 유머 감각이 있는 남자를 좋아해요. |
|---|---|---|
| GENIE | Al, all joking aside, you really oughta be yourself. | 알. 농담이 아니라. 자신의 있는 그대로를 보여 줘야 해요. |
| ALADDIN | Hey, that's the last thing I want to be. | 이봐. 그것만은 하고 싶지 않아. |
| ALADDIN | Okay, I'm gonna go see her. I just, _____ _____. How do I look? | 알았어. 그녀를 만나겠어. 그냥, **부드럽고, 쿨하고, 자신있게 해야지**. 나 어때? |

\* appreciate 인정하다, 좋아하다 | all joking aside 농담이 아니라, 진지하게 | oughta = ought to ~해야 한다 | smooth 부드러운 | confident 자신 있는

### 2. [인크레더블 2] 가족들이 엘라스티걸에게 에블린을 추격하라고 하며

| ELASTIGIRL | Evelyn. She's escaping! | 에블린. 그녀가 도망가려고 해! |
|---|---|---|
| MR. INCREDIBLE | Well, go after her! Finish your mission! | 그녀를 따라가! 당신의 임무를 끝내라고! |
| ELASTIGIRL | _____ What about the kids, Jack-Jack?? Who's gonna – | **그냥 갈 수는 없어요!** 애들은 어떻게 하구요, 잭잭은? 누가 – |
| VIOLET | MOM!! | 엄마!! |
| VIOLET | Go. We've got this. | 가세요. 이건 우리가 해결할게요. |

\* escape 탈출하다

### 3. [뮬란] 아빠가 뮬란을 중매쟁이에게 보내며 걱정하면서

| MULAN | Remember, the doctor said three cups of tea in the morning... | 명심하세요, 의사가 아침에 차를 세 잔 마시라고 했어요… |
|---|---|---|
| FA ZHOU | Mulan. | 뮬란. |
| MULAN | ...and three at night. | … 그리고 밤에도 세 잔. |
| FA ZHOU | Mulan. You should already be in town. We're counting on you to... | 뮬란. 넌 지금 마을에 있어야 하는 거잖아. 우린 널 믿어… |
| MULAN | Uphold the family honor. Don't worry, Father. _____ Wish me luck! | 가문의 명예를 높이는 거요. 걱정 마세요, 아버지. **실망시켜 드리지 않겠어요**. 행운을 빌어 주세요! |
| FA ZHOU | Hurry! I'm going to... pray some more. | 빨리 가거라! 난 기도를… 더 해야겠다. |

## 4. [도리를 찾아서] 도리가 행크를 만나서 인사하며

**DORY** Oh, thank goodness! Hi, I'm Dory. I'm--

**HANK** Name's Hank. How sick are you?

**DORY** Sick? I'm sick?

**HANK** Why else would you be in Quarantine?

**DORY** Oh, no. How long do I have? _____

오, 다행이네요! 안녕하세요. 전 도리예요. 전 -

내 이름은 행크야. 넌 얼마나 아픈 거니?

아프다니요? 제가요?

그렇지 않으면 왜 격리구역에 가는 거야?

아니에요. 내가 시간이 얼마나 있지? **전 가족을 찾아야 해요!**

\* thank goodness. 다행이야.(안도하며 하는 말) | quarantine 격리 구역

## 5. [알라딘] 자파가 자스민에게 청혼하자 자스민이 단번에 거절하며

**JAFAR** A beautiful desert bloom such as yourself should be on the arm of the most powerful man in the world.

**JAFAR** What do you say, my dear?

**JAFAR** Why, with you as... my queen...

**JASMINE** Never!

**JAFAR** _____

당신같이 아름다운 사막의 꽃은 이 세상에서 가장 강한 남자의 팔에 안겨야 하죠.

어떻게 생각해요, 내 사랑?

나의 왕비가 되어 나와 함께 하는 게…

절대로 그럴 수 없어요!

**네 버릇을 고쳐 주지!**

\* bloom 꽃 | What do you say? 어때요?(제안하는 표현) | teach ~ respect 버릇을 고쳐 놓다

## 6. [미녀와 야수] 야수의 하인들이 벨에게 저녁 식사를 대접하려고 하며

**BELLE** I am a little hungry.

**MRS. POTTS** You are? Hear that? She's hungry. Stoke the fire, break out the silver, wake the china.

**COGSWORTH** Remember what the master said?

**MRS. POTTS** Oh, pish tosh. _____

**COGSWORTH** Oh, all right. Glass of water, crust of bread, and then –

**LUMIERE** Cogsworth, I am surprised at you. She's not our prisoner. She's our guest. We must make her feel welcome here. Right this way, mademoiselle.

배가 좀 고파요.

그러세요? 들었어요? 배가 고프다잖아요. 불을 지피고, 은식기를 꺼내고, 도자기들도 깨워 주세요.

주인님이 하신 말 기억 안 나요?

오, 말도 안 돼요. **저 불쌍한 아이가 배고프게 두지 않겠어요.**

아, 알았어. 물 한 잔, 빵 부스러기, 그리고 –

콕스워스, 참 놀랍네. 그녀는 우리 죄인이 아니야. 우리 손님이지. 그녀가 환대를 느끼게 해 주어야 한다고. 이쪽으로 오세요, 아가씨.

\* stoke 불을 때다 | break out 탈출시키다 | silver 은식기류 | china 도자기 식기류 | pish tosh 말도 안 돼요 | crush (빵) 껍질 | mademoiselle 아가씨(프랑스어)

## 1. [겨울왕국] 안나가 엘사를 데려오겠다고 하자 한스가 걱정하며

**ANNA** Elsa's not dangerous. _____

**HANS** I'm coming with you.

**ANNA** No, I need you here to take care of Arendelle.

**HANS** ...On my honor.

**ANNA** I leave Prince Hans in charge!

**HANS** Are you sure you can trust her? I don't want you getting hurt.

**ANNA** She's my sister; she would never hurt me.

엘사는 위험하지 않아요. **내가 그녀를 데려와서 이 일을 바로잡겠어요.**

같이 가겠어요.

아니에요, 여기서 아렌델을 돌봐 주세요.

… 내 명예를 걸고 그러겠소.

한스 왕자님께 모든 걸 일임하겠어요!

확실히 그녀를 믿을 수 있을까요? 당신이 다치는 건 바라지 않아요.

엘사는 제 언니예요; 절대 날 해치지 않아요.

* on one's honor 명예를 걸고 | leave ~ in charge ~에게 일임하다

**정답** 1. I gotta be smooth, cool, confident 2. I can't just GO! 3. I won't let you down. 4. I have to find my family! 5. I'll teach you some respect! 6. I'm not going to let the poor child go hungry. 7. I'll bring her back, and I'll make this right.

# Part 14

## 확신을 가지고 말할 때
### 디즈니 캐릭터가 사용하는 패턴

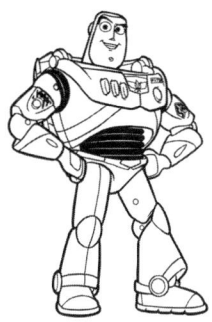

이번 파트에서는 확신을 가지고 말할 때 쓸 수 있는 다양한 패턴을 연습할 거예요. 디즈니 영화에서 들어 본 것 같지만 그 의미를 명확히 모르고 있었다면 이번 기회에 확실히 알아 두세요. 막연히 알고만 있으면 절대 입 밖으로 꺼낼 수 없으니까요!

| 패턴 132 | I'm sure ~ |
| 패턴 133 | I believe ~ |
| 패턴 134 | I bet ~ |
| 패턴 135 | I knew ~ |
| 패턴 136 | I'm telling you ~ |
| 패턴 137 | There must be ~ |
| 패턴 138 | You'll never ~ |
| 패턴 139 | We're supposed to ~ |
| 패턴 140 | I don't know if ~ |
| 패턴 141 | I promise ~ |

# 132

확실히 ~할 거야

## I'm sure ~

자신의 생각에 대한 확신을 가지고 말할 때 쓰는 표현이에요. I'm sure ~.는 주장을 말하는 문장 앞에 양념처럼 붙여 주세요.

🎬 **토이 스토리 4** : 보니가 우디를 선택하지 않자 버즈가 그를 위로하며

**BUZZ** You alright, Woody? **I'm sure** she'll pick you next time.
버즈   괜찮아, 우디? 다음에는 걔가 **확실히** 널 선택**할 거야**.

**WOODY** Come on. I'm fine, no problem.
우디   이봐. 난 괜찮아, 괜찮다고.

\* pick 선택하다

---

1. 네가 이상한 게 아니**라는 건 내가 확신한다고**.
▶ But **I'm sure** it's not wrong about you.

🎬 **모아나** : 모아나가 선택된 자라고 마우이가 확신하며 한 말이에요.

2. 이상하네. 누가 있었**던 게 분명한데**.
▶ That's funny, **I'm sure** there was someone.

🎬 **미녀와 야수** : 야수의 성에 들어온 벨이 누군가의 인기척을 듣고 한 말이에요.

3. 걔는 여기 어딘가에 **분명히 있을 거야**.
▶ _____
힌트  he's here somewhere

🎬 **토이 스토리 4** : 보니가 포키를 잃어버려 슬퍼하자 엄마가 위로하며 한 말이죠.

4. 버즈와 우디는 **분명히 오고 있을 거야**.
▶ **I'm sure** Buzz and Woody are on their way back right now.

🎬 **토이 스토리 4** : 돌리가 버즈와 우디가 돌아올 것을 믿으며 한 말이죠.

5. 그분들이 **절대** 멀리 있지 않으**실 거야**.
▶ _____
힌트  they're not far

🎬 **토이 스토리 4** : 보안 요원들이 부모님을 잃어버린 아이를 안심시키며 한 말이에요.

✤ 정답은 소책자 23쪽에

4 be on one's way 오는 중이다   5 far 멀리 떨어져 있는

# 133

## ~한다고 믿어
## I believe ~

무언가를 믿는다(believe)는 건 그 일에 대해 확신을 가진다는 의미겠죠? I believe ~.는 자신의 생각을 상대방에게 강하게 주장할 때 쓰는 패턴이에요.

> **물란** : 장군이 치푸에게 리샹을 추천하며
>
> **CHI FU** This is an enormous responsibility, General. Perhaps a soldier with more experience –
> **치푸** 이건 막중한 임무요, 장군. 더 경험이 있는 병사가 –
>
> **GENERAL** Number One in his class, extensive knowledge of training techniques… an impressive military lineage – **I believe** Li Shang will do an excellent job.
> **장군** 학년에서 최고로 우수하고, 훈련 기술을 잘 알고 있으면서… 훌륭한 군인 혈통이오 – 리샹이 잘 할 것**이라고 믿소**.

\* enormous 거대한 | responsibility 책임 | extensive 많은 | impressive 인상 깊은 | lineage 혈통

---

**1.** 미안하지만, 친구, 내가 **분명히 말했다고**.
▶ I beg your pardon, old friend, but **I believe** I told you.

> **미녀와 야수** : 마법에서 풀려난 콕스워스가 뤼미에르에게 한 말이에요.

**2.** 당신 사장에게 내 입장을 **분명히 말했을 텐데**.
▶ **I believe** I made my position to your boss quite clear.

> **업** : 칼이 집을 팔지 않겠다는 의지를 확실히 전달하며 한 말이에요.

**3.** **분명히** 이건 남미에서 온 거**예요**.
▶ _____
힌트 this piece is from South America

> **토이 스토리 4** : 골동품 가게 주인이 고객에게 물건을 보여 주며 한 말이죠.

**4.** 송구하오나, 전하, 저의 군대가 **확실히** 그를 막을 수 **있습니다**.
▶ Forgive me, Your Majesty, but **I believe** my troops can stop him.

> **물란** : 장군이 황제에게 산유를 막을 수 있다고 자신 있게 한 말이에요.

**5.** 이 자가 당신들이 찾고 있는 사람**인 게 확실해요**!
▶ _____
힌트 this is the man you're looking for

> **라푼젤** : 블라드가 술에 취한 건달을 경비병들에게 넘기며 하는 말이에요.

✧ 정답은 소책자 24쪽에

**잠깐만요!** 2 make one's position clear 입장을 명확하게 하다  3 piece 물건, 작품  4 Your Majesty 전하, troop 군대

# 134 I bet ~
## ~를 확신해요

🎧 134.mp3

bet은 '내기하다'라는 뜻이에요. I bet ~.은 자신의 말에 내기를 걸 정도로 매우 확신한다는 의미예요. I believe ~.나 I'm sure ~.처럼 I bet 뒤에도 '주어＋동사'의 패턴을 지켜 주세요.

> 🎬 토이 스토리 4 : 개비 개비가 우디와 자신이 같은 모델임을 확신하며
>
> **WOODY VOICEBOX** There's a snake in my boot!
> 우디의 목소리 상자  내 신발 안에 뱀이 있어!
>
> **GABBY GABBY** Listen to that! Let's see it. **I bet** it's the same type.
> 개비 개비  저 소리를 들어 봐! 어디 한번 보자. 똑같은 모델**인 게 분명해**.

---

**1.** 그들이 오터톤도 잡아**간 게 분명해**.
▶ **I bet** they took Otterton too.

🎬 주토피아 : 늑대들이 오터톤을 잡아갔다고 닉이 확신하며 한 말이에요.

**2.** 내 깜짝 소식이 더 놀라**울걸**!
▶ Oh, **I bet** my surprise is bigger!

🎬 라푼젤 : 고텔이 라푼젤에게 더 놀랄 만한 소식이 있다며 한 말이에요.

**3. 확실히** 재미있을 거예요!
▶ _____
힌트  it'd be really fun

🎬 온워드 : 이안이 아빠의 녹음 소리에 맞춰 가상의 대화를 하며 한 말이죠.

**4.** 이렇게 할 거라고 **확신해**!
▶ **I bet** it goes something like this!

🎬 온워드 : 발리가 이안에게 아빠의 춤을 재연하며 한 말이에요.

**5. 분명히** 우리가 첫해에 최고 기록을 깰 **거야**.
▶ _____
힌트  we break the all-time record in our first year

🎬 몬스터 대학교 : 우체국에서 일하게 된 마이크가 설리에게 흥분해서 한 말이죠.

✧ 정답은 소책자 24쪽에

1 take 데려가다   4 it goes something like this (일 등이) 이렇게 진행되다   5 break the all-time record 사상 최고 기록을 깨다

## 135 ~인 줄 알았다니까
# I knew ~

일이 그렇게 될 거라고 이미 알고 있었다는 듯 당당하게 하는 말이에요. 나에게 의심의 시선을 보냈던 사람들에게 보란 듯 크게 말해 주세요.

> 🎬 **미녀와 야수** : 벨이 야수의 선물을 마음에 들어 하자 뤼미에르가 기뻐하며
>
> **MRS. POTTS**  Oh, would you look at that?
> 포츠 부인   오, 저기 좀 봐.
>
> **LUMIERE**  Ha ha! **I knew** it would work.
> 뤼미에르   하하! 잘될 줄 알았다고.
>
> **CHIP**  What? What works?
> 칩   뭐가요? 뭐가 잘돼요?

\* work (일 등이) 제대로 진행되다

1. 널 믿을 수 있을 줄 알았다니까.
▶ **I knew** I could count on you.

   🎬 **겨울왕국 2** : 출구를 발견한 올라프에게 안나가 기뻐하며 한 말이에요.

2. 그게 별이 아닌 줄 알았다니까!
▶ **I knew** they weren't stars!

   🎬 **라푼젤** : 라푼젤이 플린에게 별의 실체가 무엇인지 듣고 감탄하며 한 말이에요.

3. 우리가 해낼 줄 알았어.
▶ _____
   힌트  we could do it

   🎬 **뮬란** : 무슈가 큰 위기를 넘기고 뮬란에게 한 말이에요.

4. 뭔가 수상쩍은 게 있는 줄 알았다니까.
▶ **I knew** there was something dubious going on here.

   🎬 **겨울왕국** : 엘사의 마법을 보고 공작이 화들짝 놀라며 한 말이에요.

5. 언니가 해낼 줄 알았어.
▶ _____
   힌트  you could do it

   🎬 **겨울왕국** : 엘사가 저주를 풀자 안나가 기뻐하며 한 말이죠.

✤ 정답은 소책자 24쪽에

**잠깐만요!**   1 count on ~를 믿다   4 dubious 수상쩍은

# 136

**확실히 말해 두는데 ~**

## I'm telling you ~

자신의 생각을 강조해서 말하고 싶을 때 쓰는 표현이에요. 자신이 하는 말이 중요하고 진실을 담은 것이니 잘 들어야 한다는 뉘앙스가 있는데 문장의 맨 앞에 양념처럼 붙이는 경향이 있어요.

> 🎬 **인사이드 아웃** : 라일리의 감정들이 새 집을 싫어하며
>
> **ANGER**  We're supposed to live here?
> 버럭  여기에서 살아야 한다고?
>
> **SADNESS**  Do we have to?
> 슬픔  그래야 해?
>
> **DISGUST**  **I'm telling you**, it smells like something died in here.
> 까칠  **내가 확실히 말해 두겠는데**, 여기서 뭔가 죽은 냄새가 난다고.

\* be supposed to ~해야 한다

---

**1.** 월드 클래스를 자랑하는 동물들이랍니다.
▶ **I'm telling you**. It's a world class menagerie.

🎬 **알라딘** : 지니가 술탄에게 선물로 준비한 동물들을 자랑하며 한 말이에요.

**2.** 내가 말해 두는데 – 이번에는 진짜 다른 방법이 없다고!
▶ **I'm telling you** – this time there is no other way!

🎬 **도리를 찾아서** : 트럭에 갇힌 행크가 도리에게 포기하라고 한 말이에요.

**3.** 내가 말해 두는데, "헛소리 작작해요."
▶ And _____
　　　　　　　　　　힌트 "not a chance."

🎬 **인크레더블** : 밥이 혼자 악당을 무찌르겠다고 하자 헬렌이 반박하며 한 말이에요.

**4.** 내가 말해 두는데, 이 얼굴을 TV에서 더 자주 보게 될 거야.
▶ **I'm telling you**, you're gonna be seeing this face on TV more often.

🎬 **몬스터 주식회사** : 우쭐한 마이크가 설리에게 당당하게 한 말이에요.

**5.** 내가 말해 두는데⋯ 이게 피닉스의 보석을 찾을 수 있는 유일한 방법이야.
▶ And _____
　　　힌트  this is the only way to find a Phoenix Gem

🎬 **온워드** : 발리가 이안에게 맨티코어의 선술집으로 가야 하는 이유를 설명한 말이죠.

✦ 정답은 소책자 24쪽에

1 menagerie (서커스 등을 위해 모아 놓은) 야생 동물   3 not a chance 말도 안 되는 일

## 137 분명히 ~가 있을 거야
# There must be ~

🎧 137.mp3

There must be ~.는 '~가 있는 게 분명해.', '틀림없이 ~가 있을 거야.'라는 뜻으로 무언가가 반드시 있을 거라고 확신하는 표현이에요. There should be ~. 역시 비슷한 의미로 자주 쓰는 패턴입니다.

🎬 **미녀와 야수** : 벨이 아버지 대신 자신이 성에 남겠다고 야수에게 말하며

**BELLE** But he could die. Please, I'll do anything!
벨 하지만 돌아가실 수도 있어요. 제발, 제가 뭐든 할게요!

**BEAST** There's nothing you can do. He's my prisoner.
야수 당신이 할 수 있는 게 없소. 저 사람은 내 죄수요.

**BELLE** Oh, **there must be** some way I can... wait! Take me, instead!
벨 오, 제가 할 수 있는 방법**이 분명히**… 잠깐만요! 대신에 날 가두세요!

\* prisoner 죄수 | instead 대신

---

**1.** 이런 시골 생활보다 더 좋은 곳**이 분명히 있을 거야**!
▸ **There must be** more than this provincial life!

🎬 미녀와 야수 : 벨이 마을을 벗어나 더 멋진 곳을 꿈꾸며 한 말이에요.

**2.** 비명 흡입 밸브에 이상이 있**는 게 분명해**.
▸ **There must be** something wrong with the scream intake valve.

🎬 몬스터 주식회사 : 기계가 제대로 작동하지 않자 편기스기 의이헤히며 한 말이에요.

**3.** 안전한 방법**이 틀림없이 있을 거야**.
▸ _____
힌트  a safe way

🎬 토이 스토리 2 : 버즈가 장난감들이 안전하게 도로를 건너는 방법을 생각하며 한 말이에요.

**4.** 스위치 아래에 작은 구멍**이 있는 게 분명해**!
▸ **There should be** a little hole under the switch!

🎬 토이 스토리 3 : 햄이 우디에게 버즈를 리셋하는 방법을 알려 주며 한 말이에요.

**5.** 수십 명은 있**는 게 틀림없어**!
▸ _____
힌트  dozens

🎬 토이 스토리 3 : 햄이 밖에서 아이들이 몰려오는 것을 보고 흥분해서 한 말이죠.

✦ 정답은 소책자 24쪽에

**잠깐만요!** 1 provincial 지방의  2 scream 비명, intake 흡입  4 hole 구멍  5 dozen 12개

211

# 138 You'll never ~

넌 ~할 수 없을 거야

상대방이 절대로 어떤 일을 할 수 없을 거라고 단언하는 패턴이에요. 문맥에 따라서는 상대방에게 상처를 줄 수 있는 말이니까 조심해서 사용하셔야 해요.

> 🎬 **주토피아** : 아빠가 주디에게 안정된 삶에 대해 말해 주며
>
> **MR. HOPPS** Well, I'll tell ya how-- we gave up on our dreams and we settled, right Bon?
> 홉스 씨(아빠) 내 말을 들어 봐 – 우리는 꿈을 포기하고 정착했어, 안 그래 여보?
>
> **MRS. HOPPS** Oh yes that's right, Stu. We settled hard.
> 홉스 부인(엄마) 네 맞아요, 스투. 정착하려고 열심히 노력했죠.
>
> **MR. HOPPS** See, that's the beauty of complacency, Jude. If you don't try anything new, **you'll never** fail.
> 홉스 씨(아빠) 보렴, 그게 바로 안락함이라는 거야, 주드. 새로운 일만 시도하지 않으면 실패**하지도 않는다고**.

\* give up on ~를 포기하다 | settle 정착하다 | complacency 만족함

---

**1.** 절대 넌 스톰만큼 빨라질 수 없어.
▶ **You'll never** be as fast as Storm.

🎬 카 3 : 스모키가 맥퀸에게 냉정하게 한 말이에요.

**2.** 넌 절대 진짜 경찰이 될 수 없다고.
▶ **You'll never** be a real cop.

🎬 주토피아 : 닉이 주디의 가슴에 비수를 꽂으며 한 말이에요.

**3.** 넌 결코 성공하지 못할 거야!
▶ _____
힌트  make it

🎬 빅 히어로 : 히로가 칼라한의 딸을 포털에서 데려오려고 하자 크레이가 이를 막으면서 한 말이죠.

**4.** 평생 선반에만 앉아 있으면… 절대 모를 거야, 그렇지 않겠어?
▶ Well… if you sit on a shelf the rest of your life… **you'll never** find out, will ya?

🎬 토이 스토리 4 : 우디가 개비 개비에게 아이에게 다가가도록 용기를 주며 한 말이에요.

**5.** 넌 결코 준비되지 않을 거야!
▶ _____
힌트  be ready

🎬 온워드 : 고속도로 진입을 무서워하는 이안에게 발리가 외치는 말이에요.

✦ 정답은 소책자 24쪽에

잠깐만요! 2 cop 경찰  3 make it 성공하다, 해내다  4 shelf 선반, find out 알아내다

# 139

## 우린 ~해야 해
# We're supposed to ~

🎧 139.mp3

상대방에게 어떤 일을 함께 해야 한다고 제안하는 표현이에요. be supposed to ~는 '~하기로 되어 있다'라는 뜻도 있지만 '~해야 한다'라는 뜻도 있어요.

> 🎬 인크레더블 2 : 바이올렛이 슈퍼히어로 일에 대해 부모님과 논쟁하며
>
> **BOB** Yea, well, "help out" can mean many different things...
> 밥 그래, "돕는다"는 건 많은 의미가 있어...
>
> **VIOLET** But we're supposed to help if there's trouble...
> 바이올렛 하지만 위험에 처하면 도와줘야 하잖아요...
>
> **BOB** Well... yea, but –
> 밥 글쎄... 그래, 하지만 –

**1.** 아마 **우리가** 그 위에 올라서**야 하나 봐**.
▶ Maybe we were supposed to step on it?

🎬 온워드 : 방에 물이 차올라 위기에 처하자 발리가 바닥에 있는 돌을 가리키며 한 말이에요.

**2.** 내 말은 오늘 그 문어를 바다로 돌려보내**야 한다구요**.
▶ I mean, we're supposed to be releasing the octopus back to the ocean today.

🎬 도리를 찾아서 : 수족관 직원이 전화로 행크에 대해 한 말이에요.

**3.** **우린** 사람들을 도와**야 하잖아요**.
▶ _____
힌트 help people

🎬 인크레더블 : 밥이 직장 상사와 면담을 하는 자리에서 한 말이에요.

**4.** **우리가** 라일리를 항상 행복하게 **해야 한다고** 생각했어.
▶ I thought we were supposed to be keeping Riley happy.

🎬 인사이드 아웃 : 라일리의 심리가 매우 불안해지자 까칠이가 당황하며 한 말이에요.

**5.** 우리쪽 사람들을 도와**야 한다고**!
▶ _____
힌트 help OUR people

🎬 인크레더블 : 직장 상사가 밥의 일 처리 방법이 마음에 들지 않아서 소리치며 한 말이에요.

✦ 정답은 소책자 25쪽에

1 step on 올라서다  2 release 풀어 주다, octopus 문어

# 140

**~할지 모르겠어요**

# I don't know if ~

🎧 140.mp3

자신의 생각을 확실히 믿지 못하고 자신 없어하는 태도가 담긴 표현이에요. 이때 if는 '만일 ~라면'이 아니라 '~인지 아닌지'라는 의미예요.

🎬 **토이 스토리 4** : 보니가 자신을 싫어할까 봐 개비 개비가 망설이면서

**GABBY GABBY** I don't know if I can do this...
개비 개비  내가 이걸 할 수 **있을지 모르겠어**…

**WOODY**  Gabby, it's just like you said... this is the most noble thing a toy can do.
우디  개비, 네가 말했던 것처럼… 이건 장난감이 할 수 있는 가장 고결한 일이라고.

\* noble 고결한

1. 내가 오늘 밤을 지낼 수 **있을지조차 모르겠어**!
▸ I don't **even** know if I'm gonna last the night!

🎬 **코코** : 헥터가 미구엘에게 자신이 잊혀지고 있음을 고백하며 한 말이에요.

2. 당신이 집시의 기도를 듣**는지 잘 모르겠네요**.
▸ I don't know if you would listen to a gypsy's prayer.

🎬 **노틀담의 꼽추** : 에스메랄다가 성당에서 신에게 기도하며 한 말이죠.

3. 당신이 제 말을 들을 수 있**는지** 아니 거기에 계**신지도 모르겠어요**.
▸ _____ or if you're even there.
   힌트  you can hear me

🎬 **노틀담의 꼽추** : 에스메랄다가 성당에서 신에게 기도하며 한 말이에요.

4. 그가 방문객들을 만날 기분**인지 모르겠군**.
▸ I don't know if he's in the mood for visitors.

🎬 **코코** : 늙은 고모가 치차론이 사람들을 만나고 싶어하는지 모르겠다며 한 말이죠.

5. 내가 계속 견딜 수 **있을지 모르겠어요**!
▸ _____
   힌트  I can stay with it

🎬 **인크레더블 2** : 엘라스티걸이 빠르게 움직이는 열차 위에서 에블린에게 한 말이에요.

✦ 정답은 소책자 25쪽에

**잠깐만요!**  1 last 지속하다  2 prayer 기도  4 be in the mood for ~를 하고 싶은 기분이다

# 141 I promise ~

~하겠다고 약속해요

상대방에게 약속을 할 정도면 자신의 말에 대해 큰 확신이 있다는 거 아니겠어요? I promise ~.는 어떤 일을 하고야 말겠다는 신념을 나타내는 표현이에요.

> 🎬 **인크레더블** : 대쉬가 헬렌에게 운동하게 해달라고 간청하며
>
> **DASH** Maybe I could. If you'd let me go out for sports.
> 대쉬   그렇게 할 수 있죠. 제가 운동만 하게 해 주시면.
>
> **HELEN** Honey. You know why we can't do that.
> 헬렌   얘야. 왜 그렇게 못하는지 알잖니.
>
> **DASH** But **I promise** I'll slow up! I'll only be the best by a little bit...
> 대쉬   하지만 천천히 **하겠다고 약속해요**! 간발의 차이로 최고가 될게요…

\* slow up 속도를 늦추다

1. 약속드려요. 난 우승할 거예요!
   ▸ **I promise** you. I will win!

   🎬 **카 3** : 맥퀸이 스털링에게 예전 방식으로 연습하겠다며 한 말이에요.

2. 이 숲을 자유롭게 하고 아렌델을 복구**하겠다고 약속할게**.
   ▸ **I promise** you I will free this forest and restore Arendelle.

   🎬 **겨울왕국 2** : 엘사가 엘레나와 매티아스에게 반드시 저주를 풀겠다고 약속한 말이죠.

3. 곧 가져다 드리**겠다고 약속해요**.
   ▸ _____
   힌트  we'll bring it right back

   🎬 **코코** : 헥터가 치차론에게 기타를 빌리면서 한 말이에요.

4. 그리고 아렌델의 깃발이 항상 펄럭일 것**을 약속합니다**!!
   ▸ And **I promise** you the flag of Arendelle will always fly!!

   🎬 **겨울왕국 2** : 엘사가 사람들에게 아렌델의 번영을 약속하며 한 말이에요.

5. 다시는 착한 짓 안 한**다고 약속할게**.
   ▸ And _____
   힌트  I will never try to be good again

   🎬 **주먹왕 랄프** : 랄프가 펠릭스에게 바넬로피의 카트를 고쳐 달라고 부탁하며 한 말이죠.

✦ 정답은 소책자 25쪽에

2 free 풀어 주다, restore 복구시키다   3 bring ~ back ~를 다시 가져오다

# Review  132 ~ 141 패턴으로 대화하기

🎧 test 132-141.mp3

앞서 배운 10개 패턴을 활용하여 네이티브와 대화에 도전해 보세요. 빈칸을 채운 후, 오디오 파일을 2번씩 따라하세요.

## 1. [몬스터 대학교] 우체국에서 일을 시작한 설리와 마이크가 크게 만족하며

| | | |
|---|---|---|
| SULLEY | This is better than I ever imagined! | 내가 상상했던 것보다 더 좋은걸! |
| MIKE | _____ | **분명히 우리가 첫해에 최고 기록을 깰 거야.** |
| SULLEY | Mike, we're mail guys. | 마이크, 우리는 우체국 직원이야. |
| MIKE | I know, I'm talking about the record for letters delivered. | 알아, 편지가 배달되는 기록을 말하는 거야. |

\* all-time 역대의 | deliver 배달하다

## 2. [뮬란] 장군이 황제에게 자신의 군대가 산유를 막을 수 있다고 자신하며

| | | |
|---|---|---|
| EMPEROR | Deliver conscription notices throughout all the provinces. Call up reserves, and as many new recruits as possible. | 모든 지역에 징집 공고를 내도록 하시오. 예비군을 소집하고 새로운 병력도 가능한 많이 확보해야 하오. |
| GENERAL | Forgive me, Your Majesty, but _____ . | 송구하오나, 전하, **제 군대가 확실히 그를 막을 수 있습니다.** |
| EMPEROR | I won't take any chances, General. A single grain of rice can tip the scale; one man may be the difference between victory and defeat. | 모험을 할 순 없소, 장군. 쌀 한 톨로 저울의 추가 기울 수 있는 법; 한 명의 군사가 승리와 패배를 결정지을 수 있소. |

\* conscription 징병 | notice 공고 | province 지방, 지역 | call up 소집하다 | reserve 예비군 | recruit 신입 | forgive me 송구하오나 | Your Majesty 황제 폐하 | troop 군대 | take chances 모험을 걸다 | general 장군 | grain 한 톨 | tip 기울이다 | scale 저울 | defeat 패배

## 3. [라푼젤] 라푼젤이 플린에게 별을 보여 달라고 제안하며

| | | |
|---|---|---|
| RAPUNZEL | OK, Flynn Rider: I'm prepared to offer you a deal. | 알았어요, 플린 라이더: 당신에게 제안을 할 준비가 되었어요. |
| FLYNN | Deal? | 제안이요? |
| RAPUNZEL | Look this way. | 여길 보세요. |
| RAPUNZEL | Do you know what these are? | 이게 뭔지 아세요? |
| FLYNN | You mean the lantern thing they do for the princess? | 공주를 위해서 밝히는 등불 말하는 거예요? |
| RAPUNZEL | Lanterns. _____ | 등불이군요. **별이 아닌 줄 알았다니까!** |

\* be prepared to ~할 준비가 되다 | offer ~ a deal ~에게 제안을 하다

216

**4.** [주토피아] 닉과 주디가 늑대들이 오터톤을 납치했다고 추측하며

| | | |
|---|---|---|
| **NICK** | There it is. What is with wolves and howling? | 저기에 있어. 늑대들이 왜 저렇게 우는 거지? |
| **HOPPS** | Howlers. Night howlers. That's what Manchas was afraid of... wolves! The wolves are the night howlers. If they took Manchas... | 울음꾼들이야. 밤의 울음꾼들. 만차스가 두려워했던 건… 늑대들이었어! 늑대들이 밤의 울음꾼들이야. 그들이 만차스를 납치했다면… |
| **NICK** | _____ (Otterton) | 그들이 오터톤도 잡아간 게 분명해. |
| **HOPPS** | All we gotta do is find out where they went. | 우리가 할 일은 그들이 어디로 갔는지 알아내는 거야. |

* howl 울부짖다 | be afraid of ~를 두려워하다 | take 납치하다


**5.** [라푼젤] 고텔이 라푼젤에게 머리를 내려 달라고 요청하며

| | | |
|---|---|---|
| **MOTHER GOTHEL** | Let down your hair! | 머리를 내려 줘! |
| **RAPUNZEL** | Uh, one moment, Mother! | 어, 잠시만요, 어머니! |
| **MOTHER GOTHEL** | I have a big surprise! | 놀라운 소식이 있어! |
| **RAPUNZEL** | Uh, I do too! | 어, 저도 그래요! |
| **MOTHER GOTHEL** | Oh, _____ ! | 내 소식이 더 놀라울걸! |
| **RAPUNZEL** | I seriously doubt it. | 아닐 것 같은데요. |

* let down ~를 내리다 | seriously 정말로 | doubt 의심하다


**6.** [온워드] 이안이 아빠의 녹음 목소리와 대화하며

| | | |
|---|---|---|
| **IAN** | I sure do wish I could spend a day with you sometime. | 아빠하고 하루라도 함께 있고 싶어요. |
| **DAD** | I know. | 알아. |
| **IAN** | Yeah, there's so many things we could do. | 많은 것들을 함께 하고 싶어요. **확실히 재미있을 거예요!** |
| **DAD** | Well, let's find out. | 글쎄, 어디 보자고. |
| **IAN** | Yeah, I mean, I'd love to! We could, uh – | 정말로요. 진짜 그러고 싶어요! 우리가 함께, 어 – |
| **DAD** | Okay. Bye. | 그래. 안녕. |
| **IAN** | Yeah. Bye. | 네. 안녕. |

* sometime 언젠가 | find out 알아내다

**1.** [카 3] 맥퀸이 옛날 방식으로 훈련하겠다고 하자 스털링이 허락하지 않으려고 하며

**STERLING** Get your tires dirty. THAT'S... how you're gonna get faster than storm?

타이어를 더럽히겠다. 그게… 당신이 스톰보다 빨라질 수 있는 방법이라구요?

**MCQUEEN** Yes! Exactly! I mean, sacred dirt, right? Mr. Sterling. If you care about my legacy – the one that Doc started you'll let me do this!
_____ – _____

네! 정확해요! 제 말은, 성스러운 흙이에요, 안 그런가요? 스털링 씨. 제가 남길 기념비적인 유산에 관심이 있으시다면, 덕이 시작했던 바로 그것 말이죠, 제가 이렇게 하도록 해 주세요! **약속드려요 – 난 우승할 거예요!**

**STERLING** I don't know. What you're asking – it's too risky.

잘 모르겠어요. 당신이 요구하는 건 – 너무 위험 부담이 커요.

**MCQUEEN** C'monnnn. You like it, I can tell. It's got that little comeback story of the year feel to it, doesn't it?

제발요. 좋다고 생각하시잖아요, 그러신 것 같은데요. 올해의 컴백 같은 그런 느낌이 들지 않나요?

\* sacred 신성한 | care about ~에 신경 쓰다, 관심이 있다 | legacy 유산 | risky 위험 부담이 큰

**정답**
1. I bet we break the all-time record in our first year. 2. I believe my troops can stop him 3. I knew they weren't stars!
4. I bet they took Otterton too. 5. I bet my surprise is bigger 6. I bet it'd be really fun! 7. I promise you – I will win!

# Part 15

## 단호하게 말할 때
### 디즈니 캐릭터가 사용하는 패턴

영어를 잘하는 사람은 남들이 잘 쓰지 않는 표현을 많이 알고 있는 사람이 아니에요. 아주 짧은 표현이라도 상황에 맞게 적절한 톤으로 말할 수 있는 사람이 바로 '영어 도사'죠. 이번 파트에서는 한두 개의 단어로 단호하게, 정확하게 말하는 패턴을 공부할 거예요. 완벽한 톤으로 잘 연습해 두면 '영어 잘하는 사람'이란 칭찬을 들을 수 있을 거예요.

- 패턴142 You can't ~
- 패턴143 Let her/him ~
- 패턴144 Listen to ~
- 패턴145 No more ~
- 패턴146 Not ~
- 패턴147 I'm done -ing
- 패턴148 I ain't ~
- 패턴149 You don't know ~
- 패턴150 You need to ~
- 패턴151 All that matters is ~

# 142  ~하면 안 되죠
## You can't ~

🎧 142.mp3

상대방의 행동이 마음에 들지 않아 따지고 들거나 절대로 어떤 행동을 하지 말라고 할 때 쓰는 패턴이에요. 상식 밖의 행동을 하는 상대방에게 큰 소리로 You can't do this!(이러면 안 되죠!)라고 말해 보세요.

🎬 **미녀와 야수** : 개스톤이 아버지를 정신 병동에 넣으려고 하자 벨이 완강히 저항하며

**LEFOU** Take him away!
르푸  그를 데려가!

**MAURICE** Let go of me!
모리스  날 놔줘!

**BELLE** No, **you can't** do this!
벨  안 돼요, 이럴 **순 없어요**!

\* take ~ away ~를 데려가다 | let go of ~를 풀어 주다

---

**1.** 이런 건 속이**면 안 돼요**.
▸ Oh, **you can't** cheat on this one.

🎬 **알라딘** : 정신을 잃은 알라딘에게 지니가 제대로 소원을 빌어야 한다며 한 말이죠.

**2.** 이 일을 다른 사람에게 말**하면 안 돼요**, 알았죠?
▸ **You can't** tell anyone about this, okay?

🎬 **라푼젤** : 플린이 라푼젤에게 자신의 이름에 관한 비밀을 지켜 달라고 한 말이에요.

**3.** 그러면 안 되죠!
▸ _____
　　　　　　　　　힌트  do that

🎬 **온워드** : 전당포 주인이 마음대로 가격을 올리자 로렐이 화내며 한 말이죠.

**4.** 그것들을 버리**면 안 되죠**!
▸ **You can't** throw those away!

🎬 **인사이드 아웃** : 기억 청소부들이 라일리의 과거 추억들을 버리려고 하자 기쁨이가 한 말이에요.

**5.** 날 따라서 불구덩이 속으로 들어오**면 안 된다고**.
▸ _____
　　　　　힌트  just follow me into fire

🎬 **겨울왕국 2** : 안나가 불길을 뚫고 엘사를 따라오자 엘사가 화내며 한 말이에요.

✦ 정답은 소책자 25쪽에

  1 cheat 속이다　4 throw ~ away ~를 버리다

220

~하게 해 줘

# Let her/him ~

🎧 143.mp3

그 사람이 바라는 대로 해 주라고 명령하는 말이에요. 디즈니 영화에서 주인공이 악당에게 항상 하는 대사 Let her go.(그녀를 풀어 줘.)가 바로 이 패턴에서 온 거예요. 반대로 '~하지 못하게 해.'라고 할 때는 Don't let her/him ~.라고 하면 된답니다.

> 🎬 **온워드** : 생일을 맞은 이안에게 발리가 헤드락을 거는 장난을 치며
>
> **BARLEY** You know, Ian, in the days of old, a boy of sixteen would have his strength tested in the Swamps of Despair.
> **발리** 이봐, 이안, 옛날에는 말야, 소년이 16살이 되면 절망의 늪에서 자신의 힘을 시험받아야 했다고.
>
> **IAN** I'm not testing anything, just let me go!
> **이안** 난 시험 같은 거 안 받을 거야. 그냥 풀어 줘!
>
> **LAUREL** Let him go.
> **로렐** 풀어 주라고.

\* days 시대 | strength 힘 | swamp 늪 | despair 절망

1. 걔가 운동할 수 있게 해 주라고!
▶ **Let him** go out for sports!

2. 걔가 실제로 경쟁할 수 있게 해줘!
▶ **Let him** actually compete!

3. 그녀를 놔줘!
▶ _____
힌트  her go

4. 걔가 나가지 못하도록 해!
▶ **Don't let him** get out!

5. 그냥 **그들이** 들어오게 해.
▶ Just _____
힌트  them come

🎬 **인크레더블** : 밥이 헬렌에게 대쉬가 하고 싶은 대로 하게 해 주라며 한 말이에요.

🎬 **인크레더블** : 밥이 헬렌에게 대쉬가 하고 싶은 대로 하게 해 주라며 한 말이에요.

🎬 **인어공주** : 트라이튼 왕이 우슬라에게 에리얼을 놓아주라고 명령한 말이에요.

🎬 **토이 스토리 3** : 우디가 장난감들에게 버즈를 붙잡으라고 다급하게 한 말이에요.

🎬 **미녀와 야수** : 야수가 성으로 쳐들어오는 마을 사람들을 개의치 않고 포기하듯 한 말이에요.

✦ 정답은 소책자 25쪽에

 2 actually 실제로, compete 경쟁하다  4 get out 나가다

# 144

~의 말을 들어 봐

## Listen to ~

 144.mp3

고집 불통의 상대방에게 다른 의견에도 귀를 기울여 보라는 의미로 하는 말이에요. 반대로 '~의 말을 듣지 마.'라고 할 때는 Don't listen to ~.라고 하면 되겠죠?

---

🎬 코코 : 온 가족이 미구엘에게 음악가의 꿈을 포기하라고 하며

**MIGUEL** He's family…
**미구엘** 그는 가족이에요…

**TÍA VICTORIA** **Listen to** your Mamá Imelda.
**빅토리아 고모** 이멜다 할머니**의 말씀을 들어**.

**TÍO OSCAR** She's just looking out for you.
**오스카 고모** 너 잘되라고 그러시는 거야.

\* look out for 지켜주다, ~를 걱정하다

---

1. 저 아이 **말을 들어**, 칼라한.
▶ **Listen to** the kid, Callaghan.

🎬 빅 히어로 : 크레이가 칼라한에게 히로의 말대로 자신을 풀어 달라고 간청한 말이에요.

2. 쟤 **말은 듣지 마**.
▶ **Don't listen to** him.

🎬 몬스터 대학교 : 마이크가 동아리 친구들에게 설리의 말을 듣지 말라고 한 말이에요.

3. 내 말 좀 들어!
▶ _____
힌트 me

🎬 도리를 찾아서 : 위험을 감지하고 행크가 도리에게 다급하게 한 말이에요.

4. 얘들아, 엄마 **말 들어**.
▶ Kids, **listen to** your mother.

🎬 인크레더블 : 아이들이 식사 자리에서 싸우고 있지만 밥이 무관심하게 한 말이에요.

5. 내가 하는 **말을 들어**!!
▶ _____
힌트 what I'm saying now

🎬 인크레더블 : 헬렌이 바이올렛에게 포스 필드를 치라고 다급하게 한 말이죠.

✧ 정답은 소책자 25쪽에

# 145 No more ~
더 이상 ~하지 마

🎧 145.mp3

더 이상 어떤 행동을 하지 말라고 단호하게 말할 때 쓰는 표현이에요. No more 뒤에는 간단한 명사나 동사-ing 형태를 써 주세요. 단호하게 명령할 때는 굵고 짧게 말하는 게 좋거든요.

🎬 **니모를 찾아서** : 화가 난 말린이 도리에게 고래 소리를 그만하라고 하며

**DORY** I'll check! Whaaat-
도리   내가 확인해 볼게! 무무무어엇-

**MARLIN** No! **No more** whale! You can't speak whale!
말린   안 돼! 고래 소리 **더 이상** 내**지 마**! 넌 고래 말을 할 수 없다고!

**DORY** Yes, I can!
도리   할 수 있어!

\* whale 고래

1. 할머니가 광장에 오**지 말라고** 하면, 광장에 **다시는 오지 않는 거야**.
▶ If Abuelita says no more plaza, then no more plaza.

🎬 코코 : 아빠가 미구엘에게 광장에 나가지 말라고 명령한 말이에요.

2. 더 이상 구두닦이를 하**지 않아도 돼** – 이제 넌 구두를 만들 테니까!
▶ No more shining shoes – you will be making them!

🎬 코코 : 아빠가 미구엘에게 가업인 구두 제작을 허락하며 한 말이에요.

3. 더 이상 음악을 하지 마.
▶ _____
힌트  music

🎬 코코 : 음악을 반대하는 아빠가 미구엘에게 크게 화내며 한 말이에요.

4. 더 이상 장난치**지 마요**, 켄!
▶ No more games, Ken!

🎬 토이 스토리 3 : 바비가 켄을 위협하며 한 말이에요.

5. 이봐, 말 좀 **그만해**, 알겠지?
▶ Look, _____, okay?
힌트  talking

🎬 도리를 찾아서 : 행크가 수다스러운 도리에게 조용히 하라고 한 말이에요.

✤ 정답은 소책자 26쪽에

**잠깐만요!** 1 Abuelita 할머니(스페인어), plaza 광장  2 shine 광을 내다

# 146

## ~ 말고
## Not ~

상대방의 말이나 행동이 자신의 생각과 달라서 단번에 거절하고 싶으면 Not ~. 패턴을 써 주세요. '~ 말고.', '~ 아니라고.'처럼 해석하는 게 제일 어울려요.

---

🎬 **겨울왕국 2** : 안나가 얼음 조각상들을 발견한 후 올라프가 예전에 했던 말을 기억하고

**OLAF** Oh! My theory about advancing technologies as both our savior and our doom?
**올라프** 오! 구원자이자 파괴자로서 기술을 발전시키는 것에 관한 나의 이론 말하는 거지?

**ANNA** No, not the- **Not** that one. The one about-
**안나** 아니, 아니-그거 **말고.** 그 있잖아-

**OLAF** The one about cucumbers?
**올라프** 오이에 관한 거 말하는 거야?

＊ theory 이론 | advance 발전시키다 | technology 기술 | savior 구원자 | doom 불행한 운명 | cucumber 오이

---

**1.** 나 **말고**, 그녀 말야.
▶ **Not** me, HER.

🎬 **카 3** : 맥퀸이 크루즈를 레이싱 경기에 투입시키라고 한 말이에요.

**2.** 너 **말고**! 봐!
▶ **Not** you! Look!

🎬 **몬스터 주식회사** : 몬스터 주식회사 광고가 TV에 나오자 마이크가 설리에게 외치며 한 말이에요.

**3.** 지금은 안 돼!
▶ _____
　　　　　　　　　　　　힌트 now

🎬 **주토피아** : 보고 서장이 오터톤 부인의 면담을 거절하며 한 말이에요.

**4.** 걔 **말구요**, 그 형이요.
▶ **Not** him, the older one.

🎬 **온워드** : 고어 경관이 이안이 아니라 발리를 비난하며 한 말이에요.

**5.** 아니, 그거 **말고**.
▶ No, _____
　　　　　　　　　　　　힌트 that

🎬 **빅 히어로** : 베이맥스가 이상한 주먹 인사를 하자 히로가 화를 내며 한 말이에요.

✦ 정답은 소책자 26쪽에

# 147 I'm done -ing

~는 하지 않겠어

🎧 147.mp3

I'm done -ing은 '~를 끝냈어.'라는 뜻이지만 '~는 하지 않겠어.'처럼 앞으로 어떤 일을 하지 않겠다고 단호하게 말할 때도 쓸 수 있어요. I'm done with ~. 또한 비슷한 의미의 표현인데 with 뒤에는 간단한 명사를 써 주세요.

> 🎬 코코 : 델라 크루즈가 영화에 출연해서 하는 대사
>
> **LOLA**  But my father, he will never give his permission.
> 롤라  하지만 아버지는, 절대로 허락을 안 하실 거예요.
>
> **DE LA CRUZ**  **I am done asking** permission. When you see your moment you mustn't let it pass you by, you must seize it!
> 델라 크루즈  허락을 **구하는 일은 안 할 거예요**. 당신이 빛날 순간이 오면 절대로 그냥 지나치면 안 돼요, 꼭 잡아야 한다구요!

*permission 허락 | pass by 지나가다 | seize 붙잡다*

1. 내가 상어와의 대화를 끝내고 난 다음에, 알겠지?
▶ After **I'm done talking** to the shark, okay?

🎬 니모를 찾아서 : 겁쟁이 말린이 니모에게 농담으로 한 말이에요.

2. 라푼젤, 이 이야기는 끝났잖니.
▶ Rapunzel, **we're done talking** about this.

🎬 라푼젤 : 밖에서 등불을 보고 싶다는 라푼젤의 소망을 고텔이 무시하며 한 말이죠.

3. 난 더 이상 할 말이 없어!
▶ _____
힌트  talking

🎬 온워드 : 맨티코어가 이안과 발리의 부탁을 단칼에 거절하며 한 말이죠.

4. 걔가 아침 다 먹었대.
▶ She said **she's done with** breakfast.

🎬 토이 스토리 4 : 슬링키가 보니와 함께 놀 시간을 기대하며 한 말이에요.

5. 그리고 정말로 난 이 일에 대해 더 이상 말하지 않겠어.
▶ And I'm really, really _____
힌트  talking about this

🎬 니모를 찾아서 : 도리가 어두운 곳을 통과해야 한다고 말하자 말린이 그녀의 말을 무시하며 한 말이죠.

✦ 정답은 소책자 26쪽에

1 shark 상어

# 148

**~하지 않겠어**

## I ain't ~

 148.mp3

I'm not ~.의 속어 표현으로 자신이 절대 어떤 행동을 하지 않겠다고 하는 말이에요. You ain't ~. 역시 You're not ~.의 속어 표현인데 '넌 절대로 ~하지 못해.'라는 뜻이에요. 두 표현 모두 상대방에게 단호하게 말할 때 사용해요.

> 🎬 **카 3** : 맥퀸이 스모키를 통해 경기에 나선 크루즈의 긴장을 풀어 주려고
>
> **MCQUEEN**  No, no. Wait, wait, wait. Tell her she's on a beach and all the little crabbies have gone nite nite.
> **맥퀸**  아니야. 기다려, 기다려 봐. 그녀가 해변에 있고 작은 게들이 잠자러 갔다고 말해.
>
> **SMOKEY**  No! **I ain't** saying that! You tell her!
> **스모키**  안 돼! **난** 그런 말 **안 하겠어**! 네가 말해!

\* crab 게 | go nite nite 자러 가다

---

**1.** 난 아무 말도 **안 할 거야**, 토끼야.
▶ **I ain't** talking, rabbit.

🎬 **주토피아** : 위즐턴이 주디에게 자백하지 않겠다고 한 말이에요.

**2.** **너한테는** 내 시간이 아까워, 약해 빠진 놈.
▶ Eh, **you ain't** worth my time, chicken boy.

🎬 **뮬란** : 야오가 뮬란을 얕잡아 보며 한 말이에요.

**3.** 난 더 이상 엉덩이를 깨물**지 않겠어**.
▶ _____
힌트  biting no more butts

🎬 **뮬란** : 무슈가 뮬란과 함께 목욕하는 남자 군인의 엉덩이를 깨물고 한 말이죠.

**4.** 나도 우디가 보고 싶어. 하지만 **그는** 돌아오**지 않을 거야**.
▶ I miss Woody, too. But **he ain't** ever comin' back.

🎬 **토이 스토리 3** : 데이 케어에 갇히게 된 제시가 우디를 그리워하며 한 말이에요.

**5.** 당신은 써니사이드를 절대 못 나가.
▶ _____
힌트  leavin' Sunnyside

🎬 **토이 스토리 3** : 랏소가 포테이토 헤드 부인을 위협하며 한 말이에요.

✦ 정답은 소책자 26쪽에

**잠깐만요!**  2 chicken boy 비겁한 놈  3 bite 깨물다, butt 엉덩이

### 넌 ~를 모를 거야
# You don't know ~

🎧 149.mp3

상대방에게 자신의 생각을 강조해서 말할 때 쓰는 표현이에요. '정말로 심각하고 중요한 일인데 넌 모르잖아'라는 뉘앙스니까 살짝 격양된 목소리로 말하는 것도 좋아요.

---

🎬 **라이언 킹** : 날라가 오랜 시간이 지난 뒤 심바를 다시 만나 기뻐하며

**NALA** It's like you're back from the dead. **You don't know** how much this will mean to everyone... what it means to me.
**날라** 네가 죽었다 다시 살아난 것 같아. **넌** 이게 우리 모두에게 어떤 의미**인지 모를 거야**… 내게 어떤 의미가 있는지도.

**SIMBA** Hey, it's okay.
**심바** 이봐, 괜찮아.

**NALA** I've really missed you.
**날라** 난 정말 네가 그리웠어.

＊ be back from ~에서 돌아오다

---

**1.** 여기가 어떤 곳**인지 너희는 정말 모를 거야**!
▶ **You don't know** what it's like over here!

🎬 **토이 스토리** : 시드의 방에 갇힌 우디가 장난감들에게 호소하며 한 말이에요.

**2.** 당신이 무슨 말을 하**는지도 모르잖아요**…
▶ **You don't know** what you're talking about…

🎬 **코코** : 헥터가 델라 크루즈의 음악을 비판하자 미구엘이 발끈하며 한 말이죠.

**3.** 네가 하려는 일이 어떤 건**지도 모르잖아**!
▶ _____
힌트  what you're doing

🎬 **미녀와 야수** : 벨이 성에 남겠다고 하자 모리스가 이를 완강히 거절하며 한 말이에요.

**4.** 설리반. 내가 이렇게 하길 얼마나 원했**는지 넌 모를 거다**.
▶ **You don't know** how long I've wanted to do that, Sullivan.

🎬 **몬스터 주식회사** : 설리에게 나쁜 감정이 있는 랜달이 그를 공격하며 한 말이죠.

**5.** 넌 밖이 어떤**지 잘 몰라**.
▶ _____
힌트  what it's like out there

🎬 **노틀담의 꼽추** : 프롤로가 콰지모도에게 세상의 잔인함을 노래한 말이에요.

⇨ 정답은 소책자 26쪽에

**잠깐만요!** 1 what it's like (상황이나 상태가) 어떠한지

227

## 150 넌 ~해야 해
# You need to ~

🎧 150.mp3

상대방에게 어떻게 행동해야 한다고 조언하는 패턴이에요. need가 있다고 해서 반드시 '~가 필요해.'라고 해석할 필요는 없어요.

> 🎬 **몬스터 대학교** : 마이크가 동아리 회원들에게 훈련을 종용하자 설리가 화를 내며
>
> **MIKE** Guys, hold on! Hey, hey, hey, wait a second! Don't listen to him – We just need to keep trying –
> **마이크** 얘들아, 잠깐! 야, 기다려 봐! 쟤 말은 듣지 마 – 우리는 계속 노력해야 –
>
> **SULLY** No, **you need to** stop trying! You can train monsters like this all you want, but you can't change who they are.
> **설리** 아니야, **넌** 노력을 그만**해야 해**! 몬스터들을 네가 원하는 대로 훈련시킬 순 있겠지만 그들의 정체성을 바꿀 수는 없다고.

✱ keep -ing 계속 ~하다 | try 노력하다 | train 훈련시키다

---

**1.** 저쪽으로 가**야 한다고**!
▸ **You need to** get all the way over!

🎬 **온워드** : 고속도로에서 발리가 이안에게 다급하게 한 말이에요.

**2.** 네 힘을 발산할 수 있는 더 좋은 곳을 찾**아야 해**.
▸ **You need to** find a better outlet.

🎬 **인크레더블** : 선생님과의 면담 후 헬렌이 대쉬에게 조언한 말이에요.

**3.** 그렇게 하지 말라고.
▸ _____
　　　　　　　　　　힌트 stop doing that

🎬 **모아나** : 마우이가 모아나에게 귀찮게 굴지 말라며 한 말이에요.

**4.** 행동을 바르**게 해**, 친구.
▸ **You need to** clean up act, amigo.

🎬 **코코** : 경찰이 헥터에게 행동을 바르게 하라고 경고한 말이에요.

**5.** 시장님, 지금 나가**셔야 합니다**.
▸ Sir, _____
　　　　　　　　　　힌트 go now

🎬 **주토피아** : 오소리 의사가 주디와 닉이 들어온 것을 눈치채고 시장에게 한 말이죠.

✿ 정답은 소책자 26쪽에

1 get over 넘어가다　2 outlet 분출구　4 clean up 깨끗하게 하다, amigo 친구(스페인어)

# 151 All that matters is ~

중요한 것은 ~야

🔊 151.mp3

지금 상황에서 자신이 중요하다고 생각하는 것을 말할 때 쓰는 표현이에요. 이 표현 외에 What matters is ~.(중요한 것은 ~야.), That's all that matters.,That's what matters.(그게 중요한 거야.), None of that matters.(그런 건 중요하지 않아.)와 같은 응용 표현도 꼭 알아 두세요.

> 🎬 **온워드** : 발리가 자기 마음대로 하려고 하자 이안이 상황을 설명하며
>
> **BARLEY** See!
> 발리   거봐!
>
> **IAN** But I told you, this isn't a game! **All that matters** today **is** Dad, and right now he's sitting in that van, and he's confused--
> 이안   하지만 말했잖아, 이건 게임이 아니야! 오늘 **중요한 건** 아빠야, 그리고 지금 그는 밴에 앉아 계신다고, 아주 혼란스러워하신단 말야--

\* confused 혼란스러운

---

**1.** 그런 건 이제 중요하지 않아.
▶ **None of that matters** now.

🎬 **몬스터 주식회사** : 부를 위하는 설리가 성공 따위는 중요하지 않다며 한 말이에요.

**2.** 우리 모두가 지금 함께 있잖아, 그게 중요한 거지.
▶ We're all together now, **that's what matters**.

🎬 **코코** : 집으로 돌아온 미구엘을 엄마가 따뜻하게 맞이하며 한 말이에요.

**3.** 중요한 건 우리가 가능한 한 많은 시간을 아빠와 보내야 한다는 거야.
▶ _____
힌트   that we get to spend as much time as possible with Dad

🎬 **온워드** : 이안이 발리에게 아빠와 보내는 시간이 중요하다며 한 말이에요.

**4.** 중요한 건 앤디가 필요할 때 우리가 여기에 있다는 거야.
▶ **What matters is** that we're here for Andy when he needs us.

🎬 **토이 스토리** : 우디가 장난감들의 회의에서 마이크를 들고 한 말이죠.

**5.** 그게 중요하지.
▶ _____
힌트   That's all that

🎬 **니모를 찾아서** : 말린이 브루스의 파티에 억지로 끌려가며 한 말이에요.

✦ 정답은 소책자 27쪽에

 **2** be together 함께 있다   **3** as much time as possible 가능한 한 많은 시간

# Review  142 ~ 151 패턴으로 대화하기

test 142-151.mp3

앞서 배운 10개 패턴을 활용하여 네이티브와 대화에 도전해 보세요. 빈칸을 채운 후, 오디오 파일을 2번씩 따라하세요.

### 1. [주토피아] 보고 서장이 오터톤 부인의 면담을 피하면서

| CLAWHAUSER | Chief, uh, Mrs. Otterton's here to see you again. | 서장님, 오터톤 부인이 또 찾아오셨어요. |
| BOGO | _____ | 지금은 안 돼. |
| CLAWHAUSER | Okay, I just didn't know if you wanted to take it this time she seems really-- | 알겠습니다, 서장님께서 이번에 면담을 하고 싶어 하시는지 어떨지 몰랐어요. 오터톤 부인이 정말 – |
| BOGO | Not now! | 지금은 안 된다고! |

### 2. [카 3] 맥퀸이 크루즈를 레이싱 경기에 투입시키라고 하며

| MCQUEEN | No. _____, HER. | 아니. 나 말고, 그녀야. |
| GUIDO | Oh. | 오. |
| CRUZ | What? | 뭐라구요? |
| STERLING | What is she doing back here?! | 저 여자가 여기서 뭐하는 거야?! |
| MCQUEEN | Come on, guys! Get her set up. Quickly! | 이봐, 친구들! 그녀를 준비시켜. 얼른! |

* set up 준비하다

### 3. [인크레더블] 헬렌과 밥이 대쉬 문제로 말다툼을 하며

| HELEN | This is not about you, Bob!! This is about Dash!! | 밥. 이건 당신 문제가 아니라구요!! 이건 대쉬의 일이에요!! |
| BOB | You wanna help Dash? _____ Let him go out for sports! | 대쉬를 돕고 싶어? 걔가 실제로 경쟁할 수 있게 해 줘! 걔가 운동을 하게 하라고! |
| HELEN | I will not be made the enemy here!! You know why we can't do that!!! | 이 문제에 내가 악역을 하기 싫어요!! 우리가 그렇게 할 수 없다는 거 잘 알잖아요!!! |
| BOB | BECAUSE HE'D BE GREAT!! | 그 애가 너무 잘할까 봐!! |
| HELEN | THIS IS NOT ABOUT YOU!!! | 당신 문제가 아니라구요!!! |

* compete 경쟁하다 | enemy 적

**4.** [코코] 아빠가 코코에게 신발 제작 가업을 물려받도록 강요하며

| | | |
|---|---|---|
| **PAPÁ** | Miguel… Your Abuelita had the most wonderful idea! We've all decided – it's time you joined us in the workshop! | 미구엘… 할머니가 정말 좋은 생각을 내셨어! 우리 모두 결정을 내렸지 – 네가 우리 공방에 들어올 때가 된 거야! |
| **MIGUEL** | What?! | 네?! |
| **PAPÁ** | _____ – you will be making them! Every day after school! | **더 이상 구두닦이를 안 해도 된단다** – 넌 구두를 제작하는 거야! 학교 끝나고 매일! |
| **ABUELITA** | Our Migueli-ti-ti—ti-to carrying on the family tradition! And on Día de los Muertos! Your ancestors will be so proud! | 우리 미구엘이 가업을 이어가는구나! 그것도 죽은 자들의 날에 말이야! 조상님들이 아주 자랑스러워 하실 게다. |

\* carry on 지속하다 | Día de los Muertos 죽은 자들의 날(멕시코 전통일) | ancestor 조상

**5.** [코코] 할머니가 미구엘에게 음악을 하지 말라고 단호히 명령하며

| | | |
|---|---|---|
| **ABUELITA** | Never! That man's music was a curse! I will not allow it! | 절대 안 돼! 저 사람의 음악은 저주야! 절대 허락할 수 없어! |
| **MIGUEL** | If you would just let – | 한 번만 하게 해 주시면 – |
| **MAMÁ** | Miguel – | 미구엘 – |
| **PAPÁ** | You will listen to your family. _____ | 가족의 말을 들어야 해. **더 이상 음악을 하지 마.** |
| **MIGUEL** | Just listen to me play – | 제가 연주하는 걸 들어주세요 – |
| **PAPÁ** | End of argument. | 더 이상 논쟁하고 싶지 않구나. |

\* curse 저주 | argument 논쟁

**6.** [인크레더블] 대쉬가 헬렌에게 운동하게 해달라고 간청하며

| | | |
|---|---|---|
| **HELEN** | Dash. This is the third time this year you've been sent to the office. _____ A more constructive outlet. | 대쉬. 교장실로 불려 간 게 올해만 세 번째야. **네 힘을 더 잘 발산할 수 있는 곳을 찾아야 해.** 좀 더 건설적인 출구 말이야. |
| **DASH** | Maybe I could. If you'd let me go out for sports. | 그렇게 할 수 있어요. 운동만 하게 해 주시면. |
| **HELEN** | Honey. You know why we can't do that. | 얘야. 왜 그렇게 못하는지 알잖아. |
| **DASH** | But I promise I'll slow up! I'll only be the best by a little bit… | 하지만 천천히 하겠다고 약속해요! 간발의 차이로 최고가 될게요… |

\* constructive 건설적인 | outlet 분출구 | slow up 속도를 줄이다

**1.** [빅 히어로] 히로가 칼라한 교수에게 크레이를 풀어 주라고 하며

| | | |
|---|---|---|
| HIRO | Professor Callaghan! | 칼라한 교수님! |
| HIRO | Let him go! Is this what Abigail would have wanted? | 그를 놔 주세요! 이게 아비게일이 원했던 걸까요? |
| CALLAHAN | Abigail is gone! | 아비게일은 죽었어! |
| HIRO | This won't change anything. Trust me I know. | 이렇게 한다고 해서 달라질 건 없어요. 저도 어떤 심경인지 알아요. |
| KREI | _____, Callaghan. Please just... Let me go. I'll give you anything you want. | 저 아이 말을 들어, 칼라한. 제발… 날 살려 줘. 자네가 원하는 건 무엇이든 주겠어. |
| CALLAHAN | I want my daughter back! | 난 딸아이가 돌아오기만 바랄 뿐이야! |

＊ be gone 죽다, 사라지다

정답
**1.** Not now. **2.** Not me. **3.** Let him actually compete! **4.** No more shining shoes. **5.** No more music. **6.** You need to find a better outlet. **7.** Listen to the kid

# Part 16

## 상대방에게 질문할 때
### 디즈니 캐릭터가 사용하는 패턴

이번 파트에서는 what, where, how, who 등의 단어를 활용해서 상황에 맞게 질문하는 패턴을 소개할 거예요. 핑퐁이 되기 위해서는 상황에 맞는 질문을 해야 하잖아요? 이번 파트에서 소개하는 11개의 패턴만 확실히 익혀 두어도 여유 있게 대화를 주도하고 공감 잘되는 인상을 줄 수 있을 거예요.

| 패턴 152 | How long ~? |
| 패턴 153 | How many/much ~? |
| 패턴 154 | Where did you ~? |
| 패턴 155 | What do you mean ~? |
| 패턴 156 | Which one ~? |
| 패턴 157 | Whose ~? |
| 패턴 158 | What else ~? |
| 패턴 159 | What makes you ~? |
| 패턴 160 | What do you think ~? |
| 패턴 161 | Should I ~? |
| 패턴 162 | You want me to ~? |

# How long ~?

얼마나 ~했던 거야?

🎧 152.mp3

How long ~?은 '얼마나 ~했던 거야?', '언제부터 ~했던 거야?'라는 뜻으로 시간의 경과를 물어볼 때 쓰는 패턴이에요.

🎬 **온워드** : 이안이 협곡을 간신히 건넌 후 발리에게 화를 내며

**IAN** **How long** was the rope gone?
이안 밧줄이 **언제 없어진 거야**?

**BARLEY** Oh, just like the second half of it.
발리 음, 반 정도 갔을 때.

**IAN** I needed that rope!
이안 난 그 밧줄이 필요했다고!

\* be gone 사라지다

1. 얼마나 오랫동안 혼자 있었던 거야?
▶ **How long** have you been out on your own?

🎬 토이 스토리 4 : 우디가 오랫동안 혼자 지낸 보 핍에게 물어본 말이에요.

2. 그래서, 이게 얼마나 걸릴까요?
▶ So, uh, **how long** is this gonna take?

🎬 토이 스토리 2 : 알이 우디를 수선하는 데 얼마나 걸리는지 물어본 말이에요.

3. 그래서 얼마나 이 가게에 있었던 거야?
▶ So _____
힌트 were you in this store

🎬 토이 스토리 4 : 우디가 보 핍에게 앤티크 가게에 얼마나 있었는지 궁금해서 물어본 말이에요.

4. 언제부터 그렇게 된 거예요, 정확히?
▶ **How long** has it been doing that, exactly?

🎬 라푼젤 : 플린이 라푼젤의 머리카락을 보고 놀라며 한 말이죠.

5. 그게 얼마나 갈 것 같나, 우디?
▶ _____
힌트 will it last

🎬 토이 스토리 2 : 피트가 우디에게 앤디의 사랑이 얼마나 계속될 것 같은지 물어본 말이에요.

✤ 정답은 소책자 27쪽에

1 on one's own 혼자 있는   2 take (시간이) 걸리다   4 exactly 정확하게   5 last 지속되다

## 153

### 몇 개가/얼마나 ~한 거니?
# How many/much ~?

🎧 153.mp3

수량을 물어보는 패턴이에요. How many/much 바로 뒤에 물어보고 싶은 물건을 붙이면 되는데 숫자를 명확하게 셀 수 있는 것이면 How many ~?를 쓰고 물, 가루, 돈 등 명확하게 셀 수 없는 것이면 How much ~?를 써 주세요.

---

🎬 **니모를 찾아서** : 니모를 과잉보호하는 말린이 호들갑을 떨며

**MARLIN** How many stripes do I have?
**말린** 내 줄무늬가 몇 개야?

**NEMO** I'm fine.
**니모** 전 괜찮아요.

**MARLIN** Answer the stripe question.
**말린** 줄무늬가 몇 개인지 대답해.

*stripe 줄무늬 | answer 대답하다

---

**1.** 거기에 애가 몇 명이나 있는 거야?
▸ **How many** kids you got in there?

🎬 **몬스터 주식회사** : 부가 자신의 이름을 부르는 소리를 듣고 마이크가 물어본 말이에요.

**2.** 소식 하나 전하는 데 몇 명이나 필요한 거지?
▸ **How many** men does it take to deliver a message?

🎬 **뮬란** : 산유가 훈족의 궁수에게 사악하게 물어본 말이에요.

**3.** 이 주방에 여자가 몇 명이나 보이지?
▸ _____
힌트 women do you see in this kitchen

🎬 **라따뚜이** : 꼴레뜨가 여성 셰프로 살아남기 힘들다고 링귀니에게 토로한 말이죠.

**4.** 쟤네들 봤니? 몇 명이나 있는 거야?
▸ Did you see 'em? **How many** are there?

🎬 **토이 스토리 4** : 컵케이크 장난감이 아이들을 보고 흥분해서 한 말이에요.

**5.** 선로가 얼마나 완공되었죠?
▸ _____
힌트 track is built

🎬 **인크레더블 2** : 엘라스티걸이 고속 열차를 멈춰 세우려고 하며 에블린에게 물어본 말이에요.

✦ 정답은 소책자 27쪽에

**잠깐만요!** 2 take 필요하다, deliever 전달하다  5 track 기차 선로

## 154 Where did you ~?

어디서 ~했던 거야?

 154.mp3

상대방이 어떤 행동을 한 장소를 구체적으로 물어보는 표현이에요. '언제 ~한 거니?'라며 구체적인 시간을 물어볼 때는 When did you ~?라는 패턴을 써 주세요.

> 🎬 **도리를 찾아서** : 도리가 말린을 만나 부모님에 대한 기억이 돌아왔다고 하며
>
> **DORY** Aah! **Where did you** go?!
> 도리  아! **어디에 갔었던 거야?!**
>
> **MARLIN** You were the one to go!
> 말린  어디로 간 건 너잖아!
>
> **DORY** My parents! I remembered them!
> 도리  엄마, 아빠! 그들이 생각났어!

1. 그런 건 **어디서** 읽었니?
▶ **Where did you** read that?

🎬 **인사이드 아웃** : 빈 방이 기회가 될 수 있을 거라고 긍정적으로 말하는 기쁨이에게 버럭이가 따지듯 한 말이죠.

2. 어디서들 온 거예요?
▶ **Where did you** come from?

🎬 **온워드** : 도깨비들과 충돌한 후 로렐이 그들에게 어디서 온 것인지 물어본 말이에요.

3. 그건 **어디서** 배웠니?
▶ _____
   힌트  learn that

🎬 **인사이드 아웃** : 엄마가 스케이트를 뒤로 타는 라일리를 보고 놀라서 한 말이에요.

4. 그들을 **어디서** 마지막으로 봤니?
▶ **Where did you** see them last?

🎬 **도리를 찾아서** : 부모님을 찾는 도리에게 물고기가 궁금해서 물어본 말이에요.

5. 그 스카프 **어디서** 났지?
▶ _____
   힌트  get that scarf

🎬 **겨울왕국 2** : 엘라나가 엘사에게 엄마의 스카프에 대해 물어본 말이에요.

✦ 정답은 소책자 27쪽에

# 155 ~가 무슨 말이야?
# What do you mean ~?

상대방이 한 말이 이해되지 않거나 더 구체적인 설명을 요구할 때 요긴하게 쓸 수 있는 패턴이에요. What do you mean 바로 뒤에 상대방이 한 말을 붙여서 되물어 보듯 말해 보세요.

🎬 **겨울왕국** : 안나에게 왕국이 더 이상 안전하지 못하다는 말을 듣고 엘사가 놀라며

**ELSA** Just stay away and you'll be safe from me.
엘사  그냥 내게서 떨어져 있어 그러면 안전할 거야.

**ANNA** Actually, we're not.
안나  사실, 그렇지 못해.

**ELSA** **What do you mean** you're not?
엘사  그렇지 못하**다니 무슨 말이야**?

\* stay away 떨어지다 | actually 사실

---

**1.** 무슨 말이야, 네가 운이 없다니?
▶ **What do you mean**, you're not lucky?

🎬 **뮬란** : 무슈가 풀이 죽은 귀뚜라미의 말을 듣고 반문하듯 한 말이에요.

**2.** 날 경주에 참여시키지 않겠다는 게 무슨 말이에요?
▶ **What do you mean** not race me?

🎬 **카 3** : 스털링이 맥퀸에게 경주에 뛸 수 없다고 하자 맥퀸이 놀라며 한 말이에요.

**3.** 그게 아빠한테서 왔다는 게 무슨 말이야?
▶ _____
힌트  it's from Dad

🎬 **온워드** : 신비한 지팡이를 발견하고 발리가 놀란 듯 이안에게 물어본 말이에요.

**4.** 경기를 나서지 않겠다는 게 무슨 소리야?
▶ **What do you mean** not-on-the-road?

🎬 **카 3** : 맥퀸이 경기를 하지 않을 생각을 하자 메이터가 되물으며 한 말이죠.

**5.** 패배자라는 게 무슨 말이야?!
▶ _____
힌트  a loser

🎬 **뮬란** : 무슈가 귀뚜라미의 말에 시비를 걸면서 한 말이에요.

✦ 정답은 소책자 27쪽에

4 not-on-the-road '경기에 참여하지 않겠다'라는 의미  5 loser 패배자

## 156 어떤 게 ~하지?
# Which one ~?

🎧 156.mp3

여러 선택 사항 중에서 어떤 것이 적절한지 물어보는 표현이에요. 여기에 쓰인 one은 '하나'라는 뜻이 아니라 일반적인 사물이나 사람을 가리키는 대명사예요. '~ 것', '~인 사람'이라고 해석해 주세요.

> 🎬 **토이 스토리 4** : 보와 우디가 오랜만에 만나 아이에 대해 물어보며
>
> **BO** So which kid is yours?
> 보 그래서 어떤 아이가 네 아이니?
>
> **WOODY** Which one is yours?
> 우디 어떤 애가 네 아이야?
>
> **BO** None.
> 보 아무도 아니야.

＊none 아무도 없는

**1.** 어느 쪽이 앞이지?
▶ **Which one**'s the front?

🎬 **업** : 러셀이 혼자 텐트를 치면서 한 말이에요.

**2.** 어떤 게 끄는 거야?
▶ **Which one** is off?

🎬 **토이 스토리 2** : 렉스가 텔레비전 전원 버튼을 찾지 못하고 당황하며 한 말이에요.

**3.** 어떤 것으로 하시겠어요?
▶ _____
힌트 would you like

🎬 **라따뚜이** : 링귀니가 이고에게 어떤 디저트를 먹을지 물어본 말이에요.

**4.** 그래서 어떤 거야?
▶ So, **which one** is it?

🎬 **니모를 찾아서** : 거글이 니모에게 어느 애완동물 가게에서 왔는지 물어본 말이죠.

**5.** 어떤 게 로켓을 발사하는 거예요?!
▶ **Which one** _____
힌트 launches the rockets

🎬 **인크레더블 2** : 인크레더빌을 보고 흥분한 대쉬가 리모콘을 만지작거리며 한 말이죠.

✤ 정답은 소책자 27쪽에

1 front 앞  2 off 종료  5 launch 발사하다

# 157

누구의 ~죠?

## Whose ~?

🎧 157.mp3

어떤 물건이 누구의 소유인지 물어보는 표현이에요. Whose 바로 뒤에 물어보고 싶은 물건을 붙이면 돼요. Whose ~ is that?(저건 누구의 ~니?)는 자주 사용하는 패턴이니 꼭 익혀 두세요.

> 🎬 **인크레더블 2** : 헬렌이 가족들과 초호화 저택에 들어와 데버와 통화하며
>
> **HELEN** But who–**whose** house – is it a house?
> 헬렌 하지만 이게 **누구** 집**이죠** – 이게 집인가요?
>
> **DEAVOR** It's my house, I have several, I'm not using that one. Stay as long as you need.
> 데버 제 집이에요, 제가 집이 몇 채가 있어요, 제가 거기를 안 쓰거든요. 얼마든지 계셔도 됩니다.
>
> **HELEN** I don't know what to say…
> 헬렌 어떻게 감사의 말씀을 드려야 할지…

＊ **several** 몇 개의 | **as long as you need** 필요한 만큼 오랫동안

---

**1.** 잠깐, 그거 **누구** 발**이야**?
▶ Wait, **whose** foot is that?

🎬 **토이 스토리 4** : 슬링키가 다른 장난감들과 마구 섞여서 당황하며 한 말이에요.

**2.** 에취! 미안해요, 저건 **누구** 알레브리헤**죠**?
▶ ACHOO! I am sorry, **whose** alebrije is that?

🎬 **코코** : 서기관이 강아지 단테를 알레브리헤로 착각하고 한 말이에요.

**3.** 저거 **누구** 차**야**?
▶ _____
힌트  car is it

🎬 **주토피아** : 닉이 누구의 차인지 알고 당황하자 주디가 물어본 말이에요.

**4.** 비명을 모으는 일이 **누구의** 일**인지** 말해 줄 사람?
▶ And can anyone tell me **whose** job it is to go get that scream?

🎬 **몬스터 대학교** : 몬스터 주식회사 투어 가이드가 아이들에게 질문한 말이에요.

**5.** 그리고 그건 **누구** 잘못**이지**?
▶ And _____
힌트  fault is that

🎬 **코코** : 헥터가 델라 크루즈를 탓하며 한 말이에요.

✦ 정답은 소책자 28쪽에

**2** alebrije 알레브리헤(전설 속 동물을 화려하게 표현한 멕시코 공예품)  **4** scream 비명  **5** fault 잘못

## 또 뭐가 ~한 거죠?
# What else ~?

🎧 158.mp3

자신이 알고 있는 것 이외에 또 다른 무언가가 있는지 물어보는 표현이에요. Who else ~?라는 패턴도 자주 활용되는데 '그 밖에 누가 ~한 거예요?'라는 뜻이에요.

> 🎬 **라이언 킹** : 심바가 날라에게 스카가 다른 사자들에게 무슨 말을 했는지 물어보며
>
> **NALA** Yes. Scar told us about the stampede.
> 날라  그래. 스카가 소떼 사건에 대해 말했어.
>
> **SIMBA** He did? What else did he tell you?
> 심바  그랬어? 그 밖에 다른 이야기는 뭐라고 했어?
>
> **NALA** What else matters? You're alive! And that means... You're the king!
> 날라  다른 게 뭐가 중요해! 네가 살아 있잖아! 그 말은… 네가 왕이라는 거잖아!

\* stampede (사람, 동물 등이) 우르르 몰림 | alive 살아 있는

**1.** 또 뭐가 중요해?
▶ **What else** matters?

🎬 **라이언 킹** : 심바가 스카에 대해 물어보자 날라가 중요하지 않다는 듯 한 말이에요.

**2.** 또 무슨 일이 터진 거야?
▶ **What else** can go wrong?

🎬 **몬스터 주식회사** : 작업장에서 사고가 생기자 워터누즈가 한심하다는 듯 한 말이죠.

**3.** 또 뭐가 있어요?
▶ _____
           힌트 do you have

🎬 **라따뚜이** : 입맛이 까탈스러운 고객이 웨이터에게 물어본 말이에요.

**4.** 또 누가 제 위치를 알고 있죠?
▶ **Who else** knows my location?

🎬 **라푼젤** : 라푼젤이 플린을 의심하며 한 말이에요.

**5.** 또 뭐가 그리워요?
▶ _____
           힌트 do you miss

🎬 **겨울왕국 2** : 안나가 고국을 떠나온 마티아스에게 물어본 말이에요.

✦ 정답은 소책자 28쪽에

2 go wrong (일이) 잘못되다  4 location 위치  5 miss 그리워하다

# 159

**왜 ~한 거야?**

# What makes you ~?

직역하면 '뭐가 널 ~하게 만든 거니?'가 되잖아요? 이 표현은 Why do you ~?처럼 상대방에게 어떤 행동을 한 이유를 물어보는 말이에요. 상대방에게 '무엇 때문에 ~한 거야?'라고 이유를 묻고 싶다면 이 패턴을 활용해 보세요.

> 🎬 **라이언 킹** : 날라가 심바에게 프라이드록에 돌아온 이유를 물어보며
>
> **NALA**  **What made you** come back?
> 날라  왜 돌아온 거야?
>
> **SIMBA**  I finally got some sense knocked into me. And I've got the bump to prove it. Besides, this is my kingdom. If I don't fight for it, who will?
> 심바  드디어 내가 정신을 차린 거지. 그래서 혹도 생겼다니까. 게다가 이곳은 나의 왕국이잖아. 내가 싸우지 않으면 누가 그러겠어?

\* get some sense knocked into 정신을 차리다 | bump 혹

---

**1.** 그리고 **왜** 너도 가야 **한다는 거야?**

▶ And **what makes you** think you're comin'?

🎬 **뮬란** : 귀뚜라미가 무슈와 함께 뮬란을 따라가려고 하자 무슈가 그 이유를 궁금해하며 물어본 말이죠.

**2.** **왜 그는** 저놈이 공주를 차지할 자격이 있다고 **생각**하는 거지?

▶ **What makes him** think he is worthy of the princess?

🎬 **알라딘** : 술탄이 알라딘을 자스민의 신랑감이라고 생각하자 자파가 못마땅해하며 한 말이에요.

**3.** 이게 **왜** 특별하다고 생각**하는 거야?**

▶ _____
　　　　　　　　　　　　　힌트  think it's special

🎬 **인크레더블** : 바이올렛이 히어로 슈트를 보면서 대쉬에게 물어본 말이죠.

**4.** 여왕님은 왜 얼음같이 화가 난 거예요?

▶ So tell me, **what made the Queen** go all ice-crazy?

🎬 **겨울왕국** : 크리스토프가 안나에게 엘사가 화난 이유를 물어본 말이에요.

**5.** 왜 그렇게 확신**하는 거야?**

▶ _____
　　　　　　　　　　　　　힌트  so sure

🎬 **노틀담의 꼽추** : 휴고가 에스메랄다가 돌아올 거라고 확신하자 콰지모도가 그 이유를 물어본 말이에요.

✦ 정답은 소책자 28쪽에

 **2** be worthy of ~의 가치가 있다  **4** go crazy 화가 나다, 미치다

## 160

~를 뭐라고 생각해?

# What do you think ~?

🎧 160.mp3

상대방의 생각을 물어볼 때 쓰는 표현이에요. 가령 What is it?이라고 물어볼 수도 있지만 What do you think it is?(그게 뭐라고 생각해?)라고 하면 상대방의 생각을 물어보는 거죠. 참고로 What do you think you're doing?은 '뭐 하는 거예요?'라고 화내며 물어보는 말이에요.

> 🎬 **업** : 공사장 인부가 실수로 우체통을 건드리자 칼이 화를 내며
>
> **CARL**   What? Hey! Hey you! **What do you think** you're doing?
> 칼   뭐야? 이봐! 당신! 뭐 하는 거야?
>
> **CONSTRUCTION WORKER STEVE**   I am so sorry, sir...
> 공사장 인부 스티브   정말 죄송하네요, 어르신…
>
> **CARL**   Don't touch that!
> 칼   그거 건드리지 매

*construction 건설

---

**1.** 그게 뭐라고 생각해, 천재 친구?

▶ **What do you think** it is, genius?

🎬 빅 히어로 : 고고가 히로에게 부서진 구조물이 무엇인지 물어본 말이에요.

**2.** 너 뭐 하는 거니?

▶ **What do you think** you're doing?

🎬 니모를 찾아서 : 보란 듯 보트를 향해 가는 니모에게 말린이 화를 내며 한 말이에요.

**3.** 그들이 원하는 게 뭐라고 생각해요?

▶ _____

힌트  they want

🎬 인크레더블 2 : 엘라스티걸이 에블린에게 대중이 원하는 것이 무엇인지 물어본 말이죠.

**4.** 무슨 일이 벌어지고 있다고 생각하는 거야?

▶ **What do you think** is going on here?

🎬 인크레더블 : 바이올렛이 섬을 정찰하려는 대쉬를 말리면서 한 말이에요.

**5.** 무슨 일이 있었던 것 같아?

▶ _____

힌트  happened

🎬 주토피아 : 주디가 오터톤의 신분증을 발견하고 닉에게 물어본 말이에요.

✦ 정답은 소책자 28쪽에

## 161

### 제가 ~할까요?
# Should I ~?

🎧 161.mp3

Should I ~?는 상대방의 의견을 물어보는 표현이에요. 뭔가를 해야 할지 말아야 할지 확신이 서지 않을 때 상대방에게 이렇게 물어봐 주세요.

---

🎬 **몬스터 대학교** : 수업 중, 설리의 등장으로 대답을 중단한 마이크가 교수에게 물어보며

**MIKE**  Uh, I'm sorry, **should I** keep going?
마이크   어, 죄송합니다만, 계속 **할까요**?

**PROFESSOR KNIGHT**  No, no, Mr. Sullivan's covered it.
나이트 교수   아니, 괜찮아. 설리반 군이 다 했네.

\* keep going (일 등을) 계속 진행하다 | cover (일 등을) 책임지고 하다

---

**1.** 네가 말할래 아니면 **내가** 말**할까**?
▶ You want to tell him or **should I** tell him?

🎬 **카 3** : 더스티가 맥퀸에게 무언가를 망설이며 한 말이에요.

**2.** 아니면 **제가** 당신을 그렇게 불러**야 할까요**?
▶ Or **should I** even call you that?

🎬 **라푼젤** : 라푼젤이 고텔의 정체를 알아차리고 어머니라고 불러야 하는지 따지면서 한 말이죠.

**3.** 내 머리를 써**야 할까**?
▶ _____
　　　　　　　　　　　　　힌트  use my head

🎬 **토이 스토리 2** : 렉스가 환풍구 창살을 부술 방법을 제안하며 한 말이에요.

**4.** 흠, 그게 무슨 말인지 **내가** 알아**야 할까**?
▶ Hm, **should I** know what that means?

🎬 **겨울왕국 2** : 브루니가 허로 눈알을 핥자 엘사가 그 의미를 궁금해하며 한 말이에요.

**5.** 이 일에 대해 **내가** 걱정**해야 하나요**?
▶ _____
　　　　　　　　　　힌트  be concerned about this

🎬 **라따뚜이** : 스키너가 식당에 대해 횡설수설하자 탈론이 그에게 물어본 말이에요.

✦ 정답은 소책자 28쪽에

**잠깐만요!**  5 be concerned about ~에 대해 걱정하다

243

## 162 You want me to ~?

내가 ~하라는 거니?

🎧 162.mp3

내가 어떤 행동을 하길 원하는 건지 상대방의 의도를 확인하는 말이에요. Do you want me to ~?가 정석이지만 You want me to ~?라고 줄여서 쓰는 경우가 많아요.

🎬 **도리를 찾아서** : 파이프 안에 있는 도리가 데스티니와 베일리에게 방향을 물어보며

**DESTINY** That's great! Dory, you're heading right toward us!
데스티니 좋아! 도리, 네가 지금 우리를 향해 곧장 오고 있어!

**DORY** What? **You want me to** go right?
도리 뭐라고? 내가 오른쪽으로 가라는 거지?

**BAILEY** No! No! Not right. Oh, I can't look!
베일리 아니! 아니야! 오른쪽 말고. 오, 안 보여!

\* head toward ~를 향해 움직이다

---

**1.** 그러니까… 내가 그냥 여기에 서 있**길** 바라는 거지?
▶ So... **you want me to** just stand here?

🎬 **인사이드 아웃** : 기쁨이가 원 안에 있으라고 하자 슬픔이가 재차 물어본 말이에요.

**2.** 내가 완전히 파괴시키지는 말고 중지만 시키**라는** 거군요.
▶ **You want me to** shut it down without completely destroying it.

🎬 **인크레더블** : 밥이 미라지가 전달한 미션을 재차 확인하며 한 말이에요.

**3.** 내가 갔으**면** 하는 거야?
▶ _____
힌트 leave

🎬 **니모를 찾아서** : 말린이 혼자서 니모를 찾겠다고 하자 도리가 그에게 섭섭한 듯 한 말이에요.

**4.** 그녀가 당신과 결혼하지 않는다면 내가 그녀의 아버지를 정신 병동에 넣으**라는** 건가?
▶ So **you want me to** throw her father in the asylum unless she agrees to marry you?

🎬 **미녀와 야수** : 개스톤과 다퀴가 벨의 아버지를 정신 병동에 가두려는 음모를 꾸미며 한 말이죠.

**5.** 내가 악역이 되길 바라는 거니?
▶ _____
힌트 be the bad guy

🎬 **라푼젤** : 고텔이 라푼젤에게 따지면서 한 말이에요.

➡ 정답은 소책자 28쪽에

**잠깐만요!** 2 shut ~ down ~를 중지시키다, completely 완전히, destroy 파괴하다   4 asylum 정신 병동

# Review  152 ~ 162 패턴으로 대화하기

🔊 test 152-162.mp3

앞서 배운 11개 패턴을 활용하여 네이티브와 대화에 도전해 보세요. 빈칸을 채운 후, 오디오 파일을 2번씩 따라하세요.

### 1.
[온워드] 엄마가 발리와 이안에게 아빠의 선물을 주면서

| | | |
|---|---|---|
| BARLEY | | 그게 아빠한테서 왔다는 게 무슨 말이야? |
| IAN | I don't know! Mom said it was for both of us. | 나도 몰라! 엄마가 우리 둘에게 주는 거랬어. |
| BARLEY | What is it?! | 뭐예요?! |
| LAUREL | He just said to give you this when you were both over sixteen. | 너희 둘 다 열여섯 살이 되면 아빠가 이걸 주라고 하셨어. |

### 2.
[인크레더블] 바이올렛과 대쉬가 슈퍼히어로 슈트를 발견하고

| | | |
|---|---|---|
| DASH | This is yours! It's specially made. | 이건 누나 꺼야! 특별히 제작된 거네. |
| VIOLET | What's going on –? | 무슨 일이야 –? |
| VIOLET | | 이게 왜 특별하다고 생각하는 거야? |
| DASH | I'unno. Why'd Mom try to hide it? | 나도 몰라. 왜 엄마가 숨겨 놨겠어? |

### 3.
[인사이드 아웃] 암울한 라일리의 방을 보고 감정들이 의견을 나누며

| | | |
|---|---|---|
| JOY | Hey, it's nothing our butterfly curtains couldn't fix. I read somewhere that an empty room is an opportunity! | 나비 커튼으로 못 고칠 건 없다고. 텅 빈 방이 기회가 될 수 있다는 말을 어디서 읽었거든! |
| ANGER | | 그런 건 어디서 읽었니? |
| JOY | It doesn't matter. I read it and it's great. We'll put the bed there. And the desk over there… | 그건 중요하지 않아. 내가 읽었고 좋은 말이잖아. 침대는 저기에 두자. 그리고 책상은 저기에… |
| FEAR | And the hockey lamp goes there… | 그리고 하키 조명은 저기에… |

\* empty 텅 빈 | opportunity 기회

### 4.
[인사이드 아웃] 기쁨이가 자꾸 사고만 치는 슬픔이를 못 움직이도록 하려고

| | | |
|---|---|---|
| JOY | This is the circle of Sadness. Your job is to make sure that all the Sadness stays inside of it. | 이건 슬픔의 원이야. 네가 할 일은 모든 슬픔이 이 안에 있도록 하는 거야. |
| SADNESS | So… _____? | 그러니까… 내가 그냥 여기에 서 있길 바라는 거지? |
| JOY | Hey, it's not MY place to tell you how to do your job. Just make sure that – | 이봐, 네 일을 어떻게 하라고 내가 말할 순 없지. 그냥 확실히 – |
| JOY | ALL the Sadness stays in the circle. | 모든 슬픔이 이 원 안을 나가지 않도록 해. |
| JOY | See? You're a pro at this! Isn't this fun?! | 봤지? 너 정말 잘하는걸! 재미있지 않니?! |

\* place 입장 | be a pro at ~를 정말 잘하다

**5.** [토이 스토리 4] 우디가 보를 오랜만에 만나서

**WOODY** Where'd you get all this stuff?

이 물건들은 다 어디서 가져온 거니?

**BO** Here and there. You know, some kids play rougher than others, so I try to be prepared.

여기 저기서. 다른 애들보다 더 거칠게 노는 애들이 있잖아. 그걸 대비하려고 한 거지.

**WOODY** _____

얼마나 오랫동안 혼자 있었던 거야?

**BO** Seven fantastic years!

7년, 아주 멋지게 보내고 있지!

**WOODY** Seven?!

7년이나?!

**BO** You would not believe the things I've seen.

넌 내가 어떤 것들을 경험했는지 믿지 못할 거야.

＊ stuff 물건 | rough 거친 | be prepared 대비하다 | on one's own 혼자서 | fantastic 멋진

**6.** [도리를 찾아서] 청소년이 된 도리가 물고기들에게 도움을 요청하며

**TWEEN DORY** Hi, I've lost my family. Can you help me?

안녕하세요. 전 가족을 잃었어요. 도와주시겠어요?

**FISH #1** _____

마지막으로 그들을 본 게 어디였니?

**TWEEN DORY** Well… uhh. Funny story, but, uh… I forgot.

음… 재미있게 들리겠지만… 잊어버렸어요.

**FISH #2** Oh, Sweetie… Do you want to come swim with us?

얘야… 우리하고 같이 수영할래?

**TWEEN DORY** That is the nicest offer I've gotten all day… I think. Ugh. I can't remember. Anyhow – thanks, but I'm looking for someone.

오늘 들은 제안 중에 가장 좋긴 하네요… 어, 기억이 안 나요. 어쨌든 – 감사하지만 전 누군가를 찾고 있어요.

＊ tween 10대 초반의 아이 | offer 제안 | look for ~를 찾다

**7.** [주토피아] 닉이 차량의 소유주가 미스터 빅이라는 것을 알고 두려워하며

**NICK** I know whose car this is. We gotta go.

이게 누구 차인 줄 알아. 지금 빨리 가야 해.

**HOPPS** Why? _____

왜? 저거 누구 차야?

**NICK** The most feared crime boss in Tundratown. They call him Mr. Big and he does not like me, so we gotta go!

툰드라타운에서 가장 사나운 범죄 보스. 다들 미스터 빅이라고 부르는데 그는 날 좋아하지 않아, 그러니까 빨리 가야 한다고!

**HOPPS** I'm not leaving, this is a crime scene.

난 안 갈 거야. 이건 범죄 현장이라고.

**NICK** Well, it's gonna be an even bigger crime scene if Mr. Big finds me, so we are leaving right now!

미스터 빅이 날 발견하면 이곳이 더 큰 범죄 현장이 될 거야. 그러니까 지금 당장 가야 해!

＊ feared 두려운 | crime scene 범죄 현장

**정답** 1. What do you mean it's from Dad? 2. What makes you think it's special? 3. Where did you read that? 4. you want me to just stand here 5. How long have you been out on your own? 6. Where did you see them last? 7. Whose car is it?

# Part 17

## 상대방의 의도를 파악할 때
### 디즈니 캐릭터가 사용하는 패턴

이번 파트에서는 상대방의 의도를 파악할 때 쓰는 패턴들을 익혀 보도록 할 거예요. 디즈니 캐릭터들은 항상 상대방의 의도를 궁금해 하곤 하잖아요. 디즈니 캐릭터들이 자주 사용하는 패턴이니 우리도 잘 연습해 두면 일상 생활에서 자유자재로 쓸 수 있답니다.

| 패턴 163 | Are you sure ~? |
| 패턴 164 | Are you saying ~? |
| 패턴 165 | You mean ~? |
| 패턴 166 | Why did you ~? |
| 패턴 167 | What about ~? |
| 패턴 168 | How could you ~? |
| 패턴 169 | How do you know ~? |
| 패턴 170 | How many times ~? |
| 패턴 171 | You're not ~, are you? |
| 패턴 172 | ~, don't you? |

## 163

~인 게 확실해요?

# Are you sure ~?

상대방의 생각이나 의도가 진심인지 재차 확인하며 물어보는 말이에요. Are you sure ~? 뒤에는 '주어 + 동사' 형태를 써 주세요.

🎬 **겨울왕국** : 안나가 엘사를 찾으러 가려고 하자 한스가 그녀를 막으며

**HANS** Are you sure you can trust her? I don't want you getting hurt.
한스  확실히 그녀를 믿을 수 있을까요? 당신이 다치지 않았으면 좋겠어요.

**ANNA** She's my sister; she would never hurt me.
안나  제 언니잖아요; 절대로 날 해치지 않을 거예요.

\* get hurt 다치다 | hurt 해치다

---

**1.** 정말 이렇게 하고 싶은 거야?
▸ **Are you sure** we want to do this?

🎬 **인사이드 아웃** : 라일리가 학교로 들어가길 주저하자 소심이가 한 말이에요.

**2.** 너 우리가 어디로 가는지 확실히 아는 거지?
▸ **Are you sure** you know where we're going?

🎬 **인사이드 아웃** : 길을 잘못 찾아가는 것 같아 기쁨이가 슬픔이에게 물어본 말이에요.

**3.** 그들이 돌아가신 게 확실해요?
▸ _____
힌트  they're gone

🎬 **도리를 찾아서** : 물고기들이 도리의 부모님이 돌아가셨다고 하자 니모가 다시 확인하는 말이에요.

**4.** 이 일에 대해서 경찰이 확실히 괜찮다고 할까요?
▸ **Are you sure** the police are gonna be okay with this?

🎬 **인크레더블 2** : 엘라스티걸이 에블린에게 걱정스럽게 물어본 말이에요.

**5.** 이런 걸 할 시간이 있는 게 확실해요?
▸ _____
힌트  you have time for this

🎬 **카 3** : 맥퀸이 예전에 연습하던 곳을 찾아 가려고 하자 크루즈가 걱정스럽게 물어본 말이에요.

✤ 정답은 소책자 29쪽에

**잠깐만요!** 3 be gone 사라지다, 생을 마감하다

## 164 Are you saying ~?
~라는 거죠?

상대방이 한 말을 내가 제대로 이해했는지 재차 확인하는 패턴이에요. Are you telling me ~? 역시 같은 의미로 쓸 수 있죠. 만일 상대방의 말이 이해되지 않는다면 What are you saying?(무슨 말이야?)라고 물어보세요.

> 😊 **인크레더블** : 밥을 못마땅하게 생각하는 직장 상사 휴가 밥과 개인 면담을 하며
>
> **BOB** Did I do something illegal?
> 밥   제가 불법을 저질렀나요?
>
> **HUPH** No...
> 휴   아니…
>
> **BOB** **Are you saying** we shouldn't help our customers?
> 밥   우리 고객을 돕지 말아야 **한다는 말씀인가요**?

\* illegal 불법의 | customer 고객

1. 스타 커맨드에 불만을 제기하겠**다는 건가**?
▶ **Are you saying** you wanna lodge a complaint with Star Command?

😊 **토이 스토리** : 우주인 행세를 그만하라는 우디의 말에 버즈가 반박하며 한 말이죠.

2. 정확하게 **무슨 말을 하는 거야**?
▶ **What are you sayin'**, exactly?

😊 **노틀담의 꼽추** : 휴고가 라번에게 따지면서 물어본 말이에요.

3. 쟤가 나무늘보라서 빠르지 못하**다는 말이야**?
▶ _____
힌트  that because he's a sloth, he can't be fast

😊 **주토피아** : 나무늘보 직원을 보고 당황한 주디에게 닉이 순진한 척 물어본 말이죠.

4. 오늘 밤 네가 무릎을 꿇고 청혼할 거**라는 말이야**?
▶ **Are you telling me** tonight you're gonna get down on one knee?

😊 **겨울왕국 2** : 안나에게 청혼하려는 크리스토프가 스벤 흉내를 내며 한 말이에요.

5. 무슨 말씀을 하시는 거예요…?
▶ _____
힌트  What

😊 **인크레더블** : 헬렌이 에드나가 한 말의 의도를 궁금해하며 물어본 말이에요.

✦ 정답은 소책자 29쪽에

**잠깐만요!**  1 lodge a complaint 불만을 제기하다  3 sloth 나무늘보  4 get down on one knee 한쪽 무릎을 꿇고 청혼하다

## 165 ~라는 건가요?
# You mean ~?

🎧 165.mp3

상대방이 무슨 말을 한 건지 이해가 되지 않을 때 내가 다시 정리해서 확인하는 경우가 있잖아요? You mean ~?은 이럴 때 적절하게 사용할 수 있는 패턴이에요.

> 🎬 **미녀와 야수** : 야수가 글을 읽지 못한다고 하자 벨이 놀라며

> **BELLE**  You mean you never learned?
> 벨  배운 적이 없**다**는 말이에요?
>
> **BEAST**  I learned -- a little. It's just been so long.
> 야수  배웠어요 – 조금. 그냥 좀 오래 돼서.
>
> **BELLE**  Well, here, I'll help you. Let's start here.
> 벨  여기 있어요. 제가 도와 드릴게요. 여기부터 시작해요.

---

**1.** 여기 있는 이 심장 **말하는 거예요?!**
▶ **You mean** THIS HEART RIGHT HERE?!

🎬 **모아나** : 모아나가 테피티의 심장을 들고 마우이에게 소리치며 한 말이에요.

**2.** 그 조그만 기억 잘 못하는 물고기 **말하는 거니?**
▶ **You mean** the little forgetful fish?

🎬 **도리를 찾아서** : 부모님의 이웃 물고기가 도리를 알아보고 놀라며 한 말이에요.

**3.** 아빠가 곤경에 처해 있**단 말씀이세요?**
▶ _____
　　　　　　　　　　　　　힌트  Dad's in trouble

🎬 **인크레더블** : 헬렌이 밥에게 무슨 일이 생겼다고 말하자 바이올렛이 걱정하며 물어본 말이죠.

**4.** 그들이 공주를 위해 밝히는 등불 **말하는 거예요?**
▶ **You mean** the lantern thing they do for the princess?

🎬 **라푼젤** : 플린이 라푼젤에게 별의 실체를 밝히며 한 말이에요.

**5.** 내가 여기에서 왔**단 말이에요?**
▶ _____
　　　　　　　　　　　　　힌트  I'm from here

🎬 **도리를 찾아서** : 행크가 현재 위치를 알려 주자 도리가 매우 놀라며 한 말이에요.

✦ 정답은 소책자 29쪽에

**잠깐만요!**　2 forgetful 잘 잊어버리는　3 in trouble 위험에 처한　4 lantern 등불

## 왜 ~한 거니?
# Why did you ~?

상대방이 어떤 행동을 한 이유를 물어보는 말이에요. '도대체 왜 ~한 거니?'라고 약간 따지듯이 물어볼 때는 Why on earth did you ~?라는 표현을 써 보세요.

> 🎬 **미녀와 야수** : 벨이 금지 구역에 들어오자 야수가 매우 화를 내며
>
> **BEAST** **Why did you** come here?
> 야수  왜 여기 들어왔소?
>
> **BELLE** I'm sorry.
> 벨  미안해요.
>
> **BEAST** I warned you never to come here!
> 야수  여기에 들어오지 말라고 경고했잖소!

\* warn 경고하다

**1.** 날 여기에 데려온 이유가 뭐야?
▶ **Why did you** bring me here?

🎬 **모아나** : 모아나가 바다에게 자신을 망망대해로 데려온 이유를 물어본 말이죠.

**2.** 왜 우리에게 이야기해 주지 않으셨어요?
▶ **Why didn't you** tell us?

🎬 **인크레더블 2** : 바이올렛이 밥에게 슈퍼히어로와 관련된 일을 비밀로 한 이유를 물어본 말이죠.

**3.** 왜 나에게 거짓말을 한 거예요?
▶ _____
힌트  lie to me

🎬 **알라딘** : 자스민이 알라딘에게 자신의 정체를 숨긴 이유를 물어본 말이에요.

**4.** 왜 프라이드록에 돌아오지 않았던 거야?
▶ **Why didn't you** come back to Pride Rock?

🎬 **라이언 킹** : 날라가 심바에게 고향으로 돌아오지 않은 이유를 물어본 말이에요.

**5.** 왜 이랬어?
▶ _____
힌트  do this

🎬 **몬스터 대학교** : 마이크가 설리에게 겁주기 시뮬레이터를 일부러 조작한 이유를 물어본 말이죠.

◆ 정답은 소책자 29쪽에

**잠깐만요!**  3 lie 거짓말하다

## ~는 어떻게 하고?
# What about ~?

🎧 167.mp3

상대방에게 무언가를 어떻게 처리할 것인지 물어보는 표현이에요. '~는 어떻게 하고요?'라는 뜻인데 대화 중에 상대방이 고려하지 않는 게 있다는 느낌이 들 때 이 패턴을 사용해 보세요.

🎬 **코코** : 가족 행사에 참석하라는 아빠의 말에 미구엘이 하소연하며

**MIGUEL**　But **what about** tonight?
미구엘　오늘 밤은 어떻게 하구요?

**PAPÁ FRANCO**　What's tonight?
아빠 프랑코　오늘 밤 뭐가 있는데?

**MIGUEL**　Well, they're having this talent show –
미구엘　저기, 장기 자랑이 있어요 –

＊ talent show 장기 자랑 쇼

---

**1.** 애들은 어쩌구요, 잭잭은?
▶ **What about** the kids, Jack-Jack?

🎬 **인크레더블 2** : 에블린을 쫓아가야 하는 엘라스티걸이 아이들을 걱정하며 한 말이죠.

**2.** 어, 하지만 너의 충성스러운 신하들은 어쩌고?
▶ Eh… but **what about** your faithful subjects?

🎬 **라이언 킹** : 심바가 무파사의 죽음에 대한 트라우마를 극복했다고 하자 스카가 반문하며 한 말이죠.

**3.** 당신은 어떻게 하구요?
▶ _____
　　　　　　　　　　　　　　　힌트 　you

🎬 **인크레더블 2** : 슈퍼히어로로 일을 다시 할지 고민하는 헬렌이 밥을 걱정하며 한 말이죠.

**4.** 에버렛에서 온 차는 어떻게 하고?
▶ **What about** the car from Everett?

🎬 **카 3** : 러스티가 페이스 타임으로 메이터에게 근황을 물어보며 한 말이에요.

**5.** 심장은 어떻게 하고?
▶ _____
　　　　　　　　　　　　힌트 　the heart

🎬 **모아나** : 모아나가 타마토아에게서 황급히 도망치자 마우이가 심장을 두고 가면 안 된다고 한 말이죠.

✦ 정답은 소책자 29쪽에

**잠깐만요!**　2 faithful 충성스러운, subject 신하

# 168

## 어떻게 ~할 수가 있어?
## How could you ~?

상대방에게 배신감을 느낄 때나 예상치도 못했던 행동에 당황할 때 쓰는 패턴이에요. 의문문 패턴이지만 대답을 바라고 물어보는 건 아니에요. 뒤에 아무것도 붙이지 않고 How could you?라고도 하는데 '어떻게 그럴 수가 있죠?'라며 따지는 거예요.

🎬 **빅 히어로** : 친구들 때문에 칼라한을 처단하지 못하자 히로가 매우 화를 내며

**HIRO** How could you do that?! I had him!
히로  어떻게 그럴 수가 있어?! 그를 없앨 수 있었다고!

**WASABI** What you just did – we never signed up for.
와사비  방금 네가 한 일은 – 우린 그런 일을 하려는 게 아니었다고.

**GO GO** We said we'd catch the guy... that's it.
고고  우린 그 자를 잡겠다고만 했어… 그게 다야.

✱ sign up for 신청하다, ~를 하려고 계획하다 | that's it 그게 다야

---

1. 뭐라구요? 어떻게 그렇게 할 수가 있어요?
▸ You what? How could you do that?

🎬 **미녀와 야수** : 벨을 떠나보냈다는 야수의 말에 콕스워스가 놀라며 한 말이에요.

2. 지느러미에 표시가 있다는 걸 어떻게 잊을 수가 있니?
▸ H-how could you forget you have a tag on your fin?

🎬 **도리를 찾아서** : 도리가 자신의 지느러미에 꼬리표가 있다는 사실을 잊고 있자 행크가 믿을 수 없다는 듯 한 말이에요.

3. 어떻게 놓칠 수가 있어!
▸ _____
힌트  miss

🎬 **뮬란** : 뮬란이 쏜 대포가 산유를 비껴가자 무슈가 화가 나서 한 말이에요.

4. 어떻게 그럴 수 있죠?
▸ How could you?

🎬 **알라딘** : 자파가 알라딘에게 사형 선고를 내렸다는 말을 듣고 자스민이 격노하며 한 말이에요.

5. 어떻게 이걸 모를 수가 있죠?
▸ _____
힌트  not know this

🎬 **라따뚜이** : 레미가 구스토에게 어떻게 아들의 존재를 모를 수 있냐고 따지며 한 말이에요.

✧ 정답은 소책자 29쪽에

  2 tag 작은 표시, fin 지느러미  3 miss 놓치다

## 169 How do you know ~?

어떻게 ~ 아는 거죠?

🎧 169.mp3

어떤 사실을 알게 된 경위를 물어볼 때 쓰는 표현이에요. 또한 '넌 어떻게 아는 건데?'라는 의미로 상대방을 의심하며 말할 때 쓰기도 해요. 의도에 따라서 말투를 적절하게 조절해 주세요.

> 🎬 **인크레더블** : 대쉬의 잘못을 지적하는 선생님에게 헬렌이 따지며
>
> **HELEN** You saw him do this?
> 헬렌   얘가 이러는 거 보셨어요?
>
> **KROPP** Well... not r- no, actually not.
> 크롭   그게… 아뇨, 사실 못 봤어요.
>
> **HELEN** Then how do you know it was him?
> 헬렌   그럼 이 아이 짓이라는 걸 어떻게 아시는 거죠?

---

1. 스모키가 여기 있을 거라는 걸 어떻게 알죠?
▶ **How do you know** Smokey's gonna be here?

   🎬 카 3 : 크루즈가 맥퀸에게 스모키의 존재를 확신하는지 물어본 말이에요.

2. 나쁜 일이 일어나지 않을 거라고 어떻게 알지?
▶ **How do you know** something bad isn't gonna happen?

   🎬 니모를 찾아서 : 걱정하지 말라고 하는 도리에게 말린이 역정을 내며 한 말이에요.

3. 그걸 어떻게 알죠?
▶ _____
   힌트  that

   🎬 겨울왕국 2 : 안나가 루널드 왕에 관한 진실을 말하자 마티아스가 반문하며 한 말이죠.

4. 하지만 그들이 언제 준비가 되는지 어떻게 알지?
▶ But-but, dude, **how do you know** when they're ready?

   🎬 니모를 찾아서 : 말린이 바다거북 크러쉬에게 아이들이 커가는 것에 대해 물어본 말이에요.

5. 엘사가 당신을 만나고 싶어하는지 어떻게 알지?
▶ _____
   힌트  Elsa even wants to see you

   🎬 겨울왕국 : 크리스토프가 안나에게 엘사가 그녀를 만나고 싶어하는지 의심스럽게 물어본 말이에요.

✦ 정답은 소책자 30쪽에

## 170 How many times ~?
몇 번이나 ~했어?

🎧 170.mp3

How many times ~?는 크게 두 가지 의미로 쓸 수 있어요. 우선 단어 그대로의 뜻을 살려 '몇 번이나 ~한 거야?'라고 횟수를 물어볼 수 있어요. 또한 '내가 몇 번이나 ~해야 하니?'처럼 잔소리를 하거나 상대방을 비판할 때 쓸 수도 있죠. 의도에 따라 말투를 잘 조절하셔야 해요.

🎬 **니모를 찾아서**: 니모가 길에게 어항에서 몇 번이나 탈출하려고 했는지 물어보며

**NEMO** Wow. **How many times** have you tried to get out?
니모 우와. 몇 번이나 탈출을 시도하신 거예요?

**GILL** Ah, I've lost count. Fish aren't meant to be in a box, kid. It does things to you.
길 아, 셀 수도 없을 만큼. 물고기는 상자 안에 있으면 안 돼. 너에게 해가 되는 거야.

\* get out 탈출하다 | be meant to ~해야 하다

---

**1.** 내가 **몇 번이나** 당신을 거절**해야 하지**?
▶ **How many times** must I turn you away?

🎬 **코코**: 이멜다 할머니가 헥터를 만나서 격노하며 한 말이죠.

**2.** 에리얼, 우리가 **몇 번이나** 이렇게 해야 **하는 거니**?
▶ Oh, Ariel, **how many times** must we go through this?

🎬 **인어공주**: 트라이튼 왕이 에리얼에게 바다 위로 올라가지 말라고 명령하며 한 말이죠.

**3.** 몇 번이나 말해야 돼?
▶ _____
힌트 do I have to tell you

🎬 **몬스터 주식회사**: 워터누즈가 제대로 겁주기를 하지 못하는 몬스터를 답답해하며 한 말이에요.

**4.** 스스로에게 다음과 같은 질문을 **몇 번이나** 하셨나요?
▶ **How many times** have you asked yourself the following question?

🎬 **몬스터 대학교**: 돈이 마이크가 들어간 문으로 다가가려고 수작을 부리며 한 말이에요.

**5.** 우리가 너에게 **몇 번이나** 말했니?
▶ _____
힌트 have we told you

🎬 **코코**: 삼촌이 미구엘에게 악사들에 대해 훈계하며 한 말이에요.

♦ 정답은 소책자 30쪽에

 1 turn ~ away ~를 거절하다  2 go through 검토하다, 거치다  4 following 다음의

255

# 171 You're not ~, are you?

너 ~한 거 아니지, 그렇지?

🎧 171.mp3

상대방의 상태나 의도를 확인하는 표현인데 은근히 어떤 행동을 하지 말라고 압박하는 느낌을 주는 말이에요. 반대로 '너 ~한 거지, 그렇지 않니?'라고 물어볼 때는 You're ~, aren't you?라고 해요.

> 🎬 **인어공주**: 에리얼과 플라운더가 난파선을 발견하고
>
> **ARIEL** There it is. Isn't it fantastic?
> 에리얼  저기 있다. 멋지지 않아?
>
> **FLOUNDER** Yeah, sure, it, it's great. Now let's get outta here.
> 플라운더  그래, 정말로. 머, 멋지네. 이제 가자.
>
> **ARIEL** Oh! **You're not** getting cold fins now, **are you?**
> 에리얼  너 무서워서 그러는 거 아니지, 그렇지?

\* fantastic 멋진 | get cold fins 무서워하다(get cold feet(무서워하다)를 물고기의 관점으로 쓴 표현)

**1.** 당신들, 내 새를 추적하는 건 아니지, 그렇지?
▶ **You're not** after my bird**, are you?**

🎬 **업**: 먼츠가 칼과 러셀을 처음 만나서 한 말이에요.

**2.** 자네 이렇게 일찍 가려고 하는 건 아니지? 그렇지?
▶ **You're, you're not** leaving so soon**? Are you?**

🎬 **알라딘**: 격분한 아흐메드 왕자를 술탄이 달래면서 한 말이에요.

**3.** 베키에 대해서 말하는 거 아니지, 그렇지?
▶ _____
힌트 talking about Becky

🎬 **도리를 찾아서**: 니모가 시무룩하자 말린이 베키 때문에 그러는 줄 알고 물어본 말이에요.

**4.** 아빠, 동물원에서 했던 것처럼 놀라지 않을 거죠, 그렇죠?
▶ Dad, **you're not** gonna freak out like you did at the petting zoo**, are you?**

🎬 **니모를 찾아서**: 등교 첫날, 니모가 말린이 걱정되어 물어본 말이에요.

**5.** 그분께 말하지 않을 거죠, 그렇죠?
▶ _____
힌트 gonna tell him

🎬 **인어공주**: 플라운더가 세바스찬에게 용왕에게 고자질하지 말라고 간청하는 말이죠.

✦ 정답은 소책자 30쪽에

1 be after 추적하다  4 freak out 기겁하다, petting zoo 아이들이 동물을 만질 수 있는 동물원

# 172 그러시죠?
## ~, don't you?

 172.mp3

어떤 말을 한 뒤 상대방의 생각을 덧붙여 물어보고 싶을 때 쓰는 표현이에요. 또한 내 말에 대해서 상대방의 동의를 구하려 할 때도 자주 쓴답니다.

🎬 **미녀와 야수** : 뤼미에르가 야수에게 진심으로 벨을 좋아하는지 물어보며

**LUMIERE** You care for the girl, **don't you?**
뤼미에르 그 여자를 좋아하시죠, **그렇죠?**

**BEAST** More than anything.
야수 무엇보다도.

**LUMIERE** Well then you must tell her.
뤼미에르 그러시면 그녀에게 말씀하세요.

\* care for ~를 좋아하다

---

1. 전화는 있으시죠, **그렇죠?**
▶ You do have a phone, **don't you?**

2. 경주용 차와 함께 일하죠, **그렇죠?**
▶ You do work with race cars, **don't you?**

3. 당신도 알고 있어요, **그렇죠?**
▶ You know that, _____

4. 넌 나를 건강하게 만들고 싶은 거지, **그렇지?**
▶ You want to keep me healthy, **don't you?**

5. 그래서, 당신은 이곳이 좋은 거지, **그렇지?**
▶ So, you do like it, _____

🎬 **카 3** : 해변으로 전지훈련을 온 크루즈가 맥퀸에게 물어본 말이에요.

🎬 **카 3** : 해변에서 잘 달리지 못하는 크루즈에게 맥퀸이 물어본 말이죠.

🎬 **인크레더블** : 헬렌이 밥에게 결혼 생활을 유지하려면 슈퍼히어로 이상의 노력을 해야 한다는 의미로 한 말이에요.

🎬 **빅 히어로** : 베이맥스가 새로운 업그레이드에 혼란스러워하자 히로가 그를 달래며 한 말이에요.

🎬 **니모를 찾아서** : 말린이 아내에게 새로 이사 올 곳에 대해 어떻게 생각하는지 물어본 말이에요.

✧ 정답은 소책자 30쪽에

**잠깐만요!** 4 keep ~ healthy ~를 건강하게 하다

# Review  163 ~ 172 패턴으로 대화하기

🎧 test 163-172.mp3

앞서 배운 10개 패턴을 활용하여 네이티브와 대화에 도전해 보세요. 빈칸을 채운 후, 오디오 파일을 2번씩 따라하세요.

## 1. [인크레더블] 밥을 구하러 가는 헬렌이 바이올렛에게 집안일을 맡기며

| VIOLET | Yeah... but why am I in charge again? | 네… 그런데 제가 왜 이 일을 다시 맡아야 하죠? |
| HELEN | Nothing. Just a little trouble with Daddy. | 아무 일도 아니야. 그냥 아빠한테 작은 문제가 생겨서. |
| VIOLET | _____ Or... Dad is the trouble? | **아빠가 곤경에 처해 있다구요?** 아니면 아빠가 골칫거리라는 거예요? |
| HELEN | I mean either he's in trouble... or he's going to be. | 내 말은 아빠가 지금 곤경에 빠져 있거나… 아니면 앞으로 그럴 거라는 거지. |

＊ be in charge 책임을 맡다

## 2. [카 3] 맥퀸이 예전에 훈련했던 곳으로 가려고 하자 크루즈가 의심스럽게 물어보며

| CRUZ | _____ | 스모키가 여기에 있을 거라는 걸 어떻게 알죠? |
| MCQUEEN | I don't. | 나도 몰라. |
| CRUZ | Oh. Do you... know if he's even alive? | 오, 당신… 그가 여전히 살아 있다고 생각하는 거예요? |
| MCQUEEN | Nope. | 아니. |
| CRUZ | Okay. So tell me this – how do you know if it's Smokey? Is there some... | 알았어요. 그럼 말해 봐요 – 그게 스모키인지 어떻게 알죠? 다른 뭔가… |

＊ alive 살아 있는

## 3. [인크레더블 2] 히어로 임무를 위해 집을 떠나 있는 헬렌이 밥과 통화하며

| HELEN | You know it's crazy, right? To help my family I gotta leave it, to fix the law I gotta break it... | 정말 미쳤죠? 가족을 돕기 위해서 집을 떠나 있고, 법을 고치기 위해서 그 법을 어기고… |
| BOB | You'll be great. | 당신, 잘할 거야. |
| HELEN | I know I will. But _____? We have kids. | 알아요. 하지만 **당신은 어쩌구요?** 우린 애들도 있잖아요. |
| BOB | I'll watch the kids, no problem. Easy. | 내가 애들을 볼게. 문제 없어. 쉽다고. |
| HELEN | Easy, huh? You're adorable. Well if there IS a problem, I'll drop this thing and come right back – | 쉽다구요? 당신 정말 멋져요. 만일에 문제가 생기면 이 일은 당장 그만두고 돌아갈 거예요 – |

＊ fix 고치다 | break (법, 약속 등을) 어기다 | adorable 멋진, 사랑스러운 | drop 그만두다

258

## 4. [카 3] 맥퀸이 크루즈와 함께 해변에서 훈련하며

**MCQUEEN** Who's Hamilton?

**CRUZ** My electronic personal assistant – you know, like on your phone.

**MCQUEEN** Racecars don't have phones, Cruz.

**CRUZ** Hamilton, track Mr. McQueen's speed and report it.

**HAMILTON** Tracking.

해밀턴이 누구예요?

저의 전자 개인 비서죠 – 핸드폰에 있는 그런 거 있잖아요. 전화기는 있으시죠, 그렇죠?

레이스 카는 전화기가 없어요, 크루즈.

해밀턴, 맥퀸 씨의 속도를 추적해서 보고해 줘.

추적 중.

\* electronic 전자의 | assistant 조수, 비서 | track 추적하다

## 5. [인크레더블 2] 무슨 일이 생길까 봐 대기하고 있는 엘라스티걸이 에블린과 무선으로 대화하며

**ELASTIGIRL** 

**EVELYN** Sure, you're making life easy for 'em.

**ELASTIGIRL** They still haven't forgiven us for the last time we made life easy for them.

**DEAVOR** I know the Chief of Police. There won't be a problem.

**EVELYN** With all due respect, if YOU had handled the Underminer, things would have been different.

이 일에 대해서 경찰이 확실히 괜찮다고 할까요?

물론이죠, 그들을 편하게 해 주는 거잖아요.

그들을 편하게 해 주려고 했던 그때 일도 아직 용서하지 않았잖아요.

제가 경찰국장을 알고 있어요. 문제될 건 없어요.

죄송한 말씀이지만, 당신이 언더마이너를 예전에 제압했더라면 상황이 달라졌겠죠.

\* make life easy 삶을 쉽게 하다, 편하게 해 주다 | with all due respect 죄송한 말씀이지만

## 6. [도리를 찾아서] 행크가 도리에게 꼬리표를 달라고 하며

**HANK** Uh – no, no, no. If I just take your TAG, I can take your place on the transport truck. Then, you can go back inside and find your family. All you have to do is give me the tag.

**DORY** What tag? There's a tag on my fin!

**HANK** 

**DORY** Oh no. I'm sorry. I... I suffer from short term memory loss.

아니야. 내가 너의 꼬리표를 받아서 수송 트럭에서 네 자리를 대신하는 거야. 그리고 넌 다시 돌아가서 가족을 찾는 거지. 넌 내게 꼬리표만 주면 돼.

무슨 표요? 아, 내 지느러미에 무슨 표시가 있어!

지느러미에 표시가 있다는 걸 어떻게 잊을 수가 있니?

아니. 죄송해요. 전 단기 기억 상실증이 있어요.

\* take one's place 대신하다 | transport 수송 | suffer from (병을) 앓다 | memory loss 기억 상실

**1.** [알라딘] 자스민, 알라딘이 시장에서 만난 사람이라는 걸 알아차리고

| | | |
|---|---|---|
| **JASMINE** | You are the boy from the market! I knew it! | 시장에서 만난 그 남자군요! 그럴 줄 알았어! **왜 나에게 거짓말을 한 거죠?** |
| **ALADDIN** | Jasmine, I'm sorry. | 자스민, 미안해요. |
| **JASMINE** | Did you think I was stupid? | 제가 멍청한 줄 알았어요? |
| **ALADDIN** | No. | 아니요. |
| **JASMINE** | That I wouldn't figure it out? | 제가 모를 줄 알았어요? |
| **ALADDIN** | No! I... I mean, I, I hoped you wouldn't. Uh, no, that, that's not what I meant. | 아니요! 전, 당신이 모르길 바랐어요. 어, 아니에요, 그런 뜻이 아니에요. |

＊market 시장 | lie 거짓말하다 | figure ~ out ~를 알아내다

정답  1. You mean Dad's in trouble?  2. How do you know Smokey's gonna be here?  3. what about you  4. You do have a phone, don't you?  5. Are you sure the police are gonna be OK with this?  6. H-how could you forget you have a tag on your fin?  7. Why did you lie to me?

# Part 18

## 가정해서 말할 때
### 디즈니 캐릭터가 사용하는 패턴

상상력이 풍부한 디즈니 캐릭터들은 지금 일어나지 않은 일을 반대로 가정해서 말하는 경우가 많아요. 그리고 상대방에게 조건을 제시하며 자신이 원하는 것을 당당하게 말하기도 하죠. 이번 파트에서는 디즈니 캐릭터들이 자주 사용하는 '가정'과 '조건'의 패턴들을 배울 거예요. 영어 문장을 화려하게 만들어 주는 '액세서리' 같은 패턴들이니 꼭 익혀 두도록 하세요.

- **패턴 173**  If only ~
- **패턴 174**  What if ~?
- **패턴 175**  If it weren't for ~
- **패턴 176**  in case ~
- **패턴 177**  Unless ~
- **패턴 178**  Once you ~
- **패턴 179**  even if ~
- **패턴 180**  As long as ~
- **패턴 181**  it would have p.p. ~
- **패턴 182**  not ~ without ...

## 173

~할 수만 있으면 좋을 텐데

# If only ~

무언가를 간절하게 바라며 하는 말이에요. 특히 암울하고 안타까운 상황에서 이 표현을 쓰는 경우가 많아요. If only 뒤에는 현재 시제를 쓰지 않고 과거 시제를 쓴다는 것에 주의하세요.

> 🎬 **미녀와 야수** : 벨이 아버지를 그리워하며 야수에게 하는 말
>
> **BELLE**  **If only** I could see my father again, just for a moment. I miss him so much.
> 벨  아버지를 잠깐만이라도 다시 볼 **수만 있다면**. 너무 보고 싶어요.
>
> **BEAST**  There is a way.
> 야수  방법이 있어요.
>
> **BEAST**  This mirror will show you anything, anything you wish to see.
> 야수  이 거울이 뭐든 보여 줄 거예요. 당신이 보고 싶은 건 뭐든 다.

\* for a moment 잠시

---

**1.** 그 램프만 있었다면!
▶ **If only** I had gotten that lamp!

🎬 알라딘 : 자스민이 자신을 계속 거부하자 자파가 혼잣말로 아쉬워하며 한 말이에요.

**2.** 내가 더 빨리 왔더라면.
▶ **If only** I'd gotten here sooner.

🎬 미녀와 야수 : 벨이 죽어가는 야수를 끌어안고 한 말이에요.

**3.** 차들을 멈출 수 있는 방법이 있다면 좋으련만!
▶ _____
　　　　　　힌트 there was a way to stop traffic

🎬 도리를 찾아서 : 베일리가 니모와 말린이 타고 있는 트럭을 멈추고 싶어 한 말이에요.

**4.** 당신을 사랑하는 사람이 있다면 말이죠.
▶ **If only** there was someone out there who loved you.

🎬 겨울왕국 : 한스가 안나에게 자신의 계략을 밝히며 사악하게 한 말이죠.

**5.** 누가 날 도와줄 수 있으면 좋겠는데…
▶ _____
　　　　　　힌트 someone could help me

🎬 업 : 칼이 러셀에게 새를 잡아 달라고 간접적으로 부탁한 말이죠.

✦ 정답은 소책자 30쪽에

3 traffic 차량

## ~하면 어쩌지?
# What if ~?

🎧 174.mp3

아직 일어나지 않은 상황을 가정해서 말할 때 자주 사용하는 표현이에요. 긍정적인 생각과 부정적인 생각에서 모두 사용할 수 있지만 주로 걱정이나 불안한 생각을 말할 때 쓰는 경우가 많아요.

🎬 **겨울왕국** : 크리스토프가 공작과 갑자기 사랑에 빠진 안나를 비난하며

**KRISTOFF** Have you had a meal with him yet? **What if** you hate the way he eats? **What if** you hate the way he picks his nose?
**크리스토프** 그 사람과 식사해 봤어요? 당신이 그 사람 식성을 싫어**하면 어쩌죠**? 그 사람이 코를 파는 방식이 싫으**면**?

**ANNA** Picks his nose?
**안나** 코를 판다구요?

＊ meal 식사 | pick one's nose 코를 파다

---

**1.** 걔가 날 싫어**하면 어쩌지**?
▶ **What if** she doesn't like me?

🎬 **토이 스토리 4** : 보니가 자신을 싫어할까 봐 개비 개비가 걱정하며 한 말이에요.

**2.** 내가 진짜 왕자가 아니라는 걸 알**면 어떻게 하지**?
▶ **What if** they find out I'm not really a prince?

🎬 **알라딘** : 알라딘이 자신의 실체가 탄로날까 봐 걱정하며 한 말이에요.

**3.** 제가 부모님을 잊어버리**면 어쩌죠**?
▶ _____
힌트 I forget you

🎬 **도리를 찾아서** : 어린 도리가 부모님을 잊어버릴까 봐 걱정하며 한 말이죠.

**4.** 하지만 내가 구두를 못 만들**면 어쩌죠**?
▶ But **what if** I'm no good at making shoes?

🎬 **코코** : 미구엘이 신발을 만드는 재능이 없을까 봐 걱정하며 한 말이에요.

**5.** 내가 또 망치**면 어떻게 하지**?
▶ _____
힌트 I mess up again

🎬 **온워드** : 이안이 마법 주문을 망칠까 봐 걱정하며 한 말이에요.

✦ 정답은 소책자 30쪽에

**잠깐만요!** 2 find out 알아내다  4 be good at ~를 잘하다  5 mess up 망치다

# 175 If it weren't for ~
~가 아니었다면

 175.mp3

'~가 없었다면', 혹은 '~가 아니었다면'이란 뜻으로 자주 사용하는 가정의 표현이에요. If it weren't for ~.가 정석 표현이지만 If it wasn't for ~.라고 하는 원어민들도 많아요.

🎬 **인크레더블 2** : 에블린이 엘라스티걸에게 자신의 실체를 드러내며

**EVELYN** You know what's sad... **If it weren't for** your CORE BELIEFS, I think we could've been good friends.
에블린 슬픈 게 뭔지 알아요?... 당신의 굳건한 신념**만 아니었으면** 우리는 좋은 친구가 될 수 있었을 거예요.

**ELASTIGIRL** At least I have... have core beliefs...
엘라스티걸 그래도 내가… 그런 굳건한 신념이라도 지킬 수 있어 다행이군…

\* core 중심 | belief 믿음 | at least 적어도

1. 그리고 너**만 아니었으면**, 그는 여전히 살아 있겠지.
▶ And **if it weren't for** you, he'd still be alive.

🎬 **라이언 킹** : 스카가 무파사의 죽음을 심바의 탓으로 돌리며 한 말이죠.

2. 네가 아니었으면 난 결코 여기까지 오지 못했을 거야.
▶ **If it wasn't for** you, I never would've even made it here.

🎬 **니모를 찾아서** : 말린이 도리에게 니모를 함께 찾으러 간 것에 감사하며 한 말이에요.

3. 형이 아니었으면 난 여기 없을 거야.
▶ I wouldn't be here _____
힌트 wasn't, you

🎬 **빅 히어로** : 히로가 합격의 공을 타다시에게 돌리며 한 말이에요.

4. 뭐, 그 사자들**만 아니면**, 우리가 왕국을 지배할 텐데.
▶ You know, **if it weren't for** those lions, we'd be runnin' the joint.

🎬 **라이언 킹** : 무파사의 공격을 받은 후 하이에나가 사자들을 탓하며 한 말이에요.

5. 앤디**가 아니면** 우린 함께 있지도 못할 거라고!
▶ We wouldn't even be together _____
_____
힌트 Andy

🎬 **토이 스토리 3** : 우디가 다른 장난감들에게 앤디에게 다시 돌아가야 한다며 한 말이죠.

✦ 정답은 소책자 31쪽에

 1 alive 살아 있는  2 make it (일을 잘) 해내다  4 run the joint 왕국을 지배하다

## 176 in case ~
혹시라도 ~할까 봐

🎧 176.mp3

만일에 어떤 일이 생길 것에 대비해서 무언가를 했다고 말할 때 쓰는 표현이에요. Just in case.라고 짧게 쓰기도 하는데 '혹시나 해서.'라는 뜻이에요.

> 🎬 뮬란 : 뮬란의 목욕을 도와주던 엄마가 팔에 적혀 있는 글씨를 발견하고
>
> **FA LI**  Mulan, what's this?
> 파 리  뮬란, 이게 뭐니?
>
> **MULAN**  Uh, notes... **in case** I forget something?
> 뮬란  어, 메모예요… **혹시라도** 잊어버릴**까 봐**.

＊ note 메모 | forget 잊어버리다

**1.** 수업이 지루해질 걸 대비해서 더 많이 주문했다고.
▸ I ordered extra **in case** things get slow in class.

🎬 인사이드 아웃 : 기쁨이가 버럭이에게 라일리가 딴생각할 것들을 미리 준비하라고 한 말이에요.

**2.** 혹시 우리가 여기를 못 벗어날 경우에 말야.
▸ Just **in case** we don't make it out of here.

🎬 겨울왕국 2 : 크리스토프가 안나에게 청혼하려고 한 말이에요.

**3.** 우리가 우승을 못 할 걸 대비해서요.
▸ Just _____
힌트  we don't win

🎬 주먹왕 랄프 : 바넬로피가 랄프에게 직접 만든 메달을 건네주며 한 말이죠.

**4.** 혹시라도 당신이 우리를 따라올 생각을 할까 봐.
▸ **In case** you get any ideas about following us.

🎬 라푼젤 : 고텔이 플린을 사슬로 묶으면서 한 말이에요.

**5.** 쓸 게 필요할 수 있으니까.
▸ _____
힌트  you need something to write with

🎬 주토피아 : 주디가 닉에게 경찰 지원서와 펜을 건네주며 한 말이에요.

✦ 정답은 소책자 31쪽에

잠깐만요!  1 extra 여분, things get slow 지루해지다  2 make it out of here 여기서 벗어나다

# 177 Unless ~

~하지 않는다면 말이지

🎧 177.mp3

'만일 ~하지 않는다면'을 영어로 옮길 때 if ~ not을 먼저 떠올리셨다면 이제는 unless도 익혀 두세요. if ~ not과 같은 의미지만 더 깔끔하게 가정하는 문장을 만들 수 있거든요.

🎬 **라이언 킹** : 왕국을 간신히 도망쳐 나온 심바가 자포자기한 심경으로 품바에게 말하며

**PUMBAA**  Come on, Timon. Anything we can do?
품바   이봐 티몬. 우리가 해 줄 건 없니?

**SIMBA**  Not **unless** you can change the past.
심바   과거를 바꿔 **주지 못하면** 됐어요.

* past 과거

1. 그녀가 당신과 결혼**하지 않는다면** 내가 그녀의 아버지를 정신 병동에 넣으라는 건가?
▶ So you want me to throw her father in the asylum **unless** she agrees to marry you?

🎬 **미녀와 야수** : 개스톤과 다퀴가 벨의 아버지를 정신 병동에 가두려는 음모를 꾸미며 한 말이죠.

2. 우리가 도전하고 최고를 바라**지 않는다면** 어떻게 그럴 수 있다는 거야?
▶ Well then, how are we gonna do that **unless** we give it a shot and hope for the best?

🎬 **니모를 찾아서** : 도리가 말린에게 포기하지 말라며 한 말이죠.

3. 소원을 빌**지 않으면** 널 도와줄 수 없다고!
▶ I can't help you _____
힌트  you make a wish

🎬 **알라딘** : 지니가 의식을 잃은 알라딘을 구하기 위해 소원을 빌라고 재촉하는 말이에요.

4. 내가 어떻게 널 보호할 수 있겠어, 네가 항상 여기에 **없다면**…?
▶ How can I protect you, boy **unless** you always stay in here…?

🎬 **노틀담의 꼽추** : 프롤로가 콰지모도에게 성당에 있을 것을 명령하며 한 말이에요.

5. 당신이 바람과 바다, 모두의 신, 마우이가 되길 원**하지 않으면 말이죠**.
▶ _____, demigod of the wind and sea, here to… all.
힌트  you don't wanna be Maui

🎬 **모아나** : 모아나가 마우이에게 갈고리를 찾으러 가자고 한 말이에요.

✦ 정답은 소책자 31쪽에

1 asylum 정신 병동, agree 동의하다   2 give it a shot 도전하다   3 make a wish 소원을 빌다   4 protect 보호하다
5 demigod 반신반인

일단 네가 ~하면

# Once you ~

상대방이 일단 무언가를 한다고 가정하고 말할 때 쓰는 패턴이에요. once는 '한 번'이란 뜻도 있지만 여기서는 '일단 ~하면'이란 의미로 쓰였어요. Once 뒤에는 '주어+동사' 형태를 써 주세요.

> 🎬 **미녀와 야수** : 옷장 부인이 벨에게 야수를 옹호하며
>
> **WARDROBE** Why, the master's not so bad **once you** get to know him. Why don't you give him a chance?
> **옷장 부인** 당신이 더 알게 되면 주인님은 그리 나쁜 분이 아니랍니다. 그분께 기회를 주는 게 어때요?
>
> **BELLE** I don't want to get to know him. I don't want to have anything to do with him!
> **벨** 더 알고 싶지도 않네요. 그 사람과 엮이고 싶지 않아요!

\* wardrobe 옷장 | get to know 알게 되다 | have anything to do with ~와 엮이다

---

**1.** 일단 이름을 붙이면, 애정을 가지게 된단 말야.
▶ **Once you** name it, you start getting attached to it.

🎬 **몬스터 주식회사** : 마이크가 설리에게 부의 이름을 지어 주지 말라며 한 말이에요.

**2.** 그렇지만 네가 좋아하는 것이 무엇인지 알면 된단다.
▶ But **once you** know what you like well there you are.

🎬 **모아나** : 탈라 할머니가 모아나에게 내면의 소리에 귀를 기울이라고 한 말이에요.

**3.** 털만 잘 골라내면 아주 영양가 있는 거라고.
▶ _____ it's very nutritious.
힌트 you pick the hairs out

🎬 **몬스터 주식회사** : 예티가 마이크에게 야크의 우유에 대해 알려 준 말이죠.

**4.** 일단 들어가면 그 통의 바닥으로 가는 거야 그리고 나머지는 내가 말로 해 줄게.
▶ **Once you** get in, you swim down to the bottom of the chamber and I'll talk you through the rest.

🎬 **니모를 찾아서** : 길이 니모에게 탈출하는 방법을 알려 준 말이에요.

**5.** 일단 중심을 찾게 되면 너희들은 확실히 이길 수 있어.
▶ _____ you are sure to win.
힌트 you find your center

🎬 **뮬란** : 상이 아마추어 같은 군인들을 훈련시키며 한 말이에요.

◆ 정답은 소책자 31쪽에

1 name 이름을 붙이다, attached to ~에 애정이 붙은  3 pick ~ out ~를 골라내다, nutritious 영양가 있는
4 chamber 방, the rest 나머지

# 179 even if ~
설령 ~라고 해도

even if ~는 '~가 일어나더라도', '설령 ~라고 해도'라는 뜻이에요. 의도와는 상관없이 어떤 일이 생길 수 있다는 것을 가정하고 하는 말이에요.

> 카 3 : 해설 위원들이 TV 중계에서 맥퀸의 경기에 대해 분석하며
>
> **CHICK HICKS** Yeah right! Talk about humiliating! If I were old Ka-chow, I wouldn't even bother to show up in Florida.
> 칙 힉스  맞아요! 모욕적이죠! 제가 카초우라면 플로리다에 절대 나타나지 않을 겁니다.
>
> **NATALIE CERTAIN** That could be for the best, Chick. **Even if** he does race, McQueen's probability of winning is... one-point-two percent.
> 나탈리 써튼  그렇게 하는 게 제일 좋긴 하죠, 칙. 맥퀸이 경기에 나온**다고 해도** 승률은… 1.2%입니다.

\* humiliating 모욕적인 | wouldn't bother to ~하려고 하지 않다 | show up 나타나다 | probability 가능성

1. 살아서 코코를 못 보**더라도**… 언젠가는 이곳에서 걔를 볼 수 있을 거라고 생각했지.
▶ **Even if** I never got to see Coco in the living world... I thought at least one day I'd see her here.

   코코 : 헥터가 딸 코코를 만나고 싶다고 소망하며 한 말이에요.

2. 내가 멀리 있**어도** 내 마음으로 널 안아 준단다.
▶ For **even if** I'm far away I hold you in my heart.

   코코 : 헥터가 딸 코코에 대한 그리움을 노래한 말이에요.

3. 내가 그랬**다 해도**, 큰 상관없었을 거야.
▶ _____, it woudn't have mattered.
   힌트  I did

   카 3 : 루이즈가 허드와의 옛 로맨스를 추억하며 한 말이에요.

4. 괜찮을 거예요, 내가 잊어버린**다 해도** 다시 여러분들을 찾을 수 있다는 걸 알거든요.
▶ It's gonna be okay, because I know that **even if** I forget, I can find you again.

   도리를 찾아서 : 도리가 부모님을 안심시키며 한 말이에요.

5. 당신이 안 하겠**다고 하셔도** 전 케빈을 도울 거예요!
▶ I'm gonna help Kevin _____
   힌트  you won't

   업 : 러셀이 칼에게 케빈을 돕겠다고 소리치며 한 말이에요.

✦ 정답은 소책자 31쪽에

잠깐만요! 1 at least 적어도  2 far away 멀리 떨어진  3 matter 중요하다

~하는 한

# As long as ~

🎧 180.mp3

as long as ~는 '~하는 한', '~하는 동안에는'이란 뜻으로 어떤 상황이나 조건을 말할 때 자주 쓰는 표현이에요. as long as 뒤에는 '주어＋동사'의 형태를 써 주세요.

> 🎬 **인어공주** : 트라이튼 왕이 에리얼에게 바다 위로 올라가지 말라고 명령하며
>
> **TRITON** Don't you take that tone of voice with me, young lady! **As long as** you live under my ocean, you'll obey my rules!
> **트라이튼** 내게 그런 말투로 말하다니! 내 바다 세상에서 사**는 한**, 넌 내 규율을 지켜야 해!
>
> **ARIEL** But if you would just listen…
> **에리얼** 하지만 제 말을 좀 들어 주시면…

\* tone of voice 말투 | ocean 바다 | obey 복종하다

1. 우리가 그를 기억하**는 한** 그가 완전히 사라진 게 아니라고들 하더라고.
   ▶ People keep saying he's not really gone **as long as** we remember him.

   🎬 **빅 히어로** : 히로가 타다시를 추억하며 베이맥스에게 한 말이에요.

2. 그가 게임을 하게 되**는 한**, 그가 이길 거예요.
   ▶ And **as long as** he gets to play, he wins.

   🎬 **인크레더블 2** : 엘라스티걸이 스크린 슬레이버에 관한 자신의 생각을 말한 거예요.

3. 자주가 너와 함께 가**는 한**.
   ▶ _____
   힌트 Zazu goes with you

   🎬 **라이언 킹** : 엄마가 심바에게 자주와 함께 물웅덩이에 가라고 한 말이죠.

4. 안전한 섬에 있**는 한**, 우리는 괜찮을 거야.
   ▶ **As long as** we stay on our very safe island, we'll be fine.

   🎬 **모아나** : 아빠가 모아나에게 섬 밖으로 나가지 말라고 설득하며 한 말이에요.

5. 네가 거짓말을 하지 않**는 한**, 주문은 괜찮을 거야.
   ▶ _____, the spell will be fine.
   힌트 you don't tell a lie

   🎬 **온워드** : 발리가 이안에게 위장 주문에 대해 설명하며 한 말이죠.

✦ 정답은 소책자 31쪽에

1 keep -ing 계속 ~하다, be gone 사라지다   5 tell a lie 거짓말하다, spell 주문

# 181

~했겠지

# it would have p.p. ~

과거에 있었던 일을 반대로 가정하며 말할 때 자주 쓰는 표현이에요. '~했을 거야', '~했겠지'라고 해석하는 게 좋아요. 반대로 '~하지 않았겠지'라고 할 때는 it wouldn't have p.p.를 써 주세요.

🎬 뮬란 : 뮬란이 목욕물이 차갑다고 하자 엄마가 잔소리를 하며

**MULAN** It's freezing!
뮬란  정말 차가워요!

**FA LI** It would've been warm if you were here on time.
파 리  네가 시간을 지켜서 왔으면 따뜻**했겠지**.

\* freezing 아주 차가운 | on time 제때

1. 몇몇 문제가 없었다면 이런 일들은 불가능**했을 것입니다**.
▶ But none of this would have been possible without a few bumps in the road.

🎬 빅 히어로 : 크레이가 대학 캠퍼스 오프닝 축하 연설에서 한 말이죠.

2. 물론 언니가 비밀을 말해 줬더라면 이런 일은 생기지 **않았겠지**.
▶ Of course none of it would have happened if she'd just told me her secret.

🎬 겨울왕국 : 엘사를 찾아온 안나가 그녀를 탓하며 한 말이죠.

3. 아마 그녀가 오지 않았더라면 더 **좋았을지도** 모르지.
▶ Maybe _____ if she had never come at all.
힌트  been better

🎬 미녀와 야수 : 벨이 성을 떠나자 뤼미에르가 크게 실망하며 한 말이에요.

4. 죄송하지만 당신이 언더마이너를 쓰러뜨렸더라면 상황이 달라**졌겠죠**.
▶ With all due respect, if YOU had handled the Underminer, things would have been different.

🎬 인크레더블 2 : 에블린이 엘라스티걸에게 과거에 있었던 일에 대해 한 말이죠.

5. 그들이 이사만 안 했어도 이런 일은 일어나지 **않았을 거야**.
▶ If they hadn't moved us, _____
힌트  none of this, happened

🎬 인사이드 아웃 : 버럭이가 라일리의 부모님을 탓하며 한 말이에요.

✦ 정답은 소책자 32쪽에

**잠깐만요!**  1 possible 가능한, bump 걸림돌  2 secret 비밀  4 with all due respect 송구스럽지만, handle 처리하다

### 182

**… 없이는 ~할 수 없어**

# not ~ without ...

🎧 182.mp3

무언가가 꼭 필요하다고 강하게 어필할 때 쓰는 표현이에요. 상대방의 도움이 절실히 필요할 때 I can't do it without you.(너 없이는 할 수 없어.)라고 간절하게 말해 보세요.

🎬 **겨울왕국** : 힘겹게 엘사를 찾아온 안나가 혼자 가지 않겠다고 말하며

**KRISTOFF**　Anna, I think we should go.
크리스토프　안나, 우리 가야 할 것 같아.

**ANNA**　No. I'm **not** leaving **without** you, Elsa.
안나　안 돼. 난 언니 **없이는 안** 갈 **거야**.

**ELSA**　Yes, you are.
엘사　그래, 넌 가야 해.

---

**1.** 갈고리가 없으면 난 아무것도 아니야.
▸ **Without** my hook I'm **nothing**.

🎬 **모아나** : 마우이가 모아나에게 버럭 화를 내며 한 말이에요.

**2.** 내 도움이 없이는 당신의 귀중한 가방을 찾을 수 없을 거예요.
▸ **Without** my help you will **never** find your precious satchel.

🎬 **라푼젤** : 라푼젤이 플린에게 가방을 찾으려면 자신의 말을 들으라고 한 말이에요.

**3.** 네 노래가 없으면 난 이걸 할 수 없어.
▸ I **can't** do this _____
　　　　　　　　　　　　　　　힌트　your songs

🎬 **코코** : 델라 크루즈가 헥터에게 떠나지 말라고 간청하며 한 말이에요.

**4.** 내가 이걸 수습해야 해, 하지만 너 없인 할 수 없어.
▸ I have to fix this, but I **can't** do it **without** you.

🎬 **주토피아** : 주디가 닉의 도움을 간절히 요청하며 한 말이에요.

**5.** 네가 없으면 라일리는 행복할 수 없어.
▸ _____, Riley **can't** be happy.
　　　　　　　　　　　　　　힌트　you

🎬 **인사이드 아웃** : 슬픔이가 기쁨이에게 걱정스럽게 한 말이에요.

✤정답은 소책자 32쪽에

　1 hook 갈고리　2 precious 소중한, satchel 어깨에 매는 가방　4 fix 고치다

 **Review** 173 ~ 182 패턴으로 대화하기  test 173-182.mp3

앞서 배운 10개 패턴을 활용하여 네이티브와 대화에 도전해 보세요. 빈칸을 채운 후, 오디오 파일을 2번씩 따라하세요.

1. **[라이언 킹]** 무파사의 공격을 받은 하이에나들이 사자에 대한 혐오감을 표현하며

   **SHENZI** Look at you guys! No wonder we're danglin' at the bottom of the food chain.

   너희 꼴 좀 봐! 먹이 사슬 맨 밑바닥에 간신히 매달려 있는 게 당연한 거지.

   **BANZAI** Oh, man, I hate dangling.

   오, 이런. 난 매달려 있는 게 싫어.

   **SHENZI** Yeah. You know, _____, we'd be runnin' the joint.

   그래. 뭐, **그 사자들만 아니면** 우리가 이 왕국을 지배할 수 있는데 말야.

   **BANZAI** Yeah. Man, I hate lions.

   그러게. 난 사자가 싫어.

   *no wonder ~하는 게 당연하지 | dangle 간신히 매달려 있다 | food chain 먹이 사슬 | run the joint 왕국을 지배하다

2. **[모아나]** 투이가 모아나에게 섬을 벗어나서는 안 된다고 반박하며

   **TUI** There's no monsters — No monsters! There is nothing beyond our reef but storms and rough seas! _____, we'll be fine!

   괴물은 없어 – 괴물은 없다고! 산호초 너머에는 폭풍우와 거친 바다밖에 없어! **안전한 섬에 있는 한**, 우리는 괜찮을 거야!

   **GRAMMA TALA** The legends are true, someone will have to go!

   전설은 사실이야. 누군가는 가야 한다고!

   **TUI** Mother, Motunui is paradise. Who would want to go anywhere else?

   어머니, 모투누이는 낙원이에요. 누가 다른 곳으로 가고 싶어하겠어요?

   *monster 괴물 | reef 산호초 | rough 거친 | legend 전설 | paradise 낙원

3. **[빅 히어로]** 히로가 화재로 죽은 타다시를 추억하며

   **BAYMAX** Tadashi was in excellent health. With a proper diet and exercise, he should have lived a long life.

   타다시는 아주 건강했어. 적절한 식단을 지키고 운동을 한 덕분에 오래 살 수도 있었을 거야.

   **HIRO** Yeah, he should have. But there was a fire... and now he's gone.

   그래. 그랬어야 했는데. 하지만 화재가 있었고… 이제 그는 여기에 없잖아.

   **BAYMAX** Tadashi is here...

   타다시는 여기에 있어…

   **HIRO** No. _____ It still hurts.

   아니야. **우리가 그를 기억하는 한 그는 정말 죽은 게 아니라고들 하지**. 그래도 가슴이 아파.

   **BAYMAX** I see no evidence of physical injury.

   외상의 흔적은 안 보이는데.

   **HIRO** It's a different kind of hurt.

   이건 다른 종류의 아픔이야.

   *in excellent health 매우 건강한 | proper 적절한 | diet 식단 | be gone 사라지다, 죽다 | as long as ~하는 한 | evidence 증거 | physical 신체적인 | injury 손상, 부상 | hurt 아픔

## 4. [미녀와 야수] 성으로 돌아온 벨이 죽어가는 야수를 보고 슬퍼하며

**BEAST**    Belle? You came back!

벨? 돌아왔군요!

**BEAST**    You came back.

돌아왔어요.

**BELLE**    Of course I came back. I couldn't let them... Oh, this is all my fault. _____

물론 돌아왔죠. 그들이 그렇게 하도록 내버려 둘 수… 오, 이건 다 내 잘못이에요. **내가 더 빨리 왔더라면.**

**BEAST**    Maybe it's better this way.

이렇게 된 게 더 나을 수도 있죠.

**BELLE**    Don't talk like that. You'll be all right. We're together now. Everything's going to be fine. You'll see.

그렇게 말하지 마세요. 당신은 괜찮을 거예요. 우리가 지금 함께 하잖아요. 다 잘될 거예요. 두고 봐요.

\* fault 잘못

## 5. [알라딘] 알라딘이 지니를 풀어 줄 수 없는 이유를 설명하며

**ALADDIN**    Look, I'm sorry. I really am. But they want to make me sultan. No, they want to make Prince Ali sultan. Without you, I'm just Aladdin.

이봐. 미안해. 정말이야. 하지만 사람들은 나를 술탄 왕으로 만들고 싶어해. 아니야, 사람들은 알리 왕자를 술탄 왕으로 만들고 싶어해. 네가 없으면 난 그냥 알라딘이야.

**GENIE**    Al, you won.

알, 네가 이겼어.

**ALADDIN**    Because of you. The only reason anyone thinks I'm worth anything is because of you.

너 때문이야. 사람들이 내가 가치 있는 존재라고 생각하는 건 너 때문이라고.

**ALADDIN**    _____ What if Jasmine finds out? I'd lose her.

**내가 진짜 왕자기 아니라는 걸 알면 어떻게 하지?** 자스민이 알게 되면? 난 그녀를 잃게 될 거야.

\* worth 가치 있는 | lose 잃어버리다

## 6. [라푼젤] 라푼젤이 플린을 신뢰하고 무언가를 제안하며

**RAPUNZEL**    Something brought you here, Flynn Rider. Call it what you will: fate, destiny...

무언가가 당신을 이곳으로 인도했어요, 플린 라이더. 그게 무엇이든 말이죠: 신의 섭리, 운명 같은…

**FLYNN**    A horse.

정확히 말하면 말이죠.

**RAPUNZEL**    So I have made the decision to trust you.

그래서 당신을 믿기로 결정했어요.

**FLYNN**    A horrible decision, really –

끔찍한 결정이군요. 정말이지 –

**RAPUNZEL**    But trust me when I tell you this: you can tear this tower apart brick by brick, but _____ .

하지만 이 말 명심하세요: 이 탑에 있는 벽돌 하나하나를 뒤져 봐도 **내 도움 없이는 당신의 귀중한 가방을 찾을 수 없을 거예요.**

\* fate 운명, 신의 섭리 | destiny 운명 | make decision 결정하다 | horrible 끔찍한 | tear ~ apart ~를 분해하다 | brick by brick 벽돌 하나씩 | precious 소중한 | satchel 어깨에 매는 가방

1. **[겨울왕국 2] 크리스토프가 마법의 숲에서 안나에게 청혼하려고 하며**

**KRISTOFF** _____ – 혹시라도 우리가 여기를 못 벗어날 경우에 말이야 –

**ANNA** Wait, what? You don't think we're going to make it out of here?
잠깐, 뭐라고? 우리가 여기서 벗어나지 못할 것 같아?

**KRISTOFF** No, No. I mean, we will make it out of here. Well, technically the odds are kinda complicated. But my point is, in case we die –
아니. 내 말은, 우린 여기서 나갈 거야. 엄밀히 말하면 그런 가능성이 좀 복잡하긴 하지만. 내 말은, 혹시라도 우리가 죽게 된다면 –

**ANNA** You think we are going to die?
우리가 죽을 거라고 생각해?

**KRISTOFF** No! No, no, no, we will die at some point, but not at any recent time will we die.
아니! 그게 아니라 우린 언젠가는 죽을 테지만 지금 당장 죽지는 않겠지.

**ANNA** Where's Elsa? I swore I wouldn't leave her side. Elsa?
엘사는 어디에 있어? 언니 옆을 떠나지 않겠다고 맹세했는데. 엘사?

＊ just in case 혹시라도 | make it out of 성공적으로 벗어나다 | technically 엄밀히 말하면 | the odds 승산, 기회 | complicated 복잡한 | recent 최근의 | swore swear(맹세하다)의 과거

**정답** 1. if it weren't for those lions  2. As long as we stay on our very safe island  3. People keep saying he's not really gone as long as we remember him.  4. If only I'd gotten here sooner.  5. What if they find out I'm not really a prince?  6. without my help you will never find your precious satchel  7. Just in case we don't make it out of here

# Part 19

## 명령할 때
### 디즈니 캐릭터가 사용하는 패턴

무언가를 지시하는 당당한, 때로는 건방진 디즈니 캐릭터를 많이 보셨죠? 이번 파트에서는 상대방에게 무언가를 지시할 때 쓰는 패턴들을 살펴볼게요. 명령할 때는 다양한 표현들을 사용할 수 있지만 여기서는 디즈니 캐릭터들이 가장 자주 쓰는 10개의 패턴만 추려 보았어요.

- 패턴 183  Stop -ing
- 패턴 184  Go get ~
- 패턴 185  You must ~
- 패턴 186  You've got to ~
- 패턴 187  Make sure ~
- 패턴 188  Don't be ~
- 패턴 189  Don't let ~
- 패턴 190  Don't tell me ~
- 패턴 191  Just tell me ~
- 패턴 192  Just keep ~

## 183 그만 좀 ~해
# Stop -ing

상대방에게 어떤 행동을 더 이상 하지 말라고 명령하는 말이에요. 이 표현에서 동사를 쓸 때는 꼭 -ing 형태로 써야 해요.

> 🎬 라푼젤 : 고텔이 라푼젤에게 자신의 미모에 대해서 농담을 하며
>
> **MOTHER GOTHEL** Rapunzel – look in that mirror. You know what I see? I see a strong, confident, beautiful young lady. Oh, look! You're here too. I'm just teasing! **Stop taking** everything so seriously.
>
> 고텔 라푼젤 – 이 거울을 좀 봐. 뭐가 보이는지 아니? 강하고, 자신감 넘치고, 아름다운 숙녀가 보이는구나. 어머! 너도 있었구나. 그냥 장난 좀 친 거야! 모든 걸 너무 심각하게 **받아들이지 말라고**.
>
> **RAPUNZEL** Okay, so, Mother, as I was saying tomorrow is…
> 라푼젤 알았어요, 어머니, 제가 말씀드린 대로 내일은…

＊ confident 자신감 있는 | tease 장난치다 | take everything so seriously 모든 일을 심각하게 받아들이다

---

**1.** 잠깐만이라도 소리 좀 지르지 마!
▶ **Stop yelling** for a second!

🎬 도리를 찾아서 : 도리가 큰 소리로 부모님을 부르자 말린이 그녀를 진정시켜며 한 말이죠.

**2.** 나한테 대들지 마.
▶ **Stop fighting** me.

🎬 라푼젤 : 고텔이 라푼젤에게 더 이상 대들지 말라고 한 말이에요.

**3.** 그만 징징대.
▶ _____
힌트 whining

🎬 빅 히어로 : 쇼케이스 전에 고고가 히로를 크게 격려하려고 한 말이에요.

**4.** 이봐, 무슨 생각을 하든 간에 그 생각 **그만하라고**!
▶ Hey, whatever you're thinking, **stop thinking** it!

🎬 주토피아 : 닉이 주디에게 이상한 짓을 생각하지 말라며 한 말이에요.

**5.** 말하지 마!
▶ _____
힌트 talking

🎬 인크레더블 : 경비대가 바이올렛과 대쉬에게 명령한 말이에요.

◆ 정답은 소책자 32쪽에

잠깐만요! 1 yell 소리 지르다  3 whine 징징거리다  4 whatever 어떤 ~일지라도

## 가서 ~를 가져와
# Go get ~

🎧 184.mp3

상대방에게 가서 무언가를 가져오라고 명령하는 말이에요. 상황에 따라서는 '가서 ~를 데려와.'라고 해석할 수도 있어요. 무언가를 찾아오라고 시킬 때는 Go find ~.라는 패턴을 써 보세요.

> 🎬 업 : 칼이 개들을 유인하기 위해 공을 멀리 던지며
>
> **CARL** You want it boy? Huh? Huh? Yeah?
> 칼  가지고 싶어? 어? 그래?
>
> **DUG** Oh oh oh! Yes, I do. I do ever so want the ball!
> 더그  오오오! 그래요. 정말 그 공을 갖고 싶어요!
>
> **CARL** Go get it!!
> 칼  가서 잡아와!!

**1.** 가서 막대기를 물고와.
▶ **Go get** the stick.

🎬 몬스터 주식회사 : 마이크가 부에게 강아지에게 하듯 막대기를 던지며 한 말이죠.

**2.** 가서 그녀를 데려오자.
▶ Let's **go get** her.

🎬 빅 히어로 : 히로가 베이맥스에게 아버지 일을 데리러오자고 제인한 밀이에요.

**3.** 가서 네 새끼들을 찾아!
▶ _____
   힌트  your babies

🎬 업 : 러셀이 케빈을 새끼들에게 돌려보내며 한 말이에요.

**4.** 그레노, 가서 경비병을 데려와.
▶ Greno, **go find** some guards.

🎬 라푼젤 : 건달이 플린을 발견한 후 경비병을 데려오라고 한 말이죠.

**5.** 자, 가서 내 신발을 찾아와.
▶ Now, _____
   힌트  my shoe

🎬 코코 : 단테에게 신발을 던진 할머니가 코코에게 신발을 가져오라며 명령한 말이에요.

✦ 정답은 소책자 32쪽에

**잠깐만요!**  1 stick 막대기   4 guard 경비

# 185

넌 ~해야 해

# You must ~

🎧 185.mp3

상대방에게 강압적으로 무언가를 시킬 때나 어떤 일을 해야 한다고 강한 어조로 조언할 때 쓰는 표현이에요. '~해서는 안 돼.'라고 말할 때는 You must not ~.이라고 해 주세요.

🎬 **라푼젤** : 고텔이 어린 라푼젤에게 탑에서 지내기를 강요하며

**MOTHER GOTHEL** The outside world is a dangerous place filled with horrible, selfish people. **You must** stay here, where you're safe. Do you understand, Flower?
**고텔** 바깥 세계는 끔찍하고 이기적인 사람들로 가득한 위험한 곳이야. **넌** 여기에 있어**야 해**, 이곳에서 넌 안전하단다. 알겠니, 예쁜아?

**LITTLE GIRL** Yes, Mommy.
**어린 소녀** 네, 어머니.

\* horrible 끔찍한 | selfish 이기적인

**1.** 그래, 하지만 여기에 평생 남겠다고 약속**해야 해**.
▶ Yes, but you must promise to stay here forever.

🎬 **미녀와 야수** : 야수가 모리스를 풀어 주는 대신 벨에게 영원히 성에 남을 것을 제안한 말이죠.

**2.** 넌 지금… 가**야 해**!
▶ You must go... now!

🎬 **미녀와 야수** : 감옥에 갇힌 모리스가 벨에게 다급히 한 말이에요.

**3.** 그것을 다루는 법을 배워**야 해**.
▶ _____
힌트 learn to control it

🎬 **겨울왕국** : 파비가 엘사의 마법에 대해 경고하며 한 말이에요.

**4.** 맞아, 하지만 먼저 네가 있어야 하는 곳이 어디인지를 배워**야 해**.
▶ Oh yes, but first you must learn where you're meant to be.

🎬 **모아나** : 투이가 모아나에게 족장의 책임을 알려 주며 한 말이에요.

**5.** 성질을 죽이**셔야 해요**!
▶ _____
힌트 control your temper

🎬 **미녀와 야수** : 하인들이 야수에게 성질을 죽이라고 조언한 말이죠.

✦ 정답은 소책자 32쪽에

1 promise 약속하다   4 be meant to ~하기로 되어 있다   5 temper 욱하는 성격

## 넌 ~해야 해
# You've got to ~

앞에서 배운 You must ~.처럼 상대방이 어떤 행동을 하도록 강하게 조언하는 표현이에요. You gotta ~. 혹은 You got to ~.처럼 줄여서 쓰는 경우도 많아요.

> 🎬 **인어공주** : 우슬라가 사악한 모습을 드러내자 에리얼이 에릭에게 도망치라고 말하며
>
> **ARIEL** Eric, **you've gotta** get away from here.
> 에리얼  에릭, 여기서 도망쳐**야 해요**.
>
> **ERIC** No, I won't leave you.
> 에릭  아니, 당신을 두고 가진 않겠어요.
>
> **URSULA** You pitiful, insignificant fools!
> 우슬라  불쌍하고, 하찮은 바보들 같으니라고!

\* get away 도망치다 | pitiful 불쌍한 | insignificant 중요하지 않은, 하찮은

---

**1.** 그렇다면 공연**을 해야지**!
▶ Then **you've got to** PERFORM!

🎬 **코코** : 헥터가 긴장한 미구엘에게 무대에 설 수 있도록 격려하는 말이에요.

**2.** 더 열심히 **해야 해**!
▶ **You gotta** work harder!

🎬 **카 3** : 스모키가 맥퀸을 훈련시키며 한 말이에요.

**3.** 기쁨아, 네가 이걸 바로잡아**야 해**.
▶ Joy, _____
힌트  fix this

🎬 **인사이드 아웃** : 본부로 돌아온 기쁨이에게 까칠이가 한 말이에요.

**4.** 얘야, 모든 구혼자들을 거절하면 안 돼.
▶ Dearest, **you've got to** stop rejecting every suitor who comes to call.

🎬 **알라딘** : 자스민이 왕자들을 계속 거절하자 술탄이 걱정하며 한 말이죠.

**5.** 가서 뮬란을 데려**오라고**!
▶ _____
힌트  go fetch Mulan

🎬 **뮬란** : 무슈가 용 석상에게 뮬란을 데려오라며 시끄럽게 한 말이에요.

✧ 정답은 소책자 32쪽에

**잠깐만요!**  1 perform 공연하다  4 reject 거절하다, suitor 구혼자, call 청혼하다  5 fetch 데려오다

## 187 Make sure ~
꼭 ~하도록 해

상대방이 어떤 일을 제대로 하도록 주지시킬 때 쓰는 패턴이에요. '확실히 ~하도록 해.'라고 해석하는 게 좋아요. Make sure 뒤에는 '주어 + 동사' 형태의 문장을 써 주세요.

🎬 **인크레더블** : 밥을 구하러 가는 헬렌이 바이올렛에게 집안일을 맡기며

**HELEN** There's lots of leftovers you can reheat. **Make sure** Dash does his homework and both of you get to bed on time. I should be back tonight, late. You can be in charge that long, can't you?
**헬렌** 남은 음식 데워 먹으면 돼. **반드시** 대쉬가 숙제를 **하도록 하고** 둘 다 시간 맞춰 자**도록 해**. 난 오늘 밤 늦게 올 거야. 그때까지 잘 할 수 있지, 그렇지?

**VIOLET** Yeah... but why am I in charge again?
**바이올렛** 네… 그런데 제가 왜 다시 이 일을 맡아야 하죠?

* leftover 남은 음식 | reheat 데우다 | on time 제때에 | be in charge 담당하다, 맡다

---

1. 콘리, 저놈들이 도망가지 못**하도록 해**.
▶ Conli, **make sure** those boys don't get away.

🎬 **라푼젤** : 대장이 스태빙턴 형제를 감시하라고 명령한 말이에요.

2. 오늘 라일리가 눈에 띄면서도… 애들과 잘 어울리**게 해**.
▶ **Make sure** Riley stands out today... but also blends in.

🎬 **인사이드 아웃** : 라일리의 등교 첫날, 기쁨이가 까칠이에게 주의 사항을 알려 주며 한 말이죠.

3. 그녀가 안전**하도록 지켜 주세요**!
▶ _____
힌트  she's safe

🎬 **겨울왕국** : 크리스토프가 하인들에게 안나를 부탁하며 한 말이에요.

4. 이놈을 집에 데려다 주고 쟤 엄마에게 저놈이 무슨 짓을 했는지 **꼭 알려 주세요**.
▶ Take this one home, and **make sure** his mom knows what he's been doing.

🎬 **인크레더블** : 밥이 버디를 붙잡아 경찰에 넘기며 한 말이에요.

5. 다른 애들도 확실하게 준비**되도록 해**.
▶ _____
힌트  the others are ready

🎬 **토이 스토리 4** : 우디가 돌아왔다는 말을 듣고 개비 개비가 벤슨에게 한 말이죠.

✦ 정답은 소책자 33쪽에

**잠깐만요!** 1 get away 도망가다  2 stand out 눈에 띄다, blend in (주변과) 잘 어울리다  4 take 데려가다

# Don't be ~
~하지 마

🎧 188.mp3

상대방의 행동이나 태도가 마음에 들지 않아 그러지 말라고 할 때 쓰는 패턴이에요. Don't be 뒤에는 형용사나 간단한 명사를 붙이는 경우가 많아요.

> 🎬 카 3 : 맥퀸이 새로운 전자 슈트의 성능에 감탄하며
>
> **MCQUEEN** Really?! Does it have a phone?
> **맥퀸** 정말로요?! 전화기도 있어요?
>
> **STERLING** **Don't be** crazy! Racecars don't have phones!
> **스털링** 말도 안 되는 소리 **하지 마요**! 레이스 카는 전화기가 없어요!

---

**1.** 버릇없이 굴**지 말고**. 인사해.
▶ **Don't be** rude. Say "hi".

🎬 니모를 찾아서 : 도리가 말린에게 다른 물고기들에게 인사하라고 한 말이에요.

**2.** 올라오세요, 부끄러워**하지 말고**!
▶ Come on up here, **don't be** bashful!

🎬 인크레더블 2 : 데버가 엘라스티걸에게 무대로 올라오라고 한 말이에요.

**3.** 금요일 밤에 게임할 거야. 늦**지 마**.
▶ Charades Friday night. _____
힌트  late

🎬 겨울왕국 2 : 안나가 엘사에게 쓴 편지 내용이에요.

**4.** 오, 자주, 농담**하지 마**!
▶ Oh, Zazu, **don't be** ridiculous!

🎬 라이언 킹 : 자주가 자신은 너무 질겨서 먹을 수 없다고 변명하자 스카가 한 말이죠.

**5.** 애기처럼 굴**지 마**!
▶ _____
힌트  such a baby

🎬 토이 스토리 3 : 랏소가 빅 베이비에게 정신 차리라고 한 말이에요.

✦ 정답은 소책자 33쪽에

**잠깐만요!** 1 rude 무례한  2 bashful 부끄러워하는  3 charades 제스처 게임  4 ridiculous 웃긴

281

~하지 못하도록 해

# Don't let ~

'Don't let + 목적어 + 동사의 기본형' 형태로 자주 쓰는 패턴이에요. '～가 …를 하지 못하도록 해.'라는 뜻으로 어떤 일이 생기지 않도록 명령하는 표현이에요.

🎬 **인사이드 아웃** : 기쁨이가 의상을 입으면서 빙봉에게 핵심 기억이 든 가방을 건네주며

**JOY** **Don't let** anything happen to these.
기쁨　이것들에게 아무 일도 일어나**지 않게 잘 지켜 줘**.

**BING BONG** Got it!
빙봉　알았어!

1. 그들이 도망가**지 못하도록 해**.
▶ **Don't let** them get away.

🎬 **몬스터 주식회사** : 설리와 부가 도망치지 못하게 막으라고 워터누즈가 명령한 말이죠.

2. 그들이 알게 하지 마.
▶ **Don't let** them know.

🎬 **겨울왕국** : 엘사가 대관식 전에 자신의 감정을 추스리며 한 말이에요.

3. 아이가 널 건드리**지 못하도록 해**!
▶ _____
　　　　　　　　　　힌트  the kid touch you

🎬 **몬스터 주식회사** : 부를 발견한 마이크가 설리에게 큰 소리로 한 말이에요.

4. 마법이 널 놀라게 하지 마.
▶ **Don't let** the magic spook you.

🎬 **온워드** : 발리가 마법을 걸고 있는 이안에게 참견하며 한 말이에요.

5. 우디가 나가**지 못하도록 해**!
▶ _____
　　　　　　　　　힌트  Woody leave

🎬 **토이 스토리 4** : 개비 개비가 장난감들에게 우디를 붙잡으라고 명령한 말이에요.

✦ 정답은 소책자 33쪽에

**잠깐만요!** 　1 get away 도망가다　4 spook 겁주다

## 190

나한테 ~하라고 하지 마

# Don't tell me ~

🎧 190.mp3

상대방에게 짜증이 나서 쏘아붙이고 싶을 때는 Don't tell me ~. 패턴을 써 보세요. '나한테 ~라고 하지 마.'라는 뜻이에요.

---

🎬 **몬스터 주식회사** : 요원들이 출동하자 설리와 마이크가 당황하며

**SULLIVAN** Don't panic.
설리반 겁먹지 마.

**MIKE** Don't tell me not to.
마이크 그러지 말라고 하지 마.

**SULLIVAN** Keep it together.
설리반 정신 차리라고.

＊ panic 겁을 먹다 | keep it together 정신을 차리다

---

**1.** 진정**하라는 말 하지 마**, 이 망아지 같은 놈아!
▸ **Don't tell me** to be calm, pony boy!

🎬 **니모를 찾아서** : 니모에 대해 걱정하지 말라는 밥의 말에 말린이 화를 내며 한 말이에요.

**2.** 나한테 미안**하다고 하지 마**, 그들에게 미안하다고 해.
▸ **Don't tell me** you're sorry, tell them you're sorry.

🎬 **라따뚜이** : 에밀이 쥐들에게 자신의 비밀을 말했다고 하자 레미가 화를 내며 한 말이에요.

**3.** 나한테 이래라저래라 **하지 마**.
▸ _____
힌트 what to do

🎬 **토이 스토리** : 버즈가 우디에게 조언하자 우디가 화를 내며 한 말이에요.

**4.** 내가 아는 건 **말하지 마**, 트래비스.
▸ **Don't tell me** what I know, Travis.

🎬 **주토피아** : 트래비스가 옆에서 아는 척을 하자 기디온 그레이가 매우 화를 내며 한 말이에요.

**5.** 그들 보험의 보장 범위에 대해 **말하지 마**!
▸ _____
힌트 about their coverage

🎬 **인크레더블** : 밥이 불쌍한 고객들을 도와주려고 하자 그의 상사가 매우 화를 내며 한 말이에요.

✦ 정답은 소책자 33쪽에

**잠깐만요!** 1 calm 침착한   5 coverage 보험의 보장 범위

## 그냥 ~인지 말해 줘
# Just tell me ~

🎧 191.mp3

상대방이 시원하게 말하지 않고 자꾸 얼버무릴 때 '그냥 ~인지 말해 줘.'라는 의미로 쓰는 패턴이에요. 또한 상대방의 장황한 설명을 끊으면서 핵심만 말하라고 할 때 쓸 수도 있어요.

🎬 **모아나** : 모아나가 누냐가 무엇인지 귀찮게 묻자 마우이가 화를 내며

**MAUI** Back off.
마우이 물러서.

**MOANA** Just tell me what it is.
모아나 그게 뭔지 그냥 말해 줘요.

**MAUI** I said back off.
마우이 물러서라고 했어.

＊ back off 물러서다

1. 무슨 일이 있는지 말해 줘.
▶ Just tell me what's going on.

🎬 겨울왕국 2 : 안나가 엘사에게 무슨 일이 있는지 물어본 말이에요.

2. 그냥 언제 해야 할지 말해 줘!
▶ Just tell me when it is time!

🎬 도리를 찾아서 : 데스티니가 베일리에게 언제 물 밖으로 나가야 하는지 신호를 달라고 한 말이죠.

3. 문제가 뭔지 말해 봐.
▶ _____
　　　　　　힌트 what the problem is

🎬 카 3 : 메이터가 맥퀸의 고민을 들어 주며 한 말이에요.

4. 저 생쥐가 뭘 요리하려는지만 말해 줘.
▶ Just tell me what the rat wants to cook.

🎬 라따뚜이 : 마음이 풀어진 꼴레뜨가 링귀니를 도와 요리를 하려고 한 말이에요.

5. 어떻게 도와야 하는지 말해 줘.
▶ _____
　　　　　　힌트 how to help

🎬 토이 스토리 4 : 양들이 사라져 화가 난 보에게 우디가 도움을 주려고 한 말이에요.

✦ 정답은 소책자 33쪽에

잠깐만요! 4 rat 생쥐

그냥 계속 ~해

# 192 Just keep ~

🎧 192.mp3

상대방에게 어떤 일을 멈추지 말고 계속 하라고 명령하는 패턴이에요. 또한 Just keep it down.(소리 좀 낮춰.)처럼 상대방이 어떤 행동을 하도록 명령할 때 쓸 수도 있어요.

> 🎬 **온워드** : 발리가 밧줄이 풀어진 사실을 숨기고 이안에게 협곡을 계속 건너라고 하며
>
> **BARLEY** Yeah, but just keep going! Don't look back! Just straight ahead!
> 발리   그래, **그냥 계속** 가! 뒤돌아보지 말고! 쭉 가라고!
>
> **IAN** You've still got the rope, right?
> 이안   밧줄 잡고 있는 거지, 그렇지?
>
> **BARLEY** YEAH! I GOT IT!
> 발리   그래! 잡고 있어!

\* keep -ing 계속 ~하다 | straight 바로, 쭉 | ahead 앞으로, 앞에

---

**1.** 그냥 계속 헤엄쳐.. 계속 헤엄쳐.
▸ Just keep swimming, just keep swimming.

🎬 **도리를 찾아서** : 엄마가 어린 도리에게 한 말이에요.

**2.** 그냥 계속 찾아 봐!
▸ Just, just keep looking!

🎬 **토이 스토리** : 우디가 버즈에게 장난감을 계속 찾아보라며 한 말이에요.

**3.** 그냥 계속 운전해!
▸ _____
　　　　　　　　　　　　힌트  driving

🎬 **온워드** : 고속도로에서 발리가 이안에게 다급하게 한 말이에요.

**4.** 알았어, 목소리 좀 낮춰.
▸ Fine, just keep it down.

🎬 **빅 히어로** : 히로가 베이멕스에게 큰 소리를 내지 말라고 한 말이에요.

**5.** 그냥 계속 놀아.
▸ _____
　　　　　　　　　　　　힌트  playing

🎬 **토이 스토리 3** : 엄마가 비디오 촬영을 하며 앤디에게 계속 놀이를 하라고 한 말이죠.

✦ 정답은 소책자 33쪽에

**잠깐만요!**   4 keep it down 목소리를 낮추다

 **183 ~ 192 패턴으로 대화하기**  🎧 test 183-192.mp3

앞서 배운 10개 패턴을 활용하여 네이티브와 대화에 도전해 보세요. 빈칸을 채운 후, 오디오 파일을 2번씩 따라하세요.

### 1. [라푼젤] 고텔이 라푼젤에게 탑 밖을 절대 벗어나선 안 된다고 하며

| | | |
|---|---|---|
| LITTLE GIRL | Why can't I go outside? | 왜 밖으로 나가면 안 돼요? |
| MOTHER GOTHEL | The outside world is a dangerous place filled with horrible, selfish people. _____, where you're safe. Do you understand, Flower? | 바깥 세계는 끔찍하고 이기적인 사람들로 가득한 위험한 곳이야. **넌 여기에 있어야 해**. 이곳에서 넌 안전한단다. 알겠니, 예쁜아? |
| LITTLE GIRL | Yes, Mommy. | 네, 어머니. |

\* filled with ~로 가득 찬 | horrible 끔찍한 | selfish 이기적인

### 2. [모아나] 투이가 바다로 나가려는 어린 모아나를 막으면서

| | | |
|---|---|---|
| TUI | Moana…? Come on. Let's go back to the village. | 모아나…? 자, 마을로 돌아가자. |
| TUI | You are the next "great chief" of our people. | 앞으로 넌 "위대한 족장"이 될 거야. |
| SINA | And you'll do wondrous things, my little minnow. | 그리고 훌륭한 일을 할 거란다, 꼬마야. |
| TUI | Oh yes, but _____. | 그렇지. 하지만 **먼저 네가 있어야 하는 곳이 어디인지를 배워야 해**. |

\* village 마을 | chief 족장 | wondrous 경이로운 | minnow 꼬마, 꼬맹이 | be meant to ~하기로 되어 있다

### 3. [라이언 킹] 스카가 하이에나에게 자주를 잡아먹으라고 하자 자주가 변명하며

| | | |
|---|---|---|
| SCAR | It's the lionesses' job to do the hunting. | 사냥은 암사자가 하는 일이잖아. |
| BANZAI | Yeah, but they won't go hunt. | 네, 하지만 사냥을 안 나가요. |
| SCAR | Ohhhh, eat Zazu. | 오오오, 자주를 먹어. |
| ZAZU | Ohhh, you wouldn't want me. I'd be so tough and gamey and eeaugh. | 오오, 저는 먹고 싶지 않을 거예요. 거칠고 질기고 으웩. |
| SCAR | Oh, Zazu, _____. All you need is a little garnish. Like a few sprigs of something green. | 오, 자주, **농담하지 마**. 고명만 올리면 너도 맛있을 거야. 푸른 잔가지 몇 개 정도면 되지. |

\* lioness 암사자 | gamey 질긴 | ridiculous 웃긴 | garnish 고명 | sprig 잔가지

286

**4.** [겨울왕국 2] 안나가 목소리에 관한 비밀을 숨기고 있던 엘사에게 화를 내며

| | | |
|---|---|---|
| **ANNA** | Okay, I don't understand, you have been hearing a voice and you didn't think to tell me? | 이해를 못 하겠어. 목소리를 들었는데 나한테 지금까지 말을 하지 않은 거야? |
| **ELSA** | I didn't want to worry you. | 널 걱정시키고 싶지 않았어. |
| **ANNA** | We made a promise not to shut each other out. | 서로를 멀리하지 않겠다고 약속했잖아. |
| **ANNA** | _____ | 무슨 일이 있는지 말해 줘. |

\* make a promise 약속하다 | shut ~ out ~를 못 들어오게 하다

**5.** [토이 스토리 4] 보가 우디의 도움을 단호하게 거절하며

| | | |
|---|---|---|
| **WOODY** | _____ | 어떻게 도와야 하는지 말해 줘. |
| **BO** | You really wanna help? | 진짜 도와주고 싶니? |
| **BO** | Then stay out of my way. I'm getting my sheep back. | 그럼 방해하지 말고 물러서. 난 내 양들을 다시 찾아 오겠어. |
| **WOODY** | What about the others? | 다른 애들은 어떻게 하고? |
| **BO** | Giggle knows what to do. | 기글이 해결할 거야. |

\* Stay out of my way. 물러서. | get ~ back ~를 다시 찾아오다

**6.** [도리를 찾아서] 음파로 길을 찾는 베일리가 데스티니에게 적절한 타이밍을 말하려고

| | | |
|---|---|---|
| **BAILEY** | Still not clear... Still not clear... | 아직 안 돼… 아직은 아니라고… |
| **DESTINY** | You don't have to say when it's not time. | 가지 말라는 말은 할 필요 없어. |
| **BAILEY** | Not... | 아직… |
| **DESTINY** | _____ | 그냥 언제 가라고만 해! |
| **BAILEY** | Okay, here we go... and... WAIT! | 자, 간다… 근데… 기다려! |
| **DESTINY** | Here we go, wait? Are you serious?! | 간다, 기다리라고? 제정신이야?! |
| **BAILEY** | Okay, on the count of three... | 자, 셋을 셀 거야… |
| **DESTINY** | Don't count, just say go-- | 세지 마. 그냥 가라고 해 – |
| **BAILEY** | GO! NOW! NOW! Do it! Do it! | 가! 지금이야! 지금! 하라고! 해! |

\* clear 분명한, 확실한 | Are you serious? 장난하니? | count 세다

1. [빅 히어로] 친구들이 쇼케이스 전에 히로를 응원하며

| | | |
|---|---|---|
| **FRED** | Oh, you have nothing to fear little fellow. | 걱정할 거 하나 없어 꼬마야. |
| **HONEY** | He's so tense. | 쟤 너무 긴장했어. |
| **HIRO** | No, I'm not. | 아니야. |
| **HONEY** | Relax, Hiro, your tech is amazing. Tell him, Go Go. | 긴장 풀어, 히로, 너의 기술은 대단해. 말 좀 해 줘, 고고. |
| **GO GO** | _____ Woman up. | 징징거리지 마. 화이팅. |
| **HIRO** | I'm fine. | 난 괜찮다니까. |

\* fear 두려워하다 | little fellow 꼬마 | tense 긴장한 | tech 기술 | whine 징징거리다

정답  1. You must stay here  2. first you must learn where you're meant to be  3. don't be ridiculous  4. Just tell me what's going on.  5. Just tell me how to help.  6. Just tell me when it is time!  7. Stop whining.

# Part 20

## 자신의 의도를 말할 때
### 디즈니 캐릭터가 사용하는 패턴

이번 파트에 등장하는 패턴들은 자신의 의도를 명확하게 밝히기 위해 필수적으로 쓰는 것들이에요. 당당하게 자신의 의사를 표현하는 똑부러진 사람이 되기 위해서 이번 파트에 나오는 표현을 입에 착 붙을 수 있도록 열심히 연습해 두세요.

- 패턴 193  I mean ~
- 패턴 194  I didn't mean to ~
- 패턴 195  I'm trying to ~
- 패턴 196  I should have p.p. ~
- 패턴 197  I thought ~
- 패턴 198  I'm not saying ~
- 패턴 199  I'm supposed to ~
- 패턴 200  That's what I ~
- 패턴 201  Who knows ~?
- 패턴 202  ~ on my own

# 193

## 제 말은 ~라구요
## I mean ~

🎧 193.mp3

상대방에게 자신의 생각이나 의도를 더 명확하게 전달하려고 할 때 쓰는 표현이에요. 또한 상대방에게 변명해야 할 때나 상대방이 내 말을 잘 이해하지 못한다는 생각이 들 때도 쓸 수 있어요.

> 🎬 **코코** : 공연을 앞두고 미구엘이 매우 긴장하며
>
> **MIGUEL** I don't know – I've never performed before.
> 미구엘  모르겠어요 – 공연을 해 본 적이 없거든요.
>
> **HÉCTOR** What?! You said you were a musician!
> 헥터  뭐라고?! 네가 뮤지션이라고 했잖아!
>
> **MIGUEL** I am! **I mean** I will be. Once I win.
> 미구엘  맞아요! **제 말은** 그렇게 될 거**라구요**. 제가 우승을 하면 말이죠.

＊ perform 공연하다

---

**1.** 제 말은 오토바이가 아주 멋지**다구요**!
▸ **I mean** you've got those great bikes!

🎬 **온워드** : 이안이 도깨비들에게 벗어나기 위해 오토바이를 칭찬한 말이에요.

**2.** 내 말은 우리가 겉으로 보이는 것처럼 젊고 잘생기지 않았**잖아**.
▸ **I mean** we're not as young and handsome as we look.

🎬 **카 3** : 더스티가 러스티를 판 이유를 맥퀸에게 설명하며 한 말이에요.

**3.** 내 말은 쟤가 우울한 것 같다고.
▸ _____
　　　　　　　　　　　힌트  he's depressed

🎬 **라이언 킹** : 티몬이 우울한 심바의 표정을 보고 품바에게 한 말이에요.

**4.** 이거 너무 흥미진진하지 않나요? **제 말은** 믿을 수가 없**다구요**.
▸ This is just so exciting, isn't it? **I mean** I can't believe.

🎬 **인크레더블 2** : 슈퍼히어로들이 모인 자리에서 보이드가 엘라스티걸을 보고 흥분해서 한 말이에요.

**5.** 미안하네, **내 말은** 내가 좀 아픈 느낌**이 들어서**.
▸ Sorry, _____
　　　　　　　　힌트  I'm feeling a little sick

🎬 **온워드** : 콜트 경관으로 변신한 이안이 다른 경찰들에게 변명으로 한 말이에요.

✦ 정답은 소책자 34쪽에

 1 bike 오토바이  3 depressed 우울한  5 a little 약간

## 194

~하려고 했던 건 아니에요

# I didn't mean to ~

'~할 의도는 아니었어요.'라는 뜻으로 자신의 입장을 말할 때 쓰는 표현이에요. 상대방에게 자신의 억울함을 말하거나 변명을 할 때 자주 쓰는 패턴이에요.

> 🎬 **라이언 킹** : 심바가 스카에게 무파사의 죽음에 대해 설명하며
>
> **SCAR** Simba. What have you done?
> **스카** 심바. 무슨 짓을 한 거야?
>
> **SIMBA** There were wildebeest and… he tried to save me. It was an accident. I, I, **I didn't mean for it to** happen.
> **심바** 물소떼들이 있었어요… 아빠가 저를 구하려고 했어요. 사고였어요. 전, 전, 이런 일이 일어나**게 할 의도는 아니었어요**.

\* wildebeest 영양 | accident 사고

1. 방해할 의도는 아니었어요.
   ▶ **I didn't mean to** interrupt things.

   🎬 **니모를 찾아서** : 말린이 아이들을 돌보는 레이 선생님에게 사과하며 한 말이에요.

2. 그녀에게 말해 줘. 그녀를 여기에 가둘 의도는 아니었어.
   ▶ You tell her for me, **I didn't mean to** trap her here.

   🎬 **노틀담의 꼽추** : 피버스가 콰지모도에게 에스메랄다를 해칠 생각이 없다고 한 말이죠.

3. 말하지 않으려고 했어.
   ▶ _____
   힌트 tell

   🎬 **인어공주** : 트라이튼 왕에게 사실을 말한 세바스찬이 플라운더에게 변명한 말이에요.

4. 이런, 죄송해요. 겁주려고 했던 건 아닌데…
   ▶ Oh, excuse me, sorry. **I didn't mean to** scare you there…

   🎬 **몬스터 대학교** : 설리가 강의 중에 불쑥 들어와 사과하며 한 말이에요.

5. 화나시게 할 의도는 아니었습니다, 주인님.
   ▶ _____, master.
   힌트 upset you

   🎬 **노틀담의 꼽추** : 콰지모도가 프롤로에게 사죄하며 한 말이에요.

✦ 정답은 소책자 34쪽에

**잠깐만요!**   1 interrupt 방해하다   2 trap 가두다   5 upset 화나게 하다

## 195 ~하려고 한다고
# I'm trying to ~

🎧 195.mp3

상대방에게 지금 자신이 어떤 노력을 하고 있는지 알아 달라는 의도로 하는 말이에요. 반대로 '~하지 않으려고 해.'는 I'm trying not to ~.라고 하세요.

🎬 **온워드** : 이안이 증폭 마법을 쓰려고 하자 옆에서 발리가 자꾸 참견하며

**BARLEY** No, no, no, too high. That's too high.
발리    아니, 아니야. 너무 높아. 너무 높다고.

**IAN** **I'm trying to** focus here!
이안   난 집중**하려고 한다고**!

**BARLEY** Oh, yeah, yeah, yeah! Focus on the can!
발리    오, 그래, 그래! 통에 집중하라고!

*focus 집중하다

---

1. 얘야, 지금 메시지를 들으**려고 하잖아**.
▶ **I'm trying to** listen to messages, honey.

🎬 **인크레더블** : 헬렌이 전화 메시지를 듣기 위해 대쉬를 조용히 시키며 한 말이에요.

2. 미안, 내가 한 번만이라도 진지**하려고 했는데** 네가 딴청을 부리는 것 같아서.
▶ I'm sorry, **I'm trying to** be sincere for once and it feels like you're distracted.

🎬 **모아나** : 모아나가 자신의 말을 잘 듣지 않는 듯하자 마우이가 한 말이죠.

3. 난 솔직**하려고 하는 거야**.
▶ _____
힌트 be honest

🎬 **몬스터 주식회사** : 마이크가 설리에게 부에 관해 속마음을 털어놓으며 한 말이에요.

4. 발리형, 난 형과 아빠를 돌보**려고 하는데** 형은 그걸 더 어렵게 하잖아!
▶ Barley, **I'm trying to** take care of you and Dad, and you are not making it any easier!

🎬 **온워드** : 이안이 자꾸 사고를 치는 발리에게 따지며 한 말이에요.

5. 이봐요, 난 당신을 도우**려고 한다구요**.
▶ Look, _____
힌트 help you

🎬 **카 3** : 스털링이 맥퀸에게 레이스에 대한 자신의 계획을 설명하며 한 말이에요.

✦정답은 소책자 34쪽에

**잠깐만요!** 2 sincere 진심의, distracted 정신이 팔린  3 honest 정직한  4 take care of ~를 돌보다

## 196

~했어야 했는데

# I should have p.p. ~

어떤 일을 했어야 했는데 하지 못한 것에 대해 후회하는 표현이에요. 보통 I should've p.p. ~.라고 줄여서 많이 사용하죠. 반대로 '~하지 말았어야 했는데.'라고 할 때는 I shouldn't have p.p. ~.라는 패턴을 써 보세요.

> 인크레더블 : 밥을 구하러 온 헬렌이 그에게 매우 화를 내며
>
> **BOB** **I should've told** you I was fired, I admit it, but I didn't want you to worry–
> 밥　내가 해고되었다는 **말을 진작 했어야 했어**, 인정해, 하지만 난 당신이 걱정을 안 했으면 해서–
>
> **HELEN** You didn't want me to worry?? And now we're running for our lives through some godforsaken jungle!
> 헬렌　내가 걱정을 하지 않았으면 했다구요?? 지금 우린 우울한 정글에서 목숨을 걸고 탈출하고 있다구요!

\* fired 해고된 | admit 인정하다 | godforsaken 우울한

---

**1.** 오래 전에 저 배들을 **태워 버렸어야 했는데**.
▸ **I should've burned** those boats a long time ago.

> 모아나 : 투이가 모아나에게 섬을 떠나지 말라고 강하게 한 말이죠.

**2.** "안녕" 같은 말이라도 **했어야 했나요**?
▸ Maybe **I should've said** "hi" or something?

> 인크레더블 2 : 바이올렛의 정체를 우연히 알게 된 토니가 그녀와 있었던 일을 후회하며 한 말이에요.

**3.** 집을 **나오지 말았어야 했는데**.
▸ _____
　　　　　　　　힌트　never, left home

> 뮬란 : 자신의 정체가 밝혀지자 뮬란이 자책하며 한 말이에요.

**4.** 당신에게 그걸 **주었어야 했는데** 너무 겁이 났어요.
▸ **I should have given** it to you before but I was just scared.

> 라푼젤 : 라푼젤이 플린의 가방을 돌려주면서 한 말이에요.

**5.** 내가 운전해서 **도망가지 말았어야 했는데**.
▸ _____
　　　　　　　　힌트　not, driven away

> 온워드 : 이안이 경찰들의 추적을 피해 도망간 것을 후회하며 한 말이에요.

✦ 정답은 소책자 34쪽에

**1** burn 태우다　**4** scared 겁이 난

## 197 I thought ~
~인 줄 알았죠

🎧 197.mp3

단어 그대로 해석하면 '난 ~라고 생각했어.'가 되잖아요? 자신이 어떤 생각을 했다고 말할 때 쓰는 표현인데 지금 알고 보니 그 생각이 옳지 않은 것 같다는 뉘앙스가 들어 있어요.

> 🎬 **빅 히어로** : 히로가 마이크로봇을 팔라는 제안을 거절하자 크레이가 실망하며
>
> **KREI** Hiro, I'm offering you more money than any fourteen-year-old could imagine.
> 크레이 히로, 난 14살 아이가 상상할 수 있는 이상의 돈을 제안하는 거야.
>
> **HIRO** I appreciate the offer, Mr. Krei. But they're not for sale.
> 히로 크레이 씨, 제안은 감사해요. 하지만 그것들은 판매하는 게 아니에요.
>
> **KREI** **I thought** you were smarter than that.
> 크레이 자네가 더 현명**하다고 생각했네**.

\* offer 제안하다 | appreciate 감사하다 | for sale 판매용의

**1.** 네가 그게 지름길이라고 한 것 같은데.
▶ **I thought** you said that was a shortcut.

🎬 **인사이드 아웃** : 추상적인 생각의 방에서 몸이 변화되자 기쁨이가 빙봉이에게 당황하며 한 말이에요.

**2.** 당신을 다시 못 볼 줄 알았어요.
▶ **I thought** I'd never see you again.

🎬 **라푼젤** : 플린이 라푼젤과 극적으로 만나서 한 말이에요.

**3.** 당신이 그녀에게 말한 줄 알았죠.
▶ _____
　　　　　　　　　힌트　you told her

🎬 **도리를 찾아서** : 도리가 소풍을 따라오려고 하자 레이 선생님이 말린에게 원망하듯 한 말이에요.

**4.** 난 네가 공기 중에 있는 물기를 이용할 수 있는 줄 알았지!
▶ **I thought** you could use the water in the air!

🎬 **인크레더블** : 루시우스가 얼음을 만들 수 없다고 하자 밥이 당황하며 한 말이죠.

**5.** 난 네가 다리 밑에서 사는 줄 알았지.
▶ _____
　　　　　　힌트　you lived under a bridge

🎬 **도리를 찾아서** : 프레드의 친구들이 그의 대저택에 들어와서 놀라며 한 말이에요.

✦ 정답은 소책자 34쪽에

**잠깐만요!** 1 shortcut 지름길　4 in the air 공중에 있는　5 bridge 다리

## 198 I'm not saying ~

~라는 말이 아니라

자신이 한 말이 오해를 불러 일으킬 것 같아 해명할 때 쓰는 말이에요. 이 표현과 관련해서 I'm just saying ~.도 꼭 알아 두세요. '(단지) 내 말은 ~.'이란 뜻으로 변명을 시작할 때 양념처럼 붙일 수 있는 표현입니다.

🎬 **인크레더블 2** : 에블린이 엘라스티걸에게 슈퍼히어로에 관한 자신의 생각을 말하며

**EVELYN** I'm not – **I'm not saying** you weren't BIG, you were and ARE a superstar, but – you have the stage to yourself now, and people have to pay attention...
에블린  당신이 거물급이 아니었**다는 말이 아니에요**. 당신은 예전에도 그리고 지금도 슈퍼스타죠. 하지만 – 이제는 당신 혼자 활약해야 하고 사람들이 주목해야 한다는 거예요.

**ELASTIGIRL** Ah, you mean "it's a man's world" and all of that? Well, what world do you live in? Your brother runs DEVTECH...
엘라스티걸  아, "남자들이 주도하는 세상" 같은 말인가요? 그럼 당신은 어떤 세상에 살고 있죠? 당신 오빠가 데브텍을 운영하잖아요...

\* to oneself 혼자서 | pay attention 주목하다 | run 운영하다

---

1. 우리는 네가 그렇**다는 게 아니라** – 뭐라고?
▶ **We're not saying** you have – what?

🎬 **인크레더블 2** : 밥이 아이들에게 슈퍼히어로 일을 그만둬야 한다고 말하려다가 대쉬의 말에 깜짝 놀라며 한 말이죠.

2. 제 말은, 밖에서 제 자신을 돌볼 수 있을 만큼 강하지 않다고 생각하시는 것 같아서요.
▶ **I'm just saying**, you think I'm not strong enough to handle myself out there.

🎬 **라푼젤** : 탑 밖으로 나가고 싶어하는 라푼젤이 고텔을 설득하면서 한 말이에요.

3. 아니, 네가 잘못했거나 미쳤**다는 게 아니라**, 내 말은 –
▶ No, no, _____,
I'm saying that it's –
힌트  you're wrong or crazy

🎬 **겨울왕국 2** : 크리스토프가 안나에게 변명하며 한 말이에요.

4. 내 말은, 네가 다리를 건널 수 있다고 생각하기 때문에 밧줄이 필요 없다는 거지.
▶ Okay, **I'm just saying**, you're not gonna need the rope because I know you can make that bridge.

🎬 **온워드** : 발리가 이안에게 밧줄이 풀어졌다고 말하지 않은 이유를 설명한 말이에요.

5. 내 말은 도깨비들이 즐거움을 나눠주며 날아다니곤 했다는 거예요.
▶ _____
힌트  sprites used to fly around spreading delight

🎬 **온워드** : 발리가 도깨비들에게 그들의 과거를 설명해 준 말이에요.

✦ 정답은 소책자 34쪽에

4 make that bridge 성공적으로 다리를 건너다    5 sprite 도깨비, spread 뿌리다, 펼치다, delight 기쁨

# 199 I'm supposed to ~

난 ~해야 해요

🎧 199.mp3

자신이 계획한 것이나 해야 하는 일을 말할 때 쓰는 패턴이에요. 반대로 '난 ~를 해선 안 된다구요.'라고 말할 때는 I'm not supposed to ~.라는 패턴을 써 주세요.

> 🎬 코코 : 미구엘이 아빠에게 델라 크루즈처럼 음악가가 되겠다고 말하며
>
> **PAPÁ** We've never known anything about this man. But whoever he was, he still abandoned his family. This is no future for my son.
> 아빠  우리는 이 사람에 대해서 아는 게 없어. 이 사람이 누구든지 간에, 그는 가족을 버린 사람이야. 우리 아들은 이렇게 되면 안 되지.
>
> **MIGUEL** But Papá, you said my family would guide me! Well, de la Cruz IS my family! **I'm supposed to** play music!
> 미구엘  하지만 아빠, 우리 가족이 저를 인도할 거라고 했잖아요! 델라 크루즈는 우리 가족이에요! **저는** 음악을 **해야 한다구요!**

\* abandon 버리다 | guide 인도하다

---

**1.** 내가 인간을 싫어**해야 한다**는 걸 알지만 그들에게는 뭔가가 있어요.
▶ **I know I'm supposed to** hate humans, but there's something about them.

🎬 라따뚜이 : 레미가 인간에 대한 자신의 생각을 설명한 말이에요.

**2.** 미안하지만 난 여기에 있으**면 안 돼요.**
▶ **Sorry, but I'm not** really **supposed to** be here.

🎬 인크레더블 2 : 프로존이 악당을 물리친 후 급하게 자리를 뜨며 한 말이에요.

**3.** 금요일 밤에 그녀와 데이트**하기로 했어요.**
▶ _____
힌트 go out with her Friday night

🎬 인크레더블 2 : 토니가 바이올렛에 관한 고민을 딕커에게 털어놓으며 한 말이에요.

**4.** 음악을 사랑**하면 안 된다**는 걸 알지만, 내 잘못이 아니잖아요!
▶ **I know I'm not supposed to** love music, but it's not my fault!

🎬 코코 : 미구엘이 자신의 음악에 대한 열정을 소개하며 한 말이에요.

**5.** 내가 이렇게 하**면 안 되는** 줄 알지만, 그래도…
▶ **I know** _____, but…
힌트 not, do this

🎬 인사이드 아웃 : 기쁨이가 라일리의 꿈을 조정하며 한 말이에요.

✦ 정답은 소책자 35쪽에

**잠깐만요!**  1 hate 미워하다, 몹시 싫어하다   4 fault 잘못

그게 내가 ~한 거예요

# That's what I ~

🎧 200.mp3

자신이 어떤 말이나 행동을 하려고 했다고 주장하는 패턴이에요. 회화에서는 That's what I'm saying. 혹은 That's what I'm talking about.이란 표현이 많이 나오는데 '내 말이 그 말이야.'라는 뜻이죠.

> 🎬 **인사이드 아웃** : 아빠가 엄마와 이삿짐 차에 대해서 말다툼을 하며
>
> **MOM** You said it would be here yesterday!
> **엄마** 당신이 그게 어제 도착할 거라고 했잖아요!
>
> **DAD** I know **that's what I** said. That's what they told me!
> **아빠** 내가 그렇게 말했**다는 거** 알아. 그 사람들이 나한테 그렇게 말했다고!

1. 아니, **그건 내가** 하고 있**던 일이에요!**
▶ No, **that's what I** was doing!

🎬 **인크레더블** : 밥이 미라지가 탈출을 도와주려고 했다고 하자 헬렌이 화를 내며 한 말이에요.

2. 그게 내가 계속 말했**던 거잖아.**
▶ **That's what I**'ve been telling you guys.

🎬 **인사이드 아웃** : 이사를 한 게 잘못이라고 말하는 버럭이에게 소심이가 동조하며 한 말이죠.

3. 내가 하려고 했**던 말이에요!**
▶ _____
   힌트  was gonna say

🎬 **겨울왕국** : 서로 취향이 비슷한 한스가 안나와 동시에 같은 말을 뱉으며 한 말이에요.

4. 네가 **그렇게 말한 것 같**다니까.
▶ **That's what I** THOUGHT you said.

🎬 **코코** : 할머니가 미구엘의 접시에 음식을 잔뜩 얹어 주며 한 말이죠.

5. 그래, 지난번에도 **그렇게** 생각**했었지!**
▶ Yea, _____
   힌트  thought last time

🎬 **인크레더블 2** : 최면이 풀린 인크레더블이 엘라스티걸이 아직도 자신을 해칠 거라고 생각하며 한 말이에요.

✦ 정답은 소책자 35쪽에

# 201

~할지 누가 알겠어?

## Who knows ~?

🎧 201.mp3

Who knows ~?는 '~할지 누가 알겠어?'라는 뜻으로 어떤 사실을 알 수 있는 사람은 없을 거라는 반어법 표현이에요. '아무도 모르는 일이지.'라고 돌려서 해석할 수 있어요.

> 🎬 **토이 스토리 4** : 우디가 보의 과거를 말하자 기글 맥딤플즈가 믿을 수 없다는 듯 웃으며
>
> **WOODY** Her lamp was the only thing that made Molly feel safe. Mom would let her keep Bo on all night.
> **우디** 그녀의 등불은 몰리가 안전하게 느낄 수 있는 유일한 도구였어. 엄마는 그 애가 보를 밤새도록 켜 놓게 했지.
>
> **GIGGLE MCDIMPLES** **Who knew** you were such a softy?
> **기글 맥딤플즈** 네가 그렇게 부드러운 마음을 가졌을**지 누가 알았겠어?**

\* keep ~ on ~를 계속 켜 놓다 | softy 마음이 부드러운 사람

---

**1.** 먼저, 바이올렛, 난 네가 좋아. 그리고 미래가 어떻게 될**지 누가 알겠니?**
▸ First of all, Violet, I like you, and **who knows** what the future may bring?

🎬 **인크레더블 2** : 데버가 경찰에 연행되면서 바이올렛에게 한 말이에요.

**2.** 샐러드 접시가 8천 개나 있는 **줄 누가 알았겠어?**
▸ **Who knew** we owned 8,000 salad plates?

🎬 **겨울왕국** : 안나가 엘사의 대관식을 앞두고 기뻐하며 한 말이에요.

**3.** 거기에 뭐가 살**지 누가 알겠어?**
▸ _____
   힌트  what lives up there

🎬 **업** : 어린 엘리가 파라다이스 폭포에서 살고 싶다고 한 말이에요.

**4.** 네가 그를 창피하게 하고, 조상들을 망신시키고, 네 친구 모두를 잃게 될 **줄 누가 알았겠어?**
▸ **Who knew** you'd end up shaming him, disgracing your ancestors, and losing all your friends?

🎬 **뮬란** : 무슈가 군대에서 쫓겨난 뮬란을 위로하려고 한 말이에요.

**5.** 그가 어디에 있는**지 누가 알겠어?**
▸ _____, you know?
   힌트  where that guy is

🎬 **주먹왕 랄프** : 자신의 신세를 한탄하는 랄프가 과거 비디오 게임 캐릭터들을 언급하며 한 말이에요.

◆ 정답은 소책자 35쪽에

**잠깐만요!**  2 plate 접시  4 end up -ing 결국 ~하게 되다, shame 창피하게 하다, disgrace 망신을 주다, ancestor 조상

298

# ~ on my own

나 혼자서 ~

202.mp3

on my own은 '나 혼자서', '독립적으로'라는 뜻이에요. 어떤 일을 누군가의 도움 없이 독립적으로 해결하겠다고 할 때 이 표현을 사용해 보세요.

🎬 **알라딘** : 알라딘이 지니에게 자유를 허락하는 소원을 말할 수 없다고 고백하며

**ALADDIN**  Genie, I can't keep this up **on my own**. I, I can't wish you free.
**알라딘**  지니, **나 혼자** 이 일을 감당할 수 없어. 나, 난 너를 자유롭게 풀어 주는 소원을 말할 수 없어.

**GENIE**  Fine. I understand. After all, you've lied to everyone else.
**지니**  좋아. 이해해. 결국, 넌 모든 사람들에게 다 거짓말을 한 거잖아.

\* keep ~ up ~를 감당하다 | after all 결국

1. 그나저나 난 그 직책을 **내 힘으로** 얻었다구요.
   ▶ And, oh, by the way, I got that job **on my own**.

   🎬 **뮬란** : 치푸가 장군을 아버지로 둔 리샹이 마음에 들지 않아 비난하듯 한 말이에요.

2. 당신이 필요 없어요. 그리고 **나 혼자서** 우승할 수 있어요.
   ▶ And I don't need you, and I can win that race **on my own**.

   🎬 **주먹왕 랄프** : 바넬로피가 경기 포기를 강요히는 랄프에게 화내며 한 말이에요.

3. **나 혼자서** 그들을 찾을 수가 없어.
   ▶ _____
   힌트  I can't find them

   🎬 **도리를 찾아서** : 도리가 말린에게 함께 부모님을 찾아 달라고 부탁하며 한 말이에요.

4. 뭐, **나 혼자** 벗어나 있어야 했어… 나만의 인생을 살면서 말야.
   ▶ Well, I just needed to get out **on my own**... live my own life.

   🎬 **라이언 킹** : 심바가 날라에게 왕국을 떠나야 했던 진짜 이유를 숨기며 한 말이에요.

5. 난 **혼자서** 어떤 일을 해 본 적이 없어요.
   ▶ _____
   힌트  I've never done a thing

   🎬 **알라딘** : 자스민이 술탄에게 궁궐 생활의 답답함을 토로하며 한 말이죠.

✤ 정답은 소책자 35쪽에

**잠깐만요!**  4 get out 밖으로 나가다

# Review 193 ~ 202 패턴으로 대화하기

🎧 test 193-202.mp3

앞서 배운 10개 패턴을 활용하여 네이티브와 대화에 도전해 보세요. 빈칸을 채운 후, 오디오 파일을 2번씩 따라하세요.

## 1.
[빅 히어로] 친구들이 프레디의 대저택에 들어와서 놀라며

| HONEY | Freddie, this is your house? | 프레디, 이게 너희 집이야? |
| GO GO | _____ | 난 네가 다리 밑에서 산다고 생각했어. |
| FRED | Well, technically it belongs to my parents. They're on a vacay on the family island. You know we should totally go sometime. Frolic. | 엄밀하게 말하면 우리 부모님 집이지. 우리 가족의 섬에서 휴가를 즐기고 계셔. 우리도 언제 한번 가자. 한번 즐기는 거야. |

＊ technically 엄밀히 말하면 | belong to ~에게 속하다 | vacay=vacation | frolic 흥청망청 즐기는 놀이

## 2.
[인크레더블] 밥과 루시우스가 불이 난 건물에서 사람들을 구한 후 탈출하려고 하며

| LUCIUS | I can't lay down a layer thick enough!! It's evaporating too fast!! | 두꺼운 얼음 층을 깔 수가 없어!! 너무 빨리 증발해 버린단 말야!! |
| BOB | What? What's that mean? | 뭐라고? 무슨 말이야? |
| LUCIUS | Means it's hot and I'm dehydrated, Bob! | 여기가 너무 뜨거워서 내가 탈수 상태라고, 밥! |
| BOB | You're out of ICE??! You can't run out of ice! _____ | 네가 얼음이 떨어졌다고??! 넌 얼음이 떨어질 수가 없어! 네가 공기 중에 있는 물기를 이용할 수 있는 줄 알았지! |
| LUCIUS | There IS NO water in this air! What's your excuse?? Run out of muscles? | 이 공기에는 물기가 전혀 없어! 넌 핑계거리가 뭐야? 근육이 떨어졌어? |

＊ lay down ~를 깔다 | layer 층 | thick 두꺼운 | evaporate 증발하다 | dehydrated 탈수 상태가 된 | be out of, run out of ~를 다 소비하다

## 3.
[겨울왕국] 한스와 안나가 첫눈에 반해 즐거워하며

| HANS | WE FINISH EACH OTHER'S… | 우리는 함께 먹는 거예요 서로의… |
| ANNA | SANDWICHES! | 샌드위치를! |
| HANS | _____ | 내가 하려고 했던 말이에요! |
| ANNA | I'VE NEVER MET SOMEONE… | 이런 사람은 만난 적이 없어… |
| BOTH | WHO THINKS SO MUCH LIKE ME. | 나와 같은 생각을 하는 사람. |
| BOTH | Jinx… jinx again… | 찌찌뽕… 또 찌찌뽕… |

＊ jinx 찌찌뽕

## 4. [라이언 킹] 티몬과 품바가 왕국을 도망쳐 나온 심바에게 말을 붙이며

| | | |
|---|---|---|
| **TIMON** | Hey, where you goin'? | 이봐. 어디에 가는 거야? |
| **SIMBA** | Nowhere. | 나도 몰라요. |
| **TIMON** | Gee. He looks blue. | 참. 쟤 우울해 보이네. |
| **PUMBAA** | I'd say brownish-gold. | 난 황금색으로 보이는데. |
| **TIMON** | No-no-no. _____ | 아니야. 내 말은 쟤가 우울한 것 같다고. |

*look blue 우울해 보이다(이 대화에서 품바는 파란색으로 보인다는 의미로 착각함) | brownish 갈색이 도는 | depressed 우울한

## 5. [모아나] 투이가 배들을 불태우려고 하자 모아나가 막으면서

| | | |
|---|---|---|
| **MOANA** | You told me to help our people, this is how we help our people! | 우리 종족 사람들을 도우라고 하셨잖아요. 이게 우리 종족을 돕는 길이에요! |
| **MOANA** | Dad? What are you doing? | 아빠? 뭐 하시는 거예요? |
| **TUI** | _____ | 오래 전에 저 배들을 태워 버렸어야 했는데. |
| **MOANA** | No! Don't! | 안 돼요! 그러지 마세요! |
| **MOANA** | We have to find Maui, we have to restore the heart! | 우리는 마우이를 찾아야 해요. 심장을 돌려 놓아야 한다구요! |
| **TUI** | There is no heart! This? This is just a rock! | 심장 따위는 없어! 이거? 이건 그냥 돌멩이일 뿐이야! |

*people 종족, 민족 | burn 태워 버리다 | restore 돌려 놓다, 회복시키다 | rock 돌멩이

## 6. [뮬란] 자신이 여자임이 밝혀지자 뮬란이 솔직히 고백하며

| | | |
|---|---|---|
| **MULAN** | My name is Mulan. I did it to save my father. | 제 이름은 뮬란입니다. 아버지를 구하기 위해 이렇게 한 겁니다. |
| **CHI FU** | High treason! | 반역이다! |
| **MULAN** | _____ | 일을 이렇게 크게 만들려는 의도는 아니었습니다. |
| **CHI FU** | Ultimate dishonor! | 치욕적인 불명예야! |
| **MULAN** | It was the only way. Please believe me – | 이게 유일한 방법이었습니다. 제발 믿어 주세요 – |
| **CHI FU** | Hmph, Captain…? | 흠, 대장…? |
| **CHI FU** | Restrain him! | 체포하시오! |

*treason 반역죄 | ultimate 절대적인 | dishonor 불명예 | restrain 제압하다, 체포하다

1. **[라이언 킹]** 심바가 날라에게 프라이드록을 벗어난 이유를 둘러대며

SIMBA    Isn't this a great place?

NALA    It is beautiful... But I don't understand something. You've been alive all this time. Why didn't you come back to Pride Rock?

SIMBA    Well, _____... live my own life. And I did. And it's great!

NALA    We've really needed you at home.

SIMBA    No one needs me.

NALA    Yes we do. You're the king.

여기 정말 멋지지 않아?

멋져… 하지만 이해할 수 없는 게 있어. 지금까지 살아 있었잖아. 근데 왜 프라이드록으로 돌아오지 않은 거지?

뭐, **나 혼자 벗어나 있어야 했어**… 나만의 인생을 살면서 말야. 실제 그랬지. 정말 좋아!

고향에서는 네가 정말 필요했다고.

아무도 날 필요로 하지 않아.

아니 우리는 필요해. 네가 왕이잖아.

\* alive 살아 있는 | get out 벗어나다

**정답** 1. I thought you lived under a bridge. 2. I thought you could use the water in the air! 3. That's what I was gonna say! 4. I mean he's depressed. 5. I should've burned those boats a long time ago. 6. I didn't mean for it to go this far. 7. I just needed to get out on my own

# Part 21

## 부정적인 감정을 말할 때
### 디즈니 캐릭터가 사용하는 패턴

항상 밝고 명랑한 디즈니 캐릭터들도 가끔 분노나 혐오, 포기 등의 감정을 표출할 때가 있죠. 이번 파트에서는 부정적인 감정을 말할 때 쓰는 패턴들을 연습해 보려고 해요. 기본적인 단어들로 구성된 이 패턴들이 디즈니 세상에서는 어떻게 사용되는지 확인해 볼까요?

- 패턴 203  How dare you ~
- 패턴 204  I can't believe ~
- 패턴 205  I don't care ~
- 패턴 206  I hate ~
- 패턴 207  There's nothing ~
- 패턴 208  What's wrong with ~?
- 패턴 209  What's with ~?
- 패턴 210  Why do I have to ~?
- 패턴 211  What am I ~?
- 패턴 212  What have I ~?

## 203

감히 ~하다니

# How dare you ~

🎧 203.mp3

상대방의 무례한 말이나 행동에 역정을 내는 표현이에요. Don't you dare ~!라는 표현도 자주 쓰는데 '감히 ~할 생각지도 마!'라고 경고하는 표현이죠. Don't you dare!(그러기만 해!)라고 짧게 쓸 수도 있어요.

> 🎬 **알라딘** : 자스민이 구애하러 온 알라딘과 술탄 왕에게 화를 내며
>
> **ALADDIN** Just let her meet me. I will win your daughter.
> 알라딘 그녀가 절 만나게 해 주십시오. 제가 따님의 마음을 사로잡겠습니다.
>
> **JASMINE** How dare you.
> 자스민 감히 그럴 수가.
>
> **JASMINE** All of you! Standing around deciding my future?
> 자스민 모두 다들! 거기 서서 내 미래를 결정한다구요?

**1.** 감히 히어로즈 듀티를 욕**하다니**, 이 부랑아 같으니라고!

▶ **How dare you** insult Hero's Duty, you little guttersnipe!

🎬 주먹왕 랄프 : 랄프가 자신을 놀리는 바넬로피에게 화를 내며 한 말이에요.

**2.** 미지의 행성에서 **감히** 우주인의 헬멧을 벗기**다니**?!

▶ **How dare you** open a spaceman's helmet on an uncharted planet?!

🎬 토이 스토리 : 우디가 버즈의 헬멧을 갑자기 벗기자 버즈가 화를 내며 한 말이죠.

**3.** 감히 나를 거역**하다니**!

▶ _____
힌트 defy me

🎬 노틀담의 꼽추 : 에스메랄다가 프롤로의 명령을 거역하자 프롤로가 그녀에게 매우 화를 내며 한 말이죠.

**4.** 거기 서! 더 움직이기만 해 봐. **그러기만 해**!

▶ Stop! You take one move, mister. **Don't you dare**!

🎬 니모를 찾아서 : 말린이 니모에게 보트에 다가가지 말라고 명령하며 한 말이에요.

**5.** 감히 내 주방에서 요리를 **하다니**!

▶ _____
힌트 cook in my kitchen

🎬 라따뚜이 : 링귀니가 주방에서 요리를 하자 스키너가 그에게 화를 내며 한 말이죠.

✦ 정답은 소책자 35쪽에

**잠깐만요!** 1 insult 욕하다, guttersnipe 부랑아  2 uncharted 미지의  3 defy 거역하다

## 204

~하다니 믿을 수 없어

# I can't believe ~

🎧 204.mp3

자신이 생각하지도 못한 일이 벌어져서 놀랐다고 말할 때 쓰는 표현이에요. I don't believe ~.는 '~를 믿지 않아.'라는 뜻이지만 I can't believe ~.는 '~하다니 믿을 수 없어.'라는 의미예요. 두 패턴을 구별해서 알아 두세요.

> 🎬 **온워드** : 이안이 콜트 경관에게서 도망친 후 믿을 수 없다는 듯 말하며
>
> **IAN** **I can't believe** I'm running from the cops!
> **이안** 내가 경찰에게서 도망치**다니 믿을 수 없어**!
>
> **BARLEY** You're not running from the cops. You're running from our mom's boyfriend.
> **발리** 넌 경찰에게서 도망치는 게 아니야. 넌 엄마의 남자 친구로부터 도망치는 거야.

\* cop 경찰관

1. 엄마와 아빠가 우릴 이곳으로 데려왔**다니 믿기지 않아**.
▶ **I can't believe** Mom and Dad moved us here.

🎬 **인사이드 아웃** : 버럭이가 새로 이사한 곳이 마음에 들지 않아서 한 말이에요.

2. 당신 아들 졸업식에 가고 싶지 않**다니 믿을 수 없네요**!
▶ **I can't believe** you don't want to go to your own son's graduation!

🎬 **인크레더블** : 밥이 일 때문에 바쁘다는 핑계를 대자 헬렌이 그에게 따지며 한 말이죠.

3. 내가 이렇게 했**다니 믿을 수가 없어**!!!
▶ _____
힌트  I did this

🎬 **라푼젤** : 라푼젤이 탑에서 벗어났다는 사실이 믿기지 않는 듯 기뻐하며 한 말이에요.

4. 우리가 지금까지 함께 고생했는데 날 못 믿겠**다는 거야**?
▶ I just, **I can't believe** that after all we've been through together you don't trust me?

🎬 **라푼젤** : 왕관을 훔쳐 달아나는 플린이 스태빙턴 형제들에게 자신을 믿어 달라고 한 말이죠.

5. 걔가 날 버렸**다는 게 믿기지 않아**!
▶ _____
힌트  she would throw me away

🎬 **토이 스토리 3** : 몰리가 자신을 버렸다는 생각에 바비가 울컥하며 한 말이에요.

✦ 정답은 소책자 35쪽에

**잠깐만요!**   2 graduation 졸업식   4 be through 고생하다, ~를 겪다   5 throw ~ away ~를 버리다

## 205 ~는 상관없어
# I don't care ~

사람들의 의견이나 주위 상황 따위는 상관없이 나의 의지대로 하겠다는 표현이에요. Who cares about ~?이란 응용 표현도 자주 쓰는데 '~가 무슨 상관이야?'라는 뜻이에요.

🎬 **미녀와 야수** : 마을 사람들이 무시하자 모리스가 혼자서라도 벨을 구출하겠다고 하며

**MAURICE** If no one will help me, then I'll go back alone. **I don't care** what it takes. I'll find that castle and somehow I'll get her out of there.
**모리스** 아무도 날 도와주지 않겠다면, 혼자라도 가겠어. 뭐가 필요하**든 상관없어**. 그 성을 찾아서 어떻게 해서든 그녀를 데리고 나올 거야.

**GASTON** Belle! Maurice!
**개스톤** 벨! 모리스!

\* take 필요하다 | somehow 어떻게든 | get ~ out of … …에서 ~를 구출하다

---

**1.** 이봐, 그 애**가 상관없다**는 말이 아니라고.
▶ Look, it's not that **I don't care** about the kid.

🎬 **몬스터 주식회사** : 마이크가 부에 대한 속마음을 설리에게 털어 놓으며 한 말이에요.

**2.** 그녀를 고용해요, 난 **상관없으니**.
▶ Hire her, **I don't care**.

🎬 **카 3** : 텍스가 크루즈에게 스카우트 제의를 하자 스털링이 상관없다는 듯 한 말이죠.

**3.** 내가 무엇**이든지 상관없어**!
▶ _____
힌트 what I am

🎬 **알라딘** : 자유를 찾은 지니가 매우 행복해하며 한 말이에요.

**4.** 회사 따위**가 무슨 상관이야**?
▶ **Who cares about** the company?

🎬 **몬스터 주식회사** : 마이크가 자신과 설리의 문제가 중요하다고 한 말이에요.

**5.** 그들이 뭐라고 해**도 상관없어**.
▶ _____
힌트 what they're going to say

🎬 **겨울왕국** : 엘사가 자유로운 삶을 노래한 말이에요.

잠깐만요! 2 hire 고용하다

## ~가 싫어
# I hate ~

아주 혐오할 정도로 싫어하는 것을 말할 때 쓰는 표현이에요. I don't like ~.보다 싫은 감정이 더 강한 표현이니까 조심해서 사용해 주세요.

🎬 **라이언 킹** : 무파사의 공격을 받은 후 하이에나가 사자들을 탓하며

**BANZAI** Yeah. Man, **I hate** lions.
반자이   그래, 정말, 난 사자**가 싫어**.

**SHENZI** So pushy.
쉔지   너무 강압적이고.

**BANZAI** And hairy.
반자이   그리고 털도 많아.

\* pushy 강압적인 | hairy 털이 많은

**1.** 난 다람쥐**가 싫어**.
▶ **I hate** squirrels.

🎬 **업** : 러셀이 다람쥐가 있는 것처럼 개들을 속이자 개들이 푸념하듯 한 말이에요.

**2.** 난 슈퍼히어로**가 싫어요**. 절대 안 할 거예요!
▶ **I HATE** superheroes and I renounce them!

🎬 **인크레더블 2** : 딕커가 토니의 기억을 지웠다는 사실을 알게 된 바이올렛이 화를 내며 한 말이에요.

**3.** 난 하이에나**가 싫어**.
▶ _____
힌트  hyenas

🎬 **라이언 킹** : 티몬이 프라이드록을 장악한 하이에나들을 바라보며 한 말이에요.

**4.** 내가 중얼거리는 걸 얼마나 **싫어하는지** 알잖니.
▶ You know how **I hate** the mumbling.

🎬 **라푼젤** : 고텔이 라푼젤에게 중얼거리지 말라고 잔소리로 한 말이에요.

**5.** 난 야드 세일**이 정말 싫어**!
▶ _____
힌트  yard sales

🎬 **토이 스토리 2** : 앤디 엄마가 야드 세일을 열자 렉스가 못마땅해서 한 말이죠.

✦ 정답은 소책자 36쪽에

**잠깐만요!**   1 squirrel 다람쥐   2 renounce 버리다   4 mumble 중얼거리다

## 207 ~할 게 없어
# There's nothing ~

🎧 207.mp3

주로 There's nothing 뒤에 '주어 + can do'를 붙여서 활용하는 패턴이에요. 자포자기한 심경으로 하는 말로 There's nothing I can do.(내가 할 수 있는 게 없어.), There's nothing you can do.(네가 할 수 있는 건 없어.)처럼 쓸 수 있어요.

> 🎬 **도리를 찾아서** : 도리가 부모님을 잃어버렸다는 생각에 매우 절망하며
>
> **DORY** Help! Help! Please... They're gone!
> 도리 도와주세요! 도와주세요! 제발… 그들이 사라졌어요!
>
> **DORY** I've lost... I've lost everyone... There's nothing I can do.
> 도리 잃어버렸어… 난 모두를 다 잃어버렸다고… 내가 할 수 있는 일**은 없어**.

\* be gone 사라지다 | lose 잃어버리다

---

**1.** 하지만 제가 할 수 있**는 게 없어요**.
▸ But **there's nothing** I can do.

🎬 **인크레더블** : 밥이 전화로 고객과 상담하며 한 말이에요.

**2.** 앤디는 자라고 있어… 그리고 네가 할 수 있는 일**은 없다고**.
▸ Andy's growing up, and **there's nothing** you can do about it.

🎬 **토이 스토리 2** : 피트가 우디에게 앤디의 사랑은 영원할 수 없다고 한 말이에요.

**3.** 당신이 할 수 있**는 건 없어**.
▸ _____
    힌트   you can do

🎬 **미녀와 야수** : 벨이 아버지를 풀어 달라고 간청하자 야수가 이를 거절하며 한 말이죠.

**4.** 우리가 할 수 있는 일**은 없어**.
▸ **Nothing** we can do about it.

🎬 **주먹왕 랄프** : 게임 세계가 무너지기 시작하자 칼훈이 포기할 수밖에 없다고 한 말이에요.

**5.** 여자애 같은 너희들이 감당할 수 **없는 거지**!
▸ And _____
        힌트   you girls can do about it

🎬 **뮬란** : 야오가 다른 군인들에게 자신을 소개하며 당당하게 한 말이죠.

✦ 정답은 소책자 36쪽에

📽 **잠깐만요!** 2 grow up 성장하다

~는 왜 그러는 거야?

# What's wrong with ~?

정상적으로 보이지 않는 것에 대해 무슨 문제가 있는지 물어보는 표현이에요. What's wrong with you?가 가장 대표적인 예문인데 '너 왜 그러는 거니?', '뭐가 문제야?'라고 따져 묻는 거죠.

> 🎬 인크레더블 2 : 잭잭 때문에 히어로 일을 맡지 못하겠다는 헬렌을 밥이 안심시키며
>
> **BOB** Jack-Jack? **What's wrong with** him?
> 밥 잭잭? 걔**가** 뭐가 문젠데?
>
> **HELEN** Okay, nothing's wrong with Jack-Jack. But even a normal baby needs a lot of attention. I'm just not sure I can leave.
> 헬렌 알았어요. 잭잭은 괜찮아요. 하지만 평범한 아기도 많은 관심이 필요하잖아요. 내가 그냥 가도 되는지 확신이 안 서네요.

* normal 정상적인 | attention 관심

1. 그게 뭐가 문제야?
▶ **What's wrong with** that?

🎬 라이언 킹 : 티몬이 사랑에 빠진 날라와 심바에게 불만을 가지자 품바가 한 말이에요.

2. 쟤 지느러미가 왜 저래?
▶ **What's wrong with** his fin?

🎬 니모를 찾아서 : 어린 물고기들이 니모의 작은 지느러미를 보고 한 말이죠.

3. 쟤 왜 저래?
▶ _____  힌트 her

🎬 미녀와 야수 : 벨이 개스톤을 거절하자 마을 처녀가 못마땅한 듯 한 말이에요.

4. 매우 잘 발달된 감각을 가진 게 뭐가 잘못된 건가요?
▶ So, **what's wrong with** having highly developed senses?

🎬 라따뚜이 : 레미가 자신의 특출한 미각을 관객들에게 소개하며 한 말이에요.

5. 너 왜 그러는 거야?
▶ _____  힌트 you

🎬 겨울왕국 : 안나가 위험한 것을 알고 스벤이 날뛰자 크리스토프가 한 말이에요.

✦ 정답은 소책자 36쪽에

잠깐만요! 2 fin 지느러미 4 highly developed 잘 발달된, sense 감각

309

## 209 What's with ~?
~가 왜 이래?

앞에서 배운 What's wrong with ~?처럼 어떤 문제가 있는지 물어보는 패턴이에요. What's up with ~? 역시 비슷한 의미로 쓸 수 있는 표현입니다.

🎬 **주토피아** : 닉이 먹다 버린 아이스크림 막대기를 모아 납품을 하자 건설업자 생쥐가 따지듯

**NICK** Lumber delivery!
닉 목재 배송 왔습니다!

**MOUSE CONSTRUCTION WORKER** What's with the color?
쥐 건설 현장 일꾼 색깔이 왜 이래?

**NICK** The color? It's redwood.
닉 색깔? 삼나무 색이잖아.

\* lumber 목재 | delivery 배송 | construction 건설 | redwood 삼나무

---

**1.** 쟤가 요즘 왜 저러지?
▶ What is with her lately?

🎬 **인어공주** : 노래를 흥얼거리며 행복해하는 에리얼을 보고 언니가 의아해하며 한 말이에요.

**2.** 도대체 왜 다들 창문 밖으로 뛰어나가는 거야?
▶ What is with everyone jumping out the window?

🎬 **토이 스토리 4** : 버즈가 캠핑카 창문 밖으로 뛰어내리자 돌리가 한 말이에요.

**3.** 쟤 왜 저래?
▶ _____
힌트 him

🎬 **토이 스토리** : 이상한 행동을 하는 버즈를 보고 장난감들이 의아해하며 한 말이에요.

**4.** 이 마법의 불빛들은 다 뭐래?
▶ What's with all the magic sparkles?

🎬 **주먹왕 랄프** : 배넬로피가 공주로 변신하며 놀라면서 한 말이에요.

**5.** 복장은 왜 그래?
▶ _____
힌트 the costume

🎬 **주토피아** : 미스터 빅이 주디의 경찰복을 보며 한 말이에요.

✦ 정답은 소책자 36쪽에

**잠깐만요!** 1 lately 최근에, 요즘  4 sparkle 광택, 불빛  5 costume 복장

## 210. Why do I have to ~?

왜 내가 ~해야 하지?

🎧 210.mp3

불만을 가지고 내가 어떤 행동을 해야 하는 이유를 물어보는 표현이에요. Why do I need to ~? 혹은 Why should I ~? 역시 비슷한 의미로 쓸 수 있어요.

> 🎬 **겨울왕국** : 엘사의 대관식을 맞이하여 엄마가 강제로 옷을 입히려고 하자 남자아이가 이를 거부하며
>
> **BOY** **Why do I have to** wear this?
> 소년  왜 내가 이걸 입어야 하죠?
>
> **MOTHER** Because the Queen has come of age. It's Coronation Day!
> 엄마  여왕님이 성년이 되셨거든. 오늘이 대관식 날이야!
>
> **BOY** That's not my fault.
> 소년  그게 내 잘못은 아니잖아요.

\* come of age 성인이 되다 | coronation 대관식 | fault 잘못

---

**1.** 왜 내가 항상 너를 구해야 하지…
▶ **Why do I** always **have to** save your…

🎬 라이언 킹 : 곤경에 처한 품바를 티몬이 도와주려고 하는데 날라를 발견하고 놀라며 한 말이죠.

**2.** 왜 내가 신경 써야 하지?
▶ **Why should I** care?

🎬 카 3 : 경기 도중 스톰이 코치의 말을 무시하며 한 말이에요.

**3.** 왜 내가 장난감이 되어야 하지?
▶ _____
힌트  be a toy

🎬 토이 스토리 4 : 포키가 우디에게 장난감이 되어야 하는 이유를 물어본 말이에요.

**4.** 무릎을 벌리라고?!? 왜 무릎을 벌려야 하지 – 아이아이.
▶ Knees apart?!? Why, **why do I need to** put my knees apart – AAHHH.

🎬 라푼젤 : 갈고리 손 건달이 이상한 자세를 하라고 하자 플린이 의아해하며 한 말이죠.

**5.** 왜 내가 가식적으로 행동해야 하죠?
▶ _____
힌트  need to pretend

🎬 라따뚜이 : 우리에 갇힌 레미가 구스토에게 더 이상 거짓으로 살고 싶지 않다며 한 말이에요.

✦ 정답은 소책자 36쪽에

**잠깐만요!**  2 care 신경 쓰다  4 knee 무릎, apart 떨어진  5 pretend ~인 척하다

311

# 211

내가 무엇을 ~하지?

## What am I ~?

 211.mp3

스스로에게 반문할 때 잘 쓰는 패턴이에요. What am I going to do?(내가 뭘 해야 하지?)나 What am I supposed to do?(내가 앞으로 어떻게 해야 되지?)가 대표적인 문장인데 막막한 심경을 말하고 있는 거예요.

> 🎬 **라이언 킹** : 무파사가 스카를 못마땅하게 생각하며
>
> **MUFASA**  What am I going to do with him?
> 무파사  내가 저 놈을 어떻게 하지?
>
> **ZAZU**  He'd make a very handsome throw rug.
> 자주  좋은 러그는 될 수 있을 거예요.
>
> **MUFASA**  Zazu!
> 무파사  자주!

* make 되다 | throw rug 작은 러그

**1.** 하지만 내가 무슨 소릴 하는 거지?
▶ But what am I talking about?

🎬 **알라딘** : 지니가 자신은 절대 램프에서 자유로워질 수 없을 거라며 한 말이에요.

**2.** 오! 이제 난 어떻게 하지?
▶ Oh! What am I gonna do?

🎬 **겨울왕국** : 엘사의 성에서 쫓겨난 안나가 당황하며 한 말이죠.

**3.** 내가 뭐 하고 있는 거지?
▶ _____
힌트  doing

🎬 **알라딘** : 알라딘이 자스민에게 자신의 정체를 밝히겠다고 결심하며 한 말이에요.

**4.** 음… 내가 여기서 뭐 하냐고?
▶ Uh... What am I doing here?

🎬 **온워드** : 콜트 경관으로 변한 이안이 스펜서 경관의 질문에 당황하며 한 말이죠.

**5.** 내가 어떻게 해야 하지?
▶ _____
힌트  supposed to do

🎬 **노틀담의 꼽추** : 콰지모도가 에스메랄다를 구해야 할지 프롤로에게 복종해야 할지 고민하며 한 말이죠.

✦ 정답은 소책자 37쪽에

## 212 내가 ~한 거지?
# What have I ~?

🎧 212.mp3

자신의 행동에 대해 자책할 때 쓰는 패턴이에요. What have I done?(내가 무슨 짓을 한 거지?)처럼 죄책감을 표현할 수도 있고 What have you done?(당신 무슨 짓을 한 거지?)처럼 상대방을 추궁할 수도 있어요.

> 🎬 **겨울왕국** : 감옥에 갇혀 자책하는 엘사에게 한스가 악한 본색을 드러내며
>
> **ELSA** No... **What have I** done?
> 엘사 안 돼… 내가 무슨 짓을 한 거지?
>
> **ELSA** Why did you bring me here?
> 엘사 왜 날 여기에 데려왔지?
>
> **HANS** I couldn't just let them kill you.
> 한스 저들이 당신을 죽이도록 그냥 내버려 둘 수 없었지.

**1.** 난 거짓 인생을 살고 있어 – 내가 뭐가 된 거지?!
▶ I'm living a lie -- WHAT HAVE I BECOME?!

🎬 **온워드** : 과거의 영광을 생각하던 맨티코어가 현재 자신의 삶을 돌아보며 한 말이에요.

**2.** 우리가 무슨 짓을 한 거지?
▶ What have we done?

🎬 **토이 스토리** : 슬링키가 우디를 버린 것에 대해 죄책감을 느끼며 한 말이에요.

**3.** 내가 무슨 짓을 한 거지?
▶ _____
　　　　　　　　　　　　힌트 done

🎬 **온워드** : 과거의 영광을 생각하던 맨티코어가 자신의 현재 모습을 후회하며 한 말이죠.

**4.** 안 돼, 너 무슨 짓을 한 거야?
▶ No, what have you done?

🎬 **라푼젤** : 갑자기 노파로 변하며 최후를 맞이하는 고델이 플린에게 화를 내며 한 말이죠.

**5.** 엘리, 내가 무슨 짓을 하고 있는 거지?
▶ _____, Ellie?
　　　　　　　　힌트 got myself into

🎬 **업** : 칼이 러셀과 긴 여정을 떠나기 전날 밤에 앞으로의 일을 걱정하며 한 말이에요.

✦ 정답은 소책자 37쪽에

**잠깐만요!** 5 get oneself into 자신을 어떤 상태로 몰아넣다

# Review 203 ~ 212 패턴으로 대화하기

🎧 test 203-212.mp3

앞서 배운 10개 패턴을 활용하여 네이티브와 대화에 도전해 보세요. 빈칸을 채운 후, 오디오 파일을 2번씩 따라하세요.

**1.** [라푼젤] 플린이 스태빙턴 형제들과 탈출을 시도하며

| | | |
|---|---|---|
| **FLYNN** | Alright, okay, give me a boost and I'll pull you up. | 자, 날 들어서 올려 주면 내가 너희들을 끌어올려 줄게. |
| **STABBINGTON BROTHER** | Give us the satchel first. | 먼저 우리에게 가방을 넘겨. |
| **FLYNN** | What? I just, _____? | 뭐라고? 우리가 지금까지 함께 고생했는데 날 못 믿겠다는 거야? |
| **FLYNN** | Ouch. | 가슴이 아프다. |

\* give ~ a boost ~를 들어 올리다 | pull ~ up ~를 끌어올리다 | be through 고생하다, ~를 겪다 | ouch 아파서 내는 소리

**2.** [온워드] 맨티코어가 자신의 과거 모습을 회상하며

| | | |
|---|---|---|
| **MANTICORE** | _____ | 내가 도대체 무슨 짓을 한 거지? |
| **IAN** | Well, it's not too late. I mean, you could just give us the map-- | 아직 늦지 않았어요. 제 말은 저희에게 지도를 주시면 된다구요. |
| **MANTICORE** | This place used to be dangerous-- | 여기는 위험한 곳이었지… |
| **COSTUMED MANTICORE** | Dangerous! | 위험한 곳이었어! |
| **MANTICORE** | --and wild. | … 그리고 와일드했어. |

\* map 지도 | dangerous 위험한 | wild 야생의

**3.** [인사이드 아웃] 감정들이 라일리가 새로 이사온 집을 보고 의견을 나누며

| | | |
|---|---|---|
| **FEAR** | That's what I've been telling you guys. There are at least 37 things for Riley to be scared of right now! | 내가 계속 말했잖아. 지금 라일리가 두려워하는 게 최소 37개는 된다고! |
| **DISGUST** | The smell alone is enough to make her gag. | 냄새만 맡아도 걔가 구역질을 하겠어. |
| **ANGER** | _____ | 엄마와 아빠가 우릴 이곳으로 데려왔다니 믿기지 않아. |
| **JOY** | Look, I get it. You guys have concerns, but we've been through worse! Tell you what: let's make a list of all the things Riley should be HAPPY about. | 이봐, 알겠어. 너희들 걱정이 되겠지 하지만 이보다 더 힘든 일도 해냈잖아! 자 라일리가 행복할 만한 것들의 목록을 만들어 보자. |

\* be scared of ~를 두려워하다 | gag 구역질을 하다 | concern 걱정거리

## 4. [라푼젤] 라푼젤, 자신이 공주였다는 사실을 깨닫고 고텔에게 따지면서

**RAPUNZEL**  I'm the lost princess.  
제가 그 잃어버린 공주군요.

**MOTHER GOTHEL**  Oh, please speak up, Rapunzel. _____  
제발 크게 좀 말해, 라푼젤. **내가 중얼거리는 걸 얼마나 싫어하는지 알잖니.**

**RAPUNZEL**  I am the lost Princess, aren't I?  
제가 잃어버린 공주죠, 그렇죠?

**RAPUNZEL**  Did I mumble, Mother?  
이번에도 제가 중얼거렸나요, 어머니?

**RAPUNZEL**  Or should I even call you that?  
아니 계속 그렇게 불러 드려야 하나요?

＊ lost 잃어버린 | speak up 목소리를 크게 하다 | mumble 중얼거리다

## 5. [라이언 킹] 프라이드 록으로 잠입하려는 심바가 티몬에게 살아있는 미끼가 되도록 제안하며

**TIMON**  _____ So what's your plan for getting past those guys?  
**난 하이에나가 싫어.** 그래 저놈들을 어떻게 지나갈 계획이야?

**SIMBA**  Live bait.  
살아 있는 미끼를 쓰는 거지.

**TIMON**  Good idea. Heeey!  
좋은 생각이야. 야!

**SIMBA**  Come on, Timon. You guys have to create a diversion.  
이봐, 티몬. 너희들이 주의를 분산시켜야 해.

**TIMON**  What do you want me to do, dress in drag and do the hula?  
내가 어떻게 할까, 여장을 하고 훌라춤이라도 출까?

＊ get past 지나가다 | live 살아 있는 | bait 미끼 | diversion 주의를 딴 곳으로 돌리게 하는 것 | dress in drag 여장하다

## 6. [인크레더블] 밥이 대쉬의 학교 행사에 가지 못한다고 하자 헬렌이 화를 내며

**HELEN**  Yes! They happened. But this, our family, is what's happening now, Bob! And you are missing this! _____  
맞아요! 그런 일이 있긴 했죠. 하지만 지금은 우리 가족 일이잖아요, 밥! 그리고 당신은 이걸 놓치고 있다구요! **당신 아들 졸업식에 가지 않겠다니 믿을 수가 없군요!**

**BOB**  It's not a graduation! He's moving from the fourth grade to the fifth grade!  
졸업식이 아니잖아! 4학년에서 5학년이 되는 거지!

**HELEN**  It's a ceremony...  
특별한 기념식이긴 하죠…

**BOB**  It's psychotic! They keep creating new ways to celebrate mediocrity, but if someone is genuinely exceptional, they shut him down because they don't want everybody else to feel bad!  
미친 짓이야! 평범함을 축하하려고 새로운 방법을 계속 만들어 내는 거지, 하지만 누군가가 정말 특출나면 그들은 그 사람을 막아 서지. 다른 사람들 기분이 나쁘면 안 되니까.

＊ graduation 졸업식 | psychotic 미친 | mediocrity 평범함 | genuinely 순수하게, 매우 | exceptional 특출난, 특별한

1. **[토이 스토리 4]** 우디가 포키에게 장난감의 역할에 대해 설명해 주며

| | | |
|---|---|---|
| FORKY | | 내가 왜 장난감이 되어야 해? |
| WOODY | Because you have Bonnie's name written on the bottom of your sticks. | 너의 몸통 밑에 보니 이름이 적혀 있으니까. |
| FORKY | Why do I have Bonnie's name written on the bottom of my sticks? | 왜 내 몸통 밑에 보니의 이름이 적혀 있지? |
| WOODY | Because she... Look, she plays with you all the time. Right? | 왜냐하면 그 애가… 이봐, 걔가 항상 너를 가지고 놀잖아. 그렇지? |
| FORKY | Uh, yes. | 그래. |
| WOODY | And who does she sleep with every night? | 그리고 매일 밤 걔가 누구와 함께 잠을 자지? |
| FORKY | The big white fluffy thing? | 폭신하고 하얀 큰 덩어리 말하는 거지? |
| WOODY | No, not her pillow – you. | 아니, 베개 말고 – 너잖아. |

∗ written 쓰여진 | bottom 바닥 | fluffy 폭신한 | pillow 베개

**정답** 1. I can't believe that after all we've been through together you don't trust me  2. What have I done?  3. I can't believe Mom and Dad moved us here.  4. You know how I hate the mumbling.  5. I hate hyenas.  6. I can't believe you don't want to go to your own son's graduation!  7. Why do I have to be a toy?

# Part 22

## 감탄할 때
### 디즈니 캐릭터가 사용하는 패턴

이번 파트에서는 '정말 멋지네요!', '최고예요!'처럼 감탄하면서 쓸 수 있는 패턴을 익혀 볼 거예요. 또한 상대방을 칭찬할 때 쓰는 패턴들도 있으니 열심히 연습해 두었다가 주변 지인들에게 사용해 보시기 바랍니다.

| 패턴 213 | How + 형용사! |
| 패턴 214 | What a ~! |
| 패턴 215 | 최상급 + I've ever p.p. |
| 패턴 216 | 최상급 + of my life |
| 패턴 217 | I love your ~ |
| 패턴 218 | You look ~ |
| 패턴 219 | You're such a ~ |
| 패턴 220 | That's a good ~ |
| 패턴 221 | Isn't it ~? |
| 패턴 222 | There + 주어 + 동사 |

## 213 정말 ~해!
# How + 형용사!

🎧 213.mp3

'How + 형용사!'는 자신의 느낌을 있는 그대로 말할 때 쓰는 감탄 표현이에요. How 뒤에 자신의 감정을 표현할 수 있는 형용사만 쓰면 됩니다.

> 🎬 **도리를 찾아서** : 어린 도리가 단기 기억 상실증이 있다고 하자 부부 물고기가 안타까워하며
>
> **YOUNG DORY**  I'm sorry. I suffer from short term memory loss.
> 어린 도리  죄송해요. 저는 단기 기억 상실증이 있어요.
>
> **WIFE FISH**  Oh, how awful...
> 부인 물고기  오, 정말 안됐네…
>
> **HUSBAND FISH**  Short term memory loss...
> 남편 물고기  단기 기억 상실증이라…
>
> \* suffer from (병 등을) 앓다 | short term 단기 | loss 상실 | awful 끔찍한

**1.** 정말 창피해.
▶ How **embarrassing**.

🎬 **인사이드 아웃** : 라일리가 자기 소개 중에 울려고 하자 학생들이 속닥이며 한 말이죠.

**2.** 아주 멋지군요!
▶ How **wonderful**!

🎬 **코코** : 출입국 관리관이 신고 물품으로 츄러스를 확인하고 반가워하며 한 말이에요.

**3.** 오, 정말 재미있군!
▶ Oh _____
힌트  exciting

🎬 **코코** : 델라 크루즈의 파티에 참석하는 영혼이 흥분해서 한 말이에요.

**4.** 정말 사실이지, 사실이고 말고.
▶ How **true**, how **true**.

🎬 **카 3** : 덕 허슨이 맥퀸에게 진짜 레이싱이 무엇인지 설명하며 흥분해서 한 말이죠.

**5.** 정말 당황스럽네요.
▶ _____
힌트  embarrassing

🎬 **미녀와 야수** : 옷장 부인이 옷장 문을 열자 나방이 튀어나와서 당황하며 한 말이죠.

✦ 정답은 소책자 37쪽에

**잠깐만요!**  1 embarrassing 당황스러운, 창피한   3 exciting 흥미진진한

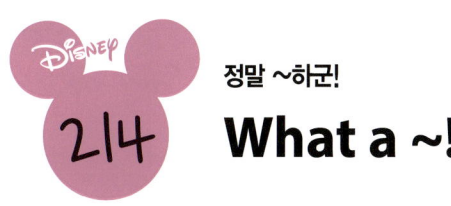

## 정말 ~하군!
# What a ~!

🎧 214.mp3

What a ~!는 어떤 사람이나 대상을 보고 느낀 것을 그대로 말할 때 쓰는 감탄 표현이에요. What a 바로 뒤에 명사를 하나 써도 되고 '형용사 + 명사' 패턴을 짧게 붙여도 좋아요.

🎬 뮬란 : 치푸가 뮬란을 비난하자 리샹이 그녀를 옹호하며

**CHI FU** That was a deliberate attempt on my life! Where is she? Now she's done it! **What a mess!**
치푸  내 인생을 고의적으로 망치려고 했잖아! 그녀는 어디에 있어? 이제 일 냈군! **완전** 엉망**이야!**

**CHI FU** Stand aside! That creature's not worth protecting.
치푸  비켜! 저런 건 보호할 가치도 없어.

**SHANG** She's a hero!
샹  그녀는 영웅입니다!

\* deliberate 고의적인 | attempt 시도 | mess 엉망 | aside 옆으로 | worth -ing ~할 가치가 있는

---

**1.** 어머, **정말** 멋진 남자**야**! 개스톤!
▶ My, **what a** guy! Gaston!

🎬 미녀와 야수 : 마을 사람들이 개스톤의 매력을 칭찬하며 한 말이에요.

**2.** 정말 훌륭한 대원**이군**.
▶ **What a** trooper.

🎬 인크레더블 : 헬렌이 위기에서 탈출한 후 대시를 대견하게 바라보며 한 말이죠.

**3.** 무슨 이런 농담이 있어.
▶ _____
힌트 joke

🎬 업 : 칼이 자신의 우상인 먼츠가 악당이라는 사실이 믿기지 않는다며 한 말이에요.

**4.** 개스톤, **이렇게** 와 주셔서… 놀랍**군요**.
▶ Gaston, **what a** pleasant... surprise.

🎬 미녀와 야수 : 벨이 갑작스럽게 자신의 집에 찾아온 개스톤을 보고 놀라며 한 말이에요.

**5.** 억, **정말** 맛없네!
▶ Uggh, _____
힌트 nasty flavor

🎬 뮬란 : 무슈가 뮬란과 함께 목욕하려는 링의 엉덩이를 깨물고 한 말이에요.

✦ 정답은 소책자 37쪽에

**잠깐만요!** 2 trooper 군인, 대원  3 joke 농담  4 pleasant 기쁜  5 nasty 역겨운, flavor 맛

내가 ~한 중에서 가장 …한

# 215 최상급 + I've ever p.p.

 215.mp3

최상급 표현 뒤에 I've ever p.p.가 붙으면 '내가 경험한 ~중에서 가장 …한'이라는 의미가 돼요. 최상급의 뜻을 좀 더 강조해서 말하고 싶을 때 이 패턴을 활용해 보세요.

> 🎬 **뮬란** : 뮬란이 산유를 물리치자 리샹이 감사를 전하며
>
> **SHANG**   Ping... you are **the craziest** man **I've ever met**... and for that I owe you my life. From now on, you have my trust.
> 샹   핑... 넌 **내가 만난** 사람 **중에 제일 미친** 놈이야... 그래서 내 생명을 구한 거지. 이제 난 널 믿을 수 있어.
>
> **LING**   Let's hear it for Ping – The bravest of us all!
> 링   핑 만세 – 우리 중에 가장 용맹한 자!

\* owe 빚을 지다 | trust 신뢰 | Let's hear it for ~ ~ 만세(칭송하는 말) | brave 용감한

---

**1.** 이건 **지금까지 해본 일 중에 가장 이상한** 짓이에요.
▸ You should know, that this is **the strangest** thing **I've ever done**.

🎬 **라푼젤** : 플린이 프라이팬을 무기로 들고 악당들과 싸우면서 한 말이에요.

**2.** 당신은 제가 **지금까지 본** 군인 **중에 가장 용감하거나** 아니면 **가장 미친** 사람이에요.
▸ You're either **the** single **bravest** soldier **I've ever seen** or **the craziest**.

🎬 **노틀담의 꼽추** : 에스메랄다가 불 속에서 아이들을 구해 낸 피버스에게 호감을 보이며 한 말이에요.

**3.** **지금까지 본** 사건 파일 **중에 제일 작은** 거 같다니까!
▸ That is _____.
힌트 the smallest case file, seen

🎬 **주토피아** : 클로하우저가 주디에게 수달 실종 사건에 대해 설명하며 한 말이에요.

**4.** 시장하시면 좋겠네요. 엡실론은 **제가 데리고 있던** 요리사 **중에 최고**거든요.
▸ I hope you're hungry because Epsilon is **the finest** chef **I've ever had**.

🎬 **업** : 먼츠가 칼과 러셀에게 식사를 대접하며 한 말이에요.

**5.** 안나, 넌 **내가 아는** 사람 **중에 가장 특별한** 사람이야.
▸ Anna, you are _____.
힌트 the most extraordinary person, known

🎬 **겨울왕국 2** : 크리스토프가 안나에게 청혼하며 마음을 담아 한 말이에요.

♦ 정답은 소책자 37쪽에

 1 strange 이상한  3 case 사건  4 fine 훌륭한, chef 요리사  5 extraordinary 특별한, 비범한

## 216 내 인생에서 가장 ~한
# 최상급 + of my life

🎧 216.mp3

최상급 표현 뒤에 of my life가 붙으면 '내 인생에서 최고로 ~한'이라는 의미가 돼요. 이 표현 역시 최상급의 의미를 더 강조해서 말하고 싶을 때 쓰면 좋아요.

> 🎬 **라푼젤** : 라푼젤이 막시무스에게 도움을 요청하며
>
> **RAPUNZEL** Oh, he's nothing but a big sweetheart. Isn't that right… Maximus?
> 라푼젤 오, 얘는 덩치만 컸지 아주 착한 아이예요. 그렇지 않니… 막시무스?
>
> **FLYNN** You've got to be kidding me.
> 플린 미치겠군.
>
> **RAPUNZEL** Look, today is kind of **the biggest** day **of my life**. And the thing is I need you not to get him arrested.
> 라푼젤 이봐, 오늘은 **내 인생에서 가장 중요한** 날이야. 실은 네가 저 남자가 체포되지 않도록 해 줬으면 좋겠어.

＊ nothing but 단지 | sweetheart 귀여운 아이 | kidding 농담하는 | arrest 체포하다

---

**1.** 멋진 밤이었어요. **내 인생에서 가장 행복한** 시간이었죠.
▶ It was a great night. **The happiest of my life**.

🎬 **라따뚜이** : 레미가 자신의 요리 실력을 발휘한 후 아주 행복해하며 한 말이에요.

**2.** 정말, 오늘이 **내 인생에서 최고의** 날이야… 그리고 마지막 날이 되겠군.
▶ Hands down, this is **the best** day **of my life**… and quite possibly the last.

🎬 **겨울왕국** : 아렌델이 제 모습을 찾자 올라프가 기뻐하며 한 말이에요.

**3.** 난 유치원이 좋아. **내 생애 최고의** 3년이었지.
▶ Oh, I love kindergarten. _____
힌트  Best three years

🎬 **몬스터 주식회사** : 마이크가 웃음 에너지를 위해 아이를 웃기려고 원맨쇼를 펼치며 한 말이에요.

**4.** 이건, 확실히, **내 인생에서 가장 치욕적인** 날이야.
▶ This has got to be, without a doubt, **the** single **most humiliating** day **of my life**.

🎬 **인어공주** : 저녁 식사 거리가 될 뻔한 세바스찬이 위기를 모면하고 한 말이에요.

**5.** 그게 **내 인생에서 가장 행복한** 크리스마스 다음 날이었어.
▶ It was _____
힌트  the happiest Boxing Day

🎬 **토이 스토리 4** : 듀크 카붐이 자신의 행복했던 과거를 회상하며 한 말이에요.

✦ 정답은 소책자 37쪽에

2 hands down 명백히, possibly 아마  3 kindergarten 유치원  4 without a doubt 확실히, humiliating 치욕적인
5 Boxing Day 크리스마스 다음 날의 휴일

## 217

당신의 ~가 좋아요

# I love your ~

 217.mp3

상대방에게 칭찬할 때 쓰는 표현이에요. 상대방의 외모나 가지고 있는 물건이 자신의 마음에 든다는 뜻이죠. I love your ~. 대신 I like your ~.라고 해도 같은 의미예요.

🎬 **주토피아** : 주디가 예전에 목숨을 구해 준 프루프루를 만나 반가워하며

**HOPPS** Hi. **I love your** dress.
홉스(주디) 안녕하세요. 드레스**가** 멋져요.

**FRU FRU SHREW** Aw, thank you.
프루프루 생쥐 오, 고마워요.

---

1. 가게**가** 마음에 들어요!
▶ **I love your** store!

🎬 **온워드** : 파괴자의 검을 획득한 로렐이 전당포를 도망치며 주인에게 미안한 듯 한 말이에요.

2. 너의 생각**이** 마음에 드는군.
▶ **I like your** thinking.

🎬 **토이 스토리** : 우디가 피자 플래닛에 잠입하는 방법을 알려 주자 버즈가 그에 동조하며 한 말이죠.

3. 당신 회사의 흙받기를 **내가** 얼마나 **좋아하는지** 말했던가?
▶ **Did I ever tell you how much** _____
_____ 힌트 mudflaps

🎬 **카 3** : 메이터가 크루즈의 경기 참여에 반대하는 스털링을 막아 서면서 한 말이에요.

4. 생각**하는 게** 마음에 드네요 어린 마법사님.
▶ **I like your** thinking young mage.

🎬 **온워드** : 차 안에서 마법을 연습하겠다는 이안에게 발리가 한 말이에요.

5. 머리**가** 멋지네요.
▶ _____
_____ 힌트 hair

🎬 **주토피아** : 주디가 푸르푸르를 구해 준 뒤 그녀의 헤어스타일을 칭찬하며 한 말이에요.

✦ 정답은 소책자 38쪽에

**잠깐만요!** 3 mudflap (자동차 뒷바퀴의) 흙받기 4 mage 마법사

## 218

당신 ~해 보여요

# You look ~

 218.mp3

상대방의 외모를 칭찬할 때 쓰는 말이에요. great, beautiful, wonderful 등 칭찬하고 싶은 내용에 맞는 형용사를 You look 뒤에 붙여 주세요. 또한 이 표현은 상대방이 어때 보인다고 말할 때 쓰기도 해요. You look tired.(피곤해 보여.), You look ill.(아파 보여.)처럼 말이죠.

> 🎬 **인크레더블** : 밥이 멋지게 차려 입고 멋쩍어하자 미라지가 칭찬하며
> 
> **BOB** Am I overdressed?
> **밥** 제가 너무 차려입었죠?
> **MIRAGE** Actually, **you look** rather dashing.
> **미라지** 사실, 멋져 보여요.

\* overdressed 과하게 차려입은 | dashing 멋진

**1.** 너 좋아 보이는데.
▶ **You look** good.

🎬 **알라딘** : 알라딘이 코끼리로 변신한 원숭이 아부를 칭찬하며 한 말이에요.

**2.** 멋지군, 친구!
▶ **You look** great, man!

🎬 **카 3** : 필모어가 맥퀸의 새로운 페인트 도색을 보고 칭찬하며 한 말이죠.

**3.** 너 예뻐 보인다.
▶ _____
  힌트 beautiful

🎬 **겨울왕국** : 엘사가 대관식을 위해 멋지게 차려입은 안나를 칭찬하며 한 말이에요.

**4.** 엘사, 달라 보여.
▶ Elsa, **you look** different.

🎬 **겨울왕국** : 안나가 엘사의 성에서 완전히 달라진 엘사의 모습을 보고 한 말이에요.

**5.** 너무 멋지군요.
▶ Uh, _____
  힌트 wonderful

🎬 **인어공주** : 에릭이 저녁 식사 자리에 등장한 에리얼에게 반해서 한 말이죠.

✦ 정답은 소책자 38쪽에

323

## 219 넌 아주 ~해
# You're such a ~

You're such a ~.는 '넌 정말로 ~해.'라는 뜻으로 상대방에 대한 자신의 생각을 말할 때 쓰는 표현이에요. 주로 상대방의 매력을 칭찬하는 경우에 많이 쓴답니다.

> 🎬 **몬스터 주식회사** : 머리카락 뱀들을 진정시키고 셀리아가 마이크에게 다정하게 말하며
>
> **CELIA** Girls, stop, stop, stop! Michael, **you're such a** charmer.
> 셀리아 얘들아, 그만, 그만해! 마이클, **당신 정말** 매력 덩어리**야**.
>
> **MIKE** Did you bring the magazine?
> 마이크 잡지 가져왔어?
>
> **CELIA** They just delivered a whole box.
> 셀리아 방금 상자 가득 배달해왔어.

\* charmer 매력적인 사람 | deliver 배달하다

---

**1.** 너 정말 개구쟁이**구나**.
▶ **You are such a** naughty boy.

🎬 **라이언 킹** : 아빠의 깜짝 선물을 미리 보고 싶다는 심바에게 스카가 한 말이에요.

**2.** 너 이제 다 컸**구나**.
▶ **Oh, you are such a** big girl.

🎬 **토이 스토리 2** : 앤디의 엄마가 걸음마를 막 시작한 몰리에게 대견스럽게 한 말이죠.

**3.** 넌 말을 참 잘 들어주는 아이**구나**.
▶ _____
힌트 good listener

🎬 **겨울왕국 2** : 안나가 올라프를 위로해 주자 올라프가 기분이 좋아져서 한 말이죠.

**4.** 참 똑똑한 아이네!
▶ **Such a** smart boy!

🎬 **코코** : 헥터가 자신의 의도를 정확하게 이해한 미구엘을 칭찬하며 한 말이에요.

**5.** 참 착하지.
▶ Oh, _____
힌트 good boy

🎬 **라푼젤** : 막시무스가 말을 잘 듣자 라푼젤이 칭찬하며 한 말이에요.

✦ 정답은 소책자 38쪽에

**잠깐만요!** 1 naughty 장난꾸러기의  4 smart 똑똑한

## 220 That's a good ~

그거 좋은 ~야

🎧 220.mp3

상대방의 말이나 행동에 대해 칭찬하거나 동조할 때 쓰는 패턴이에요. 반대로 마음에 들지 않을 때는 That's a bad ~.라는 패턴을 써 주세요.

> 🎬 **인사이드 아웃** : 빙봉이 기쁨이와 슬픔이를 만나
>
> **BING BONG**  Well what the heck are you doing out here?
> 빙봉    너희들 여기서 도대체 뭐하는 거야?
> **JOY**  That's a good question. You want to answer that, Sadness?
> 기쁨   그거 좋은 질문이야. 슬픔아 네가 대답할래?
> **BING BONG**  Without you, Riley won't ever be happy. And we can't have that. We gotta get you back! I'll tell you what, Follow me!
> 빙봉    네가 없으면 라일리가 행복할 수 없잖아. 그리고 우린 그걸 받아들일 수 없어. 널 데려다줘야겠군! 잘 들어, 날 따라와!

\* I'll tell you what 잘 들어(상대방에게 제안할 때 쓰는 관습적 표현)

**1.** 야. 잘 됐는데.
▶ Hey. **That's a good** move.

🎬 알라딘 : 마법의 양탄자와 체스를 두고 있는 지니가 감탄하며 한 말이에요.

**2.** 이봐, 좋은 생각이었어.
▶ Hey, **that was a good** idea.

🎬 인사이드 아웃 : 라일리를 깨우자고 제안한 슬픔이를 기쁨이가 칭찬하며 한 말이죠.

**3.** 좋은 지적이야, 안나.
▶ _____, Anna.
힌트 good point

🎬 겨울왕국 2 : 안나가 올라프를 위로해 주자 올라프가 기분이 좋아져서 한 말이에요.

**4.** 이봐 그건 재미있는 거였다구.
▶ Come on **that was a good** one.

🎬 모아나 : 마우이가 재미없는 농담을 하고 스스로 우쭐해져서 한 말이에요.

**5.** 그게 좋은 걸 수도 있죠.
▶ Maybe _____
힌트 good thing

🎬 라따뚜이 : 레미가 쥐가 아닐 거라는 장고의 농담에 레미가 동조하며 한 말이에요.

✦ 정답은 소책자 38쪽에

**잠깐만요!**  1 move 체스에서 말을 움직임  3 good point 좋은 지적

## 221 Isn't it ~?
~하지 않니?

🎧 221.mp3

자신의 생각이나 느낌을 말하며 상대방도 같은 생각인지 물어보는 표현이에요. Isn't it ~?이라고 바로 물어볼 수도 있고 느낌을 말한 뒤에 ~, isn't it?을 끝에 붙일 수도 있어요. Isn't it beautiful?과 Beautiful, isn't it? 둘 다 가능하다는 거죠.

🎬 **인어공주** : 에리얼이 난파선을 발견하고 플라운더에게 빨리 오라고 재촉하며

**ARIEL** Flounder, hurry up!
에리얼   플라운더, 빨리 와!

**FLOUNDER** You know I can't swim that fast.
플라운더   내가 그렇게 빨리 헤엄칠 수 없다는 거 잘 알잖아.

**ARIEL** There it is. **Isn't it** fantastic?
에리얼   저기에 있다. 멋지**지 않아**?

\* hurry up 서둘러 | fantastic 멋진

---

**1.** 그래. 멋지**지 않아?!**
▶ Yeah. **Isn't it** great?!

🎬 **라이언 킹** : 코끼리 무덤에 도착한 심바가 감탄하며 한 말이에요.

**2.** 안됐죠, 그렇죠?
▶ Tragic, **isn't it?**

🎬 **알라딘** : 자스민이 미친 척하며 원숭이 아부에게 절을 하자 알라딘이 이를 안타까워하며 한 말이죠.

**3.** 이쁘**지 않아?**
▶ _____
힌트  neat

🎬 **인어공주** : 에리얼이 인간들의 물건을 보고 그들의 세계를 동경하며 한 말이에요.

**4.** 좋은 일이네요, 안 그래요?
▶ This is good, **isn't it?**

🎬 **인크레더블** : 밥이 직장 일로 출장을 가야 한다고 하자 헬렌이 흡족해하며 한 말이죠.

**5.** 아름답지, 그렇지?
▶ _____
힌트  Beautiful

🎬 **뮬란** : 무슈가 몸 이곳저곳을 긁고 있는 군인들을 바라보고 뮬란에게 농담처럼 한 말이죠.

✦ 정답은 소책자 38쪽에

**잠깐만요!**   2 tragic 비극적인   3 neat 멋진

## 222 There + 주어 + 동사

저기 ~가 있어

🎧 222.mp3

자신이 찾고 있는 것을 발견했을 때 '저기에 ~가 있네'라는 뜻으로 하는 말이에요. 이 패턴에 사용되는 동사는 is/are(있어), go(가잖아), come(오잖아) 정도로 제한되어 있어요.

🎬 **카 3** : 옛 친구들이 맥퀸을 보고 반가워하며

**FLO** Well, look who's here.
플로 어이, 누가 왔나 보라고.

**FILLMORE** There's the man.
필모어 왔네 이 친구.

**DUSTY** Hey! **There he is**! Good to see you Lightning!
더스티 이봐! **저 친구 저기 있네**! 만나서 반가워 라이트닝!

---

1. 아, 저기 있네! 안녕, 얘야!
▶ Aw, **there she is**! Hi, sweetheart!

🎬 주토피아 : 부모님이 주디와 화상 통화를 하면서 한 말이에요.

2. 보세요, 저기 있어요!
▶ Look, **there it is**!

🎬 업 : 러셀이 미로를 발견하고 기뻐서 한 말이에요.

3. 쟤 저기 간다!
▶ _____
힌트  he goes

🎬 라이언 킹 : 하이에나가 도망가는 심바를 발견하고 한 말이에요.

4. 거기 있구나! 널 잃어버린 줄 알았잖아, 바보야.
▶ **There you are**! I thought I'd lost you, silly.

🎬 토이 스토리 4 : 포키를 찾은 보니가 매우 기뻐하며 한 말이에요.

5. 봐, 그들이 저기에 있어!
▶ Look, _____
힌트  they are

🎬 코코 : 가족들이 미구엘과 헥터를 발견하고 한 말이에요.

✦ 정답은 소책자 38쪽에

 **Review** 213 ~ 222 패턴으로 대화하기 🎧 test 213-222.mp3

앞서 배운 10개 패턴을 활용하여 네이티브와 대화에 도전해 보세요. 빈칸을 채운 후, 오디오 파일을 2번씩 따라하세요.

## 1. [라이언 킹] 스카가 무파사의 깜짝 선물로 심바를 현혹하며

| | | |
|---|---|---|
| SCAR | Now you wait here. Your father has a marvelous surprise for you. | 넌 여기에서 기다려. 네 아빠가 널 위해 멋진 선물을 준비하셨단다. |
| SIMBA | What is it? | 그게 뭐예요? |
| SCAR | If I told you, it wouldn't be a surprise now, would it? | 내가 말해 주면 깜짝 선물이 아니지, 그렇지 않니? |
| SIMBA | If you tell me, I'll still act surprised. | 말씀해 주셔도 깜짝 놀란 것처럼 행동할게요. |
| SCAR | Ho, ho, ho. _____ | 호호호. 넌 정말 개구쟁이구나. |

\* marvelous 멋진 | act surprised 놀란 것처럼 행동하다 | naughty 개구쟁이의

## 2. [온워드] 발리가 이안에게 성장의 주문을 알려 주며

| | | |
|---|---|---|
| IAN | Is there a magic way to get gas? | 마법으로 휘발유를 얻을 수 있을까? |
| BARLEY | Oh! _____ | 오! 생각하는 게 마음에 드네요 어린 마법사님. |
| BARLEY | Growth Spell! We grow the can and then the gas inside will grow with it. | 성장의 주문!! 통을 크게 하면 안에 있는 휘발유도 커질 거야. |
| IAN | Uhh… that's kind of a weird idea… | 음… 약간 이상한 생각 같은데… |
| BARLEY | I know! I like it too! | 그래! 나도 그 생각이 좋은 것 같아! |

\* gas 휘발유 | mage 마법사 | growth 성장 | spell 주문 | weird 이상한

## 3. [인크레더블] 밥이 출장을 간다고 하자 헬렌이 좋아하며

| | | |
|---|---|---|
| BOB | The company's sending me to a conference out of town. I'll be gone for a few days. | 회사 일로 지방으로 컨퍼런스를 가야 해. 며칠 동안 가 있을 거야. |
| HELEN | A conference? They've never sent you to a conference before. | 컨퍼런스요? 전에는 한 번도 컨퍼런스에 가지 않았잖아요. |
| HELEN | _____ | 좋은 거네요, 그렇죠? |
| BOB | Yes. | 그래. |
| HELEN | You see? They're finally recognizing your talents. You're moving up…! It's wonderful. | 거봐요. 마침내 회사가 당신의 재능을 인정하는 거예요. 이제 올라가는 거죠…! 멋져요. |

\* out of town 지방으로 | conference 컨퍼런스(회의, 학회) | recognize 인정하다

**4.** [라푼젤] 라푼젤이 막시무스를 칭찬하자 플린이 못마땅해하며

| | | |
|---|---|---|
| RAPUNZEL | Oh, _____. Yes you are. | 오, 너 정말 착하구나. 그래, 참 착해. |
| RAPUNZEL | Oh, are you all tired from chasing this bad man all over the place? | 이 나쁜 사람을 쫓아 이곳저곳 다니느라 피곤하지? |
| FLYNN | Excuse me? | 뭐라구요? |
| RAPUNZEL | Nobody appreciates you, do they? Do they? | 아무도 네게 감사하지도 않고, 그렇지? 그러니? |
| FLYNN | Oh, come on! He's a bad horse. | 이봐요! 저놈은 나쁜 말이에요. |

\* chase 추적하다, 쫓다 | all over the place 여기저기, 모든 곳 | appreciate 감사하다

**5.** [인크레더블 2] 악당을 물리친 후 시간이 지나 토니와 바이올렛이 재회하며

| | | |
|---|---|---|
| TONY | Hey. | 안녕. |
| VIOLET | Hey. | 안녕. |
| TONY | You're... Violet, right? | 너… 바이올렛이지? |
| VIOLET | That's me. | 그래. |
| TONY | _____ | 너… 달라 보여. |
| VIOLET | I feel different. Is different okay...? | 달라진 느낌이야. 다르다는 거 괜찮은 거지…? |
| TONY | Different is great. Would you... uh... | 다른 건 좋은 거지. 너… |

**6.** [미녀와 야수] 개스톤이 벨을 찾아와 청혼하며

| | | |
|---|---|---|
| BELLE | Gaston, _____. | 개스톤, 이렇게 와 주셔서… 놀랍군요. |
| GASTON | Isn't it though? I'm just full of surprises. You know, Belle. There's not a girl in town who wouldn't love to be in your shoes. This is the day... | 그렇죠? 난 놀라움으로 가득한 남자예요. 저기 벨. 이 마을에는 당신처럼 되고 싶어 안달난 여자들이 많아요. 오늘은… |
| GASTON | This is the day your dreams come true. | 오늘은 당신의 꿈이 이루어지는 날이에요. |
| BELLE | What do you know about my dreams, Gaston? | 제 꿈에 대해서 당신이 뭘 아시죠, 개스톤? |
| GASTON | Plenty. Here, picture this. | 많이 알죠. 자, 상상해 봐요. |
| GASTON | A rustic hunting lodge, my latest kill roasting on the fire, and my little wife, massaging my feet, while the little ones play with the dogs. | 시골 오두막에서, 내가 막 사냥한 걸 불에 구우면서, 아내는 내 발을 마사지해 주고 아이들은 개들과 함께 뛰어놀고 있어요. |

\* pleasant 기쁜 | full of ~로 가득한 | be in one's shoes ~의 입장이 되다 | picture 상상하다 | rustic 시골의 | lodge 오두막 | kill 사냥한 동물 | roast 굽다

1. **[주토피아]** 경찰이 되어 힘든 하루를 보낸 주디가 부모님과 화상 통화를 하며

| | | |
|---|---|---|
| HOPPS | Oh hey, it's my parents. | 오, 엄마, 아빠네. |
| MRS. HOPPS | Aw, _____! Hi, sweetheart! | 아, **저기에 있네**! 안녕, 애야! |
| MR. HOPPS | Hey there, Jude the Dude! How was your first day on the force? | 안녕, 주디! 경찰에서의 첫날은 어땠니? |
| HOPPS | It was real great. | 진짜 좋았어요. |
| MRS. HOPPS | Yeah? Everything you ever hoped? | 정말로? 다 네가 바랬던 대로야? |
| HOPPS | Absolutely, and more! Everyone's so nice. And I feel like I'm really making a difference – | 물론이죠, 더 좋았어요! 다들 친절했어요. 그리고 내가 진정으로 세상을 변화시킨다는 느낌이 들어서 – |
| MR. HOPPS | Wait a second. Holy cripes, Bonnie! Look at that! | 잠깐만. 세상에나, 보니! 저거 좀 보라고! |
| MRS. HOPPS | Oh my sweet heaven-- Judy, are you a meter maid? | 어머나 – 주디, 너 주차 단속 아가씨니? |
| HOPPS | What? Oh This? No. It's just a temporary--- | 네? 아 이거요? 아니요. 그냥 임시로 – |
| MRS. HOPPS | It's the safest job on the force! | 경찰에서 제일 안전한 일이잖아! |

\* sweetheart 얘야 | force 경찰 | make a difference 세상을 변화시키다 | meter maid 주차 단속하는 여경 | temporary 임시적인

**정답** 1. You are such a naughty boy. 2. I like your thinking young mage. 3. This is good, isn't it? 4. you're such a good boy 5. You look... different. 6. what a pleasant... surprise 7. there she is

# Part 23

## 평소에 습관처럼
### 디즈니 캐릭터가 사용하는 패턴

이 책의 대미는 습관처럼 자주 쓰는 패턴으로 마무리하려고 해요. 디즈니 캐릭터들이 어떤 상황에서든 '양념'처럼 사용하는 패턴들을 실어 두었으니 머리로만 익히지 말고 꼭 입으로 크게 따라해 주세요. 자, 디즈니 캐릭터들과 함께 하는 마지막 여정입니다!

- 패턴 223  Don't ~ like that
- 패턴 224  I always ~
- 패턴 225  It's too ~
- 패턴 226  kinda ~
- 패턴 227  ~ either
- 패턴 228  more than ~
- 패턴 229  not that + 형용사
- 패턴 230  ~ or something
- 패턴 231  So do + 주어
- 패턴 232  You know ~
- 패턴 233  Why do you ~?

## 223

그렇게 ~하지 마

# Don't ~ like that

~ like that은 '그렇게' 혹은 '그런 식으로'라는 의미인데 원어민들이 상대방의 행동이나 말투를 가리키며 습관적으로 잘 쓰는 표현이에요. Don't ~ like that.은 '그렇게 ~하지 마.'라고 명령하는 말이에요.

---

🎬 **미녀와 야수** : 벨이 죽어가는 야수를 끌어안고 슬퍼하며

**BEAST**  Maybe it's better this way.
야수  이게 더 나을지도 몰라요.

**BELLE**  Don't talk like that. You'll be all right. We're together now. Everything's going to be fine. You'll see.
벨  그렇게 말하지 말아요. 당신은 괜찮을 거예요. 지금 우리가 함께 있잖아요. 모든 게 다 괜찮을 거예요. 두고 보세요.

---

**1.** 그렇게 겁주지 말아요.
▶ Don't you scare me like that!

🎬 **알라딘** : 물에 빠진 알라딘이 정신을 차리자 지니가 안도하며 한 말이에요.

**2.** 날 그렇게 보지 마!
▶ Don't look at me like that!

🎬 **라따뚜이** : 살려 달라며 간절한 눈빛을 보내는 레미에게 링귀니가 한 말이죠.

**3.** 걔한테 그렇게 말하지 마.
▶ _____
힌트 talk to him

🎬 **겨울왕국** : 올라프가 스벤에게 이상한 말투로 대화하자 크리스토프가 못마땅해서 한 말이죠.

**4.** 그렇게 크게 말하지 말라고.
▶ YOU can't raise your voice like that.

🎬 **모아나** : 마우이가 큰 소리로 떠드는 모아나를 조용히시키며 한 말이에요.

**5.** 날 그렇게 보지 마!
▶ _____
힌트 look at me

🎬 **모아나** : 모아나를 동굴에 가두고 도망가는 마우이가 자신의 문신에게 한 말이에요.

✦ 정답은 소책자 39쪽에

**잠깐만요!**  1 scare 겁주다  4 raise 크게 하다, 올리다

## 224 난 항상 ~해
## I always ~

🎧 224.mp3

I always ~.는 자신이 항상 어떤 행동을 하는지 말할 때 쓰는 표현이에요. always는 원어민들이 자주 쓰는 언어 습관 중의 하나예요.

🎬 **도리를 찾아서** : 도리가 말린에게 걱정이 있는지 물어보자 말린이 괜찮다고 하며

**MARLIN** Oh, hey. Hello, Dory.
말린 안녕, 도리.
**DORY** You all right? You look worried.
도리 괜찮아? 걱정스러워 보여.
**MARLIN** No, no, no... I'm fine. It's how **I always** look.
말린 아니, 아니야… 난 괜찮아. **난 항상** 표정**이 이래**.

---

**1.** 난 **항상** 그 일부가 내 안에 있기를 바랐**지**.
▶ **I always** wished I had a little bit of that in me.

🎬 **온워드** : 아빠의 대학 동기 객스톤이 그를 추억하며 이안에게 한 말이에요.

**2.** 난 **항상** 초콜릿을, 아빠는 버터 브릭클을 먹었**어요**.
▶ **I always** get chocolate and he gets butter brickle.

🎬 **업** : 러셀이 아빠와의 소중한 추억을 꺼내며 칼에게 한 말이죠.

**3.** 내가 걔를 다시 볼 수 있기를 **항상** 바랐**지**.
▶ _____
　　　　　　　　　　　　힌트 hoped I'd see her again

🎬 **코코** : 헥터가 딸 코코를 만나고 싶었다고 간절하게 한 말이에요.

**4.** 난 **항상** 수십억 마일 멀리서 타고 있는 가스 덩어리라고 생각**했는데**.
▶ **I always** thought that they were balls of gas burning billions of miles away.

🎬 **라이언 킹** : 품바가 별의 실체에 대한 자신의 생각을 설명하며 한 말이죠.

**5.** 당신이 강하다는 걸 **항상** 알고 있었**지**.
▶ _____
　　　　　　　　　　　　힌트 knew you were tough

🎬 **인크레더블** : 신드롬이 인크레더블에게 대적하며 거만하게 한 말이에요.

✦ 정답은 소책자 39쪽에

2 butter brickle 버터 브릭클(달콤한 맛)　4 ball 덩어리, billions of 수십억의　5 tough 강한

## 225 It's too ~
너무 ~해

🎧 225.mp3

어떤 일에 대한 자신의 느낌을 강조해서 말하고 싶을 때 쓰는 표현이에요. too는 '너무 ~한'이란 뜻인데 형용사의 느낌을 더 살리기 위해 습관처럼 붙이는 경우가 많죠.

🎬 **겨울왕국** : 한스가 엘사를 찾으러 가려는 안나를 막으며

**ANNA** Bring me my horse, please.
안나 제 말을 가져다주세요.

**HANS** Anna, no. **It's too** dangerous.
한스 안나, 안 돼요. **너무** 위험**해요**.

**ANNA** Elsa's not dangerous. I'll bring her back, and I'll make this right.
안나 엘사는 위험하지 않아요. 그녀를 데려와서 이 상황을 제대로 만들어 놓겠어요.

\* bring ~ back ~를 데려오다 | make ~ right ~를 바로잡다

1. 기다려, **너무 빨라**!
▶ Wait, it's too soon!

2. 그리고 이제는 **너무 늦었어**.
▶ And now it's too late.

3. **너무 힘들어**.
▶ _____
힌트 hard

🎬 **인크레더블 2** : 대쉬가 아빠를 물 위로 끌어올리려고 하자 바이올렛이 이를 막으며 한 말이죠.

🎬 **미녀와 야수** : 벨이 성을 떠나자 콕스워스가 매우 실망하며 한 말이에요.

🎬 **도리를 찾아서** : 도리가 파이프 안에서 길을 잃고 당황하며 한 말이에요.

4. 당신이 요구하는 건 – **너무 위험해요**.
▶ What you're asking – it's too risky.

🎬 **카 3** : 맥퀸이 경기에 뛰겠다고 하자 스털링이 이를 반대하며 한 말이에요.

5. 그게 **너무 쉽다고**.
▶ _____
힌트 easy

🎬 **인어공주** : 에리얼이 에릭과 사랑에 빠진 것을 알아차리고 우슬라가 사악한 계획을 꾸미며 한 말이죠.

✦ 정답은 소책자 39쪽에

**잠깐만요!** 4 risky 위험한

# 226 좀 ~해
# kinda ~

🎧 226.mp3

kinda는 kind of의 줄임말이에요. 자신의 느낌이나 생각을 명확하게 표현하지 않고 '좀 그런 것 같아.', '내가 지금 좀 ~해.'라는 뜻으로 쓰는 표현이죠. 원어민들이 자주 쓰는 '두리뭉실(?)' 표현이라고 생각해 주세요.

🎬 **인사이드 아웃** : 라일리가 새로운 학교에 가기 전에 흥분하며

**MOM** So, the big day! New school, new friends, huh.
**엄마** 자, 중요한 날이야! 새로운 학교에, 새로운 친구들까지.

**RILEY** I know! I'm kinda nervous, but I'm mostly excited! How do I look? Do you like my shirt?
**라일리** 그러게요! 좀 긴장돼요, 하지만 많이 흥분되는걸요! 저 어때요? 셔츠 괜찮아요?

＊ nervous 긴장된

1. 음, 이제 꼬리표가 마음에 드**는 것 같아요**.
▶ Well, I kinda like my tag.

🎬 **도리를 찾아서** : 행크가 도리에게 꼬리표를 달라고 하자 도리가 마음을 바꾸면서 한 말이에요.

2. 하지만 난 경기 준비 **같은 걸** 하고 있다고.
▶ But I'm kinda preparing for a race.

🎬 **카 3** : 맥퀸이 경기 전에 혼자만의 시간이 필요하다며 한 말이에요.

3. 그 일에 대해서 기분이 **좀** 안 좋아요.
▶ I feel _____
힌트 bad about it

🎬 **인크레더블 2** : 토니가 바이올렛의 일을 후회하며 한 말이에요.

4. 나는 말이야, 나는 콘칩 냄새를 좋아**하는 편이야**.
▶ As for myself, I kinda like that corn-chip smell.

🎬 **뮬란** : 뮬란이 냄새가 지독한 남자들에 대해 말하자 무슈가 한 말이죠.

5. 당신이 좀 튀**는 편**이잖아요.
▶ Well, you do _____
힌트 stand out

🎬 **알라딘** : 알라딘이 자스민은 시장과는 맞지 않는 사람이라는 의미로 한 말이에요.

✧ 정답은 소책자 39쪽에

2 prepare for ~를 준비하다   4 as for myself 나는 말이야, 내 입장에서는   5 stand out 눈에 띄다, 튀다

## 227 ~도 아니에요
# ~ either

긍정문에서 '~도 그렇다'라고 할 때 문장 맨 뒤에 too를 붙이잖아요? 부정문에서 '~도 아니다'라고 할 때는 문장 맨 뒤에 either를 붙인답니다.

> 🎬 **인크레더블 2** : TV에서 인크레더빌을 보고 흥분한 대쉬가 리모콘으로 조정하겠다고 떼쓰며
>
> **BOB** HEY! This is not your car!
> 밥  이봐! 이건 네 차가 아니야!
>
> **DASH** It's not your car **either**!
> 대쉬  아빠 차**도 아니잖아요**!
>
> **BOB** It is SO! It's the Incredibile!
> 밥  그렇다고! 인크레디블이잖아!

**1.** 그들도 저를 좋아하지 않아요.
▶ They don't like me, either.

🎬 **라푼젤** : 플린이 자신을 쫓는 경비병들을 발견하고 한 말이에요.

**2.** 쟤는 날아다니는 것도 안 좋아해요.
▶ He doesn't really like flying, either.

🎬 **알라딘** : 알라딘이 자스민에게 원숭이 아부는 비행을 좋아하지 않는다며 한 말이죠.

**3.** 나도 널 잃을 수 없어, 안나.
▶ _____, Anna.
  힌트 I can't lose you

🎬 **겨울왕국 2** : 안나가 엘사를 막아서자 엘사가 혼자서 아토할란에 가겠다며 한 말이죠.

**4.** 이봐요, 난 말을 잘 못해요. 음식도 잘 못하죠.
▶ Look, I'm no good with words. I'm no good with food either.

🎬 **라따뚜이** : 링귀니가 꼴레뜨에게 자신의 마음을 솔직히 고백하며 한 말이에요.

**5.** 그리고 "인크레디보이"도 아니라고.
▶ And _____
  힌트 it's not "IncrediBoy"

🎬 **인크레더블** : 버디가 인크레더블에게 자신의 정체를 밝히며 한 말이에요.

✦ 정답은 소책자 39쪽에

**잠깐만요!** 3 lose 잃어버리다  4 be no good with ~를 잘하지 못하다

# 228 ~보다 더
## more than ~

🎧 228.mp3

more than ~은 '~보다 더', '~ 이상으로'라는 뜻이에요. 비교해서 말할 때 잘 쓰는 패턴이니까 잘 익혀 두세요.

> 🎬 **몬스터 대학교** : 마이크가 자신의 속마음을 처음으로 설리에게 말하며
>
> **MIKE** You were right, they weren't scared of me.
> 마이크  네가 맞아, 그들은 날 무서워하지 않아.
>
> **MIKE** I did everything right. I wanted it **more than** anyone. And I thought, I thought if I wanted it enough, I could show everybody that…
> 마이크  난 모든 일을 제대로 했어. 누구**보다도** 그걸 원했다고. 그리고 내가 그걸 충분히 원한다면 모든 사람들에게 보여줄 수 있을 거라 생각했어…

\* be scared of ~를 무서워하다

**1.** 언니를 믿어, 그 누구, 어떤 것**보다**.
▶ I believe in you, Elsa, **more than** anyone or anything.

🎬 **겨울왕국 2** : 안나가 엘사에게 믿음을 심어 주며 한 말이에요.

**2.** 우디, 넌 그것**보다 더** 가치가 있다고.
▶ Oh, Woody, you're worth **more than** that.

🎬 **토이 스토리 2** : 우디가 스스로를 25센트에 파는 걸로 착각하고 장난감들이 한 말이쥬

**3.** 말린과 니모는 친구 **그 이상**이에요.
▶ Marlin and Nemo are _____
힌트  good friends

🎬 **도리를 찾아서** : 도리가 니모와 말린을 찾으러 가겠다고 부모님에게 한 말이에요.

**4.** 이런 시골 생활**보다 더** 좋은 곳이 있을 거야!
▶ There must be **more than** this provincial life!

🎬 **미녀와 야수** : 벨이 마을을 벗어나 더 멋진 곳을 꿈꾸며 한 말이에요.

**5.** 쟤는 네가 아는 것**보다 더** 큰 아픔을 겪었어.
▶ She's been through _____
힌트  you know

🎬 **토이 스토리 2** : 피트가 우디에게 제시의 암울한 과거를 설명해 주며 말이죠.

✦ 정답은 소책자 39쪽에

**잠깐만요!** 2 worth 가치가 있는  4 provincial 시골의, 지방의  5 be through 겪다, 고생하다

## 229

### 그렇게 ~하지 않은
# not that + 형용사

🎧 229.mp3

'not that + 형용사'는 '그렇게 ~하지 않은'이란 뜻이에요. 이 패턴에 사용된 that은 '그것'이란 뜻이 아니라 '그렇게', '그리'라는 뜻으로 뒤에 나오는 형용사를 강조하는 역할을 해요.

> 🎬 **알라딘** : 알라딘이 자스민에게 자신이 왕자라고 거짓말을 하며
>
> **ALADDIN** Well, you know, uh, um, royalty going out into the city in disguise, and, it sounds a little strange, don't you think?
> **알라딘** 음, 저기, 변장을 하고 시내로 나오는 왕족들, 좀 이상하게 들리죠, 그렇지 않나요?
>
> **JASMINE** Hm. **Not that** strange.
> **자스민** 흠. **그리 이상하진 않아요.**

\* royalty 왕족 | in disguise 변장을 하고 | strange 이상한

---

**1.** 오, 그렇게 쉬운 게 아니에요, 뤼미에르.
▶ Oh, it's not that easy, Lumiere.

🎬 **미녀와 야수** : 벨이 마법을 풀어 줄 거라 믿는 뤼미에르에게 포츠 부인이 한 말이에요.

**2.** 하하 난 그리 늙지 않았어요, 하지만…
▶ Ha ha I'm not that much older, but...

🎬 **카 3** : 크루즈가 맥퀸을 젊은 레이서들과 비교하자 맥퀸이 조금 당황하며 한 말이죠.

**3.** 그렇게 간단한 게 아니에요, 밥.
▶ It's _____, Bob.
　　　　　　　　　　　　힌트　simple

🎬 **인크레더블 2** : 헬렌이 슈퍼히어로 일에 대해 밥과 말다툼하며 한 말이에요.

**4.** 광대물고기치고 쟤는 그렇게 웃기진 않아.
▶ For a clownfish, he's not that funny.

🎬 **니모를 찾아서** : 상어 브루스가 다른 상어들에게 말린을 소개하며 한 말이죠.

**5.** 그렇게 높지 않아!
▶ _____
　　　　　　　　　　힌트　high

🎬 **인사이드 아웃** : 기쁨이가 슬픔이를 안심시키려고 광선줄 위로 올라서며 한 말이죠.

✦ 정답은 소책자 40쪽에

**잠깐만요!** 4 clownfish 흰동가리, funny 웃기는, 재미있는

## 230. ~ or something
~ 같은 거

🎧 230.mp3

~ or something은 명확하게 어떤 것을 지칭하는 게 아니라 불확실하게 무언가를 말할 때 쓰는 표현이에요. '~ 같은 그런 거'라고 해석할 수 있는데 문장 맨 뒤에 꼬리처럼 붙여 주세요.

🎬 **모아나** : 모아나가 마우이에게 변신할 수 없냐고 물어보며

**MOANA** Can't you shape-shift **or something**?!
**모아나** 변신 **같은 걸** 할 수는 없나요?!

**MAUI** You see my hook? No magic hook, no magic powers!
**마우이** 내 갈고리 봤어? 마법의 갈고리가 없으면, 마법의 힘도 없다고!

\* shape-shift 형태를 변화시키다 | hook 갈고리

---

**1.** 달라 보여요; 머리를 자르**거나** 한 거예요?

▶ **You look different; did you cut your hair or something?**

🎬 **겨울왕국 2** : 엘사의 외모가 달라졌다고 생각하고 크리스토프가 물어본 말이에요.

**2.** "안녕" **같은 말**이라도 했어야 했나?

▶ **Maybe I should've said "hi" or something?**

🎬 **인크레더블 2** : 토니가 슈퍼히어로 복장을 한 바이올렛과의 만남을 후회하며 한 말이에요.

**3.** 우리가 휴가 **같은 걸** 왔다고 생각하는 거니?

▶ _____

힌트 You think we're on vacation

🎬 **인크레더블** : 섬을 정찰하려는 대쉬를 바이올렛이 말리면서 한 말이에요.

**4.** 걔가 방언 **같은 걸** 하는 줄 알았어요.

▶ **I thought she was talking in tongues or something.**

🎬 **주토피아** : 주디의 부모가 주디의 말을 못 알아들었다고 하자 기디온도 역시 그랬다는 의미로 한 말이에요.

**5.** 방사능 **같은 게** 있을 수 있어.

▶ _____

힌트 It could be radioactive

🎬 **업** : 러셀이 개 목걸이를 건드리자 칼이 조심하라는 의미로 한 말이에요.

❖ 정답은 소책자 40쪽에

**잠깐만요!** 3 be on vacation 휴가를 오다  4 talk in tongue 방언을 하다  5 radioactive 방사능이 있는

# 231

## ~도 그래
## So do + 주어

앞서 언급된 말과 비슷한 입장이라고 할 때 쓰는 표현이에요. So 다음에 쓰는 동사는 앞의 동사가 일반 동사라면 do를, 조동사나 be 동사라면 똑같이 조동사나 be 동사를 써야 해요. 아래 디즈니 캐릭터들의 대사를 보며 다양하게 연습해 보세요.

> 🎬 인크레더블 2 : 헬렌이 슈퍼히어로에 관해서 밥과 말다툼을 하며
>
> **HELEN** It's not that simple, Bob. I wanna protect the kids –
> 헬렌  그렇게 간단하지 않아요, 밥. 난 애들을 보호하고 싶어요 –
>
> **BOB** So do I.
> 밥  나도 그래.
>
> **HELEN** –from jail, Bob!
> 헬렌  감옥에 가지 않도록 하고 싶다구요, 밥!

\* protect 보호하다 | jail 감옥

1. 아, 너 버림받았구나! 잘됐어! **우리도 그래!**
▶ Ah, you're an outcast! That's great! **So are we!**

🎬 라이언 킹 : 티몬이 왕국에서 탈출한 어린 심바를 만나서 한 말이에요.

2. 난 여기가 좋아 그리고 **너도 그렇잖아.**
▶ I like it in here and **so do you**.

🎬 라푼젤 : 라푼젤이 카멜레온 파스칼에게 탑에 있어야 하는 이유를 설명한 말이죠.

3. 그녀의 가족이 커가면서 **사업도 그렇게 됐어요.**
▶ As her family grew, _____
힌트  the business

🎬 코코 : 미구엘이 신발 가업을 이어가는 자신의 가족들을 소개하며 한 말이에요.

4. 왕들이 항상 저기서 너를 인도해 준다는 걸 기억해. 그리고 **나도 그럴 거란다.**
▶ Just remember that those kings will always be there to guide you. And **so will I**.

🎬 라이언 킹 : 무파사가 심바에게 별에 관해 가르쳐 주며 당부한 말이에요.

5. 그는 힘에 매료되어 있어요. **저도 그렇죠.**
▶ He's attracted to power. _____

🎬 인크레더블 : 미라지가 밥에게 의뢰인에 대해 설명한 말이에요.

✦ 정답은 소책자 40쪽에

1 outcast 버림받은 자   3 business 사업   4 guide 안내하다   5 attracted 매료된

## 232 저기 말야 ~
# You know ~

🎧 232.mp3

'네가 알고 있다'라는 뜻이 아니에요. You know ~는 본격적으로 말을 꺼내기 전에 살짝 뜸을 들이는 표현이거든요. '저기 말야…', '사실', '이봐' 등으로 다양하게 해석할 수 있어요.

> 🎬 **주토피아** : 경찰 학교 졸업식에서 벨웨더가 주디를 자랑스러워하며
>
> **BELLWETHER**  Congratulations Officer Hopps.
> 벨웨더  축하해요 홉스 경관.
>
> **HOPPS**  I won't let you down. This has been my dream since I was a kid.
> 홉스(주디)  실망시키지 않겠습니다. 이건 어렸을 때부터 저의 꿈이었어요.
>
> **BELLWETHER**  **You know** it's a--it's a real proud day for us little guys.
> 벨웨더  **사실** 오늘은 우리같이 작은 동물들에게 정말 자랑스러운 날이에요.

＊ Congratulations 축하합니다 | let ~ down ~를 실망시키다 | proud 자랑스러운

---

**1.** 저기, 네가 좋은 경찰이 될 수 있을 거라 생각해.
▸ **You know** I think you'd actually make a pretty good cop.

🎬 **주토피아** : 닉이 수사하는 모습을 보고 주디가 감탄하며 한 말이에요.

**2.** 저기… 신이 주는 선물을 거절하는 건 무례한 일이에요.
▸ **You know**... it'd be rude to refuse a gift from a goddess...

🎬 **모아나** : 테피티가 마우이에게 갈고리를 선물하자 모아나가 그에게 한 말이죠.

**3.** 이봐, 여기에는 많은 물고기들이 있어.
▸ _____
힌트  there's a lot of fish here

🎬 **도리를 찾아서** : 부모를 찾는다는 어린 도리의 말을 듣고 남편 물고기가 한 말이죠.

**4.** 저기, 산으로 사라진 대부분의 사람들은 혼자 있고 싶어해요.
▸ **You know**, most people who disappear into the mountains want to be alone.

🎬 **겨울왕국** : 크리스토프가 안나에게 지금 엘사는 아무도 만나고 싶지 않을 거라고 한 말이에요.

**5.** 저기 말이에요… 당신을 기억할 것 같아요.
▸ _____
힌트  I think I'm going to remember you

🎬 **도리를 찾아서** : 도리가 행크와의 이별을 아쉬워하며 한 말이에요.

❖ 정답은 소책자 40쪽에

1 make ~가 되다, pretty 꽤  2 rude 무례한, refuse 거절하다, goddess 여신  4 disappear 사라지다

341

## 233 왜 ~하는 거야?
# Why do you ~?

🎧 233.mp3

상대방에게 이유를 물어볼 때 가장 쉽게 쓸 수 있는 패턴이에요. '왜 ~했던 거니?'라고 과거의 이유를 물어볼 때는 'Why did you ~?'라는 패턴을 써 주세요.

> 🎬 **도리를 찾아서** : 도리가 행크에게 꼬리표를 원하는 이유를 물으며
>
> **HANK** Um... You were about to give me your tag!
> 행크  음... 나한테 네 꼬리표를 주려고 했잖아!
>
> **DORY** Well, I kinda like my tag. **W-why do you** want it**?**
> 도리  글쎄요, 꼬리표가 좀 마음에 드네요. **왜 그걸 원하는 거예요?**
>
> **HANK** SO I CAN GO TO-- So I can go to Cleveland.
> 행크  내가 – 그래야 내가 클리블랜드로 갈 수 있어서.

\* tag 꼬리표

**1.** 왜 그렇게 슬프게 말하는 거야?
▸ **Why do you** say that so sadly**?**

🎬 **겨울왕국 2** : 안나가 숲의 마법을 푸는 방법을 알아냈다고 하자 올라프가 그녀에게 물어본 말이죠.

**2.** 왜 망설이는 거니?
▸ **Why do you** hesitate**?**

🎬 **모아나** : 탈라 할머니의 영혼이 모아나에게 용기를 주며 한 말이에요.

**3.** 왜 가고 싶어요?
▸ _____
힌트  want to go

🎬 **도리를 찾아서** : 도리가 행크에게 클리블랜드에 가고 싶은 이유를 물어본 말이죠.

**4.** 왜 나를 멀리하는 거야?
▸ **Why do you** shut me out**?**

🎬 **겨울왕국** : 안나가 자신을 멀리하려고 하는 엘사에게 화를 내며 한 말이에요.

**5.** 당신이 왜 알아야 하는 거예요?
▸ _____
힌트  need to know

🎬 **인크레더블** : 프로존이 히어로 슈트가 어디에 있는지 물어보자 아내가 되물으며 한 말이에요.

✦ 정답은 소책자 40쪽에

2 hesitate 망설이다   4 shut ~ out ~를 멀리하다

# Review 223 ~ 233 패턴으로 대화하기

🎧 test 223-233.mp3

앞서 배운 11개 패턴을 활용하여 네이티브와 대화에 도전해 보세요. 빈칸을 채운 후, 오디오 파일을 2번씩 따라하세요.

## 1. [미녀와 야수] 야수의 하인들이 벨이 떠난 것을 아쉬워하며

| MRS. POTTS | After all this time, he's finally learned to love. | 결국에는 주인님이 사랑하는 법을 배우셨네요. |
| LUMIERE | That's it, then. That should break the spell. | 그래요. 마법이 풀려야 하는데. |
| MRS. POTTS | But it's not enough. She has to love him in return. | 하지만 충분하지 않아요. 그녀가 다시 그를 사랑해야 해요. |
| COGSWORTH | And now _____. | 이제는 **너무 늦었어요**. |

\* break the spell 마법을 풀다 | in return 보답으로

## 2. [도리를 찾아서] 행크가 도리에게 꼬리표를 요구하며

| HANK | You don't remember what we were talking about? | 우리가 무슨 말을 했는지 기억 안 나? |
| DORY | Um hm. Not a clue. What were we talking about? | 아뇨, 전혀요. 무슨 말을 했는데요? |
| HANK | Um... You were about to give me your tag! | 어… 나에게 꼬리표를 주기로 했잖아. |
| DORY | Well, _____. W-why do you want it? | 음, **이제 꼬리표가 마음에 드는 것 같아요**. 왜 그걸 원하는 거예요? |

\* Not a clue. 진혀 모르겠어요. | tag 꼬리표

## 3. [온워드] 객스톤이 이안에게 아빠에 관한 추억을 말해 주며

| GAXTON | You know, your dad was a great guy! So confident. When he came into a room, people noticed. The man wore the ugliest purple socks, every single day. | 너희 아빠는 정말 멋진 사람이었어! 정말 자신감이 넘쳤지. 방에 들어오면 사람들이 다 알아봤단다. 끔찍한 보라색 양말을 신고 다녔어, 매일같이 말이지. |
| IAN | What? Why? | 네? 왜요? |
| GAXTON | Hey, that's exactly what we asked. But he was just bold. _____. | 우리도 그게 궁금했어. 근데 그 사람은 그냥 대담했어. **난 항상 그 일부가 내 안에 있기를 바랐지**. |
| IAN | Yeah. Wow. I've never heard any of this about him before. What else do you remember--? | 그렇군요. 와. 우리 아빠에 대해서 이런 이야기를 들어 본 적이 없어요. 그 밖에 또 기억나는 거 있으세요 – ? |

\* confident 자신감이 있는 | notice 알아보다 | wore wear(신다)의 과거형 | exactly 정확하게 | bold 용감한

**4.** [인크레더블 2] 대쉬가 바이올렛에게 물속에서 배의 방향을 돌리려는 밥을 끌어올리라고 하며

| DASH | Dad's been underwater for TOO long! | 아빠가 물속에 너무 오래 있어! |
| DASH | WE GOTTA PULL HIM UP! | 끌어올려야 해! |
| VIOLET | Wait, _____ ! | 기다려. **너무 일찍이야!** |
| DASH | I'M GONNA PRESS THE BUTTON! | 단추를 누르겠어! |
| VIOLET | NOT YET!! | 아직 아니라고!! |

*\* underwater 물속의*

**5.** [겨울왕국 2] 안나가 올라프에게 댐을 폭파시켜야 한다고 하며

| ANNA | I know how to free the forest. I know what we have to do to set things right. | 숲을 자유롭게 하는 방법을 알아. 일을 바로잡기 위해서 어떻게 해야 하는지 안다고. |
| OLAF | _____ | 왜 그렇게 슬프게 말하는 거야? |
| ANNA | We have to break the dam. | 우리는 댐을 파괴시켜야 해. |
| OLAF | But Arendelle will be flooded. | 하지만 아렌델에 홍수가 날 거야. |
| ANNA | That's why everyone was forced out. To protect them from what has to be done. | 그렇게 되면 모든 사람들을 내보낼 수 있어. 예전에 했어야 하는 일로부터 그들을 보호하려는 거야. |

*\* set ~ right ~을 바로잡다 | flood 범람하다 | force out 강제로 내보내다 | protect 보호하다*

**6.** [미녀와 야수] 하인들이 야수에게 사랑에 대한 조언을 하며

| LUMIERE | Good. You fall in love with her, she falls in love with you, and--Poof!--the spell is broken! We'll be human again by midnight! | 좋아요. 주인님이 그녀와 사랑에 빠지고, 그녀가 주인님과 사랑에 빠지는 거예요. 그리고 – 짠! – 마법이 풀리고 우리는 자정에 다시 사람이 될 거예요! |
| MRS. POTTS | Oh, _____ , Lumiere. These things take time. | 오, **그렇게 쉬운 게 아니에요.** 뤼미에르. 이런 건 시간이 필요해요. |
| LUMIERE | But the rose has already begun to wilt. | 하지만 장미가 이미 시들기 시작했어요. |
| BEAST | It's no use. She's so beautiful, and I'm so... well, look at me! | 다 소용없어. 그녀는 너무 아름답고 난 너무… 날 봐! |
| MRS. POTTS | Oh, you must help her to see past all that. | 그녀가 그 너머에 있는 걸 볼 수 있도록 해야겠네요. |

*\* spell 마법 | midnight 자정 | wilt 시들다 | It's no use. 소용없다.*

**1.** [인사이드 아웃] 라일리가 등교 첫날 들뜬 마음으로 엄마와 대화를 나누며

**MOM** So, the big day! New school, new friends, huh.  
자, 중요한 날이야! 새로운 학교에, 새로운 친구들까지.

**RILEY** I know! _____, but I'm mostly excited! How do I look? Do you like my shirt?  
그러게요! **좀 긴장돼요**. 하지만 많이 흥분되는걸요! 저 어때요? 셔츠 괜찮아요?

**MOM** Very cute! You gonna be okay? You want us to walk with you?  
아주 귀여워! 괜찮겠니? 우리가 같이 가 줄까?

**DISGUST** Mom and Dad? With us in public? No thank you.  
엄마와 아빠가? 우리와 사람이 많은 곳에서? 됐다 그래.

**JOY** I'm on it.  
알겠어.

**RILEY** Nope! I'm fine. Bye Mom! Bye Dad!  
아니에요! 괜찮아요. 안녕 엄마! 안녕 아빠!

＊in public 사람들이 많은 곳에서 | I'm on it. 알았어.(상대방의 요청에 답하는 말)

정답 **1.** it's too late  **2.** I kinda like my tag  **3.** I always wished I had a little bit of that in me.  **4.** it's too soon  **5.** Why do you say that so sadly?  **6.** it's not that easy  **7.** I'm kinda nervous

영사체험 만두 해결사, 페트 종일!
다시 애니메이션 2333번 패턴으로 종영한다

> 신경 써 나빠 다시 패턴 시작!
> 다시 애니메이션 29화에서 최상위 기분 패턴으로
> 동작에서 마침 동화가 없이 흐름을 가져온다
>
> 신청비가 나빠진다!
> 이야, 이를 보고 다시 애니메이션에서 보충 동물 패턴 상에 자신감 얻어 감정한다!
>
> 나빠하시가 패턴으로 시작!
> 수입 개 다이, 부정적인 공를 원을 없이
> 2333개 패턴 사용된 없이 끝물이 타진다!

박용호(샤이니 박) 지음

디즈니 애니메이션 영화로
배우는 쉽고 재미있는 영어 공부법

### 001 Call me ~
~라고 부르세요

1. Winston Deavor, you can **call me** Win.
   윈스턴 데버예요, 윈이라고 불러도 돼요.
2. Please don't **call me** Karen.
   제발 날 캐런이라고 부르지 마.
3. **Call me** Al.
   '알'이라고 부르세요.
4. Jimmy Sullivan, friends **call me** Sulley.
   지미 설리번, 친구들은 설리라고 불러.
5. My friends **call me** "Squishy."
   친구들은 날 스퀴시라고 불러.

### 002 I'm from ~
난 ~에서 왔어요

1. **I'm from** the savannah!
   난 사바나 출신이야!
2. **I'm from** the Open Ocean exhibit?!
   내가 해양 전시관 출신이라고?!
3. **I'm from** the ocean.
   난 바다에서 왔어요.
4. I need to tell you about my past. And where **I'm from**.
   당신에게 내 과거에 대해 말해야겠어요. 그리고 내가 어디서 왔는지도.
5. **I'm from** Minnesota.
   난 미네소타에서 왔어.

### 003 I'm so ~
나 너무 ~해

1. Well, **I'm so** honored.
   어머, 너무 영광이야.
2. **I'm so** glad you found her.
   그녀를 찾아 주셔서 정말 기쁘네요.
3. **I'm so** hungry.
   나 너무 배고파.
4. **I'm so** jumpy.
   나 너무 무서워.
5. **I'm so** nervous.
   나 너무 긴장돼.

### 004 I'm such a ~
난 정말 ~이야

1. You want to know why **I'm such a** fast learner?
   왜 내가 정말 빨리 배우는지 알고 싶어요?
2. You want to know why **I'm such a** great cook?
   왜 내가 정말 훌륭한 요리사인지 알고 싶어요?
3. **I'm such a** hypocrite...
   난 정말 위선자예요…
4. **You're such a** good listener.
   넌 말을 참 잘 들어줘.
5. **I'm such a** huge fan of your work.
   난 너를 정말 좋아하는 팬이야.

### 005 I'm the one who ~
~한 사람은 바로 저예요

1. **I am the one who** is willing to do what it takes to seize my moment.
   난 기회를 잡기 위해서라면 기꺼이 무슨 일이든 하는 사람이야.
2. **I'm the one that** should be strapped to that rocket.
   로켓에 묶여야 하는 건 바로 나라구.
3. **I'm the one who** found your hook–
   당신의 갈고리를 찾은 건 나라구요.
4. When you're gone **I'm the one who** sees you home.
   네가 없을 때 집에서 너를 맞이해 주는 사람은 바로 나야.
5. **I'm not the one who**'s lost.
   버림받은 건 내가 아니라고.

### 006 I like ~
난 ~가 좋아요

1. **I like** warm hugs.
   난 따뜻하게 껴안는 게 좋아.
2. **I like** the open gates.
   난 열린 성문이 좋아.
3. **I like** shells.
   난 조개가 좋아.
4. **I liked** his other voice.
   그의 다른 목소리가 좋았는데.
5. **I like** sand.
   난 모래가 좋아.

2

### 007 I like to ~
난 ~하는 게 좋아요

1. **I like to** consider myself a love expert.
   난 스스로를 사랑 전문가라고 생각하는 게 좋아.
2. When life gets rough, **I like to** hold on to my dream of relaxing in the summer sun just letting off steam!
   삶이 힘들 때 여름 태양 아래서 긴장을 풀고 즐기는 꿈을 꿰!
3. Hang on! **We like to** go fast.
   꽉 잡아요! 우린 빨리 가는 걸 좋아해요.
4. **I love to** swim!
   난 헤엄치는 게 좋아!
5. **I like to** dance with the water.
   난 물과 함께 춤추는 걸 좋아해.

### 008 I don't like ~
난 ~를 좋아하지 않아

1. **I don't like** doing it!!
   난 그런 일을 하고 싶지 않아!!
2. **I don't like** chatter, and questions and--
   난 잡담이나 질문 같은 거 안 좋아해--
3. **I don't like** secrets.
   난 비밀을 좋아하지 않아.
4. **I don't like** it here.
   난 이곳이 싫어.
5. **I don't like** confrontations.
   난 갈등을 좋아하지 않아.

### 009 ~ is my favorite
~는 내가 제일 좋아하는 거예요

1. He's always **been my favorite**!
   그는 제가 제일 좋아하는 차였어요!
2. Of all the sewers on campus this one **has** always **been my favorite**.
   학교에 있는 하수구 중 이게 내가 최애하는 거야.
3. Purple ones **are my favorite**.
   보라색이 내가 제일 좋아하는 거야.
4. It's just **not my favorite**.
   내가 좋아하는 게 아니야.
5. Rain... **is my favorite** too!
   비는… 나도 제일 좋아하는 거야!

### 010 I got ~
난 ~가 있어

1. **I got** a dream, **I got** some dreams.
   난 꿈이 있어. 꿈이 좀 있다고.
2. **I got** nothing.
   난 아무것도 없다고.
3. **I got** somethin' to show ya!
   너에게 보여 줄 게 있어!
4. **I have** a previous engagement.
   선약이 있어요.
5. **I got** movies that haven't even been released yet!
   아직 개봉하지 않은 영화도 있어요!

### 011 It's nice to ~
~해서 반가워요

1. Buddy, **it's nice to** see ya.
   친구, 만나서 반가워.
2. **It's nice to** know someone else is up here!
   누군가가 이 위에 있다니 정말 반갑네요!
3. How are you? **Nice to** see you.
   안녕. 만나서 반가워.
4. Hello, Aladdin, **nice to** have you on the show.
   안녕하세요, 알라딘. 쇼에 와 주셔서 감사해요.
5. Well, hello, Forky, **it's nice to** meet you.
   안녕, 포키. 만나서 반가워.

### 012 Look who ~
누가 ~한지 보라고

1. Well, **look who**'s here.
   오, 이게 누구신가.
2. **Look who** finally showed up!
   마침내 누가 왔나 보라고!
3. Hey, boss, **look who** is here.
   사장님, 누가 왔는지 보세요.
4. Well, well, **look who** it is.
   이런, 이런, 이게 누구야.
5. **Look who**'s back.
   누가 돌아왔나 보라고.

3

## 013 I'm here to ~
~하러 왔어요

1. **I'm here to** say that registration is that-a-way!
등록하는 곳이 저쪽이라고 말해 주려고.
2. **I'm here to** announce that King Mufasa is on his way.
무파사 전하께서 오시는 중이라고 알려 드리려고 왔습니다.
3. Well, **I'm here to** play his game.
난 그가 계획한 대로 해 주려고 온 거야.
4. Ladies and gentlemen, **you're here to** witness history.
신사 숙녀 여러분. 여러분은 이 자리에서 역사를 목격하실 것입니다.
5. **I'm here to** stop you, One-Eyed Bart!
너를 막으러 왔다. 외눈 악당 바트!

## 014 How was ~?
~는 어땠어?

1. **How was** Violet's date?
바이올렛의 데이트는 어땠어요?
2. **How was** jury duty?
배심원 활동은 어땠어?
3. **How was** school?
학교는 어땠어?
4. **How was** your nap, Mr. McQueen?
낮잠은 잘 주무셨어요, 맥퀸 씨?
5. **How was** the first day of school?
학교 첫날은 어땠어요?

## 015 Things are ~
일이 ~해요

1. Yes, **things are** going quite well.
그래, 다 잘되고 있어.
2. But **things are** different now.
하지만 지금은 상황이 바뀌었어.
3. **Things are** good.
다 잘되고 있어요.
4. We are at the halfway point of the 2nd event, and **things are** getting interesting.
두 번째 경기의 중반전인데요, 점점 흥미로워지네요.
5. **Things are** really messed up.
정말 모든 게 엉망이라고.

## 016 Enjoy ~
좋은 ~ 되세요

1. **Enjoy** your visit, Héctor!
잘 다녀와요, 헥터!
2. Okay, **enjoy** the island.
지, 섬에서 좋은 시간 보내기고.
3. **Enjoy** your visit!
방문 잘 하세요!
4. We hope you **enjoyed** your holiday!
명절 잘 쉬고 오셨기를 바라네요!
5. **Enjoy** the movie.
영화 잘 보고 와.

## 017 Say hello to ~
~와 인사해

1. Then I have only one request: **say hello to** Gram-mama.
그렇다면 난 부탁이 하나밖에 없지: 할머니와 인사해.
2. **Say hello to** the scream extractor.
비명 유착기와 인사나 해.
3. **Say hello to** your new mummy.
새 엄마에게 인사하렴.
4. **Say hello to** your... precious Prince Ali.
너의 귀중한 알리 왕자와 인사해 봐.
5. **Say hi to** Dad for me.
아빠에게 안부 전해 줘.

## 018 You ready to ~?
~할 준비됐어요?

1. So **you ready to** start training?
자 훈련 시작할 준비됐어?
2. **You ready to** blow out a little carbon there, boy?
탄소를 배출할 준비가 되었나, 친구?
3. **You ready to** lose again?
다시 질 준비됐어요?
4. **Ready to** go for a ride, Abigail?
비행 준비됐냐, 아비게일?
5. **You ready to** make the world a better place?
세상을 더 좋은 곳으로 만들 준비됐나요?

4

### There's something I want to ~
 **019** 내가 ~하고 싶은 게 있어

1. Um, there's uhh, **there's something I've** always **wanted to** ask you.
   음, 당신에게 항상 물어보고 싶었던 게 있어요.
2. Come on, **there's something I need to** show you.
   얼른 와, 네게 보여 줄 게 있단다.
3. Well, mother, **there's something I want to** tell you.
   어머니, 드릴 말씀이 있어요.
4. Jasmine, **there's something I gotta** tell you.
   자스민, 당신에게 말할 게 있어요.
5. If you got a minute, **there's something I want to** show you.
   시간이 있으면 내가 보여 주고 싶은 게 있어서.

### You must be ~
 **020** 당신이 ~군요

1. **You must be** famished.
   시장하시겠어요.
2. **You must be** the chef...
   당신이 셰프군요…
3. Oh, **you must be** hungry.
   오, 너 배고픈가 보구나.
4. Hello! **You must be** Mrs. Incredible.
   안녕하세요! 인크레더블 부인이시군요.
5. **You must be** tired.
   피곤하시겠어요.

### I want to ~
 **021** ~하고 싶어요

1. **I want to** see the floating lights.
   떠다니는 등불을 보고 싶어요.
2. **I want to** BE normal!
   난 평범해지고 싶어요!
3. **I want to** show you something.
   보여 줄 게 있어요.
4. **I want to** thank you for stopping that man.
   그 남자를 막아 줘서 고맙다고 말하고 싶어요.
5. But **I want to** help!
   하지만 저도 돕고 싶어요!

### I hope ~
 **022** ~하길 바라요

1. Well, **I hope** you find whatever it is you're looking for.
   네가 뭘 찾든지 간에 찾을 수 있길 바랄게.
2. But **I hope** there's a little magic left... in you.
   하지만 마법이 조금이라도 남아 있길 바란다… 너희들에게.
3. **I hope** you like it.
   여러분 마음에 들면 좋겠군요.
4. **Hope** you find your parents!!
   네가 부모님을 찾길 바랄게!!
5. **I hope** you can get your money back.
   네가 환불받을 수 있으면 좋겠군.

### I'd like to ~
**023** ~하고 싶어요

1. **I'd like to** help you, but I can't.
   도와 드리고 싶지만, 그럴 수 없네요.
2. **I'd like to** thank you all for coming to my wedding.
   저의 결혼식에 와 주신 것에 대해 감사를 표하고 싶습니다.
3. **I'd like to** speak to Edna.
   에드나와 통화하고 싶어요.
4. Okay, **I'd like to** see that.
   그래, 그렇게 됐으면 좋겠군.
5. **I'd like to** see my father, please.
   아빠를 보고 싶어요, 제발.

### I'm happy to ~
 **024** ~해서 기뻐

1. You know me, buddy, **I'm** always **happy to** help.
   네가 날 잘 알잖아, 친구. 난 항상 도와주는 게 좋아.
2. **We're happy to** have you!
   와 주셔서 너무 기뻐요!
3. **I'm happy to** see you!
   만나서 반가워!
4. Well, **I am pleased to** tell you that after years and years of asking, and asking, and asking... I finally said yes.
   몇 년 동안의 구애 끝에 제가 그러겠다고 했다고 말씀드릴 수 있어 기쁘네요.
5. I know it can be tough moving to a new place, but **we're happy to** have you here.
   새로운 곳으로 와서 힘들겠지만, 우린 네가 와서 기쁜단다.

5

### 025 I look forward to ~
~를 기대해요

1. Well I do **look forward to** working with you.
당신과 함께 하게 돼서 기대가 커요.

2. I'm really **looking forward to** this performance, Sebastian.
이 공연이 너무 기대되는구나, 세바스찬.

3. **I look forward to** having you back in class.
다시 수업에서 만나길 기대하겠네.

4. It's just that **I've been looking forward to** this all year.
그냥 일년 내내 이것만 기대하고 있었다고.

5. But **I look forward to** being in battle with you.
당신과 함께 싸울 수 있어 기대가 되네요.

### 026 I'm glad ~
~해서 기쁘네요

1. **I'm glad** it all worked out.
다 잘돼서 다행이에요.

2. **I'm glad** you came back, Mike.
네가 돌아와서 기뻐, 마이크.

3. **I'm glad** we found this one.
우리가 이걸 발견하게 되어 기쁘네.

4. **I'm glad** I got to see you again.
널 다시 만날 수 있어서 기뻐.

5. **I'm glad** you're here.
네가 와 줘서 기뻐.

### 027 I can't wait to ~
빨리 ~하고 싶어

1. **I can't wait to** get the old Riley back.
라일리의 예전 모습을 빨리 찾아 주고 싶어.

2. Ah, **I can't wait to** hear all about it.
아, 그 이야기를 일른 들어보고 싶구나.

3. **I can't wait to** be human again!
다시 인간이 되고 싶어!

4. Oh, I just **can't wait to** be king!
오, 빨리 왕이 되고 싶어!

5. **I can't wait to** hear how it ends.
그게 어떻게 끝나는지 정말로 듣고 싶네요.

### 028 I wish I could ~
~하면 좋겠어

1. **I wish I could** keep one.
저도 한 마리 키우고 싶어요.

2. **I wish I could** forget I ever saw her in that suit.
걔가 그 옷을 입고 있는 걸 잊을 수 있으면 좋겠어요.

3. **I wish I could** apologize.
내가 사과를 할 수 있으면 좋겠어.

4. **I wish I could** tell her that her Papá was trying to come home.
그 애에게 아빠가 집에 가려고 했었다고 말하고 싶어.

5. **I wish I could** speak whale.
고래 말을 할 수 있으면 좋겠어.

### 029 I wish to ~
~하고 싶어요

1. **I wish to** be an all-powerful genie!
아주 강력한 지니가 되고 싶어!

2. **We wish to** be married as soon as possible.
가능한 빨리 결혼하고 싶어.

3. **I wish to** report a rat infestation.
쥐 감염에 대해 고발하고 싶습니다.

4. If **you wish to** meet the chef, you will have to wait until all the other customer have gone.
셰프님을 만나시려면 다른 손님들이 가실 때까지 기다리셔야 해요.

5. **I wish to** be the most powerful sorcerer in the worl-l-l-l-d!
세상에서 가장 강력한 마법사가 되고 싶어!

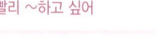

### 030 All I want ~ is …
내가 원하는 건 …이에요

1. **All I want is** a chance for just one of those moments.
내가 단지 원하는 건 그런 순간을 한 번이라도 느낄 수 있는 기회를 가지는 거야.

2. I think I was 8, maybe 9 and **all I wanted** to do **was** join the Junior Ranger Scouts.
내가 8살 아니면 9살이었을 거야. 난 주니어 레인저 스카우트에 가입하고 싶을 뿐이었어.

3. **All I wanted was** to help you.
내가 단지 원했던 건 당신을 돕는 거였어.

4. That's **all I wanted** to say.
그게 내가 하고 싶었던 말이야.

5. I just want to live in a glass box alone. It's **all I want!**
난 그냥 수족관에 혼자 있고 싶어. 그게 내가 원하는 거라고!

6

### 031 It's called ~
~라고 하는 거야

1. **It's called** a hustle, sweetheart.
   '사기'라고 하는 거예요, 아가씨.
2. When ya use a bird to write with, **it's called** "tweeting."
   새를 이용해서 글씨를 쓰는 건 "트윗한다"고 해.
3. **It's called** "loyalty."
   그게 "의리"라고 하는 거야.
4. **It's called**: "See who can be quiet the longest."
   "누가 제일 오랫동안 조용할 수 있나."라는 거야.
5. **It's called** wayfinding, princess.
   길잡이라고 하는 거야, 공주님.

### 032 This is ~
~한 일이네요

1. **This is** unacceptable.
   있을 수 없는 일이야.
2. **This is** so exciting actually.
   정말 신나는 일이군요.
3. **This is** all my fault.
   다 내 잘못이야.
4. **This is** a simple misunderstanding.
   사소한 오해입니다.
5. **This is** horrible.
   끔찍한 일이야.

### 033 It's the only way to ~
그게 유일하게 ~하는 방법이야

1. **It's the only way to** break the mist and free the forest.
   그게 안개를 멈추고 숲을 자유롭게 할 유일한 방법이에요.
2. **The only way to** get the best produce **is** to have first pick of the day.
   최고의 재료를 얻는 유일한 방법은 그날에 처음 수확한 걸 받는 거야.
3. But **it was the only way to** save her life.
   하지만 그게 그녀의 생명을 구할 유일한 방법이었어.
4. **It's the only way** we can save Dory!
   그게 우리가 도리를 구할 수 있는 유일한 방법이에요!
5. **The only way to** get what you want is to become a human yourself.
   네가 원하는 것을 얻을 수 있는 유일한 방법은 스스로 인간이 되는 거야.

### 034 That's how ~
그게 ~하는 거야

1. So **that's how** you want to play it, old man?
   그렇게 하겠단 말이지, 아저씨?
2. We started this thing together and **that's how** we'll finish it.
   우리가 이 일을 함께 시작했으니 이렇게 함께 끝내야지.
3. **That's how** you get to 'em.
   저게 네가 그들에게 가는 방법이라고.
4. ...warm air goes by cool air, and the airs go by each other and **that's how** we get lightning.
   따뜻한 공기가 찬 공기를 지나고 공기들이 서로를 지나는데 그렇게 번개가 만들어지는 거예요.
5. Are you sure **that's how** it works?
   그렇게 하는 게 맞는 거야?

### 035 The thing is ~
실은 말야 ~

1. **The thing is**... me and my friend, Miguel, we really need to borrow your guitar.
   실은… 나와 내 친구 미구엘이 당신의 기타를 꼭 빌려야 해서요.
2. And **the thing is** I need you not to get him arrested.
   실은 그 사람이 체포되지 않도록 네가 도와줬으면 좋겠어.
3. **The thing is**, he wants us to bring you, too.
   사실, 그는 우리가 당신도 데려오길 원한다고.
4. Um, **the thing is**... since I registered so late, I've got a lot of school stuff to catch up on.
   음, 사실은… 제가 등록을 늦게 해서 따라가야 할 학교 일이 너무 많아요.
5. And **the thing is**, I'm not scared any more.
   실은, 전 이제 겁나지 않아요.

### 036 It's hard to ~
~하는 게 어려워요

1. But it's, it's, **it's hard to** make out.
   하지만, 알아보기 힘드네.
2. I mean **it's hard to** tell now, Dad.
   제 말은 지금은 말씀드리기가 어렵네요, 아빠.
3. **It's** very **hard to** explain.
   정말 설명하기 힘들어요.
4. And **it's not** very **hard to** see why!
   그리고 왜 그런지 아는 건 아주 어렵지 않아요!
5. But **it wasn't** easy **to** master.
   하지만 그건 배우는 게 쉽지 않았지.

### Which means ~
037 그 말은 ~

1. Everyone goes to lunch. **Which means** the scare floor will be...
   모두가 점심을 먹으러 가. 그 말은 겁주기 층이…

2. We all make mistakes. **Which means**-- hey, glass half full!-- we all have a lot in common.
   우린 실수를 합니다. 그 말은 – 좋은 쪽으로 생각하면 – 우린 공통점이 많다는 거예요.

3. **Which means**, Oozma Kappa is back in the games!
   그 말은, 우즈마 카파가 다시 경기를 할 수 있다는 거죠!

4. The Northuldra follow magic, **which means** we can never trust them.
   노덜드라 족은 마법을 따르고 있어, 그 말은 그들을 신뢰해서는 안 된다는 거지.

5. First of all, I'm a rat. **Which means** life is hard.
   우선, 난 쥐예요. 이 말은 삶이 힘들다는 거죠.

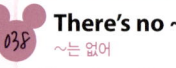

### There's no ~
038 ~는 없어

1. **There's no** sign of Rider.
   라이더의 흔적이 없습니다.

2. **There's no** monsters – No monsters!
   괴물은 없어 – 괴물 따위는 없다고!

3. **There's no** fish.
   물고기가 없어요.

4. **THERE'S NO** TIME!!
   시간이 없어요!!

5. **There's no** pictures!
   그림이 없잖아!

### Whatever you ~
039 네가 무엇을 ~하든 간에

1. Hey, **whatever you**'re thinking, stop thinking it!
   이봐, 무슨 생각을 하든 간에 그 생각 그만하라고!

2. Well, **whatever you** do – DON'T STOP!
   뭘 하튼 간에 – 질대로 그민두지 미!

3. **Whatever you** did, they liked it.
   네가 뭘 했든 간에, 사람들이 그걸 좋아했잖아.

4. It's up to you, honey. **Whatever you** want to do.
   네가 결정해. 네가 하고 싶은 건 무엇이든지 말야.

5. **Whatever you** have to say, you-you can say to both of us.
   무슨 말을 하든지, 우리 둘 앞에서 해도 돼.

### Whoever + 동사
040 ~하는 사람은 누구든지

1. **Whoever has** the gold makes the rules?
   황금을 가진 자는 누구나 규칙을 만들 수 있지?

2. I know it sounds crazy, but I believe **whoever is calling** me, is good.
   이상하게 들린다는 거 알아, 하지만 누가 날 부르든 좋은 사람이라고 믿어.

3. **Whoever can hop** the fastest out of these jellyfish wins.
   해파리들로부터 가장 빨리 뛰어나가는 사람이 이기는 거야.

4. I'll count all the blue cars and he counts all the red ones, and... and **whoever gets** the most, wins.
   전 파란 차를 세고 아빠는 빨간 차를 세요. 그리고… 제일 많이 세는 사람이 이기는 거죠.

5. But **whoever** he **was**, he still abandoned his family.
   하지만 그가 누구든, 그는 가족을 버렸다고.

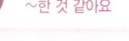

### I think ~
041 ~한 것 같아요

1. **I think** there's something written here.
   여기 뭔가가 적혀 있는 것 같은데.

2. **I think** I might have found that missing octopus.
   잃어버린 문어를 찾은 것 같아.

3. **I think** she likes you, Dad.
   쟤가 아빠를 좋아하는 것 같아요.

4. **I think** your father is in trouble.
   너희 아빠에게 무슨 일이 생긴 것 같아.

5. Anna, **I think** we should go.
   안나, 우리 가야 할 것 같아.

### I guess ~
042 ~인 것 같아

1. Oh, well, **I guess** it's not gonna work after all.
   음, 결국에는 잘되지 않을 것 같은데.

2. Well, **I guess** we better go downstairs and start cleaning up.
   아래층으로 내려가서 치우는 게 낫겠어.

3. **I guess** I'm not like my brother.
   난 우리 형 같은 존재는 아닌 것 같아.

4. Well, **I guess** Pascal's not hiding out here...
   음, 파스칼이 여기에는 숨지 않은 것 같은데…

5. Oh, **I guess** even kings get scared, huh?
   왕도 겁이 나는가 봐요. 그래요?

8

### 043 I know ~
~인 걸 알아요

1. **I know** he's in here somewhere.
   그가 여기 어딘가에 있다는 걸 알아.
2. **I know** whose car this is.
   이게 누구 차인지 알아.
3. **I know** you'll never forgive me.
   네가 날 용서하지 않을 거라는 걸 알아.
4. **I know** I'm safe as long as I'm here.
   여기 있는 한 안전하다는 걸 알아요.
5. **I know** how to beat him.
   그를 무찌를 방법을 알아.

### 044 I have no idea ~
~를 모르겠어요

1. **I have no idea** why you're even doing this.
   네가 왜 이렇게 하는지 도통 모르겠어.
2. **I have no idea** what that means.
   그게 무슨 뜻인지 나도 모르겠어.
3. **I had no idea** why the ocean chose me.
   바다가 왜 날 선택했는지 정말 모르겠어요.
4. **I had no idea** who you were.
   당신이 누구인지 전혀 몰랐어요.
5. **I had no idea** what it is.
   그게 뭔지 전혀 모르겠어.

### 045 I'm afraid ~
~인 것 같아요

1. **I'm afraid** you've worn out... your welcome, Prince Abooboo.
   너무 오랫동안 계신 것 같군요, 아부부 왕자님.
2. **I'm afraid** two more weeks in the motel is the best I can do for ya.
   모텔에서의 2주가 제가 해 줄 수 있는 최선인 것 같군요.
3. Well, **I'm afraid** I can't help you.
   자네를 도와줄 수 없을 것 같은데.
4. Everyone here has scattered and **I'm afraid** I'll need to move at any minute.
   모두가 사방으로 흩어지고 있고 저도 곧 이동해야 할 것 같습니다.
5. **I'm afraid** she's rather odd.
   쟤는 좀 이상한 것 같아.

### 046 I wonder ~
~가 궁금하네

1. **I wonder** if its brains are still in there.
   뇌가 아직 거기에 있을지 궁금하네.
2. Yeah, **I wonder** if he's found the bird on his very special mission.
   걔가 특별한 임무를 떠나 그 새를 찾았는지 궁금하네.
3. **I wonder** what this one is?
   이건 뭔지 궁금하네?
4. **I wonder** what it would be like to live there and have servants and valets.
   저기에 살면서 하인들을 거느리는 게 어떤 느낌일까 궁금해요.
5. Gee, **I wonder** if we were made in the same factory.
   우리가 같은 공장에서 만들어진 게 아닐까 궁금하네.

### 047 It's just ~
그냥 ~해서요

1. **It's just** that... I wanted to maybe hold one.
   그냥… 하나를 들어보고 싶었거든.
2. I mean, **it's just** that I don't want you... with me.
   내 말은, 그냥 네가 나와 함께 안 갔으면 해서…
3. **It's just** that my magic can feel it.
   그냥 내 마법이 그걸 느낄 수 있어.
4. **It's just** that I forgot about some paperwork I was supposed to file.
   단지 내가 처리해야 하는 서류 작업을 깜빡하고 있어서.
5. **It's just** that you go every year.
   그냥 주인님은 매년 가시잖아요.

### 048 I never thought ~
~할 거라고 생각도 못했어

1. **I never thought** things would come to this.
   일이 이렇게 될 줄 생각도 못했어.
2. **I never thought** about it like that.
   그렇게 생각해 본 적이 없어요.
3. **I never thought** I'd see you again!
   널 다시 만날 수 있을 거라 생각도 못했다고!
4. **I never thought** that you might have... that you...
   네가 그랬을 거라고는 전혀 생각을 못했는데… 네가…
5. But **I never thought** he'd go Turbo.
   그가 터보를 사용할 거라는 생각은 하지 못했죠.

9

## 049 ~ than I thought
내가 생각했던 것보다 더 ~

1. I must've hit my head harder **than I thought**.
   생각보다 머리를 더 세게 부딪힌 게 분명해.
2. We'll need more luck **than I thought**.
   생각보다 행운이 더 많이 필요할 거야.
3. This is gonna be harder **than I thought**.
   생각보다 더 힘들겠군.
4. Oh my God, you're worse **than I thought** –
   이런, 생각보다 자네 더 형편 없군 –
5. Ah, she's better **than I thought**.
   오, 쟤가 생각보다 잘하는군.

## 050 That's why I ~
그래서 내가 ~한 거예요

1. **That's why I** sent that car to pick him up.
   그래서 그를 데려오려고 그 차를 보냈던 거야.
2. **That's why we** need good cops--like you.
   그래서 우리는 좋은 경찰이 필요한 거야 – 너같이 말이지.
3. **That's why I** made these cupcakes.
   그래서 이 컵케이크도 만들었다고.
4. **That's why Baymax** contacted us.
   그래서 베이맥스가 우리에게 연락한 거야.
5. See, **that's why I** never got married.
   거봐요, 그게 내가 결혼을 안 하는 이유니까요.

## 051 better than ~
~보다 더 좋은

1. Reindeers are **better than** people.
   순록이 사람보다 더 나아.
2. Mom, the suit, you're **better than** that, try this.
   엄마, 슈트에요, 엄마는 그것보다 더 멋지잖아요, 이거 입어요.
3. This is **better than** I ever imagined.
   내가 상상했던 것보다 더 좋은데.
4. I like Eugene Fitzherbert much **better than** Flynn Rider.
   플린 라이더보다 유진 피츠허버트가 더 좋아요.
5. Ah, she's **better than** I thought.
   오, 쟤가 생각보다 잘하는군.

## 052 I heard ~
~라고 들었어

1. **I heard** you're sellin' mudflaps after today.
   오늘 이후로 당신이 흙받이를 판다고 들었는데.
2. **I heard** they have parrots living in the –
   그들에게 앵무새가 있다는 말은 들었는데, 어디서 사는가 하면 –
3. **I heard** the program shut down.
   프로그램이 중단되었다고 들었어.
4. Last **I heard**, he's heading towards the harbor.
   마지막으로 내가 듣기로는 그가 항구로 오고 있다는 거야.
5. **I heard** about him.
   쟤에 대한 소문을 들었어.

## 053 Everyone knows ~
모두가 ~를 알고 있어

1. **Everyone knows** you'll get us through it.
   모두들 당신이 해결할 수 있다고 믿고 있어요.
2. Simba, **everybody knows** about that.
   심바, 모두가 그 일에 대해 알고 있어.
3. **Everyone knows** that.
   모두가 그걸 알고 있다고.
4. **Everybody knows** the best route is behind the shelves.
   선반 뒤가 제일 좋은 길이라는 건 누구나 다 알고 있잖아.
5. But **everyone knows** her father's a lunatic.
   모두들 그녀의 아버지가 정신병자인 걸 알잖아.

## 054 According to ~
~에 따르면

1. Things are working out **according to** my ultimate design.
   내 최종 계획대로 일이 진행되고 있군.
2. Anyway, **according to** your tax forms... you reported, let me see, here: zero.
   어쨌든, 네 소득 신고에 따르면… 얼마를 보고했나, 어디 보자, 여기: 한 푼도 없네.
3. Well, **according to** Kayla, we just have to look for "Raven's Point."
   카일라에 따르면 우리는 레이븐 포인트를 찾아야 해.
4. The law **says** you must be married to a prince.
   법에 따르면 넌 왕자와 결혼을 해야 한다고.
5. **According to** the Government, neither of us exist.
   정부에 따르면 우리는 둘 다 존재하지 않는 사람들이에요.

## 055 Speaking of ~
### ~라고 하니까 말인데

1. **Speaking of** trouble, we should have run into some by now.
   고난이라고 하니 말인데, 지금쯤이면 힘든 일이 생겼어야 하는데 말이야.

2. And **speaking of** no see, how about you forget you saw me?
   오랜만이라고 말인데, 날 본 걸 잊어버리는건 어때?

3. Oh, **speaking of** play time, they're lining up out there!
   아, 노는 시간이고 하니까 말인데, 애들이 밖에 줄을 서고 있어!

4. But **when it comes to** brute strength, I'm afraid I am at the shallow end of the gene pool.
   하지만 힘에 관해서라면 내가 우리 종족에선 거의 바닥일 것 같군.

5. I guess I ain't Doc **when it comes to** that.
   그런 일에서는 나는 덕이 아니잖아.

## 056 You told me ~
### 네가 ~라고 했잖아

1. I sure am glad **you told me** earthquakes are a myth, Joy.
   지진이 근거 없는 거라고 말해 줘서 기뻐, 조이.

2. We drank together and **you told me** you would move heaven and earth for your amigo.
   우리는 함께 술을 마셨고 넌 친구를 위해서라면 하늘과 땅을 옮길 수도 있다고 했지.

3. **You told me** you hated musicians, you never said you were one.
   당신은 음악가가 싫다고 했잖아요. 당신이 음악가라는 말은 안 했다구요.

4. **A friend** once **told me**, "There are plenty of kids out there."
   예전에 친구가 말했지, "밖에는 아이들이 많이 있다고."

5. **He told me** he knew you.
   저 사람이 당신을 안다고 했어요.

## 057 'Cause + 주어 + 동사
### ~하기 때문이야

1. **'Cause I happen** to know where he's rehearsing!
   난 그가 어디에서 리허설을 하는지 알고 있거든!

2. I'm closer to the station **'cause I'm taking** the shortcut!
   지름길로 가니까 기차역에 더 가까워졌어!

3. **'Cause you're amazing**!
   당신은 너무 멋지거든요!

4. Well, your wings don't work **'cause you stopped** using them.
   당신들이 사용하지 않으니까 날개가 작동을 안 하는 거라고요.

5. Ohhh... was it the weird outfit? **'Cause there's** a reason...
   오… 이상한 옷이었지? 이유가 있어서…

## 058 Because of ~
### ~ 때문에

1. My daughter is gone **because of** your arrogance.
   당신의 오만함 때문에 우리 딸이 사라진 거라고.

2. I had to close up early **because of** you two felons.
   너희 두 범인들 때문에 내가 일찍 문을 닫아야 했다고.

3. Your sister is dead... **because of** you.
   당신 동생은 죽었어… 당신 때문에.

4. This'll be the first year I miss cowboy camp, all **because of** my stupid hat!
   나의 멍청한 모자 때문에 카우보이 캠프를 못 가는 첫해가 되겠군!

5. But predators shouldn't suffer **because of** my mistakes.
   하지만 맹수들이 내 실수 때문에 고통받아서는 안 돼.

## 059 be on one's way
### ○○○가 가는 중이야

1. I'm here to announce that King Mufasa**'s on his way**.
   무파사 전하께서 오시는 중이라고 알려 드리려고 왔습니다.

2. Your orange friends **are on their way** to Cleveland!
   네 주황색 친구들은 클리블랜드로 가고 있어!

3. I **am on my way** boys, just try to stay out of trouble.
   내가 가고 있어 얘들아, 무사히 있어 주렴.

4. Which means he may **be on his way** here right now.
   그 말은 그가 지금 이쪽으로 오고 있다는 거지.

5. I'm sure Buzz and Woody **are on their way** back right now.
   버즈와 우디는 지금 분명히 오고 있을 거야.

## 060 It took ~
### ~ (시간이) 걸렸어

1. Then I don't know why **it takes** so long.
   그럼 왜 이렇게 오래 걸리는지 모르겠구나.

2. **It will take** me a moment to reinflate.
   다시 부풀리는 데 시간이 좀 걸릴 거야.

3. **It took** him a while to find out who he was.
   그가 누구인지 알게 될 때까지 시간이 좀 걸렸지.

4. **It took** forever, but we finally made it back to Daisy's.
   정말 오래 걸렸지만 우리는 마침내 데이지의 집에 도착했지.

5. Sorry **it took** so long, pal.
   너무 오래 걸려서 미안해, 친구.

### 061 How come ~?
왜 ~한 거니?

1. Then **how come** Screenslaver has it?
그럼 어떻게 해서 스크린슬레이버가 그걸 가지고 있는 거죠?

2. He's YOUR great-great grandpa. **How come** he didn't invite YOU?
그는 너의 고조할아버지야. 그가 어째서 널 초대하지 않은 거니?

3. **How come** it didn't sting you?
그게 넌 왜 안 쏘는 거야?

4. Really? **How come**?
정말이에요? 어째서요?

5. **How come** you don't have a laser, Woody?
우디, 넌 왜 레이저가 없어?

### 062 It's time to ~
~할 시간이야

1. **It's time to** follow me!
나를 따를 시간이다!

2. **It's time to** meet tonight's challengers!
오늘 밤의 도전자들을 만날 시간입니다!

3. **It's time to** celebrate!
축하할 시간이야!

4. So **it's time to** take some action, boys.
행동을 개시할 때다!

5. **It's time to** head home!
집으로 갈 시간이야!

### 063 No time to ~
~할 시간이 없어

1. **No time to** argue!
말다툼할 시간 없어!

2. This is **no time to** experiment.
지금은 실험할 시간이 아니야.

3. **No time to** talk.
말할 시간 없어.

4. Sheriff, this is **no time to** panic.
보안관님, 지금은 당황할 때가 아니라구요.

5. This is **no time to** be hysterical.
지금은 히스테리를 부릴 때가 아니야.

### 064 Now's your chance to ~
지금이 ~할 기회야

1. Cause **now's your chance to** change it, new room and all.
왜냐하면 지금이 그걸 바꿀 기회거든. 새로운 방과 모든 것들 말이야.

2. This **is your chance to** prove yourself.
지금이 너를 증명할 기회라고.

3. **Now is your chance to** try something worthy of your talent, Linguini.
지금이 네 재능의 가치를 시험해 볼 기회라고, 링귀니.

4. It's our dad, and **we have a chance to** meet him, but –
우리 아빠예요. 그를 만날 기회가 있긴 하지만 –

5. **My sons have** a once in a lifetime **chance to** see their father.
우리 아들들이 일생에 한 번 아빠를 만날 기회가 있어요.

### 065 When was the last time ~?
마지막으로 ~한 게 언제야?

1. **When's the last time** we ever got to play that?
우리가 저 놀이를 마지막으로 한 게 언제였지?

2. Looks normal to me. **When** did this start happening?
괜찮아 보이는데, 언제부터 이렇게 된 거야?

3. **When was the last time** you showered?
너 마지막으로 샤워한 게 언제니?

4. May I ask, **when** were you made?
혹시, 언제 만들어졌는지 물어봐도 되니?

5. **When was the last** time you saw him?
그를 마지막으로 본 게 언제였지?

### 066 Every time ~
~할 때마다

1. **Every time** you say those words, it means a month and a half of trouble for me, Bob.
자네가 그런 말을 할 때마다 난 한 달 반 가량을 고생해야 돼, 밥.

2. How come **EVERY TIME** we're on the edge of this reef, one of us is trying to leave?!
어째서 이 산호초 끝에만 있으면 우리 중 하나는 떠나려고 하는 거지?!

3. **Every time** you turn something on, Monsters, Incorporated is there.
무언가를 켤 때마다 몬스터 주식회사는 거기에 있습니다.

4. Seatbelts save lives – buckle up **every time**.
안전벨트는 생명을 구해 줘요 – 항상 벨트 하세요.

5. He changes the story **every time** you ask him.
물어볼 때마다 그 사람은 이야기를 바꿔.

12

### 061 It's been ~ since …
…한 후로 ~가 지났네

1. Well... **it's been** a while **since** your superhero days.
   음… 당신이 슈퍼히어로로 활약한 후로 시간이 좀 지났잖아요.

2. Okay, my name is Fred and **it has been** thirty days **since** my last... Holy Mother of Megazon!
   알았어, 내 이름은 프레드야, 30일이 지났네, 내가 마지막으로…. 세상에 나!

3. **It has been** three weeks **since** my last fish.
   마지막으로 생선을 먹은 게 3주 전이야.

4. How long**'s it been since** you all got played with?
   마지막으로 놀아 보고 얼마나 시간이 지난 거야?

5. **It's** ten years **since** we had anybody here.
   여기에 누구를 초대한 것도 10년이나 되었네요.

### 068 spend + 시간 + -ing
~하는 데 시간을 보내요

1. I **have spent my entire life hiding** from people who would use me for my power.
   내 힘을 사용하려는 사람들을 피해 다니느라 평생을 보냈다구요.

2. You can't **spend all your time moping** about. You need to get out.
   그냥 서성이며 시간을 보내서는 안 되죠. 나가셔야 해요.

3. I've **spent a lifetime tracking** it.
   전 그걸 추적하느라 평생을 보냈어요.

4. Thanks to your new friend Ping, you'll **spend tonight picking** up every single grain of rice.
   새로운 친구 핑 덕택에 너희들은 오늘 밤 쌀 한 톨도 남김없이 주워 담아야 한다.

5. You can't **spend all day playing** your board game.
   하루 종일 보드게임을 하며 지낼 수는 없잖아.

### 069 as soon as ~
~하자마자

1. I was going to give it back to you **as soon as** I won the race.
   우승하면 다시 돌려주려고 했어요.

2. Just **as soon as** I free this poor creature.
   이 불쌍한 자를 풀어 주고 난 뒤에요.

3. **As soon as** we get there I'm going to fix this whole mess.
   우리가 거기에 도착하는 대로 이 혼란을 바로잡고 말겠어.

4. **As soon as** this thing's booted up, we'll get you on the treadmill and I'll track your speed.
   이게 부팅되자마자 당신을 런닝머신에 올리고 저는 스피드를 체크할 거에요.

5. **As soon as** we get to daycare, you'll be begging to go home.
   보육원에 도착하자마자 너희들은 집에 가자고 애걸할 거야.

### 070 Not ~ until …
…할 때까지는 ~할 수 없어

1. Lefou, **don't** move from that spot **until** Belle and her father come home.
   르푸, 벨과 그녀의 아버지가 집에 올 때까지 그곳에서 절대 움직이지 마.

2. Just **don't** touch any other memories **until** we figure out what's going on.
   무슨 일이 있는지 알아낼 때까지 그냥 아무 기억도 건드리지 마.

3. **Don't** stand **until** the rug has come to a complete stop.
   양탄자가 완전히 정지할 때까지 일어나지 마세요.

4. Arendelle has **no** future **until** we make this right.
   이걸 바로잡을 때까지 아렌델에는 미래가 없어요.

5. **No** one goes near that door **until** the authorities arrive.
   관계자가 올 때까지 아무도 저 문 근처에 갈 수 없어.

### 071 be about to ~
~하려고 해

1. The new girl **is about to** cry in front of everyone.
   새로 온 여자애가 모두 앞에서 울려고 해.

2. It looks like she**'s about to** cry.
   쟤가 울려고 하는 것 같아.

3. The sun **is about to** set!
   해가 지려고 해!

4. What, are you crazy? We**'re about to** win this thing!
   미쳤어? 우리가 우승하기 일보 직전이라고!

5. The store **is about to** open.
   가게 영업이 곧 시작될 거야.

### 072 I've never ~ before
전에 ~해 본 적이 없어요

1. **I've never** heard any of this about him **before**.
   그에 관해 이런 이야기를 들어 본 적이 없어요.

2. In fact, **I've never** seen a fish swim like that **before**.
   사실 그렇게 헤엄치는 물고기는 본 적이 없어.

3. **I've never** done this before.
   이런 걸 전에 해 본 적이 없어.

4. **I've never** been in a floating house **before**.
   하늘을 떠다니는 집은 처음 들어와 봐요.

5. **I've never** done one that big before!
   이렇게 큰 건 해 본 적이 없다구요!

13

### Have you ever ~?
**073** ~해 본 적 있어?

1. **Have you ever** attended a peasant festival, Captain**?**
   서민들의 축제에 가 본 적 있나, 대장?

2. **Have you ever** stopped to get to know them**?**
   잠시라도 그것들에 관심을 가진 적이 있나요?

3. **Have you ever** met a shark**?**
   상어를 만나신 적 있어요?

4. **Have you ever** seen anything so wonderful in your entire life**?**
   네 평생 이렇게 멋진 걸 본 적 있어?

5. **Have you had** a pet rat**?**
   애완용 쥐를 키운 적이 있나?

### I've been -ing
**074** ~하고 있었어요

1. Okay, **I've been thinking** a lot about what you said earlier –
   어머니가 말씀하신 걸 많이 생각하고 있었어요 –

2. My name is Hiro Hamada and **I've been working** on something that I think is pretty cool.
   저는 히로 하마다입니다. 제가 생각하기에 아주 멋진 무언가를 연구하고 있었어요.

3. **I've been waiting** for this my whole life.
   이걸 평생 동안 기다려 왔어.

4. **I've been searching** everywhere for you guys since we got separated.
   우리가 헤어진 뒤로 너희들을 계속 찾으러 다녔어.

5. **I've been waiting** for this all morning.
   오전 내내 이 순간만 기다렸지.

### I used to ~
**075** ~하곤 했죠

1. **I used to** be dangerous and wild!
   난 위험하고 거칠었지!

2. **I used to** watch you on TV, flying through the air, you seemed so... fearless...
   당신이 TV에 나오는 걸 보곤 했죠. 하늘을 날면서, 당신은… 너무 용감했어요…

3. **I used to** run like this...
   저는 이렇게 달리곤 했어요…

4. **I used to** play -- drums on his feet.
   난 – 그의 발에 드럼 연주를 하곤 했지.

5. **I used to** design for Gods!
   난 신들을 위해 디자인을 했었지.

### I told you ~
**076** 내가 ~라고 했잖아

1. **I told you** they'd be there in time.
   그들이 제시간에 맞춰 올 거라고 했잖아요.

2. **I told you** I'd get her card key.
   내가 그녀의 카드 키를 가져올 거라고 했잖아.

3. **I told you** we'd make it!
   우리가 해낼 거라고 했잖아!

4. See, **I told you** he'd come in handy.
   봤지, 쟤가 쓸모가 있을 거라고 했잖아.

5. Ah, **I told you** she'd be important.
   아, 그녀가 중요할 거라고 말했죠.

### You said ~
**077** ~라고 했잖아

1. **You said** this was going to be quick!
   빨리 될 거라고 했잖아!

2. **You said** she'd never hurt you.
   그녀가 당신을 해치지 않을 거라고 했잖아요.

3. **You said** you had the bird.
   새가 있다고 했잖아.

4. Sir, **you said** there were 14 missing mammal cases?
   서장님, 포유류 실종 사건이 14건이나 있다고 하셨죠?

5. **You said** it would be here yesterday!
   당신이 어제 여기에 도착한다고 했잖아요!

### I must have p.p. ~
**078** 내가 ~한 게 분명해요

1. **I must've hit** my head harder than I thought.
   생각보다 머리를 더 세게 부딪힌 게 분명해.

2. Well, apparently, **I must've done** something you all liked, dudes.
   확실히 내가 너희들이 좋아하는 뭔가를 한 게 분명하군, 친구들.

3. **I must have sounded** so stupid to her!
   그녀에게 내 말이 너무 멍청하게 들린 게 분명해!

4. Wow, **you must have been** taught by some kind of sewing master.
   와, 네가 바느질 도사에게 배운 게 분명해.

5. **I must have come** from somewhere, right?
   나도 어떤 곳에서 온 게 분명해, 그렇지?

14

## 079 You could have p.p. ~
네가 ~할 수도 있었다고

1. Buzz, **you could have defeated** Zurg all along!
   버즈, 넌 내내 저그를 무찌를 수 있었다고!
2. **You coulda got** yourself killed, kid!
   너 죽을 뻔 했다고, 이 꼬마 녀석아!
3. **You could have been** confiscated!
   넌 압수될 수도 있었다고!
4. When she started playing with him, she had the biggest smile on her face, I wish **you could have seen** it.
   걔가 그를 가지고 놀 때 너무 해맑게 웃더라고, 너희들도 그걸 봤어야 했는데.
5. **You could have been** killed.
   넌 죽을 수도 있었다고.

## 080 You should have p.p. ~
넌 ~를 했어야 해

1. Well, **you shouldn't have been** in the West Wing!
   서쪽 별관에 들어가지 말았어야죠!
2. I needed some time to think, but **you shouldn't have left** me out there.
   난 생각할 시간이 필요했어, 헌데 넌 날 거기에 남겨 두고 떠나지 말았어야 했어.
3. Oh, **you should have seen** it.
   오, 너도 봤어야 했는데.
4. Yes, well as slippery as your mind is... as the king's brother, **you should have been** first in line.
   맞아요, 정신은 없겠지만 그래도 왕의 아우로서 첫 줄에 있었어야죠.
5. **You should have stuck** to my strategy.
   넌 내 작전대로 했어야 했다고.

## 081 Do you remember ~?
~가 기억나요?

1. You built me. **You remember** that?
   네가 날 만들었잖아. 기억나니?
2. Yeah, hey Rick, **you remember** that kid I mentioned to you, Tony Rydinger?
   릭, 전에 내가 말했던 그 아이 기억해. 토니 라이딩거라고?
3. **You remember** how we met?
   우리가 어떻게 만났는지 기억해?
4. **Do you remember** how she used to stick her tongue out when she was coloring?
   색을 칠할 때 걔가 혀를 어떻게 내밀었는지 기억나?
5. **You remember** the rag doll I told you about?
   내가 말했던 누더기 인형 기억나?

## 082 I feel ~
~한 기분이야

1. **I feel** different.
   달라진 기분이야.
2. **I feel** fresh. Healthy.
   신선한 기분이야. 건강해진 느낌이고.
3. **I feel** stupid.
   나 너무 멍청한 것 같아.
4. **I feel** bad for her.
   쟤 안됐다.
5. **I feel** better.
   기분이 더 좋아졌어.

## 083 I feel like ~
~한 기분이 들어

1. **I feel like** it's all coming together.
   모두 다 잘되는 것 같아.
2. And **I** can't help but **feel like** they're... they're meant for me!
   그것들이 내게 특별한 의미가 있다는 느낌을 지울 수 없어요!
3. And **I feel like** I'm all out of ideas.
   더 이상 좋은 생각이 떠오르지 않는 것 같아.
4. S-so, I'm remembering more and more, and **I feel like** my memory's getting better.
   그래서, 더 많이 기억이 나요, 그리고 내 기억이 점점 더 좋아지는 것 같아요.
5. **I feel like** I'm really making a difference.
   제가 정말로 세상을 변화시킨다는 기분이에요.

## 084 It feels like ~
~인 것 같아

1. **It felt like** the time was right for us too.
   타이밍도 맞는 것 같더라고.
2. When they found me **it felt like** fate.
   그들이 날 발견했을 때 마치 운명 같은 느낌이었어요.
3. **It felt like** fire.
   불이 난 것 같은 느낌이었지.
4. I'm sorry, I'm trying to be sincere for once and **it feels like** you're distracted.
   미안, 내가 한 번만이라도 진지하려고 했는데 네가 딴청을 부리는 것 같아서.
5. I'm arriving and **it feels like** I am home.
   다 왔어 마치 집에 온 것 같아.

15

## 085 I'm worried about ~
~가 걱정돼

1. **I was** so **worried about** you, dear!
네가 너무 걱정이 됐어, 얘야!
2. **We're worried about** our friend.
우리 친구가 걱정돼서요.
3. It's just – **I'm worried about** Bonnie.
그냥–보니가 걱정이 돼서.
4. What **are you** so **worried about**?
뭘 그렇게 걱정하는 거예요?
5. The truth is, **I'm** just so **worried about** her.
실은 말야, 난 단지 걔가 너무 걱정이 돼.

## 086 I'm afraid of ~
~가 무서워

1. Mr. Wazowski, I'm a five-year-old girl on a farm in Kansas **afraid of** lightning.
와조스키 군, 난 캔사스 시골에 사는 5살 여자아이고 번개를 무서워해요.
2. Mr. Kraus, I'm a four-year-old girl the youngest of six and **I am scared of** harlequin dolls.
크라우스 군, 난 6남매 중 막내딸이고 할러퀸 인형을 무서워해요.
3. **I'm scared of** the dark.
난 어둠이 무서워.
4. **Are...** you **afraid of** it?
그게… 두려운 거예요?
5. **I'm** a five-year-old girl **afraid of** spiders and Santa Claus.
난 5살 여자아이고 거미와 산타를 무서워해요.

## 087 might be ~
~일지도 몰라

1. I know, I know, but my friend **might be** in there.
알아, 안다고. 하지만 내 친구가 저기에 있을지도 몰라.
2. And I'm very worried that she **might be** lost.
그리고 걔가 길을 잃었을까 봐 걱정된다고.
3. It **might be** the nuttiness.
견과류 맛일지도 몰라.
4. You said it yourself – this **might be** your last chance.
당신이 말했잖아요 – 이게 당신의 마지막 기회일지 모른다고.
5. He **might be** hungry.
걔가 배가 고플지도 모르지.

## 088 seem to ~
~인 것 같아

1. Okay, but you don't **seem to** have that on you.
알겠어요, 하지만 당신에게는 그게 없는 것 같군요.
2. I can't **seem to** get her attention or even say the right thing.
그녀의 관심을 끌 수도 없고 제대로 말도 못 하는 것 같아요.
3. You **seem to** be missing something.
뭔가를 잊은 것 같은데.
4. For whatever reason, they **seem to** be reverting back to their primitive savage ways.
이유가 뭔든 간에, 그들이 원시 야수의 습성으로 돌아가는 것 같습니다.
5. I mean, uh... you don't **seem to** know how dangerous… Agrabah can be.
제 말은, 아그라바가 얼마나 위험한지 모르는 것 같아서요.

## 089 makes me feel ~
○○○가 나를 ~하게 해요

1. Almost **makes me feel** sorry for the guy – not really!
그가 안됐다는 느낌이 들 뻔했는데 – 정말은 아니에요!
2. Now get out there and **make me** proud!
이제 나가서 내가 널 자랑스러워할 수 있도록 해 봐.
3. Why doesn't that **make me feel** better...?
그 사실을 듣고 왜 기분이 좋지 않은 걸까…?
4. Music's the only thing that **makes me** happy.
오직 음악만이 저를 행복하게 해 줘요.
5. Your customers **make me** unhappy.
자네가 맡은 고객들이 날 불행하게 하거든.

## 090 Looks like ~
~인 것 같군

1. **Looks like** we're going into REM.
REM 상태로 들어간 것 같아.
2. **Looks like** you're out of microbots.
마이크로봇이 다 떨어진 것 같군.
3. **Looks like** this was a hospital.
여기가 병원이었던 것 같아.
4. Well, Michael, **looks like** it's you and me again.
마이클, 다시 너와 내가 함께 해야 하는 것 같구나.
5. **Looks like** I've hit the jackpot!
내가 대박이 난 것 같군.

16

### 091 It's like ~
~인 것 같아

1. **It's like** I'm having a breakdown.
   내가 고장이라도 난 것 같아.
2. **It's like** Dad's got a steel stomach!
   아빠는 강철로 된 위장을 가지고 있는 것 같아요!
3. **It's like** a little baby unicorn.
   작은 아기 유니콘 같아.
4. **It's like** we don't learn anything.
   아무것도 배우는 게 없는 것 같아.
5. Well, **it's like** a Superhero's playground!
   슈퍼히어로의 놀이터 같은 곳이잖아요!

### 092 Can you ~?
~해 주시겠어요?

1. **Can you** please keep it down over there?
   거기 목소리 좀 낮춰 줄 수 있어?
2. **Can you** put me through to Officer Colt Bronco?
   콜트 브로코 경관을 연결시켜 주시겠어요?
3. **Can you** please help me?
   저 좀 도와주시겠어요?
4. Honey, Fred, **can you** give us some cover?
   허니, 프레드, 우리를 엄호해 주겠어?
5. **Can you** help me with my chores today?
   오늘 내 일을 도와줄 수 있어?

### 093 Will you ~?
~해 주시겠어요?

1. **Will you** come down to dinner?
   저녁 먹으러 내려오시겠어요?
2. Come on! **Will you** cut it out?
   제발요! 그만해 주시겠어요?
3. **Will you** help me?
   날 도와주겠어?
4. Honey, **will you** please shut that toy off?
   여보, 저 장난감 좀 꺼 주면 안될까?
5. **Will you** sing it for us, please?
   우릴 위해서 그 노래를 해 주시겠어요, 제발?

### 094 Help me ~
~하도록 도와주세요

1. Olaf, **help me** stop!
   올라프, 나 좀 멈춰 줘!
2. Hey, come on, **help me** out of these.
   이봐, 날 좀 풀어 줘.
3. Please **help me** find my family.
   제발 우리 가족을 찾을 수 있게 도와줘.
4. **Help me** up, Olaf. Please.
   올라프, 날 좀 일으켜 줘.
5. C'mon, **help me** get outta here.
   제발, 여기서 벗어날 수 있게 도와줘.

### 095 May I ~?
내가 ~해도 되니?

1. Gaston, **may I** have my book, please?
   개스톤, 제 책을 돌려주겠어요?
2. **May I** have my tires back so I can go on the simulator please?
   시뮬레이터를 탈 수 있게 내 타이어를 다시 붙여 주시겠어요?
3. **May I** help you?
   어떻게 오셨나요?
4. **May I** take your bird back to camp as my prisoner?
   당신의 새를 포로로 잡아서 캠프로 데려가도 될까요?
5. **May I** be excused?!
   실례해도 될까요?!

### 096 Can I ~?
~해도 될까요?

1. I love you, Elastigirl, **can I** get a picture with you?!
   사랑해요, 엘라스티걸, 같이 사진 찍어도 될까요?!
2. Uh, ocean... **can I** get a little help?
   바다야… 좀 도와주겠니?
3. But **can I** ask you something?
   하지만 뭐 하나 물어봐도 될까요?
4. So kind, really, **can I** pay you back?
   정말 친절하시네요, 제가 갚아 드려도 될까요?
5. Excuse me, **can I** borrow your guitar?
   실례지만, 기타 좀 빌릴 수 있을까요?

### 097 I need to ~
제가 ~해야 해요

1. Anna, **I need to** ask you a question.
안나, 물어볼 게 있어.

2. **I need to** see them, Mother.
전 그것들을 봐야겠어요, 어머니.

3. **I need to** find Nick. Please.
닉을 찾아야 해, 제발이야.

4. I'm Miguel, your great-great grandson... **I need to** borrow this.
전 당신의 고손자 미구엘이에요… 이걸 빌려야겠어요.

5. Hi. I need to find friendship island.
안녕하세요. 우정 섬을 찾아야 하는데요.

### 098 I need you to ~
네가 ~해 줘야 해

1. I'm warmed up enough and now **I need you to** launch this thing.
난 충분히 워밍업이 됐어요. 이제 이걸 실행해 줬으면 하네요.

2. Because **I need you to** get Kurt up to speed for the race next weekend.
당신이 다음 주 경기를 대비해서 커트를 준비시켜 줘야 하니까.

3. **I need you to** intervene!
당신이 중재를 해야죠!

4. And that's why **I need you to** be at your best.
그래서 난 너희들이 최고 수준이 되었으면 해.

5. **I need you to** think of the beach!
당신이 해변을 생각했으면 해요!

### 099 I want you to ~
네가 ~하면 좋겠어

1. **I want you to** tell me...do you see anything?
내게 말해 줬으면 해… 뭐가 보여?

2. **I want you to** stop making us look like fools.
우릴 바보로 만드는 일을 그만했으면 좋겠어.

3. You have to say, "Genie, **I want you to** save my life."
"지니, 내 생명을 구해 줘."라고 해야 해.

4. Dash, if anything goes wrong, **I want you to** run as fast as you can.
대쉬, 무슨 일이 생기면 넌 아주 빨리 도망가야 해.

5. Belle, **I want you to** leave this place.
벨, 넌 이곳을 벗어나야 해.

### 100 ~, please
~ 부탁해요

1. Next family, **please**!
다음 가족이요!

2. Identification, **please**...?
신분증 부탁합니다.

3. Light, **please**.
불 좀 비춰 줘.

4. Gimme the pen, **please**.
그 펜을 줘, 제발.

5. Listen, **please**.
내 말 좀 들어 봐, 제발.

### 101 Please don't ~
제발 ~하지 마세요

1. **Please don't** drop me.
제발 날 떨어뜨리지 마.

2. **Please don't** freak out.
제발 놀라지 말아요.

3. **Please don't** go away.
제발 가지 마.

4. **Please don't** shut me out again.
제발 다시 날 멀리하지 마.

5. **Please don't** be mad.
제발 화내지 마세요.

### 102 Let's ~
~하자

1. **Let's** end this season with a great race!
멋진 경기로 이 시즌을 끝냅시다!

2. Come here **let's** get a picture.
이리 와서 같이 사진 찍읍시다.

3. Come on, Abu, **let's go** home.
자, 아부, 집에 가자.

4. All right, geniuses, **let's** feed those hungry brains.
좋아요, 천재 여러분, 배고픈 두뇌를 채우자구요.

5. **Let's go** back to the village.
마을로 돌아가자.

### 103 How about ~?
~는 어때요?

1. **How about** you guys start without me?
나 빼고 먼저 시작하지 그래?
2. **How about** I sit here until you fall asleep?
네가 잘 때까지 내가 여기에 앉아 있는 건 어때?
3. Hey, **how about** we play a game?
이봐, 우리 게임할까?
4. **How about** we read some mind manuals, huh?
우리 마음 설명서를 읽어 보는 건 어때?
5. **How about** we go to the carnival?
우리 축제에 가는 게 어떨까?

### 104 Why don't we ~?
우리 ~하는 게 어때?

1. **Why don't we** fry them up now and serve them with chips?
차라리 그 애들을 튀겼다가 감자칩과 함께 내놓는 건 어때?
2. Well, **why don't we** go to the elephant lot and rent an elephant?
코끼리 농장에 가서 코끼리 한 마리를 렌트하는 게 어떨까?
3. **Why don't we** just live in this smelly car?
그냥 냄새나는 이 차에서 사는 게 어떨까?
4. And on that note, **how about** we say goodnight to your father?
그런 의미에서 아빠에게 굿나잇하는 게 어떨까?
5. **How about** we read some mind manuals, huh?
우리 마음 설명서를 읽어 보는 건 어때?

### 105 Why don't you ~?
~하지 그래요?

1. **Why don't you** come meet our new friends?
나와서 새 친구들에게 인사하지 그래?
2. **Why don't you** give him a chance?
그에게 기회를 주는 건 어때요?
3. **Why don't you** stay?
여기 있는 게 어때?
4. **Why don't you** try him sometime?
그에게 언제 한번 시도해 보지 그러니?
5. Hey, uh, **why don't you** get some sleep?
이봐, 잠을 좀 자는 게 어때?

### 106 We'd better ~
~하는 게 좋겠어

1. Then **we'd better** make sure we're there waiting for him.
그러면 우리가 확실히 거기서 그를 기다리는 게 좋겠어.
2. **We'd better** turn around...and...whoa...whoa boy, whoa Phillipe.
돌아가는 게 좋겠어… 그리고… 워… 워 이봐, 필립.
3. It's been a wonderful evening, but **we'd better** be going.
훌륭한 저녁이었어요. 하지만 저희는 가 봐야겠군요.
4. **We better** get going to Florida.
플로리다로 가는 게 좋겠어.
5. **We better** lighten up.
우리가 기분을 업시키는 게 좋겠어.

### 107 We've got to ~
우리 ~해야 해

1. Alright. But **we've got to** hurry.
알았어. 하지만 서둘러야 해.
2. Now **we've got to** blow up this exit.
이제 이 출구를 폭파시켜야 해.
3. And you're right, Anna; **We've got to** find the voice.
네가 맞아 안나: 우리 그 목소리를 찾아야 해.
4. **We gotta** save him.
우리는 그를 구해야 해.
5. **We gotta** get outta here now.
우리 당장 여기서 벗어나야 해.

### 108 Try to ~
~해 보세요

1. Straighten up, **try to** act like a gentleman.
몸을 펴고, 신사답게 행동하려고 하세요.
2. **Try to** make the world a better place.
세상을 좋은 곳으로 만들려고 해 보세요.
3. **Try to** look inside yourselves.
여러분의 내면을 바라보려고 하세요.
4. Okay, come on, come on, **try to** remember better...
자, 어서, 잘 기억해 봐…
5. Lucius, **try to** buy us some time!
루시우스, 시간을 끌어 줘요!

19

### 109 You should ~
~해 봐

1. They are delicious. **You should** try some.
   맛있어. 당신도 좀 먹어 봐.

2. **You should** see your faces because you look... ridiculous.
   너희가 직접 너희 얼굴을 봤으면 좋겠어. 너무… 멍청하게 보이거든.

3. Well, **you should** learn to control your temper!
   성질 죽이는 법을 배워야겠군요!

4. When something's too hard, Dory, **you should** just give up.
   너무 힘들면, 도리야. 그냥 포기해야 해.

5. **You should** be up there with me.
   나와 함께 올라가는 게 좋겠어.

### 110 You don't have to ~
~하지 않아도 돼

1. **You don't have to** say when it's not time.
   언제가 적절하지 않은지 말할 필요는 없다고.

2. **You don't have to** keep your distance anymore.
   더 이상 거리를 둘 필요는 없어.

3. **You don't have to** be afraid.
   두려워할 필요도 없어.

4. You have secrets too but **you don't have to** hide.
   너도 비밀이 있어 하지만 숨을 필요는 없어.

5. Okay, remember, **you don't have to** win.
   자, 잊지 마. 우승할 필요는 없어.

### 111 I'll take you ~
내가 ~로 데려다 줄게

1. Fine, **I'll take you** to see the lanterns.
   좋아요, 당신이 등불을 볼 수 있게 데려가죠.

2. **Take me** up the North Mountain... Please.
   북쪽 산으로 데려나 줘.. 부탁이야.

3. **I'll take you** home and get you something warm to drink.
   널 집에 데려다 주고 따뜻한 걸 마시게 해 줄 테니까.

4. **Take me** to these lanterns, and return me home safely.
   나를 등불이 있는 곳으로 데려갔다가 집에 안전하게 데려오는 거죠.

5. Now, let go of Buzz and come with me, **I'll take you** to Bonnie.
   이제 버즈를 놔주고 나와 함께 가자. 너희들을 보니에게 데리고 가 줄게.

### 112 Let me ~
내가 ~할게요

1. **Let me** ask you something.
   당신들께 뭐 좀 물어볼게요.

2. Cruz, **let me** handle this my way.
   크루즈, 내 방식대로 하게 해 줘요.

3. **Let me** do it!
   내가 해 볼게요!

4. Alright, listen, first: **let me** do the talking.
   잘 들어. 먼저: 말하는 건 나한테 맡겨.

5. Yes, Simba, but **let me** explain.
   그래, 심바. 하지만 내가 설명해 줄게.

### 113 Let me know ~
~ 알려 주세요

1. **Let me know** when you're ready for another round M'Lady.
   공주님, 한 잔 더 하시고 싶으면 알려 주세요.

2. If you swoon, **let me know**, I'll catch you.
   기절할 것 같으면 알려 주세요. 제가 얼른 잡아 드릴게요.

3. **Let me know** what you find, it was really nice for me to be--
   뭘 찾아냈는지 알려 줘요. 참 좋았어요. 내가--

4. And **let me know** what's beyond that line.
   저 선 밖으로 뭐가 있는지 알려 주세요.

5. Just want to **let you know**, Ramirez is moving up toward you.
   그냥 너한테 알려 주는 거야. 라미레즈가 네 쪽으로 가고 있어.

### 114 Mind if I ~?
~해도 될까요?

1. Do you smoke? **Mind if I do?**
   담배 피우나요? 제가 피워도 돼나요?

2. **You mind if I–?**
   부탁 좀 드려도 될까요?

3. Buzz, **mind if I** squeeze in next to ya?
   버즈, 네 옆에 앉아도 될까?

4. Sir, close that at once, **do you mind?**
   이봐요, 빨리 닫아요. 그래 주시겠어요?

5. Do you **mind if I** kiss the monkey?
   원숭이에게 키스해도 될까요?

20

## 115 It's a pleasure to ~
~해서 기뻐요

1. Ms. Nash, **it's a pleasure to** meet you.
내쉬 부인, 만나서 반갑습니다.

2. **It is an honor to** protect my country, and my family.
내 나라와 가족을 지키는 건 명예로운 일이야.

3. **It's a pleasure to** be here, Chick.
여기에 나오게 되어서 기쁘군요, 칙.

4. **It is my honor to** bestow upon you the Medal of Heroes.
자네에게 히어로즈 메달을 수여해서 영광이네.

5. **Pleasure to** meet you.
만나서 반가워.

## 116 Would you like to ~?
~하시겠어요?

1. **Would you like to** see them?
그들을 보고 싶어요?

2. **Would you like to** stand up and introduce yourself?
일어나서 자기 소개를 해 주겠니?

3. **Would you like to** stay for dinner?
저녁 드시고 가시겠어요?

4. **Would you like to** join me on a tour of my kingdom tomorrow?
내일 왕국 구경을 함께 하시겠어요?

5. **Would you like to** see more?
더 보고 싶어요?

## 117 I appreciate ~
~해 주셔서 감사해요

1. **I appreciate** the offer, Mr. Krei.
제안은 감사해요, 크레이 씨.

2. I uh, **appreciate** what you did down there, took guts, but uh –
어, 네가 거기서 용기를 내서 한 일에 대해서는 고마워, 하지만 –

3. I really **appreciate** it.
정말 감사드립니다.

4. Mike, **we appreciate** everything you've done… but he's right.
마이크, 네가 한 일들을 다 감사하게 생각하지만… 쟤가 맞아.

5. Look, **I appreciate** your concern, old-timer.
걱정해 주셔서 감사해요, 선생님.

## 118 Thanks for ~
~해 줘서 고마워

1. So good to see you, **thanks for** coming out.
만나서 반가워요, 와 줘서 고마워요.

2. **Thanks for** taking it easy on grampa.
할아버지에게 선심 써 줘서 고맙군.

3. **Thanks for** understanding.
이해해 줘서 고마워요.

4. So… you know, **thanks for** not giving up on me.
있잖아… 저기, 날 포기하지 않아 줘서 고마워.

5. **Thanks for** getting back.
전화해 줘서 고마워요.

## 119 Thanks to ~
~ 덕분이에요

1. He's fine, **thanks to** the skillful driving of Sir Ian Lightfoot!
아빠는 괜찮으셔, 이안 라이트풋 경의 운전 실력 덕분이지!

2. China will sleep safely tonight. **Thanks to** our brave warriors!
중국이 오늘은 편히 잘 수 있겠어, 우리의 용맹스러운 전사들 덕택에 말이야!

3. And it's all **thanks to** you, kid.
그게 다 네 덕분이야, 꼬마야.

4. **Thanks to** Maximus, crime in the kingdom disappeared almost overnight.
막시무스 덕분에 왕국의 범죄도 하룻밤 만에 사라졌어요.

5. Now, **thanks to** you, I am the laughingstock of the entire kingdom!
이제 너 때문에 난 왕국 전체의 조롱거리가 되었다고!

## 120 I'm sorry about ~
~해서 안타깝네요

1. **I'm** really **sorry about** this afternoon.
오늘 오후에 있었던 일은 정말 안타깝네요.

2. **Sorry about** your house, Mr. Fredricksen.
프레드릭슨 할아버지, 집이 사라져서 안타까워요.

3. **I am sorry about** the fire.
불이 나서 안됐어.

4. **I'm sorry about** the dogs – hope they weren't too rough on you.
개들 때문에 죄송해요 – 쟤들이 당신들에게 너무 거칠게 하지 않았기를 바라요.

5. **I'm sorry about** this violence.
말썽을 부려서 죄송합니다.

21

### 121 I'm sorry to/that ~
~해서 미안해요

1. **I am sorry to** see you go, Miguel.
   네가 가서 섭섭하구나, 미구엘.
2. Well... **sorry to** burst your bubble, but you two turtle doves have no choice.
   꿈을 깨서 미안하지만, 두 멧비둘기들은 선택의 여지가 없어요.
3. **Sorry to** bother you, but –
   귀찮게 해서 미안한데 –
4. Did we hurt your feelings? **I'm so sorry** if we did.
   우리가 기분 나쁘게 했어? 그랬다면 정말 미안해.
5. **Sorry to** tell you on the phone.
   전화로 말씀드려서 죄송하네요.

### 122 I'll ~
~하겠어요

1. **I'll** replace your sled, and everything in it.
   썰매를 교체해 드릴게요, 그 안에 있는 것도 모두요.
2. **I'll** bring her back, and **I'll** make this right.
   그녀를 데려와서 이 일을 바로잡을 거야.
3. **I'll** do my best, son.
   내가 최선을 다할게.
4. After I make my first two wishes, **I'll** use my third wish to set you free.
   소원 두 개를 말한 뒤에 세 번째 소원은 널 자유롭게 해주는 데 사용할게.
5. **I'll** teach you some respect!
   네 버릇을 고쳐 주겠다!

### 123 I won't ~
~하지 않겠어

1. You won't tell him, **I won't** tell him.
   너도 그에게 말을 안 하고 나도 말을 안 할게.
2. Go ahead. **I won't** judge.
   그렇게 해, 나쁘게 보지 않을 테니까.
3. **I won't** leave you!
   전 떠나지 않을 거예요!
4. And **I won't** leave anything out.
   하나도 빼먹지 않겠습니다.
5. **I won't** allow it.
   난 그걸 용납하지 않겠어.

### 124 I won't let ~
~를 허락하지 않겠어

1. Trust me, **I won't let** you hit anything – wall!
   날 믿어, 네가 전혀 부딪히지 않게 할 테니까 – 벽이야!
2. **I won't let** you down.
   실망시켜 드리지 않겠어요.
3. **I won't let** anything happen to her.
   그녀에게 어떤 일도 일어나지 않도록 하겠어.
4. I promise, **I will never let** anything happen to you... Nemo.
   약속할게, 너에게는 어떤 일도 일어나지 않도록 하겠어… 니모.
5. I promise **I won't let** Coco forget you!
   코코가 당신을 잊지 않도록 하겠다고 약속할게요!

### 125 I'm gonna ~
~하겠어요

1. **I'm gonna** destroy that guy!
   저놈을 박살 내고 말겠어!
2. **I'm gonna** beat you over that finish line!
   도착 지점에서 널 이기고야 말겠어!
3. **I'm gonna** tell him.
   말을 해 줘야겠어.
4. No, **I'm gonna** get us to Te Fiti so you can put it back.
   아니요, 우리는 테피티에 갈 거고 당신은 거기에 그걸 돌려놓는 거예요.
5. **I'm gonna** go get my hook back!
   가서 내 갈고리를 찾아오겠어!

### 126 I'm not gonna ~
~하지 않겠어

1. **I'm not going to** let the poor child go hungry.
   저 불쌍한 아이가 배고프게 두지 않겠어요.
2. **I'm not going to** step out onto nothing!
   난 절대로 아무것도 없는 곳에 걸어가지 않을 거야!
3. **I'm not going to** leave you behind, that's not happening.
   널 두고 가지 않을 거야, 그런 일은 없어.
4. I can't stop you from going, but **I'm not gonna let** you go on your own.
   널 말릴 수는 없지만 널 혼자 보내지는 않겠어.
5. **I'm not gonna** race you.
   당신을 경주에 참여시키지 않겠어요.

### 127. I have to ~
~해야 해

1. **I have to** go here.
나 여기 다녀야겠어.
2. **I have to** get home before sunrise.
해가 뜨기 전에 저는 집에 가야 해요.
3. **I have to** find the boat!
그 보트를 찾아야 해.
4. **I have to** fix this, but I can't do it without you.
내가 이걸 수습해야 해. 하지만 너 없인 할 수 없어.
5. **I have to** find my family!
우리 가족을 찾아야 해요!

### 128. I gotta ~
~해야겠어

1. **I gotta** see him again, tonight!
그를 다시 만나야겠어. 오늘 밤!
2. **I gotta** get back out there before he does!
쟤가 그러기 전에 내가 들어가야 한다고!
3. **I gotta** fix this.
내가 이 문제를 해결해야 돼.
4. **I gotta** be smooth, cool, confident.
부드럽게, 쿨하게, 그리고 자신 있게 해야지.
5. **I gotta** go back and set things right.
돌아가서 일을 바로잡아야겠어.

### 129. No matter what ~
~라고 해도

1. And **no matter what** happens, I'm gonna move onto the next rookie and forget I ever knew you.
어떻게 되든 상관없이, 난 새로운 루키와 사귀고 널 알았다는 사실을 잊어버릴 거야.
2. He just never gives up on me. **No matter what**.
그는 절대 날 포기하지 않아요. 무슨 일이 있어도.
3. **No matter what** anybody says... you'll always be a prince to me.
누가 뭐라든 간에… 당신은 항상 나의 왕자님이에요.
4. Do you promise to look out for your brothers, **no matter what** the peril...
무슨 시련이 있어도, 형제들을 지키겠다고 약속합니까…
5. He'll be there for you, **no matter what**.
무슨 일이 있어도 그는 너를 위해 그 자리에 있을 거야.

### 130. No one ~
아무도 ~하지 못해

1. **No one** hustles Yama.
아무도 야마를 건드리지 못해.
2. It's Día de los Muertos – **no one**'s going anywhere.
오늘은 죽은 자들의 날이야 – 아무도 어디 갈 수 없어.
3. **No one** goes beyond the reef!
아무도 산호초 밖으로 나가선 안 돼!
4. **No one** goes near that door until the authorities arrive.
관계자가 올 때까지 아무도 저 문 근처에 갈 수 없어.
5. **No one** says 'no' to Gaston!
아무도 개스톤에게 '안 돼'라고 하지 않아!

### 131. I can't ~
도저히 ~ 못하겠어요

1. **I can't** take that kind of risk!
난 그런 위험을 감당할 수 없다고!
2. Obviously **I can't** keep giving him cookies!
알다시피 걔한테 계속 쿠키를 줄 순 없다고!
3. **I can't** just GO!
그냥 갈 수는 없어요!
4. **I can't** tell her about this, not while she's doing hero-work!
이 문제를 그녀에게 말할 순 없어. 그녀가 히어로 일을 하는 동안에는 말이야!
5. **I can't** marry her.
쟤랑 결혼할 수 없어.

### 132. I'm sure ~
확실히 ~할 거야

1. But **I'm sure** it's not wrong about you.
네가 이상한 게 아니라는 건 내가 확신한다고.
2. That's funny, **I'm sure** there was someone.
이상하네. 누가 있었던 게 분명한데.
3. **I'm sure** he's here somewhere.
걔는 여기 어딘가에 분명히 있을 거야.
4. **I'm sure** Buzz and Woody are on their way back right now.
버즈와 우디는 분명히 오고 있을 거야.
5. **I'm sure** they're not far.
그분들이 절대 멀리 있지 않으실 거야.

23

## I believe ~
### ~한다고 믿어

1. I beg your pardon, old friend, but **I believe** I told you.
   미안하지만, 친구, 내가 분명히 말했다고.

2. **I believe** I made my position to your boss quite clear.
   당신 사장에게 내 입장을 분명히 말했을 텐데.

3. **I believe** this piece is from South America.
   분명히 이건 남미에서 온 거예요.

4. Forgive me, Your Majesty, but **I believe** my troops can stop him.
   송구하오나, 전하, 저의 군대가 확실히 그를 막을 수 있습니다.

5. **I believe** this is the man you're looking for!
   이 자가 당신들이 찾고 있는 사람인 게 확실해요!

## I bet ~
### ~를 확신해요

1. **I bet** they took Otterton too.
   그들이 오터톤도 잡아간 게 분명해.

2. Oh, **I bet** my surprise is bigger!
   내 깜짝 소식이 더 놀라울걸!

3. **I bet** it'd be really fun!
   확실히 재미있을 거예요!

4. **I bet** it goes something like this!
   이렇게 할 거라고 확신해!

5. **I bet** we break the all-time record in our first year.
   분명히 우리가 첫해에 최고 기록을 깰 거야.

## I knew ~
### ~인 줄 알았다니까

1. **I knew** I could count on you.
   널 믿을 수 있을 줄 알았다니까.

2. **I knew** they weren't stars!
   그게 별이 아닌 줄 알았다니까!

3. **I knew** we could do it.
   우리가 해낼 줄 알았어.

4. **I knew** there was something dubious going on here.
   뭔가 수상쩍은 게 있는 줄 알았다니까.

5. **I knew** you could do it.
   언니가 해낼 줄 알았어.

## I'm telling you ~
### 확실히 말해 두는데 ~

1. **I'm telling you**. It's a world class menagerie.
   월드 클래스를 자랑하는 동물들이랍니다.

2. **I'm telling you** – this time there is no other way!
   내가 말해 두는데 – 이번에는 진짜 다른 방법이 없다고!

3. And **I'm telling you** "not a chance."
   내가 말해 두는데, "헛소리 작작해요."

4. **I'm telling you**, you're gonna be seeing this face on TV more often.
   내가 말해 두는데, 이 얼굴을 TV에서 더 자주 보게 될 거야.

5. And **I'm telling you**... this is the only way to find a Phoenix Gem.
   내가 말해 두는데… 이게 피닉스의 보석을 찾을 수 있는 유일한 방법이야.

## There must be ~
### 분명히 ~가 있을 거야

1. **There must be** more than this provincial life!
   이런 시골 생활보다 더 좋은 곳이 분명히 있을 거야!

2. **There must be** something wrong with the scream intake valve.
   비명 흡입 밸브에 이상이 있는 게 분명해.

3. **There should be** a safe way.
   안전한 방법이 틀림없이 있을 거야.

4. **There should be** a little hole under the switch!
   스위치 아래에 작은 구멍이 있는 게 분명해!

5. **There must be** dozens.
   수십 명은 있는 게 틀림없어!

## You'll never ~
### 넌 ~할 수 없을 거야

1. **You'll never** be as fast as Storm.
   절대 넌 스톰만큼 빨라질 수 없어.

2. **You'll never** be a real cop.
   넌 절대 진짜 경찰이 될 수 없다고.

3. **You'll never** make it!
   넌 결코 성공하지 못할 거야!

4. Well... if you sit on a shelf the rest of your life... **you'll never** find out, will ya?
   평생 선반에만 앉아 있으면… 절대 모를 거야, 그렇지 않겠어?

5. **You'll never** be ready!
   넌 결코 준비되지 않을 거야!

### 139 We're supposed to ~
우린 ~해야 해

1. Maybe **we were supposed to** step on it?
아마 우리가 그 위에 올라서야 하나 봐.

2. I mean, **we're supposed to** be releasing the octopus back to the ocean today.
내 말은 오늘 그 문어를 바다로 돌려보내야 한다구요.

3. **We're supposed to** help people.
우린 사람들을 도와야 하잖아요.

4. I thought **we were supposed to** be keeping Riley happy.
우리가 라일리를 항상 행복하게 해야 한다고 생각했어.

5. **We're supposed to** help OUR people!
우리쪽 사람들을 도와야 한다고!

### 140 I don't know if ~
~할지 모르겠어요

1. **I don't** even **know if** I'm gonna last the night!
내가 오늘 밤을 지낼 수 있을지조차 모르겠어!

2. **I don't know if** you would listen to a gypsy's prayer.
당신이 집시의 기도를 듣는지 잘 모르겠네요.

3. **I don't know if** you can hear me or if you're even there.
당신이 제 말을 들을 수 있는지 아니 거기에 계신지도 모르겠어요.

4. **I don't know if** he's in the mood for visitors.
그가 방문객들을 만날 기분인지 모르겠군.

5. **I don't know if** I can stay with it!
내가 계속 견딜 수 있을지 모르겠어요!

### 141 I promise ~
~하겠다고 약속해요

1. **I promise** you. I will win!
약속드려요. 난 우승할 거예요!

2. **I promise** you I will free this forest and restore Arendelle.
이 숲을 자유롭게 하고 아렌델을 복구하겠다고 약속할게.

3. **I promise** we'll bring it right back.
곧 가져다 드리겠다고 약속해요.

4. And **I promise** you the flag of Arendelle will always fly!!
그리고 아렌델의 깃발이 항상 펄럭일 것을 약속합니다!!

5. And **I promise** I will never try to be good again.
다시는 착한 짓 안 한다고 약속할게.

### 142 You can't ~
~하면 안 되죠

1. Oh, **you can't** cheat on this one.
이런 건 속이면 안 돼요.

2. **You can't** tell anyone about this, okay?
이 일을 다른 사람에게 말하면 안 돼요, 알았죠?

3. **You can't** do that!
그러면 안 되죠!

4. **You can't** throw those away!
그것들을 버리면 안 되죠!

5. **You can't** just follow me into fire.
날 따라서 불구덩이 속으로 들어오면 안 된다고.

### 143 Let her/him ~
~하게 해 줘

1. **Let him** go out for sports!
걔가 운동할 수 있게 해 주라고!

2. **Let him** actually compete!
걔가 실제로 경쟁할 수 있게 해줘!

3. **Let her** go!
그녀를 놔줘!

4. **Don't let him** get out!
걔가 나가지 못하도록 해!

5. Just **let them** come.
그냥 그들이 들어오게 해.

### 144 Listen to ~
~의 말을 들어 봐

1. **Listen to** the kid, Callaghan.
저 아이 말을 들어, 칼라한.

2. **Don't listen to** him.
쟤 말은 듣지 마.

3. **Listen to** me!
내 말 좀 들어!

4. Kids, **listen to** your mother.
애들아, 엄마 말 들어.

5. **Listen to** what I'm saying now!!
내가 하는 말을 들어!!

25

### 145 No more ~
더 이상 ~하지 마

1. If Abuelita says **no more** plaza, then **no more** plaza.
   할머니가 광장에 오지 말라고 하면, 광장에 다시는 오지 않는 거야.
2. **No more** shining shoes – you will be making them!
   더 이상 구두닦이를 하지 않아도 돼 – 이제 넌 구두를 만들 테니까!
3. **No more** music.
   더 이상 음악을 하지 마.
4. **No more** games, Ken!
   더 이상 장난치지 마요, 켄!
5. Look, **no more** talking, okay?
   이봐, 말 좀 그만해, 알겠지?

### 146 Not ~
~ 말고

1. **Not** me, HER.
   나 말고, 그녀 말야.
2. **Not** you! Look!
   너 말고! 봐!
3. **Not** now!
   지금은 안 돼!
4. **Not** him, the older one.
   걔 말구요, 그 형이요.
5. No, **not** that.
   아니, 그거 말고.

### 147 I'm done -ing
~는 하지 않겠어

1. After **I'm done talking** to the shark, okay?
   내가 상어와의 대화를 끝내고 난 다음에, 알겠지?
2. Rapunzel, **we're done talking** about this.
   라푼젤, 이 이야기는 끝났잖니.
3. **I'm done talking**!
   난 더 이상 할 말이 없어!
4. She said **she's done with** breakfast.
   걔가 아침 다 먹었대.
5. And **I'm** really, really **done talking** about this.
   그리고 정말로 난 이 일에 대해 더 이상 말하지 않겠어.

### 148 I ain't ~
~하지 않겠어

1. **I ain't** talking, rabbit.
   난 아무 말도 안 할 거야, 토끼야.
2. Eh, **you ain't** worth my time, chicken boy.
   너한테는 내 시간이 아까워, 약해 빠진 놈.
3. **I ain't** biting no more butts.
   난 더 이상 엉덩이를 깨물지 않겠어.
4. I miss Woody, too. But **he ain't** ever comin' back.
   나도 우디가 보고 싶어. 하지만 그는 돌아오지 않을 거야.
5. **You ain't** leavin' Sunnyside.
   당신은 써니사이드를 절대 못 나가.

### 149 You don't know ~
넌 ~를 모를 거야

1. **You don't know** what it's like over here!
   여기가 어떤 곳인지 너희는 정말 모를 거야!
2. **You don't know** what you're talking about...
   당신이 무슨 말을 하는지도 모르잖아요…
3. **You don't know** what you're doing!
   네가 하려는 일이 어떤 건지도 모르잖아!
4. **You don't know** how long I've wanted to do that, Sullivan.
   설리반, 내가 이렇게 하길 얼마나 원했는지 넌 모를 거다.
5. **You don't know** what it's like out there.
   넌 밖이 어떤지 잘 몰라.

### 150 You need to ~
넌 ~해야 해

1. **You need to** get all the way over!
   저쪽으로 가야 한다고!
2. **You need to** find a better outlet.
   네 힘을 발산할 수 있는 더 좋은 곳을 찾아야 해.
3. **You need to** stop doing that.
   그렇게 하지 말라고.
4. **You need to** clean up act, amigo.
   행동을 바르게 해, 친구.
5. Sir, **you need to** go now.
   시장님, 지금 나가셔야 합니다.

### 151 All that matters is ~
중요한 것은 ~야

1. **None of that matters** now.
   그런 건 이제 중요하지 않아.
2. We're all together now, **that's what matters**.
   우리 모두가 지금 함께 있잖아, 그게 중요한 거지.
3. **All that matters is** that we get to spend as much time as possible with Dad.
   중요한 건 우리가 가능한 한 많은 시간을 아빠와 보내야 한다는 거야.
4. **What matters is** that we're here for Andy when he needs us.
   중요한 건 앤디가 필요할 때 우리가 여기에 있다는 거야.
5. That's **all that matters**.
   그게 중요하지.

### 152 How long ~?
얼마나 ~했던 거야?

1. **How long** have you been out on your own?
   얼마나 오랫동안 혼자 있었던 거야?
2. So, uh, **how long** is this gonna take?
   그래서, 이게 얼마나 걸릴까요?
3. So, **how long** were you in this store?
   그래서 얼마나 이 가게에 있었던 거야?
4. **How long** has it been doing that, exactly?
   언제부터 그렇게 된 거예요, 정확히?
5. **How long** will it last, Woody?
   그게 얼마나 갈 것 같나, 우디?

### 153 How many/much ~?
몇 개가/얼마나 ~한 거니?

1. **How many** kids you got in there?
   거기에 애가 몇 명이나 있는 거야?
2. **How many** men does it take to deliver a message?
   소식 하나 전하는 데 몇 명이나 필요한 거지?
3. **How many** women do you see in this kitchen?
   이 주방에 여자가 몇 명이나 보이지?
4. Did you see 'em? **How many** are there?
   쟤네들 봤어? 몇 명이나 있는 거야?
5. **How much** track is built?
   선로가 얼마나 완공되었죠?

### 154 Where did you ~?
어디서 ~했던 거야?

1. **Where did you** read that?
   그런 건 어디서 읽었니?
2. **Where did you** come from?
   어디서들 온 거예요?
3. **Where did you** learn that?
   그건 어디서 배웠니?
4. **Where did you** see them last?
   그들을 어디서 마지막으로 봤니?
5. **Where did you** get that scarf?
   그 스카프 어디서 났지?

### 155 What do you mean ~?
~가 무슨 말이야?

1. **What do you mean**, you're not lucky?
   무슨 말이야, 네가 운이 없다니?
2. **What do you mean** not race me?
   날 경주에 참여시키지 않겠다는 게 무슨 말이에요?
3. **What do you mean** it's from Dad?
   그게 아빠한테서 왔다는 게 무슨 말이야?
4. **What do you mean** not-on-the-road?
   경기를 나서지 않겠다는 게 무슨 소리야?
5. **What do you mean** a loser?!
   패배자라는 게 무슨 말이야?!

### 156 Which one ~?
어떤 게 ~하지?

1. **Which one**'s the front?
   어느 쪽이 앞이지?
2. **Which one** is off?
   어떤 게 끄는 거야?
3. **Which one** would you like?
   어떤 것으로 하시겠어요?
4. So, **which one** is it?
   그래서 어떤 거야?
5. **Which one** launches the rockets?!
   어떤 게 로켓을 발사하는 거예요?!

27

### 157 Whose ~?
누구의 ~죠?

1. Wait, **whose** foot is that?
   잠깐, 그거 누구 발이야?
2. ACHOO! I am sorry, **whose** alebrije is that?
   애취! 미안해요, 저건 누구 알레브리헤죠?
3. **Whose** car is it?
   저거 누구 차야?
4. And can anyone tell me **whose** job it is to go get that scream?
   비명을 모으는 일이 누구의 일인지 말해 줄 사람?
5. And **whose** fault is that?
   그리고 그건 누구 잘못이지?

### 158 What else ~?
또 뭐가 ~한 거죠?

1. **What else** matters?
   또 뭐가 중요해?
2. **What else** can go wrong?
   또 무슨 일이 터진 거야?
3. **Who else** do you have?
   또 뭐가 있어요?
4. **Who else** knows my location?
   또 누가 제 위치를 알고 있죠?
5. **Who else** do you miss?
   또 뭐가 그리워요?

### 159 What makes you ~?
왜 ~한 거야?

1. And **what makes you** think you're comin'?
   그리고 왜 너도 가야 한다는 거야?
2. **What makes him** think he is worthy of the princess?
   왜 그놈이 저놈이 공주를 차지할 자격이 있다고 생각하는 거지?
3. **What makes you** think it's special?
   이게 왜 특별하다고 생각하는 거야?
4. So tell me, **what made the Queen** go all ice-crazy?
   여왕님은 왜 얼음같이 화가 난 거예요?
5. **What makes you** so sure?
   왜 그렇게 확신하는 거야?

### 160 What do you think ~?
~를 뭐라고 생각해?

1. **What do you think** it is, genius?
   그게 뭐라고 생각해, 천재 친구?
2. **What do you think** you're doing?
   너 뭐 하는 거니?
3. **What do you think** they want?
   그들이 원하는 게 뭐라고 생각해요?
4. **What do you think** is going on here?
   무슨 일이 벌어지고 있다고 생각하는 거야?
5. **What do you think** happened?
   무슨 일이 있었던 것 같아?

### 161 Should I ~?
제가 ~할까요?

1. You want to tell him or **should I** tell him?
   네가 말할래 아니면 내가 말할까?
2. Or **should I** even call you that?
   아니면 제가 당신을 그렇게 불러야 할까요?
3. **Should I** use my head?
   내 머리를 써야 할까?
4. Hm, **should I** know what that means?
   흠, 그게 무슨 말인지 내가 알아야 할까?
5. **Should I** be concerned about this?
   이 일에 대해 내가 걱정해야 하나요?

### 162 You want me to ~?
내가 ~하라는 거니?

1. So... **you want me to** just stand here?
   그러니까… 내가 그냥 여기에 서 있길 바라는 거지?
2. **You want me to** shut it down without completely destroying it.
   내가 완전히 파괴시키지는 말고 중지만 시키라는 거군요.
3. **You want me to** leave?
   내가 갔으면 하는 거야?
4. So **you want me to** throw her father in the asylum unless she agrees to marry you?
   그녀가 당신과 결혼하지 않는다면 내가 그녀의 아버지를 정신 병동에 넣으라는 건가?
5. **You want me to** be the bad guy?
   내가 악역이 되길 바라는 거니?

### 163. Are you sure ~?
~인 게 확실해요?

1. **Are you sure** we want to do this?
정말 이렇게 하고 싶은 거야?
2. **Are you sure** you know where we're going?
너 우리가 어디로 가는지 확실히 아는 거지?
3. **Are you sure** they're gone?
그들이 돌아가신 게 확실해요?
4. **Are you sure** the police are gonna be okay with this?
이 일에 대해서 경찰이 확실히 괜찮다고 할까요?
5. **Are you sure** you have time for this?
이런 걸 할 시간이 있는 게 확실해요?

### 164. Are you saying ~?
~라는 거죠?

1. **Are you saying** you wanna lodge a complaint with Star Command?
스타 커맨드에 불만을 제기하겠다는 건가?
2. **What are you sayin'**, exactly?
정확하게 무슨 말을 하는 거야?
3. **Are you saying** that because he's a sloth, he can't be fast?
쟤가 나무늘보라서 빠르지 못하다는 말이야?
4. **Are you telling me** tonight you're gonna get down on one knee?
오늘 밤 네가 무릎을 꿇고 청혼할 거라는 말이야?
5. What **are you saying...**?
무슨 말씀을 하시는 거예요…?

### 165. You mean ~?
~라는 건가요?

1. **You mean** THIS HEART RIGHT HERE?!
여기 있는 이 심장 말하는 거예요?!
2. **You mean** the little forgetful fish?
그 조그만 기억 잘 못하는 물고기 말하는 거니?
3. **You mean** Dad's in trouble?
아빠가 곤경에 처해 있단 말씀이세요?
4. **You mean** the lantern thing they do for the princess?
그들이 공주를 위해 밝히는 등불 말하는 거예요?
5. **You mean** I'm from here?
내가 여기에서 왔단 말이에요?

### 166. Why did you ~?
왜 ~한 거니?

1. **Why did you** bring me here?
날 여기에 데려온 이유가 뭐야?
2. **Why didn't you** tell us?
왜 우리에게 이야기해 주지 않았어요?
3. **Why did you** lie to me?
왜 나에게 거짓말을 한 거예요?
4. **Why didn't you** come back to Pride Rock?
왜 프라이드록에 돌아오지 않았던 거야?
5. **Why did you** do this?
왜 이랬어?

### 167. What about ~?
~는 어떻게 하고?

1. **What about** the kids, Jack-Jack?
애들은 어쩌구요, 잭잭은?
2. Eh... but **what about** your faithful subjects?
어, 하지만 너의 충성스러운 신하들은 어쩌고?
3. **What about** you?
당신은 어떻게 하구요?
4. **What about** the car from Everett?
에버렛에서 온 차는 어떻게 하고?
5. **What about** the heart?
심장은 어떻게 하고?

### 168. How could you ~?
어떻게 ~할 수가 있어?

1. You what? **How could you** do that?
뭐라구요? 어떻게 그렇게 할 수가 있어요?
2. H-how **could you** forget you have a tag on your fin?
지느러미에 표시가 있다는 걸 어떻게 잊을 수가 있니?
3. **How could you** miss!
어떻게 놓칠 수가 있어!
4. **How could you?**
어떻게 그럴 수 있죠?
5. **How could you** not know this?
어떻게 이걸 모를 수가 있죠?

29

## How do you know ~?
어떻게 ~ 아는 거죠?

1. **How do you know** Smokey's gonna be here?
   스모키가 여기 있을 거라는 걸 어떻게 알죠?

2. **How do you know** something bad isn't gonna happen?
   나쁜 일이 일어나지 않을 거라고 어떻게 알지?

3. **How do you know** that?
   그걸 어떻게 알죠?

4. But-but, dude, **how do you know** when they're ready?
   하지만 그들이 언제 준비가 되는지 어떻게 알지?

5. **How do you know** Elsa even wants to see you?
   엘사가 당신을 만나고 싶어하는지 어떻게 알지?

## How many times ~?
몇 번이나 ~했어?

1. **How many times** must I turn you away?
   내가 몇 번이나 당신을 거절해야 하지?

2. Oh, Ariel, **how many times** must we go through this?
   에리얼, 우리가 몇 번이나 이렇게 해야 하는 거니?

3. **How many times** do I have to tell you?
   몇 번이나 말해야 돼?

4. **How many times** have you asked yourself the following question?
   스스로에게 다음과 같은 질문을 몇 번이나 하셨나요?

5. **How many times** have we told you?
   우리가 너에게 몇 번이나 말했니?

## You're not ~, are you?
너 ~한 거 아니지, 그렇지?

1. **You're not** after my bird, **are you?**
   당신들, 내 새를 추적하는 건 아니지, 그렇지?

2. You're, **you're not** leaving so soon? **Are you?**
   자네 이렇게 일찍 가려고 하는 건 아니지? 그렇지?

3. **You're not** talking about Becky, **are you?**
   베키에 대해서 말하는 거 아니지, 그렇지?

4. Dad, **you're not** gonna freak out like you did at the petting zoo, **are you?**
   아빠, 동물원에서 했던 것처럼 놀라지 않을 거죠, 그렇죠?

5. **You're not** gonna tell him, **are you?**
   그분께 말하지 않을 거죠, 그렇죠?

## ~, don't you?
그러시죠?

1. You do have a phone, **don't you?**
   전화는 있으시죠, 그렇죠?

2. You do work with race cars, **don't you?**
   경주용 차와 임께 일하죠, 그렇죠?

3. You know that, **don't you?**
   단신두 알고 있어요, 그렇죠?

4. You want to keep me healthy, **don't you?**
   넌 나를 건강하게 만들고 싶은 거지, 그렇지?

5. So, you do like it, **don't you?**
   그래서, 당신은 이곳이 좋은 거지, 그렇지?

## If only ~
~할 수만 있으면 좋을 텐데

1. **If only** I had gotten that lamp!
   그 램프만 있었다면!

2. **If only** I'd gotten here sooner.
   내가 더 빨리 왔더라면.

3. **If only** there was a way to stop traffic!
   차들을 멈출 수 있는 방법이 있다면 좋으련만!

4. **If only** there was someone out there who loved you.
   당신을 사랑하는 사람이 있다면 말이죠.

5. **If only** someone could help me…
   누가 날 도와줄 수 있으면 좋겠는데…

## What if ~?
~하면 어쩌지?

1. **What if** she doesn't like me?
   걔가 날 싫어하면 어쩌지?

2. **What if** they find out I'm not really a prince?
   내가 진짜 왕자가 아니라는 걸 알면 어떻게 하지?

3. **What if** I forget you?
   제가 부모님을 잊어버리면 어쩌죠?

4. But **what if** I'm no good at making shoes?
   하지만 내가 구두를 못 만들면 어쩌죠?

5. **What if** I mess up again?
   내가 또 망치면 어떻게 하지?

## 175 If it weren't for ~
~가 아니었다면

1. And **if it weren't for** you, he'd still be alive.
그리고 너만 아니었으면, 그는 여전히 살아 있겠지.

2. **If it wasn't for** you, I never would've even made it here.
네가 아니었으면 난 결코 여기까지 오지 못했을 거야.

3. I wouldn't be here **if it wasn't for** you.
형이 아니었으면 난 여기 없을 거야.

4. You know, **if it weren't for** those lions, we'd be runnin' the joint.
뭐, 그 사자들만 아니면, 우리가 왕국을 지배할 텐데.

5. We wouldn't even be together **if it weren't for** Andy!
앤디가 아니면 우린 함께 있지도 못할 거라고!

## 176 in case ~
혹시라도 ~할까 봐

1. I ordered extra **in case** things get slow in class.
수업이 지루해질 걸 대비해서 더 많이 주문했다고.

2. Just **in case** we don't make it out of here.
혹시 우리가 여기를 못 벗어날 경우에 말야.

3. Just **in case** we don't win.
우리가 우승을 못 할 걸 대비해서요.

4. **In case** you get any ideas about following us.
혹시라도 당신이 우리를 따라올 생각을 할까 봐.

5. **In case** you need something to write with.
쓸 게 필요할 수 있으니까.

## 177 Unless ~
~하지 않는다면 말이지

1. So you want me to throw her father in the asylum **unless** she agrees to marry you?
그녀가 당신과 결혼하지 않는다면 내가 그녀의 아버지를 정신 병동에 넣으라는 건가?

2. Well then, how are we gonna do that **unless** we give it a shot and hope for the best?
우리가 도전하고 최고를 바라지 않는다면 어떻게 그럴 수 있다는 거야?

3. I can't help you **unless** you make a wish!
소원을 빌지 않으면 널 도와줄 수 없다고!

4. How can I protect you, boy **unless** you always stay in here...?
내가 어떻게 널 보호할 수 있겠어, 네가 항상 여기에 없다면…?

5. **Unless** you don't wanna be Maui, demigod of the wind and sea, here to... all.
당신이 바람과 바다, 모두의 신, 마우이가 되길 원하지 않으면 말이죠.

## 178 Once you ~
일단 네가 ~하면

1. **Once you** name it, you start getting attached to it.
일단 이름을 붙이면, 애정을 가지게 된단 말야.

2. But **once you** know what you like well there you are.
그렇지만 네가 좋아하는 것이 무엇인지 알면 된단다.

3. **Once you** pick the hairs out it's very nutritious.
털만 잘 골라내면 아주 영양가 있는 거라고.

4. **Once you** get in, you swim down to the bottom of the chamber and I'll talk you through the rest.
일단 들어가면 그 통의 바닥으로 가는 거야 그리고 나머지는 내가 말로 해 줄게.

5. **Once you** find your center you are sure to win.
일단 중심을 찾게 되면 너희들은 확실히 이길 수 있어.

## 179 even if ~
설령 ~라고 해도

1. **Even if** I never got to see Coco in the living world... I thought at least one day I'd see her here.
살아서 코코를 못 보더라도… 언젠가는 이곳에서 걔를 볼 수 있을 거라고 생각했지.

2. For **even if** I'm far away I hold you in my heart.
내가 멀리 있어도 내 마음으로 널 안아 준단다.

3. **Even if** I did, it wouldn't have mattered.
내가 그랬다 해도, 큰 상관없었을 거야.

4. It's gonna be okay, because I know that **even if** I forget, I can find you again.
괜찮을 거예요, 내가 잊어버린다 해도 다시 여러분들을 찾을 수 있다는 걸 알거든요.

5. I'm gonna help Kevin **even if** you won't!
당신이 안 하겠다고 하셔도 전 케빈을 도울 거예요!

## 180 As long as ~
~하는 한

1. People keep saying he's not really gone **as long as** we remember him.
우리가 그를 기억하는 한 그가 완전히 사라진 게 아니라고들 하더라고.

2. And **as long as** he gets to play, he wins.
그가 게임을 하게 되는 한, 그가 이길 거예요.

3. **As long as** Zazu goes with you.
자주가 너와 함께 가는 한.

4. **As long as** we stay on our very safe island, we'll be fine.
안전한 섬에 있는 한, 우리는 괜찮을 거야.

5. **As long as** you don't tell a lie, the spell will be fine.
네가 거짓말을 하지 않는 한, 주문은 괜찮을 거야.

31

### 181 it would have p.p. ~
~했겠지

1. But none of this **would have been** possible without a few bumps in the road.
   몇몇 문제가 없었다면 이런 일들은 불가능했을 것입니다.
2. Of course none of it **would have happened** if she'd just told me her secret.
   물론 언니가 비밀을 말해 줬더라면 이런 일은 생기지 않았겠지.
3. Maybe **it would have been** better if she had never come at all.
   아마 그녀가 오지 않았더라면 더 좋았을지도 모르지.
4. With all due respect, if YOU had handled the Underminer, things **would have been** different.
   죄송하지만 당신이 언더마이너를 쓰러뜨렸더라면 상황이 달라졌겠죠.
5. If they hadn't moved us, none of **this would've happened**.
   그들이 이사만 안 했어도 이런 일은 일어나지 않았을 거야.

### 182 not ~ without …
… 없이는 ~할 수 없어

1. **Without** my hook I'm **nothing**.
   갈고리가 없으면 난 아무것도 아니야.
2. **Without** my help you will **never** find your precious satchel.
   내 도움이 없이는 당신의 귀중한 가방을 찾을 수 없을 거예요.
3. I **can't** do this **without** your songs.
   네 노래가 없으면 난 이걸 할 수 없어.
4. I have to fix this, but I **can't** do it **without** you.
   내가 이걸 수습해야 해, 하지만 너 없인 할 수 없어.
5. **Without** you, Riley **can't** be happy.
   네가 없으면 라일리는 행복할 수 없어.

### 183 Stop -ing
그만 좀 ~해

1. **Stop yelling** for a second!
   잠깐만이라도 소리 좀 지르지 마!
2. **Stop fighting** me.
   나한테 대들지 마.
3. **Stop whining**.
   그만 징징대.
4. Hey, whatever you're thinking, **stop thinking** it!
   이봐, 무슨 생각을 하든 간에 그 생각 그만하라고!
5. **Stop talking**!
   말하지 마!

### 184 Go get ~
가서 ~를 가져와

1. **Go get** the stick.
   가서 막대기를 물고와.
2. Let's **go get** her.
   가서 그녀를 데려오지.
3. **Go find** your babies!
   가서 네 새끼들을 찾아!
4. Greno, **go find** some guards.
   그레노, 가서 경비병을 데려와.
5. Now, **go get** my shoe.
   자, 가서 내 신발을 찾아와.

### 185 You must ~
넌 ~해야 해

1. Yes, but **you must** promise to stay here forever.
   그래, 하지만 여기에 평생 남겠다고 약속해야 해.
2. **You must** go... now!
   넌 지금… 가야 해!
3. **You must** learn to control it.
   그것을 다루는 법을 배워야 해.
4. Oh yes, but first **you must** learn where you're meant to be.
   맞아, 하지만 먼저 네가 있어야 하는 곳이 어디인지를 배워야 해.
5. **You must** control your temper!
   성질을 죽이셔야 해요!

### 186 You've got to ~
넌 ~해야 해

1. Then **you've got to** PERFORM!
   그렇다면 공연을 해야지!
2. **You gotta** work harder!
   더 열심히 해야 해!
3. Joy, **you've got to** fix this.
   기쁨아, 네가 이걸 바로잡아야 해.
4. Dearest, **you've got to** stop rejecting every suitor who comes to call.
   얘야, 모든 구혼자들을 거절하면 안 돼.
5. **You've got to** go fetch Mulan!
   가서 뮬란을 데려오라고!

### Make sure ~
꼭 ~하도록 해

1. Conli, **make sure** those boys don't get away.
   콘리, 저놈들이 도망가지 못하도록 해.
2. **Make sure** Riley stands out today... but also blends in.
   오늘 라일리가 눈에 띄면서도… 애들과 잘 어울리게 해.
3. **Make sure** she's safe!
   그녀가 안전하도록 지켜 주세요!
4. Take this one home, and **make sure** his mom knows what he's been doing.
   이놈을 집에 데려다 주고 쟤 엄마에게 저놈이 무슨 짓을 했는지 꼭 알려 주세요.
5. **Make sure** the others are ready.
   다른 애들도 확실하게 준비되도록 해.

### Don't be ~
~하지 마

1. **Don't be** rude. Say "hi".
   버릇없이 굴지 말고, 인사해.
2. Come on up here, **don't be** bashful!
   올라오세요, 부끄러워하지 말고!
3. Charades Friday night. **Don't be** late.
   금요일 밤에 게임할 거야. 늦지 마.
4. Oh, Zazu, **don't be** ridiculous!
   오, 자주, 농담하지 마!
5. **Don't be** such a baby!
   애기처럼 굴지 마!

### Don't let ~
~하지 못하도록 해

1. **Don't let** them get away.
   그들이 도망가지 못하도록 해.
2. **Don't let** them know.
   그들이 알게 하지 마.
3. **Don't let** the kid touch you!
   아이가 널 건드리지 못하도록 해!
4. **Don't let** the magic spook you.
   마법이 널 놀라게 하지 마.
5. **Don't let** Woody leave!
   우디가 나가지 못하도록 해!

### Don't tell me ~
나한테 ~하라고 하지 마

1. **Don't tell me** to be calm, pony boy!
   진정하라는 말 하지 마. 이 망아지 같은 놈아!
2. **Don't tell me** you're sorry, tell them you're sorry.
   나한테 미안하다고 하지 마. 그들에게 미안하다고 해.
3. **Don't tell me** what to do.
   나한테 이래라저래라 하지 마.
4. **Don't tell me** what I know, Travis.
   내가 아는 건 말하지 마, 트래비스.
5. **Don't tell me** about their coverage!
   그들 보험의 보장 범위에 대해 말하지 마!

### Just tell me ~
그냥 ~인지 말해 줘

1. **Just tell me** what's going on.
   무슨 일이 있는지 말해 줘.
2. **Just tell me** when it is time!
   그냥 언제 해야 할지 말해 줘!
3. **Just tell me** what the problem is.
   문제가 뭔지 말해 봐.
4. **Just tell me** what the rat wants to cook.
   저 생쥐가 뭘 요리하려는지만 말해 줘.
5. **Just tell me** how to help.
   어떻게 도와야 하는지 말해 줘.

### Just keep ~
그냥 계속 ~해

1. **Just keep** swimming, **just keep** swimming.
   그냥 계속 헤엄쳐, 계속 헤엄쳐.
2. Just, **just keep** looking!
   그냥 계속 찾아 봐!
3. **Just keep** driving!
   그냥 계속 운전해!
4. Fine, **just keep** it down.
   알았어, 목소리 좀 낮춰.
5. **Just keep** playing.
   그냥 계속 놀아.

33

### 193 I mean ~
제 말은 ~라구요

1. **I mean** you've got those great bikes!
   제 말은 오토바이가 아주 멋지다구요!

2. **I mean** we're not as young and handsome as we look.
   내 말은 우리가 겉으로 보이는 것처럼 젊고 잘생기지 않았잖아.

3. **I mean** he's depressed.
   내 말은 쟤가 우울한 것 같다고.

4. This is just so exciting, isn't it? **I mean** I can't believe.
   이거 너무 흥미진진하지 않나요? 제 말은 믿을 수가 없다구요.

5. Sorry, **I mean** I'm feeling a little sick.
   미안하네. 내 말은 내가 좀 아픈 느낌이 들어서.

### 194 I didn't mean to ~
~하려고 했던 건 아니에요

1. **I didn't mean to** interrupt things.
   방해할 의도는 아니었어요.

2. You tell her for me, **I didn't mean to** trap her here.
   그녀에게 말해 줘. 그녀를 여기에 가둘 의도는 아니었어.

3. **I didn't mean to** tell.
   말하지 않으려고 했어.

4. Oh, excuse me, sorry. **I didn't mean to** scare you there...
   이런, 죄송해요. 겁주려고 했던 건 아닌데…

5. **I didn't mean to** upset you, master.
   화나시게 할 의도는 아니었습니다. 주인님.

### 195 I'm trying to ~
~하려고 한다고

1. **I'm trying to** listen to messages, honey.
   얘야, 지금 메시지를 들으려고 하잖아.

2. I'm sorry, **I'm trying to** be sincere for once and it feels like you're distracted.
   미안, 내가 한 번만이라도 진지하려고 했는데 네가 딴청을 부리는 것 같아서.

3. **I'm trying to** be honest.
   난 솔직하려고 하는 거야.

4. Barley, **I'm trying to** take care of you and Dad, and you are not making it any easier!
   발리형, 난 형과 아빠를 돌보려고 하는데 형은 그걸 더 어렵게 하잖아!

5. Look, **I'm trying to** help you.
   이봐요, 난 당신을 도우려고 한다구요.

### 196 I should have p.p. ~
~했어야 했는데

1. **I should've burned** those boats a long time ago.
   오래 전에 저 배들을 태워 버렸어야 했는데.

2. Maybe **I should've said** "hi" or something?
   "안녕" 같은 말이라도 했어야 했나요?

3. **I should never have left** home.
   집을 나오지 말았어야 했는데.

4. **I should have given** it to you before but I was just scared.
   당신에게 그걸 주었어야 했는데 너무 겁이 났어요.

5. **I shouldn't have driven** away.
   내가 운전해서 도망가지 말았어야 했는데.

### 197 I thought ~
~인 줄 알았죠

1. **I thought** you said that was a shortcut.
   네가 그게 지름길이라고 한 것 같은데.

2. **I thought** I'd never see you again.
   당신을 다시 못 볼 줄 알았어요.

3. **I thought** you told her.
   당신이 그녀에게 말한 줄 알았죠.

4. **I thought** you could use the water in the air!
   난 네가 공기 중에 있는 물기를 이용할 수 있는 줄 알았지!

5. **I thought** you lived under a bridge.
   난 네가 다리 밑에서 사는 줄 알았지.

### 198 I'm not saying ~
~라는 말이 아니라

1. **We're not saying** you have – what?
   우리는 네가 그렇다는 게 아니라 – 뭐라고?

2. **I'm just saying**, you think I'm not strong enough to handle myself out there.
   제 말은, 밖에서 제 자신을 돌볼 수 있을 만큼 강하지 않다고 생각하시는 것 같아서요.

3. No, no, **I'm not saying** you're wrong or crazy, I'm saying that it's –
   아니, 네가 잘못했거나 미쳤다는 게 아니라, 내 말은 –

4. Okay, **I'm just saying**, you're not gonna need the rope because I know you can make that bridge.
   내 말은, 네가 다리를 건널 수 있다고 생각하기 때문에 밧줄이 필요 없다는 거지.

5. **I'm just saying** sprites used to fly around spreading delight.
   내 말은 도깨비들이 즐거움을 나눠주며 날아다니곤 했다는 거예요.

34

### 199. I'm supposed to ~
난 ~해야 해요

1. I know **I'm supposed to** hate humans, but there's something about them.
   내가 인간을 싫어해야 한다는 걸 알지만 그들에게는 뭔가가 있어요.

2. Sorry, but **I'm not** really **supposed to** be here.
   미안하지만 난 여기에 있으면 안 돼요.

3. **I'm supposed to** go out with her Friday night.
   금요일 밤에 그녀와 데이트하기로 했어요.

4. I know **I'm not supposed to** love music, but it's not my fault!
   음악을 사랑하면 안 된다는 걸 알지만, 내 잘못이 아니잖아요!

5. I know **I'm not supposed to** do this, but...
   내가 이렇게 하면 안 되는 줄 알지만, 그래도…

### 200. That's what I ~
그게 내가 ~한 거예요

1. No, **that's what I** was doing!
   아니, 그건 내가 하고 있던 일이에요!

2. **That's what I**'ve been telling you guys.
   그게 내가 계속 말했던 거잖아.

3. **That's what I** was gonna say!
   내가 하려고 했던 말이에요!

4. **That's what I** THOUGHT you said.
   네가 그렇게 말한 것 같았다니까.

5. Yea, **that's what I** thought last time!
   그래, 지난번에도 그렇게 생각했었지!

### 201. Who knows ~?
~할지 누가 알겠어?

1. First of all, Violet, I like you, and **who knows** what the future may bring?
   먼저, 바이올렛, 난 네가 좋아, 그리고 미래가 어떻게 될지 누가 알겠니?

2. **Who knew** we owned 8,000 salad plates?
   샐러드 접시가 8천 개나 있는 줄 누가 알았겠어?

3. **Who knows** what lives up there?
   거기에 뭐가 살지 누가 알겠어?

4. **Who knew** you'd end up shaming him, disgracing your ancestors, and losing all your friends?
   네가 그를 창피하게 하고, 조상들을 망신시키고, 네 친구 모두를 잃게 될 줄 누가 알았겠어?

5. **Who knows** where that guy is, you know?
   그가 어디에 있는지 누가 알겠어?

### 202. ~ on my own
나 혼자서 ~

1. And, oh, by the way, I got that job **on my own**.
   그나저나 난 그 직책을 내 힘으로 얻었다구요.

2. And I don't need you, and I can win that race **on my own**.
   당신이 필요 없어요. 그리고 나 혼자서 우승할 수 있어요.

3. I can't find them **on my own**.
   나 혼자서 그들을 찾을 수가 없어.

4. Well, I just needed to get out **on my own**... live my own life.
   뭐, 나 혼자 벗어나 있어야 했어… 나만의 인생을 살면서 말야.

5. I've never done a thing **on my own**.
   난 혼자서 어떤 일을 해 본 적이 없어요.

### 203. How dare you ~
감히 ~하다니

1. **How dare you** insult Hero's Duty, you little guttersnipe!
   감히 히어로즈 듀티를 욕하다니, 이 부랑아 같으니라고!

2. **How dare you** open a spaceman's helmet on an uncharted planet?!
   미지의 행성에서 감히 우주인의 헬멧을 벗기다니?!

3. **How dare you** defy me!
   감히 나를 거역하다니!

4. Stop! You take one move, mister. **Don't you dare!**
   거기 세 더 움직이기만 해 봐. 그러기만 해!

5. **How dare you** cook in my kitchen?
   감히 내 주방에서 요리를 하다니!

### 204. I can't believe ~
~하다니 믿을 수 없어

1. **I can't believe** Mom and Dad moved us here.
   엄마와 아빠가 우릴 이곳으로 데려왔다니 믿기지 않아.

2. **I can't believe** you don't want to go to your own son's graduation!
   당신 아들 졸업식에 가고 싶지 않다니 믿을 수 없네요!

3. **I can't believe** I did this!!!
   내가 이렇게 했다니 믿을 수가 없어!!!

4. I just, **I can't believe** that after all we've been through together you don't trust me?
   우리가 지금까지 함께 고생했는데 날 못 믿겠다는 거야?

5. **I can't believe** she would throw me away!
   걔가 날 버렸다는 게 믿기지 않아!

### 205 I don't care ~
~는 상관없어

1. Look, it's not that **I don't care** about the kid.
이봐, 그 애가 상관없다는 말이 아니라고.

2. Hire her, **I don't care**.
그녀를 고용해요, 난 상관없으니.

3. **I don't care** what I am!
내가 무엇이든지 상관없어!

4. **Who cares about** the company?
회사 따위가 무슨 상관이야?

5. **I don't care** what they're going to say.
그들이 뭐라고 해도 상관없어.

### 206 I hate ~
~가 싫어

1. **I hate** squirrels.
난 다람쥐가 싫어.

2. **I HATE** superheroes and I renounce them!
난 슈퍼히어로가 싫어요. 절대 안 할 거예요!

3. **I hate** hyenas.
난 하이에나가 싫어.

4. You know how **I hate** the mumbling.
내가 중얼거리는 걸 얼마나 싫어하는지 알잖니.

5. **I hate** yard sales!
난 야드 세일이 정말 싫어!

### 207 There's nothing ~
~할 게 없어

1. But **there's nothing** I can do.
하지만 제가 할 수 있는 게 없어요.

2. Andy's growing up, and **there's nothing** you can do about it.
앤디는 자라고 있어… 그리고 네가 할 수 있는 일은 없다고.

3. **There's nothing** you can do.
당신이 할 수 있는 건 없어.

4. **Nothing** we can do about it.
우리가 할 수 있는 일은 없어.

5. And **there's nothing** you girls can do about it!
여자애 같은 너희들이 감당할 수 없는 거지!

### 208 What's wrong with ~?
~는 왜 그러는 거야?

1. **What's wrong with** that?
그게 뭐가 문제야?

2. **What's wrong with** his fin?
쟤 지느러미가 왜 저래?

3. **What's wrong with** her?
쟤 왜 저래?

4. So, **what's wrong with** having highly developed senses?
매우 잘 발달된 감각을 가진 게 뭐가 잘못된 건가요?

5. **What's wrong with** you?
너 왜 그러는 거야?

### 209 What's with ~?
~가 왜 이래?

1. **What is with** her lately?
쟤가 요즘 왜 저러지?

2. **What is with** everyone jumping out the window?
도대체 왜 다들 창문 밖으로 뛰어나가는 거야?

3. **What is with** him?
쟤 왜 저래?

4. **What's with** all the magic sparkles?
이 마법의 불빛들은 다 뭐래?

5. **What is with** the costume?
복장은 왜 그래?

### 210 Why do I have to ~?
왜 내가 ~해야 하지?

1. **Why do I** always **have to** save your...
왜 내가 항상 너를 구해야 하지…

2. **Why should I** care?
왜 내가 신경 써야 하지?

3. **Why do I have to** be a toy?
왜 내가 장난감이 되어야 하지?

4. Knees apart?!? Why, **why do I need to** put my knees apart – AAHHH.
무릎을 벌리라고?!? 왜 무릎을 벌려야 하지 – 아아아아.

5. **Why do I need to** pretend?
왜 내가 가식적으로 행동해야 하죠?

36

### 211 What am I ~?
내가 무엇을 ~하지?

1. But **what am I** talking about?
   하지만 내가 무슨 소리 하는 거지?
2. Oh! **What am I** gonna do?
   오! 이제 난 어떻게 하지?
3. **What am I** doing?
   내가 뭐 하고 있는 거지?
4. Uh... **What am I** doing here?
   음… 내가 여기서 뭐 하냐고?
5. **What am I** supposed to do?
   내가 어떻게 해야 하지?

### 212 What have I ~?
내가 ~한 거지?

1. I'm living a lie -- **WHAT HAVE I BECOME?!**
   난 거짓 인생을 살고 있어 – 내가 뭐가 된 거지?!
2. **What have we** done?
   우리가 무슨 짓을 한 거지?
3. **What have I** done?
   내가 무슨 짓을 한 거지?
4. No, **what have you** done?
   안 돼, 너 무슨 짓을 한 거야?
5. **What have I** got myself into, Ellie?
   엘리, 내가 무슨 짓을 하고 있는 거지?

### 213 How + 형용사!
정말 ~해!

1. **How** embarrassing.
   정말 창피해.
2. **How** wonderful!
   아주 멋지군요!
3. Oh, **how** exciting!
   오, 정말 재미있군!
4. **How** true, **how** true.
   정말 사실이지, 사실이고 말고.
5. **How** embarrassing.
   정말 당황스럽네요.

### 214 What a ~!
정말 ~하군!

1. My, **what a** guy! Gaston!
   어머, 정말 멋진 남자야! 개스톤!
2. **What a** trooper.
   정말 훌륭한 대원이군.
3. **What a** joke.
   무슨 이런 농담이 있어.
4. Gaston, **what a** pleasant... surprise.
   개스톤, 이렇게 와 주셔서… 놀랍군요.
5. Uggh, **what a** nasty flavor!
   억, 정말 맛없네!

### 215 최상급 + I've ever p.p.
내가 ~한 중에서 가장 …한

1. You should know, that this is **the strangest** thing **I've ever done**.
   이건 지금까지 해본 일 중에 가장 이상한 짓이에요.
2. You're either **the** single **bravest** soldier **I've ever seen** or **the craziest**.
   당신은 제가 지금까지 본 군인 중에 가장 용감하거나 아니면 가장 미친 사람이에요.
3. That is **the smallest** case file **I've ever seen**!
   지금까지 본 사건 파일 중에 제일 작은 거 같다니까!
4. I hope you're hungry because Epsilon is **the finest** chef **I've ever had**.
   시장하시면 좋겠네요. 엡실론은 제가 데리고 있던 요리사 중에 최고거든요.
5. Anna, you are **the most** extraordinary person **I've ever known**.
   안나, 넌 내가 아는 사람 중에 가장 특별한 사람이야.

### 216 최상급 + of my life
내 인생에서 가장 ~한

1. It was a great night. **The happiest of my life**.
   멋진 밤이었어요. 내 인생에서 가장 행복한 시간이었죠.
2. Hands down, this is **the best** day **of my life**... and quite possibly the last.
   정말, 오늘이 내 인생에서 최고의 날이야… 그리고 마지막 날이 되겠군.
3. Oh, I love kindergarten. **Best** three years **of my life**.
   난 유치원이 좋아. 내 생애 최고의 3년이었지.
4. This has got to be, without a doubt, **the** single **most humiliating** day **of my life**.
   이건, 확실히, 내 인생에서 가장 치욕적인 날이야.
5. It was **the happiest** Boxing Day **of my life**.
   그게 내 인생에서 가장 행복한 크리스마스 다음 날이었어.

37

### 217 I love your ~
당신의 ~가 좋아요

1. **I love your** store!
   가게가 마음에 들어요!
2. **I like your** thinking.
   너의 생각이 마음에 드는군.
3. Did I ever tell you how much **I love your** mudflaps?
   당신 회사의 흙받기를 내가 얼마나 좋아하는지 말했던가?
4. **I like your** thinking young mage.
   생각하는 게 마음에 드네요 어린 마법사님.
5. **I love your** hair.
   머리가 멋지네요.

### 218 You look ~
당신 ~해 보여요

1. **You look** good.
   너 좋아 보이는데.
2. **You look** great, man!
   멋지군, 친구!
3. **You look** beautiful.
   너 예뻐 보인다.
4. Elsa, **you look** different.
   엘사, 달라 보여.
5. Uh, **you look** wonderful.
   너무 멋지군요.

### 219 You're such a ~
넌 아주 ~해

1. **You are such a** naughty boy.
   너 정말 개구쟁이구나.
2. Oh, **you are such a** big girl.
   너 이제 다 컸구나.
3. **You're such a** good listener.
   넌 말을 참 잘 들어주는 아이구나.
4. **Such a** smart boy!
   참 똑똑한 아이네!
5. Oh, **you're such a** good boy.
   참 착하지.

### 220 That's a good ~
그거 좋은 ~야

1. Hey. **That's a good** move.
   야, 잘 됐는데.
2. Hey, **that was a good** idea.
   이봐, 좋은 생각이었어.
3. **That's a good** point, Anna.
   좋은 지적이야, 안나.
4. Come on **that was a good** one.
   이봐 그건 재미있는 거였다구.
5. Maybe **that's a good** thing.
   그게 좋은 걸 수도 있죠.

### 221 Isn't it ~?
~하지 않니?

1. Yeah. **Isn't it** great?!
   그래. 멋지지 않아?!
2. Tragic, **isn't it?**
   안됐죠, 그렇죠?
3. **Isn't it** neat?
   이쁘지 않아?
4. This is good, **isn't it?**
   좋은 일이네요, 안 그래요?
5. Beautiful, **isn't it?**
   아름답지, 그렇지?

### 222 There + 주어 + 동사
저기 ~가 있어

1. Aw, **there she is**! Hi, sweetheart!
   아, 저기 있네! 안녕, 얘야!
2. Look, **there it is**!
   보세요, 저기 있어요!
3. **There he goes**!
   쟤 저기 간다!
4. **There you are**! I thought I'd lost you, silly.
   거기 있구나! 널 잃어버린 줄 알았잖아, 바보야.
5. Look, **there they are**!
   봐, 그들이 저기에 있어!

38

### 223 Don't ~ like that
그렇게 ~하지 마

1. **Don't** you scare me **like that**!
그렇게 겁주지 말아요.

2. **Don't** look at me **like that**!
날 그렇게 보지 마!

3. **Don't** talk to him **like that**.
걔한테 그렇게 말하지 마.

4. YOU **can't** raise your voice **like that**.
그렇게 크게 말하지 말라고.

5. **Don't** look at me **like that**.
날 그렇게 보지 마!

### 224 I always ~
난 항상 ~해

1. **I always** wished I had a little bit of that in me.
난 항상 그 일부가 내 안에 있기를 바랐지.

2. **I always** get chocolate and he gets butter brickle.
난 항상 초콜릿을, 아빠는 버터 브릭클을 먹었어요.

3. **I always** hoped I'd see her again.
내가 걔를 다시 볼 수 있기를 항상 바랐지.

4. **I always** thought that they were balls of gas burning billions of miles away.
난 항상 수십억 마일 멀리서 타고 있는 가스 덩어리라고 생각했는데.

5. **I always** knew you were tough.
당신이 강하다는 걸 항상 알고 있었지.

### 225 It's too ~
너무 ~해

1. Wait, **it's too** soon!
기다려, 너무 빨라!

2. And now **it's too** late.
그리고 이제는 너무 늦었어.

3. **It's too** hard.
너무 힘들어.

4. What you're asking – **it's too** risky.
당신이 요구하는 건 – 너무 위험해요.

5. **It's too** easy.
그게 너무 쉽다고.

### 226 kinda ~
좀 ~해

1. Well, I **kinda** like my tag.
음, 이제 꼬리표가 마음에 드는 것 같아요.

2. But I'm **kinda** preparing for a race.
하지만 난 경기 준비 같은 걸 하고 있다고.

3. I feel **kinda** bad about it.
그 일에 대해서 기분이 좀 안 좋아요.

4. As for myself, I **kinda** like that corn-chip smell.
나는 말이야, 나는 콘칩 냄새를 좋아하는 편이야.

5. Well, you do **kinda** stand out.
당신이 좀 튀는 편이잖아요.

### 227 ~ either
~도 아니에요

1. They don't like me, **either**.
그들도 저를 좋아하지 않아요.

2. He doesn't really like flying, **either**.
쟤는 날아다니는 것도 안 좋아해요.

3. I can't lose you, **either**, Anna.
나도 널 잃을 수 없어, 안나.

4. Look, I'm no good with words. I'm no good with food **either**.
이봐요, 난 말을 잘 못해요. 음식도 잘 못하죠.

5. And it's not "IncrediBoy" **either**.
그리고 "인크레디보이"도 아니라고.

### 228 more than ~
~보다 더

1. I believe in you, Elsa, **more than** anyone or anything.
언니를 믿어. 그 누구, 어떤 것보다.

2. Oh, Woody, you're worth **more than** that.
우디, 넌 그것보다 더 가치가 있다고.

3. Marlin and Nemo are **more than** good friends.
말린과 니모는 친구 그 이상이에요.

4. There must be **more than** this provincial life!
이런 시골 생활보다 더 좋은 곳이 있을 거야!

5. She's been through **more than** you know.
쟤는 네가 아는 것보다 더 큰 아픔을 겪었어.

39

### 229 not that + 형용사
그렇게 ~하지 않은

1. Oh, it's **not that** easy, Lumiere.
오, 그렇게 쉬운 게 아니에요, 뤼미에르.

2. Ha ha I'm **not that** much older, but...
하하 난 그리 늙지 않았어요. 하지만…

3. It's **not that** simple, Bob.
그렇게 간단한 게 아니에요, 밥.

4. For a clownfish, he's **not that** funny.
광대물고기치고 쟤는 그렇게 웃기진 않아.

5. It's **not that** high!
그렇게 높지 않아!

### 230 ~ or something
~ 같은 거

1. You look different; did you cut your hair **or something**?
달라 보여요; 머리를 자르거나 한 거예요?

2. Maybe I should've said "hi" **or something**?
"안녕" 같은 말이라도 했어야 했나?

3. You think we're on vacation **or something**?
우리가 휴가 같은 걸 왔다고 생각하는 거니?

4. I thought she was talking in tongues **or something**.
걔가 방언 같은 걸 하는 줄 알았어요.

5. It could be radioactive **or something**.
방사능 같은 게 있을 수 있어.

### 231 So do + 주어
~도 그래

1. Ah, you're an outcast! That's great! **So are we!**
아, 너 버림받았구나! 잘됐어! 우리노 그래!

2. I like it in here and **so do you**.
난 여기가 좋아 그리고 너도 그렇잖아.

3. As her family grew, **so did the business**.
그녀의 가족이 커가면서 사업도 그렇게 됐어요.

4. Just remember that those kings will always be there to guide you. And **so will I**.
왕들이 항상 저기서 너를 인도해 준다는 걸 기억해. 그리고 나도 그럴 거란다.

5. He's attracted to power. **So am I**.
그는 힘에 매료되어 있어요. 저도 그렇죠.

### 232 You know ~
저기 말야 ~

1. **You know** I think you'd actually make a pretty good cop.
저기, 네가 좋은 경찰이 될 수 있을 거라 생각해.

2. **You know**... it'd be rude to refuse a gift from a goddess...
저기… 신이 주는 선물을 거절하는 건 무례한 일이에요.

3. **You know**... there's a lot of fish here.
이봐, 여기에는 많은 물고기들이 있어.

4. **You know**, most people who disappear into the mountains want to be alone.
저기, 산으로 사라진 대부분의 사람들은 혼자 있고 싶어해요.

5. **You know**... I think I'm going to remember you.
저기 말이에요… 당신을 기억할 것 같아요.

### 233 Why do you ~?
왜 ~하는 거야?

1. **Why do you** say that so sadly?
왜 그렇게 슬프게 말하는 거야?

2. **Why do you** hesitate?
왜 망설이는 거니?

3. **Why do you** want to go?
왜 가고 싶어요?

4. **Why do you** shut me out?
왜 나를 멀리하는 거야?

5. **Why do you** need to know?
당신이 왜 알아야 하는 거예요?

음담 및 공룡을 노래하자

# 235

## 우리민서해티

### 디즈니 영화학
Disney

4가지 동작의 신뢰
베스트 시리즈

그리고 이야기에 나오는 꿈 거주기
프라하로 돌아갈수이라